中国石油企业协会
对外经济贸易大学中国国际碳中和经济研究院
对外经济贸易大学一带一路能源贸易与发展研究中心

中国低碳经济发展报告蓝皮书
（2022—2023）

蒋庆哲　王志刚　董秀成　薛进军◎主编

石油工业出版社

图书在版编目（CIP）数据

中国低碳经济发展报告蓝皮书.2022-2023/蒋庆哲等主编.--北京：石油工业出版社，2023.4
ISBN 978-7-5183-5962-2

Ⅰ.①中… Ⅱ.①蒋… Ⅲ.①气候变化-影响-经济发展-研究报告-中国-2022-2023 Ⅳ.①F124

中国版本图书馆CIP数据核字（2023）第055541号

中国低碳经济发展报告蓝皮书（2022—2023）
蒋庆哲　王志刚　董秀成　薛进军　主编

出版发行：石油工业出版社
　　　　　（北京市朝阳区安华里二区1号楼 100011）
网　　址：www.petropub.com
编 辑 部：(010) 64523609　图书营销中心：(010) 64523633
经　　销：全国新华书店
印　　刷：北京中石油彩色印刷有限责任公司

2023年4月第1版　2023年4月第1次印刷
710毫米×1000毫米　开本：1/16　印张：27.5
字数：410千字

定　价：198.00元
（如发现印装质量问题，我社图书营销中心负责调换）
版权所有，翻印必究

中国低碳经济发展报告蓝皮书
（2022—2023）

顾 问
（排名不分先后）

胡文瑞　王金南　潘家华　何建坤　赵忠秀

编委会

主　编：蒋庆哲　王志刚　董秀成　薛进军
副主编：高潮洪　周爱国　闫伦江　高正琦
　　　　李小萌　孔朝阳
委　员：（以姓氏汉语拼音为序）
　　　　董　聪　董康银　段斌扬　方　红
　　　　高　建　郭　琳　江　萍　刘梦迪
　　　　马郑玮　宋昭峥　孙　梅　孙仁金
　　　　唐大麟　王　苒　吴夏炎　曾叶丽
　　　　张海霞

前 言
PREFACE

　　随着全球应对气候变化的行动逐渐加强,低碳经济已成为国际社会普遍推崇的发展模式。各国纷纷制定适合自身国情和能源形势的低碳经济政策和战略,以迎接国际环境变化对低碳经济发展带来的机遇和挑战。在这一背景下,中国需要加快低碳经济转型,提高在未来国际竞争中的地位。低碳经济的实现需要依靠技术创新、制度创新、产业转型和新能源开发等手段,通过降低高碳能源消耗量,减少温室气体排放,实现经济和环境的双赢。当前,全球经济和人口规模不断扩大,而气候变化所引发的灾害日益严重,二氧化碳浓度升高也成为全球关注的焦点。因此,我们需要抛弃传统的追求经济增长的发展模式,转向注重经济增长与生态文明相结合的新发展路径。

　　2022年,中国和国际社会对低碳经济的发展都持续高度重视。作为世界第二大经济体和最大的温室气体排放国,中国在低碳经济转型中扮演着重要角色。中国正在努力实现其碳达峰碳中和目标,加快绿色低碳转型,促进绿色能源和环保产业的发展。国际社会也在推动全球碳减排行动,各国通过联合行动加强国际合作,共同推进低碳经济发展。低碳经济不仅是应对气候变化的必然选择,也是未来经济可持续发展的必要途径。因此,中国需要积极应对国际低碳经济发展的趋势,加强与国际社会的合作,共同推动全球低碳经济发展,实现可持续发展目标,为全球气候治理和可持续发展做出积极的贡献。

《中国低碳经济发展报告蓝皮书（2022—2023）》（以下简称《蓝皮书》）是由中国石油企业协会、对外经济贸易大学中国国际低碳经济研究所和对外经济贸易大学一带一路能源贸易与发展研究中心三家单位主持编写的以低碳经济为主题的系列年度研究报告。《蓝皮书》共分为六大部分：低碳政策篇、低碳产业篇、低碳金融篇、低碳技术篇、低碳能源篇和低碳专题篇。低碳政策篇，主要是在介绍国际低碳政策发展概况的基础上，对中国低碳相关政策进行分析和展望，包括低碳经济政策发展分析与展望、低碳财税政策发展分析与展望、低碳产业政策发展分析与展望、低碳金融政策发展分析与展望。低碳产业篇，主要是从不同产业视角出发，对中国低碳经济发展进行分析和展望，包括火电减排产业发展分析与展望、新能源汽车产业发展分析与展望、节能建筑产业发展分析与展望、工业节能减排产业发展分析与展望、资源回收产业发展分析与展望、节能材料产业发展分析与展望。低碳金融篇，主要从碳税、碳交易市场以及低碳投融资等方面对中国低碳经济发展进行分析和展望。低碳技术篇，主要对不同节能环保技术的发展进行分析和展望，包括碳利用技术发展分析与展望、清洁煤技术发展分析与展望、节能技术发展分析与展望、绿色照明技术发展分析与展望。低碳能源篇，主要是从不同能源类型出发，对中国低碳经济发展进行分析和展望，具体包括风能、太阳能、天然气、核能、地热能、海洋能、氢能、生物质能等。低碳专题篇，围绕2022年发生的热点事件、重点事件进行编写，研究方向包括低碳研究热点问题统计分析、碳中和、绿色低碳技术、可再生能源领域的风险投资、氢能等。

　　《蓝皮书》是以年度分析和来年展望为基本特征的综合研究报告。低碳政策篇、低碳产业篇、低碳金融篇、低碳技术篇、低碳能源篇以及低碳专题篇之间具有很强的相关性和互补性，但各部分在编写上独立成篇成文，因此读者可以根据需要和兴趣分别阅读。《蓝皮书》以文字分析为主，辅以必要的数据和图表，文字描述力求言简意赅，分析与展望力求强调逻辑性、高度性、概括性和权威性，分析结论力求对相关部门和低碳经济发展实际工作具有指导性。本书编写人员来自对外经济贸易大学、中国石油大学（北京）、清华大学、中国社会科学院大学、中国电建集团北京勘测设计研究院有限公司等，编写团队长期从事低碳经济发展研究，具有国内一流专业水准和专业基础。编写团队本着促进中国低碳经济发展的良好愿望，除了从整体上对低碳经济发展进行分析外，还对有关低碳和能源热点问题坦率提出看法或观点，希望引起社会关注和讨论。编写团队努力进行全面、系统和深入研究，试图得出有助于读者全面了解中国低碳经济发展的正确结论，这正是编写团队追求的目标，也是其义务和责任。《蓝皮书》具有较强的可信度、较高的权威性和较好的时效性，对于理论研究者和实际工作者都具有一定的参考价值。

《中国低碳经济发展报告蓝皮书（2022—2023）》由蒋庆哲、王志刚负责总体架构设计并组织全书编纂；董秀成、薛进军负责《蓝皮书》的最终统撰与核定；高潮洪、周爱国、闫伦江、高正琦、李小萌、孔朝阳等参与书稿的修改和审定工作。各篇章具体编写分工如下：低碳政策篇，低碳经济政策发展分析与展望部分由孙即才、刘杨、杨森森负责，低碳财税政策发展分析与展望部分由张海霞、赵丛雨负责，低碳产业政策发展分析与展望部分由董聪负责，低碳金融政策发展分析与展望部分由江萍、胡诗媛、王旭东负责；低碳产业篇，火电减排产业发展分析与展望部分由刘梦迪、段昱帆、汪晓晴、隋涵、常胡杨负责，新能源汽车产业发展分析与展望部分由方红、李瑾、于楠、陈淑娜负责，节能建筑产业发展分析与展望部分由赵晓梦、刘杨、杨森森负责，工业节能减排产业发展分析与展望部分由王月玥、邵凯、周悦、王苒负责，资源回收产业发展分析与展望部分由顾家晖、李佳蔓、杨鑫磊负责，节能材料产业发展分析与展望部分由刘洋、赵晓梦、吴爱玲负责；低碳金融篇，碳税发展分析与展望部分由马郑玮、廖巍、刘杰、唐景烨、朱玉娇负责，碳交易市场发展分析与展望部分由郭琳、宋鸽负责，低碳投融资发展分析与展望部分由马郑玮、廖巍、朱玉娇、唐景烨、刘杰负责；低碳技术篇，碳利用技术发展分析与展望部分由宋昭峥、郭倩颖、胡君航、李晓双、李思漩负责，清洁煤技术发展分析与展望部分由宋昭峥、杨璐源、刘思彤、李思漩负责，节能技术发展分析与展望部分由高建、汪舒负责，绿色照明技术发展分析与展望部分由罗钦予、马子墨、马诗惠、刘贵贤、孔朝阳负责；低碳能源篇，风能发展分析与展望部分由毕建鸿、李明轩、袁宇航、孔朝阳、刘贵贤负责，太阳能发展分析与展望部分由韩亚琳、董康银负责，天然气发展分析与展望部分由孙梅、赵晗玥、贾玉洁、贾晶、杨欢欢、张雪珂、隆依璇、李胜男、于晨、张岸、李健源、叶玲玲、刘雪琪负责，核能发展分析与展望部分由王博、董康银负责，地热能发展分析与展望部分由王建达、冯泽负责，海洋能发展分析与展望部分由董必俊、窦悦负责，氢能发展分析与展望部分由曾叶丽、玛丽亚木·阿不都热合曼、贾逸卿负责，生物质能发展分析与展望部分由曾叶丽、宫绮、王文超负责；低碳专题篇，碳金融文献计量分析部分由赵丛雨、王建达、董秀成负责，中国企业碳中和存在的问题和政策建议部分由蒋庆哲、董必俊负责，绿色低碳技术发展现状、问题及对策建议部分由张薇负责，北京2022年冬奥和冬残奥会绿色低碳技术及示范推广部分由杨馨瑶、陈君、武龙康、刘贵贤负责，中国可再生能源领域的风险投资发展战略部分由韦源、闫安、齐志诚、孔朝阳负责，氢能之难，难于何处部分由董秀成负责。

最后，衷心感谢胡文瑞院士、王金南院士、潘家华学部委员、何建坤教授、赵忠秀教授等专家学者在本书编纂过程中给予的指导与帮助！

编委会
2023 年 2 月 20 日

目 录
CONTENTS

低碳政策篇

低碳经济政策发展分析与展望 ··· 2
 一、2022 年国际低碳经济政策发展概况 ································ 2
 二、2022 年中国低碳经济政策发展分析 ································ 4
 三、2023 年中国低碳经济政策发展展望 ······························· 10

低碳财税政策发展分析与展望 ·· 12
 一、2022 年国际低碳财税政策发展概况 ······························· 12
 二、2022 年中国低碳财税政策发展分析 ······························· 20
 三、2023 年中国低碳财税政策发展展望 ······························· 24

低碳产业政策发展分析与展望 ·· 26
 一、2022 年国际低碳产业政策发展概况 ······························· 26
 二、2022 年中国低碳产业政策发展分析 ······························· 32
 三、2023 年中国低碳产业政策发展展望 ······························· 40

低碳金融政策发展分析与展望 ·· 42
 一、2022 年国际低碳金融政策发展概况 ······························· 42

二、2022 年中国低碳金融政策发展分析……………………………44

三、2023 年中国低碳金融政策发展展望……………………………49

低碳产业篇

火电减排产业发展分析与展望……………………………………54

一、2022 年国际火电减排产业发展概况……………………………54

二、2022 年中国火电减排产业发展分析……………………………58

三、2023 年中国火电减排产业发展展望……………………………62

新能源汽车产业发展分析与展望…………………………………68

一、2022 年国际新能源汽车产业发展概况…………………………68

二、2022 年中国新能源汽车产业发展分析…………………………77

三、2023 年中国新能源汽车产业发展展望…………………………84

节能建筑产业发展分析与展望……………………………………88

一、2022 年国际节能建筑产业发展概况……………………………88

二、2022 年中国节能建筑产业发展分析……………………………91

三、2023 年中国节能建筑产业发展展望……………………………95

工业节能减排产业发展分析与展望………………………………99

一、2022 年国际工业节能减排产业发展概况………………………99

二、2022 年中国工业节能减排产业发展分析………………………103

三、2023 年中国工业节能减排产业发展展望………………………107

资源回收产业发展分析与展望 116

一、2022 年国际资源回收产业发展概况 116

二、2022 年中国资源回收产业发展分析 119

三、2023 年中国资源回收产业发展展望 127

节能材料产业发展分析与展望 129

一、2022 年国际节能材料产业发展概况 129

二、2022 年中国节能材料产业发展分析 134

三、2023 年中国节能材料产业发展展望 139

低碳金融篇

碳税发展分析与展望 142

一、2022 年国际碳税发展概况 142

二、2022 年中国碳税发展分析 147

三、2023 年中国碳税发展展望 152

碳交易市场发展分析与展望 155

一、2022 年国际碳交易市场发展概况 155

二、2022 年中国碳交易市场发展分析 164

三、2023 年中国碳交易市场发展展望 167

低碳投融资发展分析与展望 169

一、2022 年国际低碳投融资发展概况 169

二、2022 年中国低碳投融资发展分析……173

三、2023 年中国低碳投融资发展展望……179

低碳技术篇

碳利用技术发展分析与展望……184

一、2022 年国际碳利用技术发展概况……184

二、2022 年中国碳利用技术发展分析……188

三、2023 年中国碳利用技术发展展望……195

清洁煤技术发展分析与展望……198

一、2022 年国际清洁煤技术发展概况……198

二、2022 年中国清洁煤技术发展分析……199

三、2023 年中国清洁煤技术发展展望……205

节能技术发展分析与展望……208

一、2022 年国际节能技术发展概况……208

二、2022 年中国节能技术发展分析……210

三、2023 年中国节能技术发展展望……222

绿色照明技术发展分析与展望……224

一、2022 年国际绿色照明技术发展概况……224

二、2022 年中国绿色照明技术发展分析……227

三、2023 年中国绿色照明技术发展展望……232

低碳能源篇

风能发展分析与展望 236

一、2022 年国际风能发展概况 236
二、2022 年中国风能发展分析 239
三、2023 年中国风能发展展望 243

太阳能发展分析与展望 247

一、2022 年国际太阳能发展概况 247
二、2022 年中国太阳能发展分析 251
三、2023 年中国太阳能发展展望 256

天然气发展分析与展望 259

一、2022 年国际天然气发展概况 259
二、2022 年中国天然气发展分析 264
三、2023 年中国天然气发展展望 276

核能发展分析与展望 281

一、2022 年国际核能发展概况 281
二、2022 年中国核能发展分析 285
三、2023 年中国核能发展展望 290

地热能发展分析与展望 293

一、2022 年国际地热能发展概况 293

二、2022 年中国地热能发展分析……296

三、2023 年中国地热能发展展望……303

海洋能发展分析与展望……305

一、2022 年国际海洋能发展概况……305

二、2022 年中国海洋能发展分析……310

三、2023 年中国海洋能发展展望……314

氢能发展分析与展望……319

一、2022 年国际氢能发展概况……319

二、2022 年中国氢能发展分析……324

三、2023 年中国氢能发展展望……330

生物质能发展分析与展望……335

一、2022 年国际生物质能发展概况……335

二、2022 年中国生物质能发展分析……338

三、2023 年中国生物质能发展展望……342

低碳专题篇

碳金融文献计量分析……348

一、研究方法与数据来源……348

二、结果分析与讨论……350

三、结论……358

目录

中国企业碳中和存在的问题和政策建议 ……………………………… 360
- 一、企业实现碳中和的举措 …………………………………………… 360
- 二、企业绿色低碳技术创新 …………………………………………… 367
- 三、企业实现碳中和存在的现实问题 ………………………………… 369
- 四、对企业实现碳中和的政策建议 …………………………………… 371

绿色低碳技术发展现状、问题及对策建议 …………………………… 373
- 一、绿色低碳技术发展现状 …………………………………………… 373
- 二、存在的主要问题 …………………………………………………… 375
- 三、对策建议 …………………………………………………………… 377

北京2022年冬奥会和冬残奥会绿色低碳技术及示范推广 ………… 379
- 一、首个实现碳中和的奥运赛事 ……………………………………… 379
- 二、重点领域关键技术 ………………………………………………… 381
- 三、示范推广意义 ……………………………………………………… 386

中国可再生能源领域的风险投资发展战略 …………………………… 388
- 一、引言 ………………………………………………………………… 388
- 二、中国风险投资在可再生能源领域的发展现状 …………………… 389
- 三、中国可再生能源领域风险投资发展的SWOT分析 ……………… 395
- 四、中国可再生能源风险投资的发展战略 …………………………… 402

氢能之难,难于何处 …………………………………………………… 404
- 一、由于缺乏长期战略,产业定位尚未明朗 ………………………… 404
- 二、由于成本过高,产业竞争力严重不足 …………………………… 406
- 三、由于创新能力不强,产业面临技术瓶颈 ………………………… 408

四、由于产业发展起步较晚，相关标准尚未健全⋯⋯⋯⋯⋯⋯⋯⋯⋯⋯410

五、由于以往产品特性，能源属性并不清晰⋯⋯⋯⋯⋯⋯⋯⋯⋯⋯410

六、由于缺乏足够认识，基础设施建设滞后⋯⋯⋯⋯⋯⋯⋯⋯⋯⋯411

七、由于缺乏区域协调，产业布局存在错位⋯⋯⋯⋯⋯⋯⋯⋯⋯⋯412

参考文献⋯⋯⋯⋯⋯⋯⋯⋯⋯⋯⋯⋯⋯⋯⋯⋯⋯⋯⋯⋯⋯⋯⋯⋯⋯413

低碳政策篇

　　本篇将从四个方面对不同的政府政策以及中国低碳经济发展进行分析和展望。一是低碳经济政策方面。2022年全球政治经济形势严峻，俄乌冲突爆发，油价大幅上涨，但这并没有影响各国应对气候变化、发展低碳经济、共同努力实现"双碳"目标的雄心。中国的"1+N"政策体系不断完善，为中国实现碳达峰确定了阶段性目标和前进方向。在党中央的领导下，地方政府和企业都制定了更具操作性的碳减排方案和全面有效的配套措施。二是低碳财税政策方面。不论是发达国家还是发展中国家，低碳经济的发展都离不开政府财税政策的支持。日本、美国、德国、韩国等发达国家普遍重视从气候变化财税政策和碳税政策支持本国低碳经济发展。与发达国家相比，中国目前存在财政资金投入力度不足、政府绿色采购机制不够完善、财税政策的靶向性不够等问题。未来中国有望通过增加财政投入总量、健全政府绿色采购机制、加大对低碳技术研发创新的支持力度等方式充分发挥低碳财税政策的作用。三是低碳产业政策方面。主要体现在产业低碳发展关键技术的资金支持力度显著提高、新能源发展仍为低碳转型重点、世界各国加速化石燃料退出和持续推进脱碳进程的大势并未改变等方面。四是低碳金融政策方面。2022年11月6日，第27届联合国气候变化大会于埃及沙姆沙伊赫开幕。在此会议上，世界各国领导人就应对气候变化等关键议题进行磋商，在建立"损失与损害"基金方面取得初步进展。世界绿色经济新格局已经形成，低碳金融进入"全球合作"的时代。

低碳经济政策发展分析与展望

2022 年，全球的碳减排进程总体上持续推进，国际碳中和行动的队伍和影响力逐渐扩大。追求实现碳中和已经成为不可逆转的国际潮流。中国面朝"双碳"目标，"1+N"政策体系自上而下落实，碳达峰碳中和阶段性目标和实施方案不断明确。在党中央的领导下，地方政府和企业都制定了更具操作性的碳减排方案和全面有效的配套措施。

一、2022 年国际低碳经济政策发展概况

（一）全球碳减排进程面临严峻挑战

2022 年 11 月 6 日至 18 日，第 27 届联合国气候变化大会（以下简称 COP27）于埃及沙姆沙伊赫举行。气候变化问题成为全球焦点，全球碳减排进程再次成为各国热烈讨论的重要议题。2022 年，全球范围内不断出现高温、降雨以及其他极端天气，气候变化的负面影响不断显现。《联合国气候变化框架公约》秘书处发出警告，世界远未实现减少温室气体排放的目标。联合国秘书长古特雷斯强调，气候变化之下，人类正面临紧要关头，亟须采取切实的实际行动阻止全球变暖。

2022 年，国际政治环境复杂多变，俄乌冲突导致全球尤其是欧洲地区能源紧张，持续影响着欧洲的能源供应和全球能源价格。面对能源短缺，一些欧洲国家不得不将目光转向此前计划淘汰的燃煤发电。2022 年，德国、法国、奥地利、荷兰等国宣布重新开启燃煤电厂，以保障能源供应。欧洲能源署指出，传统燃料使用的增加产生了更多的二氧化碳排放，欧洲需要在未来做出更大幅度的减排行动，才能实现此前设定的碳中和目标。此外，2022 年化石能源消耗的大幅增加导致美国的碳排放总量不断飙升。据美国能源信息管理局统计，2022 年美国化石燃料的二氧化碳排放量高达 49.53 亿吨。这

样的外部环境对全球碳减排行动的决心和信心是严峻的考验。

2022年，全球有28个国家提交了新的国家自主贡献目标，覆盖了全球17%的二氧化碳排放量和31.2%的人口，但是仍有164个国家没有进行更新。相比之下，澳大利亚、挪威、新加坡、阿联酋、泰国、墨西哥提出了更加强有力的国家自主贡献目标，而巴西、印度、印度尼西亚、英国、埃及并没有增加气候雄心。为此，COP27主席国埃及打出的口号是"共同实施"，呼吁各国脚踏实地兑现既有承诺。

（二）主要国家低碳经济政策概述

2022年，全球气候行动势头稍有不足，但是全球主要经济体已经逐步推出碳减排政策来应对严峻的气候变化形势，清洁能源产业保持强劲的发展势头。

2022年8月，美国拜登政府签署了《通胀削减法案》，其中指出将有3690亿美元被用于应对气候变化、推广清洁和可再生能源，并提振相关产业。这被视为美国迄今为止最大的一笔应对气候变化投资。该法案也是拜登政府上台后力推的一项主打低碳能源和基建发展的计划。预计这一笔投资将帮助美国降低能源消费成本，发展清洁能源，从而使美国在2030年较2005年减排目标提升至40%。然而，该法案推出之后也受到了一些媒体和专家的广泛质疑。他们普遍认为该法案对于减缓气候变化不会产生很大的作用，并将其视为民主党为中期选举的拉票之举。

欧洲因为俄乌冲突，面临着极为复杂的能源供应形势。虽然短期内一些欧盟国家选择重启煤电以应对天然气短缺和价格飞涨，但这次危机让加大力度开发本地可再生能源成为欧盟的共识。2022年9月，欧盟将2030年能源供应中可再生能源占比目标从40%提升到45%。此外，欧盟的可再生能源供电比例也在显著增加。能源和气候政策智库E3G和Ember研究显示，2022年3月至9月，欧盟24%的电力来自风能和太阳能，比2021年提高了3%。新增的可再生能源为欧盟节省了80亿立方米、价值约110亿欧元的天然气。

英国在降低碳排放的过程中，进一步强调发挥氢能在能源经济中的重要作用。2022年4月，英国接连发布了新版的《能源安全战略》和《氢能投资者路线图》，明确提出到 2030 年将国内低碳氢产量从 5 吉瓦增加至 10 吉瓦，其中一半将完全绿色化。2022 年 7 月，英国启动了全球第一个国家清洁氢气补贴计划，该计划使用差价合约的设置，以资助最初的 1 吉瓦绿氢和 1 吉瓦蓝氢项目。此外，为了支持开发和建设低碳氢气生产项目，还从净零氢基金获得高达 2.4 亿英镑的补助资金。

根据韩国环境部 2022 年预算，政府将投入约 12 万亿韩元推进碳中和行动，并向新设立的气候应对基金（2.5 万亿韩元）拨款 6972 亿韩元。2022 年，韩国向碳中和基础设施投入 5 万亿韩元（占总预算的 40% 以上），致力于推广普及零排放汽车，减少工业和公共部门的温室气体排放，培育绿色产业和激活绿色金融，扩大碳吸收源，加快向碳中和社会转型。

印度在 2022 年正式更新了气候目标。新的 2030 年目标包括：碳排放强度降低 45%，来自非化石能源的新增电力装机超过 50%。此外，印度政府还推出了一系列激励措施，推动太阳能板配件、储能电池、绿氢等清洁能源产品在本地的生产能力。2022 年 8 月，印度通过了《2022 年节能修正案》，旨在节约能源，提高利用效率，对建筑、工业领域提出了一系列相关措施。例如，授权政府规定能源消耗标准，可以要求指定行业满足非化石能源的最低消费比例；在印度建立全国碳市场，集中各个行业的碳和环境信用交易。印度在 COP27 会议中聚焦于"气候融资"议题，呼吁发达国家向发展中国家提供必要的气候资金援助和技术转让，以采取实际行动应对气候变化问题。

虽然低碳转型与能源安全、经济社会协同发展的理念已经获得了越来越多的认可，但我们应该意识到低碳转型进程无法脱离外部政治经济环境而存在。因此，在大环境的低谷期，期待低碳政策的一枝独秀并不现实，需要各国齐心协力，加强碳减排领域的国际合作，共同应对气候变化。

二、2022 年中国低碳经济政策发展分析

2022 年，中国生态文明建设进入以降碳为重点战略方向、推动减污降碳协同增效、促进经济社会发展全面绿色转型、实现生态环境质量改善由量变到质变的关键时期。"双碳"目标的设立为加速中国经济绿色低碳转型提供巨大动力，对中国经济增长模式产生极其深远的影响。

(一)国家层面密集出台发展低碳经济的相关政策

2022年,作为"十四五"规划的关键之年,同时也是党的二十大召开之年,中国围绕《中共中央 国务院关于完整准确全面贯彻新发展理念做好碳达峰碳中和工作的意见》和《2030年前碳达峰行动方案》两项顶层设计,继续建成碳达峰碳中和"1+N"政策体系,推出了一系列"双碳"相关政策(表1)。2022年10月16日,党的二十大报告中提出要推进美丽中国建设,坚持山水林田湖草沙一体化保护和系统治理,统筹产业结构调整、污染治理、生态保护、应对气候变化,协同推进降碳、减污、扩绿、增长,推进生态优先、节约集约、绿色低碳发展。党的二十大报告在中国碳达峰碳中和的部署和建设生态文明、推动社会可持续发展方面起到了"举旗定向"的作用。

表1 2022年国家层面"双碳"政策汇总

时间	发布机构	政策名称	主要内容
2022年1月22日	生态环境部	"十四五"生态环境监测规划	从加快开展碳监测评估等十一方面提出43项工作内容,其中包括推进碳监测评估试点、补齐碳监测技术短板、积极开展消耗臭氧层物质等其他履约监测等内容
2022年1月24日	国务院	"十四五"节能减排综合工作方案	部署十大重点工程,包括重点行业绿色升级工程、园区节能环保提升工程、城镇绿色节能改造工程、交通物流节能减排工程、农业农村节能减排工程、公共机构能效提升工程、重点区域污染物减排工程、煤炭清洁高效利用工程、挥发性有机物综合整治工程、环境基础设施水平提升工程,明确了具体目标任务
2022年2月21日	自然资源部	海洋碳汇经济价值核算方法	提出了海洋碳汇能力评估和海洋碳汇经济价值核算的方法,适用于海洋碳汇能力评估和海洋碳汇经济价值核算与区域比较
2022年3月1日	住建部	"十四五"住房和城乡建设科技发展规划	到2025年,住房和城乡建设领域科技创新能力大幅提升,科技创新体系进一步完善,科技对推动城乡建设绿色发展、实现碳达峰目标任务、建筑业转型升级的支撑带动作用显著增强
2022年3月15日	教育部	加强碳达峰碳中和高等教育人才培养体系建设工作方案	强调了加强绿色低碳教育、打造高水平科技攻关平台、加快紧缺人才培养等9项重点任务

续表

时间	发布机构	政策名称	主要内容
2022年3月15日	生态环境部	关于做好2022年企业温室气体排放报告管理相关重点工作的通知	要求加强企业温室气体排放数据管理工作，强化数据质量监督管理
2022年3月22日	国家发展改革委、国家能源局	"十四五"现代能源体系规划	到2035年，基本建成现代能源体系，能源安全保障能力大幅提升，绿色生产和消费模式广泛形成，非化石能源消费比重在2030年达到25%的基础上进一步大幅提高，可再生能源发电成为主体电源，新型电力系统建设取得实质性成效，碳排放总量达峰后稳中有降
2022年3月25日	中共中央、国务院	中共中央 国务院关于加快建设全国统一大市场的意见	从打造统一的要素和资源市场等六方面提出建设全国统一的能源市场、培育发展全国统一的生态环境市场等23项要求，其中包括建设全国统一的碳排放权交易市场，推进排污权、用能权市场化交易，推动绿色产品认证与标识体系建设，促进绿色生产和绿色消费等内容
2022年4月2日	国家能源局、科技部	"十四五"能源领域科技创新规划	围绕先进可再生能源、新型电力系统、安全高效核能、绿色高效化石能源开发利用、能源数字化智能化等方面，确定了相关集中攻关、示范试验和应用推广任务，以专栏形式部署了相关示范工程，并制定了技术路线图
2022年5月31日	国家税务总局	支持绿色发展税费优惠政策指引	为助力经济社会发展全面绿色转型，实施可持续发展战略，国家从支持环境保护、促进节能环保、鼓励资源综合利用、推动低碳产业发展四个方面，实施了56项支持绿色发展的税费优惠政策
2022年5月31日	财政部	财政支持做好碳达峰碳中和工作的意见	提出坚持降碳、减污、扩绿、增长协同推进，积极构建有利于促进资源高效利用和绿色低碳发展的财税政策体系，推动有为政府和有效市场更好结合，支持如期实现碳达峰碳中和目标
2022年6月7日	生态环境部等17部门	国家适应气候变化战略2035	旨在强化我国适应气候变化行动举措，提高气候风险防范和抵御能力。提出新时期我国适应气候变化工作的指导思想、基本原则和2025年、2030年及2035年主要目标，进一步明确我国适应气候变化工作重点领域、区域格局和保障措施

续表

时间	发布机构	政策名称	主要内容
2022年6月17日	生态环境部等7部门	减污降碳协同增效实施方案	聚焦6个方面提出重要任务举措。一是加强源头防控；二是突出重点领域，围绕工业、交通运输、城乡建设、农业、生态建设等领域推动减污降碳协同增效；三是优化环境治理，推进大气、水、土壤、固体废物污染防治与温室气体协同控制；四是开展模式创新，在区域、城市、产业园区、企业层面组织实施减污降碳协同创新试点；五是强化支撑保障；六是加强组织实施
2022年6月24日	交通运输部等4部门	交通运输部 国家铁路局 中国民用航空局 国家邮政局贯彻落实《中共中央 国务院关于完整准确全面贯彻新发展理念做好碳达峰碳中和工作的意见》的实施意见	提出坚持"全国统筹、节约优先、双轮驱动、内外畅通、防范风险"的总方针，落实国家碳达峰碳中和工作部署要求，统筹处理好发展和减排、整体和局部、长远目标和短期目标、政府和市场的关系，以交通运输全面绿色低碳转型为引领，以提升交通运输装备能效利用水平为基础，以优化交通运输用能结构、提高交通运输组织效率为关键，加快形成绿色低碳交通运输方式，加快推进低碳交通运输体系建设，让交通更加环保、出行更加低碳，助力如期实现碳达峰碳中和目标，推动交通运输高质量发展
2022年6月30日	农业农村部、国家发展改革委	农业农村减排固碳实施方案	到2025年农业农村减排固碳与粮食安全、乡村振兴、农业农村现代化统筹融合的格局基本形成，农业农村绿色低碳发展取得积极成效。到2030年农业农村减排固碳与粮食安全、乡村振兴、农业农村现代化统筹推进的合力充分发挥，农业农村绿色低碳发展取得显著成效
2022年7月7日	工信部等3部门	工业领域碳达峰实施方案	提出到2025年规模以上工业单位增加值能耗较2020年下降13.5%，"十五五"期间，基本建立以高效、绿色、循环、低碳为重要特征的现代工业体系，部署了深度调整产业结构、主动推进工业领域数字化转型等六项重点任务，并计划实施"重点行业达峰行动"和"绿色低碳产品供给提升行动"等
2022年7月13日	住建部、国家发展改革委	城乡建设领域碳达峰实施方案	从建设绿色低碳城市、打造绿色低碳县城和乡村、强化保障措施、加强组织实施四方面对城乡建设领域碳达峰工作进行了安排部署

续表

时间	发布机构	政策名称	主要内容
2022年8月18日	科技部等9部门	科技支撑碳达峰碳中和实施方案（2022—2030年）	提出到2025年实现重点行业和领域低碳关键核心技术的重大突破，到2030年建立更加完善的绿色低碳科技创新体系等目标；部署了能源绿色低碳转型科技支撑行动、低碳与零碳工业流程再造技术突破行动等十大行动
2022年9月20日	国家能源局	能源碳达峰碳中和标准化提升行动计划	明确到2025年初步建立起较为完善、可有力支撑和引领能源绿色低碳转型的能源标准体系，到2030年建立起结构优化、先进合理的能源标准体系等主要目标；提出加强新型电力系统标准体系建设、加快完善新型储能技术标准、加快完善氢能技术标准等六项重点任务
2022年10月31日	市场监管总局等9部门	建立健全碳达峰碳中和标准计量体系实施方案	提出围绕应用领域和应用场景，构建碳达峰碳中和标准计量体系总体框架。部署了完善碳排放基础通用标准体系、加强重点领域碳减排标准体系建设等七项重点任务，并计划实施碳计量科技创新工程、碳计量基础能力提升工程等九项重点工程和行动
2022年11月2日	科技部等5部门	"十四五"生态环境领域科技创新专项规划	明确提出十大领域50项技术的重点任务，并强调深化生态环境国际科技合作，旨在积极应对"十四五"期间中国生态环境治理面临的挑战，加快生态环境科技创新，构建绿色技术创新体系，推动经济社会发展全面绿色转型，建设美丽中国

（二）地方层面积极出台碳达峰实施方案

省级政府是地方社会经济发展的主要政策制定方、推动者，也是引领政策和机制改革的关键力量。鉴于省级政府在落实中央政策时的重要地位，各省级政府的转型雄心和行动力，也将决定中国碳达峰行动的实际成效和绿色低碳革命的深度。2022年，多省积极响应国家总体部署，结合地区资源环境禀赋、产业布局、发展阶段等，科学制定地区碳达峰行动方案。截至2022年年底，已有14个省份出台碳达峰实施方案（表2）。

表2 2022年地方层面碳达峰实施方案汇总

时间	政策名称	主要内容
2022年7月8日	上海市碳达峰实施方案	提出能源绿色低碳转型等十大行动,确保2030年前实现碳达峰
2022年7月8日	江西省碳达峰实施方案	提出将碳达峰贯穿于生态文明建设和经济社会发展各方面、全过程,明确重点实施"碳达峰十大行动"
2022年7月22日	吉林省碳达峰实施方案	部署了碳达峰十大行动,提出梯次有序降碳
2022年8月9日	海南省碳达峰实施方案	从能源、产业、交通、城乡建设四大领域进行节能降碳,确保如期实现碳达峰
2022年8月25日	天津市碳达峰实施方案	提出能源绿色低碳转型等2030年前实现碳达峰的十大行动
2022年9月5日	黑龙江省碳达峰实施方案	将碳达峰贯穿于经济社会发展各方面和全过程,扎实推进"碳达峰十大行动"
2022年9月29日	辽宁省碳达峰实施方案	明确了推进能源绿色低碳转型等碳达峰十项重点任务
2022年10月13日	北京市碳达峰实施方案	从七个方面,提出28项具体任务措施确保实现碳达峰
2022年10月14日	江苏省碳达峰实施方案	提出深入开展低碳社会全民创建等碳达峰八大专项行动
2022年10月28日	宁夏回族自治区碳达峰实施方案	明确碳达峰十大行动,将推动化工行业碳达峰列为重点任务
2022年10月28日	湖南省碳达峰实施方案	提出十大行动确保2030年前实现碳达峰目标
2022年11月4日	贵州省碳达峰实施方案	提出将重点实施能源绿色低碳转型、节能降碳增效等碳达峰十大行动
2022年11月19日	内蒙古自治区碳达峰实施方案	提出"十四五""十五五"两个碳达峰关键期的主要目标及能源低碳绿色转型等碳达峰十二大行动
2022年12月7日	安徽省碳达峰实施方案	提出到2025年,非化石能源消费比重达到15.5%以上。"十五五"期间,非化石能源消费比重达到22%以上,顺利实现2030年前碳达峰目标

三、2023年中国低碳经济政策发展展望

为了实现碳达峰的要求，中国将进一步完善"1+N"政策体系，还将建立完善针对中央企业的低碳考核制度，各省将继续出台碳达峰实施方法。

（一）"1+N"政策体系进一步完善

2022年，中国碳达峰碳中和"1+N"政策体系和实施路径逐步清晰。中央各部委制定了分领域、分行业的碳达峰实施方案并出台了大量支撑保障政策。从行业角度看，中国已对炼油、化工、钢铁、水泥等行业出台碳达峰实施方案。在《"十四五"现代能源体系规划》等能源相关政策中，也对能源消费侧和供给侧提出节能降碳具体目标。从区域看，各地方政府已根据自身情况编制碳达峰方案，当前，已有14个省份出台"双碳"行动方案，从新能源、煤炭、化工、钢铁、有色、建材、交通运输、建筑、碳汇等领域进行详细部署。另外，重庆等省份（直辖市）已发布工业领域碳达峰实施方案征求意见稿，面向社会公开征求对实施方案的意见，预计即将出台具体碳达峰实施方案。总体来看，2022年碳达峰碳中和"1+N"政策体系已基本建立。2023年政府工作报告指出，今年要推动发展方式绿色转型，深入推进环境污染防治。加强城乡环境基础设施建设，持续实施重要生态系统保护和修复重大工程。推进煤炭清洁高效利用和技术研发，加快建设新型能源体系。完善支持绿色发展的政策，发展循环经济，推进资源节约集约利用，推动重点领域节能降碳，持续打好蓝天、碧水、净土保卫战。可见2023年的低碳经济政策仍将围绕减污、降碳、扩绿、增长，重点推进能源革命、煤炭清洁高效利用和产业绿色转型升级。2023年，中央层面，将进一步完善"1+N"政策体系，预计将继续出台分领域、分行业的碳达峰实施方案及保障措施。此外，还将在建设完善碳排放权交易市场、建立完善绿色标准体系和加强碳汇监测与核算等方面出台一系列政策和措施。地方层面，未出台碳达峰实施方案的省份也会尽快明确碳达峰具体目标和实施路径，确保如期实现碳达峰。此外，各省市也将逐步出台分行业的碳达峰实施方案，预计到2023年年底，地方层面的碳达峰碳中和"1+N"政策体系也初具雏形。

（二）建立针对中央企业的低碳考核制度

2022 年，国务院国资委要求中央企业有力有序推进碳达峰碳中和重点工作，要"一企一策"制定碳达峰行动方案。2022 年 8 月，国务院国资委在《中央企业节约能源与生态环境保护监督管理办法》中明确，中央企业要建立完善二氧化碳排放统计核算、信息披露体系，采取有力措施控制碳排放。此外，国务院国资委在《提高央企控股上市公司质量工作方案》中也提到，中央企业集团公司要进一步完善环境、社会责任和公司治理（ESG）工作机制，提升 ESG 绩效，推动更多央企控股上市公司披露 ESG 专项报告，力争到 2023 年相关专项报告披露"全覆盖"。2023 年，中国将进一步完善针对中央企业的低碳考核制度，优化信息披露系统，同时着重可持续性责任，要求企业在资源利用、环境保护、能源管理等方面做出更多实践。预计 2023 年的央企 ESG 报告将更多关注环境、社会、治理等指标的绩效衡量，并将包括更多的细节内容。此外，中国还将出台一系列支持政策和保障措施，确保中央企业如期实现碳达峰。

低碳财税政策发展分析与展望

财政是国家治理的基础和重要支柱，有助于促进能源绿色低碳转型，碳达峰碳中和这一经济社会系统性变革，需要财税政策的有力支持与保障。中国政府正积极通过财政助力"双碳"目标的实现，世界各国也采取多项财税政策积极应对碳中和。

一、2022年国际低碳财税政策发展概况

（一）发达国家低碳财税政策发展现状

1. 日本

日本于2020年10月宣布将于2050年实现碳中和的长期目标，2021年4月又提出2030年较2013年碳达峰时温室气体排放量减少46%的中期目标。为此，日本政府出台"绿色增长战略"，力争创造"经济与环境的良性循环"，强调运用多种政策工具促进碳中和目标的实现。在建立去碳化社会的过程中，民间企业的去碳化投资起到至关重要的作用。因此，日本"绿色增长战略"也提出，日本政府将在"引领新时代的挑战中，对大胆投资、勇于创新的民间企业给予全力支持"。

为实现2050年碳中和的目标，日本在低碳财税政策设计方面做了不少创新。作为财政支持措施，在财政预算中特别设置总额2万亿日元的"绿色创新基金"，主要支持在迈向碳中和社会的过程中不可缺少的、作为产业竞争力基础的重点领域，从技术开发、实证到社会应用，在十年间持续提供资金支援。"绿色创新基金"分为三个关键领域，一是绿色电力的普及，包括海上风力发电的低成本化、次世代太阳能电池的开发等；二是能源结构转换，包括大规模氢能供应链的构建、水电解制氢的推广、钢铁锻造工艺中氢的应用、燃料氨供应链的构建、二氧化碳的分离和回收等技术开发、废弃物处理

中的减排技术开发等；三是产业结构转换，包括新一代蓄电池和电机的开发、新能源汽车普及伴生供应链技术变革的开发和实证、智能出行社会的构建、新一代飞机和船舶的开发、农林水产业二氧化碳削减和吸收技术的开发等。2021年3月，该基金正式成立，并开始招标。2021年8月，旭化成、日挥、东京电力、新日石、日本氢能源等企业的水电解装置技术开发及电力多元化转换实证项目、国际氢供应链技术及氢能发电技术开发项目获得审批。

同时，为促进数字经济和绿色经济协同发展，日本还在2021年度税制改革中创设"数字化转型投资促进税制"。企业购置符合税法规定的设备和软件，利用数字技术提高业务效率或改善服务，在满足提高生产率或者开拓新生产销售模式以及确保网络安全的条件下，可以按照设备和软件取得价款的3%直接抵免法人税税额，或选择按取得价款的30%进行特别折旧；为鼓励数据共享，在跨企业集团进行数据共享和合作的情况下，抵免标准可以提高至设备和软件取得价款的5%。"碳中和投资促进税制"和"数字化转型投资促进税制"抵免法人税的上限合计为当期法人税税额的20%。日本政府期望通过这两项制度，引导未来产业发展方向，鼓励企业将碳中和与数字化转型提升至战略层面，为长期可持续发展和提升竞争力主动进行投资。

在碳税方面，探讨设计新型碳税，发挥税收政策调控作用。日本现行的碳税名为"地球温暖化对策税"，对使用化石燃料而造成的二氧化碳排放征税，每吨二氧化碳排放量折合征收289日元，在国际上已经征收碳税的国家中处于较低水平。随着减排目标提高，发挥税收政策的调控作用更加重要。为此，日本环境省力推新型碳税，并设置专门机构对碳税的税率和征收环节进行探讨和设计，预计逐步提高每吨二氧化碳排放量的征收额，并扩展税收征收环节。

日本政府也在着手制定碳边境调节机制，提升国际规则话语权。一方面，加强在规则制定和技术标准化方面与欧美国家的合作，在国际规则制定过程中发挥影响力，确保反映日本利益诉求，形成以欧美日为主导的国际规则体系，创造有利于日本的国际环境；另一方面，与新兴国家在具体项目上进行合作，利用国际规则优势和技术优势，在节能减排设备提供、清洁能源开发、碳回收利用、核能、氢能、生物燃料、氨氢混烧等项目以及基础设施建设方面扩大海外市场，确保日本海外利益。2022年1月，日本首相岸田文雄在其施政方针演说中提出，日本将发挥在氢和氨等领域的技术、制度和经验优势，与亚洲国家共建"零排放共同体"，反映了日本在国际碳中和进程中继续强化影响力的战略意图。

2. 美国

美国现阶段主要的财税政策便是2021年1月美国财政部和国税局发布的碳捕集与封存税收优惠政策，即45Q条款最终法规。45Q条款是针对碳捕集与封存的一项企业所得税优惠政策。具体做法是：按照捕集与封存的碳氧化物数量计算一个抵免额，允许纳税人从企业所得税应纳税额中进行抵免。45Q条款赋予了纳税人更大的灵活性，即可以选择不同主体享受抵免资格。这一措施将有效吸引私人资本进入该行业，大幅提高最高税收抵免额，抵免资格分配制度更加灵活，明确私人资本有机会获得抵免资格。美国45Q条款最终法规将有效刺激高排放企业参与节能减排，有助于释放数十亿美元的私人资本进行碳捕集与封存，提高市场投资的积极性。该政策是目前全世界最系统的碳捕集与封存激励政策，也将显著提高美国高排放企业节能减排的积极性。

美国2022年《通胀削减法案》为45Q税收抵免条款提供了重要的更新。这项税收政策刺激了碳捕集与封存的使用。政府间气候变化专门委员会和国际能源署认为，碳捕集与封存作为气候解决方案可在应对气候变化的努力中发挥重要作用。通过扩大和加强45Q条款，税收抵免对广泛的投资者和开发商来说更容易获得。这将使碳捕集与封存更接近于实现其作为钢铁、水泥、炼油厂和发电等难以消减的行业的关键去碳化解决方案的潜力。以前缺乏必要激励措施的工业部门现在将更有可能参与到碳捕集、清除、运输和储存的生态系统中。根据4300亿美元的美国气候和税收法案，部分税收抵免将用于补贴碳封存项目，以抵消一些反污染举措的启动成本。美国每年有大约50亿吨的碳排放可以用于捕集与封存计划。

低碳财税政策覆盖非化石能源交通工具的发展。在燃料电池汽车方面，消费者购买指定的轻型燃料电池汽车可获得高达8000美元的退税抵扣；中、重型燃料电池汽车也可享受一定的退税抵扣。美国加利福尼亚州清洁车辆补贴项目为购买或租赁燃料电池汽车提供补贴，最高可达4500美元，符合条件的低收入家庭还可以获得额外 2500 美元的补贴。燃料电池车车主还可享有无条件使用拼车专用道、免过桥费、免费加氢（预充 4000 美元）、免费租车、零利率车贷等多项优惠扶持政策。

为推动绿氢市场发展，美国推出多项公共政策，比如通过政府采购强化对氢能的支持，支持氢能基础设施建设，推动氢利用的跨部门耦合等。2021年 11 月，美国总统拜登签署《基础设施投资和就业法案》，授权拨款 95 亿美元用于清洁氢的研发、示范项目建设等，其中 80 亿美元用于区域清洁氢枢纽建设，并将继续对清洁能源和储能项目提供投资税收抵免和生产税收抵免。2021 年 5 月，美国财政部发布了"绿皮书"，提出为燃料电池厂提供投资成本 30% 的投资税收抵免，对天然气管道改造和储氢项目提供税收减免等。

3. 德国

2021 年 5 月 12 日，修订后的《德国联邦气候保护法》提出了在 2045 年实现碳中和的"两步走"路线图：一是到 2030 年，德国实现温室气体排放总量比 1990 年的水平减少 65%；二是 2045 年实现碳中和，即温室气体净零排放，比 2019 年的计划提前 5 年。2020 年 6 月，德国联邦政府出台的总规模 1300 亿欧元的经济复苏计划中，有 500 亿欧元聚焦于气候变化的应对措施，包括电动交通、氢能、铁路交通和建筑等领域。该复苏计划实际上是对德国 2045 年碳中和目标导向下经济绿色低碳转型行动框架的延续、优化和加速推进。

德国政府将补贴与税收相结合，降低交通运输行业温室气体排放。通过财政补贴与税收政策相结合的激励约束机制，鼓励公众使用电动汽车、自行车和铁路出行，鼓励发展替代燃料技术。从 2019 年 11 月起对购买电动汽车的消费者给予最高 6000 欧元的补贴；到 2030 年政府补贴建设 100 万个充电站；从 2021 年起以每年 10 亿欧元的投入加快地区公交电动化的更替；到 2030 年投入 860 亿欧元对全德铁路网进行电气化和智能化改造升级。此外，利用税收对居民消费的影响效应，引导居民绿色消费。德国政府对 2021 年以后新购买的燃油车征收基于公里碳排放的汽车税。自 2020 年 1 月起，德国联邦政府为鼓励公众乘坐长途火车出行而不是乘坐飞机，将长途火车票价的增值税从 19% 永久性降低到 7%，同时调高欧洲地区航班的增值税。

德国低碳财税政策还涉及建筑的绿色低碳发展。德国《建筑物能源法》明确了用基于可再生能源有效运行的新供暖系统代替旧供暖系统。此外，政策性银行——德国复兴信贷银行发挥了绿色金融杠杆效应和示范作用，通过设立联邦节能建筑基金长期为节能建筑和节能改造提供低利率信贷优惠支持政策。对于环保节能绩效好的项目，可以给予持续10年、贷款利率不到1%的优惠信贷政策，利率差额由中央政府予以贴息补贴。

德国联邦政府的低碳财税政策涉及绿氢行业。德国设立了国家氢能基金，计划为氢能提供90亿欧元资金支持。德国《可再生能源法（2021）》首次提出支持绿氢的生产和工业使用，减免用于绿氢制取的可再生能源附加费，减免幅度可达85%甚至100%。

德国还将试点碳差价合约，即由政府补足合约约定的碳价格与碳市场交易价格的差额，能够显著降低碳市场价格波动的风险，继而保障绿氢企业的投资回报。此外，德国预计到2050年进口绿氢将达到4500万吨，因此推出了"绿色氢潜能地图"项目，对非洲30多个国家的绿氢生产和出口潜力进行评估，通过积极的对外投资，逐步开展与非洲国家的绿氢贸易。2021年6月，德国政府宣布了总预算为9亿欧元的氢全球计划，培育国际绿氢市场，在国外竞价收购绿氢，在国内市场竞价拍卖。

4. 韩国

韩国政府的低碳财税政策积极支持可再生能源的发展。2020年年初，韩国贸易、工业和能源部发布《2020年新能源和可再生能源技术开发利用和行动计划》，提出投资187亿韩元用于加氢站建设、燃料电池等的研发。在燃料电池车方面，韩国中央和地方政府提供了购车补贴，对市场需求的扩展起到了关键作用。在加氢站方面，韩国政府自2019年起为新建加氢站提供30亿韩元的建设补贴，为存续加氢站提供上一年运营费用66%的运营补贴；减免50%的国有土地租赁费，还为民营加氢站提供长期低息贷款。韩国贸易、工业和能源部联合韩国天然气、韩国现代等13家大型企业成立了一家名为HyNet的特别公司推动加氢站建设。该公司截至2022年已经投资1350亿韩元建造100座加氢站。

综上所述，发达国家低碳财税具体政策策略及其主要内容如表3所示。

表3 发达国家低碳财税政策

国别	政策策略	主要内容
日本	绿色增长战略	运用财税等政策工具促进经济与环境的良性循环，支持民间企业
	绿色创新基金	支持三个关键领域：绿色电力的普及，能源结构转换，产业结构转换
	碳中和投资促进税制	企业购置符合税法规定的"具有显著脱碳效果"产品的生产设备、企业购置符合税法规定的"促进生产流程脱碳化且提高增加值"的设备
	数字化转型投资促进税制	按照设备和软件取得价款的3%直接抵免法人税税额，或选择按取得价款的30%进行特别折旧
	地球温暖化对策税	对使用化石燃料而造成的二氧化碳排放征税，每吨二氧化碳排放量折合征收289日元
	碳边境调节机制	与新兴国家在具体项目上进行合作，在节能减排设备提供、清洁能源开发、碳回收利用、核能、氢能、生物燃料、氨氢混烧等项目以及基础设施建设方面扩大海外市场
美国	碳捕集与封存税收优惠政策	按照捕集与封存的碳氧化物数量计算一个抵免额，允许纳税人从企业所得税应纳税额中进行抵免
	2022年通胀削减法案	刺激碳捕集与封存的使用
	4300亿美元的美国气候和税收法案	税收抵免用于补贴碳封存项目，以抵消反污染举措的启动成本
	清洁车辆补贴项目	为购买或租赁燃料电池汽车提供补贴，符合条件的低收入家庭还可以获得额外2500美元的补贴
	财政支持清洁氢的发展	80亿美元用于区域清洁氢枢纽建设，并将继续对清洁能源和储能项目提供投资税收抵免和生产税收抵免
德国	财税政策鼓励清洁交通工具的使用	2021年起以每年10亿欧元的投入加快地区公交电动化的更替；到2030年投入860亿欧元对全德铁路网进行电气化和智能化改造升级
	财税政策促进绿色建筑	对于环保节能绩效好的绿色建筑项目，给予持续10年、贷款利率低于1%的优惠信贷政策，利率差额由中央政府予以贴息补贴
	国家氢能基金	为氢能发展提供90亿欧元资金支持
	碳差价合约	补足合约约定的碳价格与碳市场交易价格的差额
韩国	2020年新能源和可再生能源技术开发利用和行动计划	投资187亿韩元用于加氢站建设、燃料电池等的研发

（二）发展中国家低碳财税政策发展现状

1. 印度尼西亚

印度尼西亚政府和财政部肯定碳税的积极作用。碳税是一项减缓气候变化的有效战略。同时，它能够带来可观的收入，解决预算赤字问题。它也可以与取消化石燃料补贴同时实施，实现可持续的低碳经济。印度尼西亚政府于 2021 年颁布了《税收统一法》，该法修改了包括增值税、所得税、碳税、税收赦免和消费税制度在内的许多基本制度规定。其中碳税的征收对象为化石燃料的碳含量，燃煤电厂成首批征税对象。超过规定上限后，每公斤碳当量排放将征缴 30 印尼盾（约 0.21 美分）的税费，相当于每吨碳当量征税 2.1 美元。其目标是到 2030 年，在没有外部协助的情况下实现碳排放量比照常水平减少 29%；在国际提供支持的情况下，实现碳排放量比照常水平减少 41%。印度尼西亚政府希望该税能限制导致全球气温升高的温室气体排放，并最终降低印度尼西亚发生气候灾害的风险。印度尼西亚政府计划到 2025 年通过碳交易所全面实施碳税，企业可以在交易所交易其排放许可证。主要手段是逐步扩大碳税覆盖领域。

2. 哈萨克斯坦等中亚五国

中亚五国（哈萨克斯坦、吉尔吉斯斯坦、塔吉克斯坦、土库曼斯坦、乌兹别克斯坦）政府也通过财税政策激励绿色金融的发展。哈萨克斯坦《2025 企业路线图》提到，要为绿色债券和绿色贷款提供不超过 50% 的贴息。中亚其他国家也已经出台支持绿色产业的财政激励政策。吉尔吉斯斯坦已通过新能源补贴政策，以提高可再生能源的利润空间；乌兹别克斯坦财政部在法国开发署 1.5 亿欧元的贷款支持下，为发展清洁交通和政府绿色采购提供财政补贴。

在绿色政府和社会资本合作即绿色 PPP 方面，2021 年，哈萨克斯坦政府与欧亚开发银行进行绿色 PPP 国际合作，获得欧亚开发银行提供的 36 亿坚戈（约 828 万美元）绿色贷款，用于哈萨克斯坦阿特劳市的节能路灯项目。该项目使阿特劳市的路灯能耗减少 80%。乌兹别克斯坦在其《2019—2030 年绿色经济转型战略》中提出要发展绿色 PPP。

在碳定价机制方面，哈萨克斯坦于 2013 年就已经初步构建了全国性的碳交易市场，是最早启动国家级碳市场的亚洲国家。哈萨克斯坦碳市场目前覆盖了全国能源产量的 46%，包含电力、油气、冶金、化工、建材等 8 个行业。根据 2022 年国家分配计划，哈萨克斯坦碳排放交易系统进入第五阶段，2022 年设定的碳排放上限为 1.403 亿吨二氧化碳。同时，哈萨克斯坦正在研究建立本国的碳税征收体系，以避免全额向欧盟支付"碳边境税"，所得款项将用于本国的绿色项目。塔吉克斯坦和土库曼斯坦分别计划在 2030 年和 2025 年以前构建碳定价机制。

综上所述，发展中国家低碳财税具体政策策略及其主要内容如表 4 所示。

表 4　发展中国家低碳财税政策

国别	政策策略	主要内容
印度尼西亚	税收统一法	每公斤碳当量排放将征缴 30 印尼盾（约 0.21 美分）的税费，相当于每吨碳当量征税 2.1 美元
哈萨克斯坦	2025 企业路线图	为绿色债券和绿色贷款提供不超过 50% 的贴息
	绿色贷款	阿特劳市的节能路灯项目
	碳税征收体系	避免全额向欧盟支付"碳边境税"，所得款项将用于本国的绿色项目
吉尔吉斯斯坦	新能源财税补贴	利用财税手段支持可再生能源的发展
乌兹别克斯坦	2019—2030 年绿色经济转型战略	发展绿色政府和社会资本合作

（三）国际低碳财税政策发展经验借鉴

在世界各国积极推进碳达峰碳中和的大趋势下，发达国家纷纷出台相关财税政策，并将这些低碳财税政策作为可持续发展和经济绿色低碳转型的重要推动力，以在低碳转型的时代背景下争取更大的海外市场和国际规则制定的主导权。而发展中国家应对碳中和的财税政策相对较少，并且还没有形成较为全面的政策体系。因此，中国可以借鉴欧美等发达国家的较为成熟的低碳财税政策，在低碳财税方面采取更加有力的政策和措施，将财税政策作为重要经济手段来促进绿色低碳转型。

二、2022年中国低碳财税政策发展分析

在了解世界各国低碳财税政策共性与差异的基础上，对中国现行低碳财税政策进行分析，并结合国际低碳财税政策尤其是发达国家的财税政策，指出中国目前财税政策可能存在的问题。

（一）中国现行的低碳财税政策

1. 环境保护税

中国现行财税体系有助于双向调节助力生态环境保护，在推进中国绿色发展方面发挥了重要作用，以环境保护税为主体的约束性绿色税收政策产生了明显的节能减排效应。

第一，环境保护税的实施促进了主要污染物排放量的下降。自2018年实施以来，截至2020年纳税人申报的主要大气污染物二氧化硫、氮氧化物排放量年均降幅分别达3.5%、3.1%，主要水污染物化学需氧量、氨氮排放量年均降幅分别达3.8%、3.3%。此外，全国每万元GDP产值对应的污染当量数从2018年的1.16下降到2020年的0.86。

第二，水资源税改革试点有效抑制不合理用水需求，促进水资源节约保护。2016年7月，河北省在全国率先实行水资源税改革试点。2017年12月，试点扩大到北京、山西、内蒙古等9个省（区、市）。水资源税改革试点有效释放了绿色红利，节水效应显现，地下水取用量下降，特种行业转变用水结构，高耗水企业采取节水措施。数据显示，扩大试点的9省（区、市）实行改革后半年，超采区取用地下水量同比下降9.28%。如北京某热电有限公司改革试点前全部使用地下水，试点后优先使用地表水，试点半年少采地下水3万立方米，降幅达64%。

第三，资源税立法为减污降碳源头管控奠定了法律基础。《中华人民共和国资源税法》自2020年9月起开始施行。资源税是绿色税收体系的重要组成部分，立法营造了透明、稳定、可预期的良好税收环境，通过引导人们对资源的节约利用、高效利用解决部分环境问题，同时实现经济社会的可持续发展。

第四，中国还出台了一系列激励企业绿色发展的税收政策。在企业所得税方面，符合条件的环境保护、节能节水项目所得，可享受企业所得税"三免三减半"；购置并实际使用符合规定的环保节能专用设备，可按10%抵免当年所得税应纳税额；符合规定的环保产业设备给予投资抵免、加速折旧等优惠。在关税方面，2021年1月起，调低了部分节能环保产品的进口关税。在增值税方面，对利用风力生产的电力等自产货物实行增值税即征即退50%的政策，销售符合条件的自产资源综合利用产品和提供资源综合利用劳务享受增值税即征即退政策。在车辆购置税和车船税方面，对购置的符合条件的新能源汽车免征车辆购置税；对符合一定节能标准的新能源船舶和汽车免征车船税，鼓励新能源汽车消费。当然，目前绿色税收体系还存在激励和约束机制不够健全、征收管理有待完善、配套措施有待细化等问题，对绿色发展的促进作用还有进一步优化的空间。

"十三五"以来，中国以环境保护税、资源税、耕地占用税"多税共治"，以增值税、企业所得税等系统性税收优惠政策"多策组合"的绿色税收体系框架构建形成，在有效抑制企业高污染高耗能行为的同时，鼓励企业节能减排，双向调节助力绿色低碳发展。这些财税政策的制定实施，既注重对生态保护、创新发展的激励，又强化对破坏生态、粗放发展的约束，为我国高质量发展注入了强劲动力。

2. 绿色低碳发展的财政支持政策

近年来中国政府加快完善支持绿色低碳发展的财税制度体系。例如中央财政持续强化对相关领域的资金保障，支持绿色低碳发展的相关科研活动和清洁能源发展；通过设立国家绿色发展基金、推动生态环保领域开展政府和社会资本合作融资等方式，加大财政资金对社会资本的撬动作用，激发市场主体开展绿色投融资的热情；不断完善政府绿色采购政策，有效促进节能环保等产业的发展，积极引领全社会形成绿色消费趋势。

2022年5月25日，财政部印发了《财政支持做好碳达峰碳中和工作的意见》(以下简称《意见》)，明确了财政支持碳达峰碳中和的工作原则、主要目标、支持重点方向和领域，有利于让财税政策进一步体现绿色发展要求，为中国如期实现碳达峰碳中和提供有力保障。《意见》明确六大支持重点方向和领域，包括支持构建清洁低碳安全高效的能源体系、支持重点行业领域绿色低碳转型、支持绿色低碳科技创新和基础能力建设、支持绿色低碳生活和资源节约利用、支持碳汇能力巩固提升、支持完善绿色低碳市场体系；同时还提出五大方面措施，包括强化财政资金支持引导作用、健全市场化多元化投入机制、发挥税收政策激励约束作用、完善政府绿色采购政策、加强应对气候变化国际合作。

在低碳财政支出结构方面，《意见》明确需要加强财政资源统筹，优化财政支出结构，加大对碳达峰碳中和工作的支持力度。财政资金安排紧紧围绕党中央、国务院关于碳达峰碳中和有关工作部署，资金分配突出重点，强化对重点行业领域的保障力度，提高资金政策的精准性。中央财政在分配现有中央对地方相关转移支付资金时，对推动相关工作成效突出、发挥示范引领作用的地区给予奖励支持。

在低碳转型专项基金方面，《意见》建议研究设立国家低碳转型基金，支持传统产业和资源富集地区绿色转型；充分发挥包括国家绿色发展基金在内的现有政府投资基金的引导作用；鼓励社会资本以市场化方式设立绿色低碳产业投资基金；将符合条件的绿色低碳发展项目纳入政府债券支持范围；采取多种方式支持生态环境领域政府和社会资本合作（PPP）项目，规范地方政府对 PPP 项目履约行为。

在环保税收方面，《意见》建议落实环境保护税、资源税、消费税、车船税、车辆购置税、增值税、企业所得税等税收政策；落实节能节水、资源综合利用等税收优惠政策，研究支持碳减排相关税收政策，更好地发挥税收对市场主体绿色低碳发展的促进作用；按照加快推进绿色低碳发展和持续改善环境质量的要求，优化关税结构。

（二）中国低碳财税政策存在的问题

1.财政资金投入力度不足，投入方式不够创新

一是促进节能减排方面的财政支出总量较小，2016 年至 2019 年，全国节能环保财政支出 2.4 万亿元，占财政支出比重为 2.82%，占 GDP 的比重为 0.69%，远远不够发挥财政的政策导向作用。二是财政主要通过专项资金支持

清洁能源产业发展、节能减排，缺少科学的预算编制过程和有效的监督，导致财政资金使用效率低和财政资金来源不可持续。三是当前财政政策过于依赖财政支出和财政补贴这两种手段，没有充分与其他政策手段结合使用。

2. 政府绿色采购机制不够完善

一是政府绿色采购缺少法律法规的强约束。政府绿色采购主要遵循《政府采购法》中"政府采购应当有助于实现国家的经济和社会发展政策目标，包括保护环境"这一基本指导，再结合《节约能源法》《清洁生产促进法》《环境保护法》等法律法规中涉及节能环保的条目实行，在实际操作中缺乏约束，存在很大的漏洞。二是政府绿色采购管理体系尚不健全。中国缺乏专项负责绿色采购的部门和配套人员，降低了采购效率；同时，由于绿色采购绩效评估体系的缺失，采购流程缺乏有效的监督，财政支出获得的效益远达不到预期。

3. 税收优惠对绿色低碳产业发展的激励有待加强

一是部分税收优惠申请门槛高，税收优惠享受对象比例较低。例如有利于低碳技术发展的研发费用加计扣除这一优惠措施，中小微企业难以达到申请条件。二是针对绿色低碳产业发展的区域性税收优惠不足。中国地区间经济发展水平和产业结构差距较大，导致各地区财政收入水平差异大，税收优惠能实施的空间也受到影响。同时，各地区节能减排程度和绿色低碳产业发展方向也不同，东部地区和中部地区能源消耗量大，二氧化碳排放多，西部地区排放污染少且适合太阳能、风能等清洁能源发展，缺少符合区域特点的税收优惠，不利于绿色低碳产业空间布局的形成。

4. 财税政策的靶向性不够

绿色低碳产业的核心是低碳技术的研发创新。虽然目前财税政策覆盖范围越来越广，但是对于低碳技术研发创新的激励程度不够，针对性、倾斜性、重点性体现不足，尤其是碳捕集与封存等核心技术的研发是中国绿色低碳产业是否具备竞争力的关键。财税政策对于低碳技术的支持靶向不足，不利于绿色低碳产业持续健康发展。

5. 财税政策配套金融支持政策缺乏力度

绿色财税政策配套支持政策主要包括碳排放权交易市场的运行、碳基金、碳期货等一系列的金融政策，但中国相关金融政策发展缓慢，以绿色信贷为主，而其他的金融衍生品使用不足。例如，中国碳排放权交易市场处于起步阶段，市场总量小且机制尚不完善。

三、2023年中国低碳财税政策发展展望

基于对中国现行低碳财税政策的分析，通过借鉴国际经验，对中国低碳财税政策发展提出展望。

（一）增加财政投入总量，强化财政政策导向

首先，增加节能环保财政支出和财政补贴投入总量，优化支出结构，完善财政支出绩效评估管理体系，建立有利于经济低碳转型的财政预算体系，加强财政资金管理，提高财政资金使用效率。其次，加大对低碳技术研发的倾斜，支持创新平台建设，强化财政政策导向。最后，增强财政政策和金融政策协同作用，创新财政投入方式；通过财政政策支持绿色投融资发展，以金融工具为载体，优化升级传统财政投入方式；设立绿色发展基金，并给予税收优惠，实现财税金融工具与绿色发展有机结合，支持绿色发展目标实现。

（二）健全政府绿色采购机制，确定切实可行采购标准

首先，完善政府绿色采购的法律制度，建立符合中国实际情况的采购标准。其次，扩大政府采购范围和规模，及时更新绿色采购清单，引导企业生产更多的绿色节能产品。最后，设立专门负责绿色采购的部门，规范政府采购操作，完善绿色采购内部绩效评估和监督机制，对外公开采购信息，方便公众监督，防止采购过程中腐败行为产生，提高政府绿色采购的效益。

（三）进一步落实税收优惠，激发各类市场主体活力

首先，降低税收优惠门槛，扩大税收优惠覆盖范围，使更多中小微企业满足申请税收优惠条件，调动企业节能减排、技术创新的积极性。其次，完善区域性税收优惠政策，统筹考虑各个地区产业结构和经济发展的实际情况，鼓励东部地区积极进行低碳技术创新，夯实中西部地区经济平稳发展基础，

促进区域绿色低碳产业协调发展。最后，加强税收政策服务和宣传，避免出现企业对于税收优惠政策了解不充分的情况，确保税收优惠红利应享尽享。

（四）加大对低碳技术研发创新的支持力度，增强财税政策的靶向性

首先，完善低碳技术的认证与标准划分体系，根据不同的技术层级实施不同程度的财税政策支持。其次，强化财税政策对于低碳技术研发风险的保障，提高企业投入研发的意愿和信心。最后，完善鼓励高端人才引进和培养的财税政策，加大力度解决目前中国低碳核心技术领域人才紧缺的问题，使中国加快走上自主研发的道路。

（五）完善财政政策配套金融支持方案，激发绿色金融发展活力

继续健全绿色金融政策体系，包括加大绿色信贷投放力度，推进刚起步的绿色保险、绿色基金等金融政策发展。同时，还需进一步激发绿色投融资的动力，完善和规范碳排放权交易市场，有效激发市场活力，提高财税政策实施效率。

低碳产业政策发展分析与展望

2022年，世界各国相继公布低碳领域相关发展战略和政策措施，主要体现在：产业低碳发展关键技术的资金支持力度显著提高；新能源发展仍为低碳转型重点，包括海上风电、氢能、核能、地热能等；即使欧盟和英国受俄乌冲突造成的能源供应短缺影响，采取了部分临时性能源供应和利用应急措施，但世界各国加速化石燃料退出和持续推进脱碳进程的大势并未发生改变。2022年中国围绕"双碳"，加快出台分领域、分行业实施方案，积极稳妥推进能源绿色低碳转型，大力推动产业结构绿色升级，深入推进节能降碳工作，强化科技支撑和财税金融支持，夯实统计核算、标准计量、人才培养等基础工作。2023年，预计将围绕重点行业碳双控目标，加强技术标准体系建设，加快碳市场建设向成熟期发展过渡；中央和地方制定发布各行业碳中和发展路径和实施方案，并对关键前沿技术研发、低碳产业发展加大财税支持力度；力争加快碳循环、可再生能源等技术的产业化，进一步加强全国统一大市场的建设。

一、2022年国际低碳产业政策发展概况

（一）发达国家

1. 低碳产业法律制度方面

英国是首个立法承诺2050年实现净零排放的主要经济体，并随之密集部署新的能源与气候战略行动计划，以重新领导全球气候治理体系。

美国总统拜登签署《通胀削减法案》，其中政府计划拨款3690亿美元用于气候和清洁能源领域项目，重点覆盖清洁能源制造业，包括鼓励购买电动汽车和氢燃料电池汽车及部署充电站等，是美国历史上规模最大的一揽子"气候法案"。签署《芯片与科学法案》，旨在激励美国的半导体生产，同

时支持产业研究和创新，促进生物学、能源和量子计算等技术开发，拟拨款679亿美元用于能源部未来科学计划。总统授权美国能源部利用《国防生产法》加速国内五种关键清洁能源技术发展，包括：太阳能光伏器件，变压器等关键电网基础设施，建筑保温系统，电解槽、燃料电池、铂族金属催化材料等。

2022年3月，日本通过了修改《航空法》的法律草案，《有关〈推进航空碳减排基本方针〉的准备行为的规定》自2022年9月1日起施行。2022年4月，施行修订后的《全球变暖对策推进法》。

德国通过立法确定淘汰核电，2022年年底将关闭国内所有核电站。2022年4月通过一系列立法草案，计划2030年实现80%的可再生能源供电，2035年争取实现100%可再生能源供电；2030年陆上风力发电能力达到115吉瓦，离岸风力发电能力至少达到30吉瓦，2045年达到70吉瓦；2030年太阳能发电能力提升至215吉瓦。

2. 低碳产业发展规划方面

英国发布《能源安全战略》，系统阐述了加快风能、先进核能、太阳能和氢能等清洁能源部署的相关举措，旨在到2030年实现95%的电力来自低碳能源，到2035年实现电力系统的完全脱碳。发布《迈向聚变能源时代：英国聚变战略》，旨在推进从核聚变科学超级大国向核聚变工业超级大国转变。发布航空零排放战略，规划了英国航空业面向2050年实现碳零排放的发展路径。

美国发布《脱碳工业路线图》，确定减少美国制造业工业排放的四个关键途径及其研发和示范需求，针对5个碳密集型重点行业（钢铁、化工、食品、炼油和水泥），提出了到2050年实现净零排放的关键要点以及研发和示范行动计划。发布《先进制造业国家战略》，把先进制造技术的研发和应用作为首要任务，其重点在于脱碳、半导体、生物经济、先进材料和智能制造五大方面。美国能源部在"能源攻关计划"框架下部署三项领域攻关计划，加速推进地热能、海上风能和工业供热领域的清洁转型，助力净零目标的实现。发布《化石能源和碳管理在实现温室气体净零排放中的作用》战略愿景报告，重点针对7项化石能源技术主题提出了未来研发方向，包括：点源碳捕集，二氧化碳转化技术，二氧化碳去除技术，专用、可靠的碳封存和运输技术，氢能及碳管理，关键矿产，甲烷减排。发布《2022—2026 地热能开发多年期计划》，预计到 2050 年地热发电装机容量或达 60 吉瓦。发布《美国实现清洁能源转型的供应链保障战略》，这是美国首个保护清洁能源供应链的全面战略。发布《海上风能战略》，提出到 2030 年美国海上风电装机容量达到 30 吉瓦，以实现 CO_2 减排 7800 万吨，并刺激每年超过 120 亿美元的资金投入，到 2050 年达到 110 吉瓦的海上风电装机规模。

日本发布《蓄电池产业战略》，提出到 2030 年建立 150 吉瓦时/年的国内制造基地，全球生产能力达 600 吉瓦时/年。

欧盟发布《2022—2025 年综合能源系统研发实施计划》，取代在 2020 年发布的 2021—2024 年研发实施计划，明确了到 2025 年的研发资助重点。基于欧盟此前提出的"减碳 55%"一揽子计划目标，并考虑 2022 年地缘政治紧张局势对能源市场的影响，强调需加速研发创新以促进能源安全和能源转型；《综合能源系统 2020—2030 年研发路线图》也将更新为 2022—2031 年路线图，预计 2022 年年底发布。欧盟正式通过 REPowerEU 能源计划，从节能、能源供应多样化、加速推广可再生能源三方面减少终端部门化石燃料消费，快速推动欧洲清洁能源转型，构建更具弹性的能源系统，以实现化石能源"脱俄"。发布《欧盟太阳能战略》，旨在到 2025 年实现太阳能光伏发电装机容量超过 320 吉瓦（较 2020 年增加一倍以上），到 2030 年装机容量达到近 600 吉瓦。

3. 低碳产业相关规制方面

英国原计划在 2025 年前完全弃煤，目前在运营的燃煤电厂仅剩 3 座。然而，2022 年能源供应危机使其采取了扩大本土油气产量（包括页岩气）和延长燃煤电厂寿命的短期举措，长期看则不会"走回头路"发展化石能源。

日本发布 2022 年版《环境·循环型社会·生物多样性白皮书》，提出到 2030 年煤炭将从以前 26% 的目标减少到 19%，液化天然气将从 27% 降低到 20%，原油从 3% 减少到 2%。

欧盟宣布启动第 8 次环境行动计划，提出一系列措施用于监测欧盟到 2030 年环境和气候目标进展情况，以及 2050 年"在地球边界内过上美好生活"的长期愿景，涵盖温室气体减排、气候适应、循环经济、零污染、生物多样性、可持续环境六大方面。欧盟宣布与美国及其他11个国家首次启动"全球甲烷承诺能源路径"计划，强化石油和天然气部门的甲烷减排。2022年在俄乌冲突导致能源危机持续的背景下，虽然一些成员国不得不在短期内增加对煤炭等化石燃料的使用，但新出台的RePowerEU能源计划采取积极措施提高能源效率和促进可再生能源发展。

4. 低碳产业财政政策方面

英国投入1.31亿英镑支持开发绿色技术，助力英国绿色工业革命。投入3160万英镑支持11个浮动式海上风电项目，以加快海上风电部署。"长时储能示范计划"第一阶段招标投入670万英镑支持24个创新储能技术项目，以促进风、光等波动性可再生能源消纳。投入250万英镑资助10个颠覆性清洁技术开发项目，旨在利用化学工程、材料科学的前沿进展，推进实现向净零排放的可持续、低成本转型。在"直接空气碳捕集和温室气体去除技术竞赛"计划框架下，投入5440万英镑资助15个项目，以开发从大气中去除温室气体的创新技术。第5轮资助投入2500万英镑，支持有望在未来10～15年进入汽车市场的先进动力电池技术，以推进汽车行业的电气化进程。英国"低碳氢能供应第2期竞赛"的招标共计投入4400万英镑支持28个项目，以开发可靠的创新氢能供应或使能技术。

美国能源部宣布为54所大学和11个国家实验室投入超过5.4亿美元，支持清洁能源技术和低碳制造研究，其中投入1.4亿美元支持53个化学和材料科学基础研究项目以推进清洁能源技术和低碳制造，包括储能技术、氢能技术、能源材料、太阳能技术、CCUS技术、碳转换技术、核能技术、制造技术。美国能源部资助2600万美元用于太阳能和风能电网可靠性示范，以实现电力系统中100%电力来自太阳能、风能和储能资源；资助4400万美元用于推动地热能研究，促进增强型地热系统开发测试技术创新；斥资2000万美元成立"碲化镉发展联盟"，旨在扩大碲化镉光伏材料和组件生产，降低碲化镉太阳能电池的成本、提高效率并开发太阳能电池产品的新市场；投入3900万美元设立"将大气中的排放用于建筑结构"研究计划；为六个氢能研发项目提供2490万美元资金，以支持清洁氢发电技术的发展；投入5700万美元支持30个研发项目，支持开发工业减排和清洁能源制造技术，重点关注制造工艺创新、先进材料制造和锂离子电池创新制造工艺；在"规模化综合生物精炼厂"计划框架下资助5900万美元，重点关注综合生物精炼厂的试点及示范规模扩大，以及第一代玉米乙醇减排技术。美国根据《两党基础设施法案》拨款，共资助5.05亿美元促进长时储能技术开发，通过降低成本推动储能系统更广泛的商业示范部署，以实现到2035年100%清洁电力目标。在"含碳矿石加工计划"框架下，投入220万美元支持一项将煤炭废料转化为高强度建筑材料项目。资助2500万美元开发"太阳能+储能"一体化技术，防止极端天气和其他事件造成的电力中断，提高社区能源弹性。资助7500万美元建设国家电网储能研发平台，启动23亿美元计划推进电网现代化。两笔资助招标计划中，资助9600万美元推进天然气发电和工业碳捕集，资助1900万美元推进碳利用技术。资助1亿美元，旨在强化研究机构和企业合作，支持具有潜在颠覆性影响的变革性能源技术研发，并协助相关研发机构将取得实验室进展、具有应用潜力的技术加速推向商业化。

日本已设立"绿色创新基金"，2022年，投入15.4亿日元资助支持开发下一代电网稳定性技术以及分布式能源控制技术，以稳定电网供应，促进可再生能源消纳，实现到2030年可再生能源占比达到36%~38%的目标。资助推进低碳智能交通及生物基高值化利用技术，包括"智能交通社会"项目、"电动汽车节能车载计算模拟技术"项目、"加速实现碳循环的生物基产品生产技术开发"项目。投入382亿日元启动"CO_2分离和回收技术开发"项目，以开发低压、低浓度废气的CO_2分离回收技术，实现2000日元/吨/年的分离回收成本。投入1510亿日元启动"下一代蓄电池和电机开发"项目，旨在推进汽车产业向电气化发展，降低全产业链碳排放，实现碳中和目标。分别投入25亿日元、1145亿日元资助支持开发CO_2循环转化利用技术和CO_2制燃料技术。投入200亿日元资助"下一代太阳电池开发"项目，推进开发下一代太阳电池的基础和应用技术。

欧盟宣布批准欧洲共同利益项目"IPCEI Hy2Tech"，支持在15个欧盟成员国开展的41个氢能项目，促进氢能技术价值链研发创新和首次工业部署。其后，宣布为氢能领域第二个欧洲共同利益项目"IPCEI Hy2Use"提供52亿欧元资金支持，专注于工业领域氢能利用相关基础设施建设。

（二）发展中国家

1. 低碳产业法律制度方面

2022 年，印度通过《2022 年节能修正案》，旨在节约能源及提高利用效率，对建筑、工业等领域提出了一系列相关措施。

2022 年，巴西众议院通过一项新的法案，对已投运的存量分布式光伏电站，以及在法案正式公布后 12 个月内投运的项目继续实施减税优惠政策至 2045 年。

2. 低碳产业发展规划方面

2022 年，印度公布国家氢能政策路线图，提出将在 2030 年前达成可再生能源制氢产能 500 万吨 / 年的目标。

巴西 2022 年 9 月实施《适应气候变化和低碳排放的农业可持续发展部门计划（2020—2030 年）》，推广节约型灌溉系统，减少牲畜饲养过程中的温室气体排放量，推广集约化牲畜饲养，在 2030 年前实现农牧业减少 11 亿吨碳当量排放。

3. 低碳产业相关规制方面

印度《2022 年节能修正案》授权政府规定能源消耗标准，可以要求指定行业满足非化石能源的最低消费比例，例如采矿、钢铁、水泥、纺织、化工和石化等行业。如不履行该义务，将会被处以高达 10 万卢比的罚款，可能还会导致额外的处罚，最高为超出规定标准的能源消耗的石油当量价格的两倍。同时提出在印度建立全国碳市场，集中各个行业的碳和环境信用交易。

2022 年巴西经历了总统选举，亚马孙雨林和环境保护政策是两位候选人卢拉和博索纳罗的分歧之一。博索纳罗采取放松环境保护政策，意图开发亚马孙雨林；而卢拉则表示将"重新制定被博索纳罗毁灭的环境政策"，包括建立土著事务部、严禁非法淘金、重建巴西环境和可再生资源管理局等。卢拉当选并已对外明确表示，新政府的一项重点工作就是亚马孙雨林的保护和应对气候变化，将会重新审查 401 项现政府的法令，从中撤销一些对环境有不利影响的规定。巴西政府在 2022 年设立了 3598 万个脱碳信用额度的减排目标，同比增长 44.7%。

4. 低碳产业财政政策方面

印度国有企业计划通过出售免税债券，为印度可再生能源项目筹集约 500 亿印度卢比（约 7.79 亿美元），绿色债券有助于印度到 2022 年将可再生能源装机容量提高到 175 吉瓦的计划，其中 100 吉瓦将为太阳能。拟打造独立的绿氢相关产业园区，并将在 25 年内减免输电税费，从而降低制造绿氢所需的可再生能源电力成本。

巴西计划实施两项光伏新政策，一是减免 80% 的大型光伏电站发电税，从而刺激公用事业光伏市场的发展；二是建立小型住宅和商业光伏系统净电量计量制度，促进小型光伏发电项目的发展。巴西各州陆续实施汽油降税政策，汽油价格相对乙醇竞争优势提高；通过第 13 号宪法修正案，其中一项重要决定是降低乙醇州税以维持汽油和乙醇之间的税率差异，保证乙醇相对于汽油的竞争力，为此联邦政府提供总计 38 亿雷亚尔的税收减免补贴，乙醇对汽油的价格竞争力有所恢复。

（三）国际低碳产业政策经验启示

国际低碳产业战略及政策措施对中国完善低碳产业政策具有一定的启示与借鉴意义。政府在推动产业低碳发展中的引领作用非常重要，在战略、规划、法规、标准、激励等方面出台相关政策，支持企事业单位、民间组织、社会公众积极参与，构建全社会有效参与低碳化发展的长效治理机制。加快制定和实施与环境监管相关的立法，规范碳交易机制。借鉴日本"绿色创新基金"、碳中和投资促进税等做法，资助涉及节能减排的产业领域，同时对涉及环保降碳设备等固定资产投资给予抵免税额，提高设备折旧比例。在低碳发展领域，加强与日本、欧盟等经济体的国际合作，拓展国际合作的广度和深度。

二、2022 年中国低碳产业政策发展分析

（一）中国低碳产业政策发展现状

2022 年，中国基本建立并持续完善碳达峰碳中和"1+N"政策体系，并

相继出台实施多项低碳产业相关政策文件（表5）。所谓"1+N"政策体系，"1"是指2021年5月发布的《中共中央 国务院关于完整准确全面贯彻新发展理念做好碳达峰碳中和工作的意见》，是顶层设计指导意见，发挥统领作用；"N"则包括能源、工业、交通运输、城乡建设等分领域分行业碳达峰实施方案，以及科技支撑、能源保障、碳汇能力、财政金融价格政策、标准计量体系、督察考核等保障方案。

表5 2022年中国低碳产业政策汇总表

时间	出台单位	政策措施	政策内容
2022年1月4日	中共中央、国务院	中共中央 国务院关于做好2022年全面推进乡村振兴重点工作的意见	研发应用减碳增汇型农业技术，探索建立碳汇产品价值实现机制
2022年1月17日	国家发展改革委等7部门	关于加快废旧物资循环利用体系建设的指导意见	完善废旧物资回收网络；提升再生资源加工利用水平；推动二手商品交易和再制造产业发展；完善废旧物资循环利用政策保障体系
2022年1月18日	国家发展改革委、国家能源局	关于加快建设全国统一电力市场体系的指导意见	到2025年，全国统一电力市场体系初步建成，国家市场与省（区、市）/区域市场协同运行，电力中长期、现货、辅助服务市场一体化设计、联合运营，跨省跨区资源市场化配置和绿色电力交易规模显著提高
2022年1月26日	贵州省工信厅、生态环境厅等	贵州省绿色制造专项行动实施方案（2021—2025年）	探索光伏组件、风电机组叶片等新兴产业废弃物循环利用；推动再生资源规范化、规模化和清洁化利用；鼓励开发区、工厂开展工业绿色低碳微电网建设，发展屋顶光伏、分散式风电、多元储能、高效热泵等
2022年1月27日	全国工商联	全国工商联关于引导服务民营企业做好碳达峰碳中和工作的意见	民营企业做好碳排放测算、确定碳减排路径等，引导服务民营企业做好碳达峰碳中和工作
2022年1月29日	国家发展改革委、国家能源局	"十四五"现代能源体系规划	提出以高质量发展为主题，以供给侧结构性改革为主线，以创新为根本动力；提出"十四五"系列目标；到2035年，基本建成现代能源体系

续表

时间	出台单位	政策措施	政策内容
2022年1月29日	国家发展改革委、国家能源局	"十四五"新型储能发展实施方案	强化技术攻关，构建新型储能创新体系；积极试点示范，稳妥推进新型储能产业化进程；推动规模化发展，支撑构建新型电力系统；完善体制机制，加快新型储能市场化步伐
2022年1月30日	国家发展改革委、国家能源局	关于完善能源绿色低碳转型体制机制和政策措施的意见	完善国家能源战略和规划实施的协同推进机制；完善引导绿色能源消费的制度和政策体系；建立绿色低碳为导向的能源开发利用新机制；完善新型电力系统建设和运行机制；完善化石能源清洁高效开发利用机制；健全能源绿色低碳转型安全保供体系等
2022年2月3日	国家发展改革委等4部门	高耗能行业重点领域节能降碳改造升级实施指南（2022年版）	涉及17个具体行业指南：引导改造升级；加强技术攻关；促进集聚发展；加快淘汰落后
2022年2月15日	重庆市人民政府办公厅、四川省人民政府办公厅	成渝地区双城经济圈碳达峰碳中和联合行动方案	区域能源绿色低碳转型行动：协同开发油气资源，加快川渝电网一体化建设，加强煤气油储备能力建设等；区域产业绿色低碳转型行动：打造绿色低碳制造业集群，加速联合建设国家数字经济创新发展试验区等；区域交通运输绿色低碳行动等
2022年3月7日	福建省工信厅	福建省冶金、建材、石化化工行业"十四五"节能降碳实施方案	到2025年，通过产能置换和节能改造，全省钢铁、有色等行业能效达到标杆水平的产能比例超过30%，冶金行业整体能效水平明显提升，碳排放强度明显下降
2022年3月14日	交通运输部、公安部、商务部	城市绿色货运配送示范工程管理办法	加快推动城市货运配送体系绿色低碳发展，加强城市绿色货运配送示范工程管理工作规范化、制度化，保障示范工程建设有力有序推进，提升城市绿色货运配送发展水平，服务加快建设交通强国等国家战略实施
2022年3月16日	国家发展改革委、外交部、生态环境部、商务部	关于推进共建"一带一路"绿色发展的意见	统筹推进绿色发展重点领域合作：加强绿色基础设施互联互通，加强绿色能源、交通、产业、贸易、金融、科技、标准等合作；统筹推进境外项目绿色发展等
2022年3月25日	中共中央、国务院	中共中央 国务院关于加快建设全国统一大市场的意见	推进市场设施高标准联通，打造统一的要素和资源市场；促进科技创新和产业升级等

续表

时间	出台单位	政策措施	政策内容
2022年4月13日	山东省住建厅、山东省发展改革委等	山东省"十四五"绿色建筑与建筑节能发展规划	到2025年，绿色建筑占城镇新建民用建筑比例达到100%；建筑运行一次二次能源消费总量控制在0.95亿吨标准煤以内，城镇民用建筑单位面积综合供暖能耗比2020年降低20%以上，建筑能耗中电力消费比例超过55%；城镇新建居住建筑能效水平在原有基础上提升30%，新建公共建筑能效水平提升20%等
2022年5月14日	国务院办公厅	关于促进新时代新能源高质量发展实施方案的通知	创新新能源开发利用模式，加快构建适应新能源占比逐渐提高的新型电力系统，深化新能源领域"放管服"改革，支持引导新能源产业健康有序发展，保障新能源发展合理空间需求等
2022年5月24日	国家发展改革委、国家能源局	关于进一步推动新型储能参与电力市场和调度运用的通知	建立完善适应储能参与的市场机制，鼓励新型储能自主选择参与电力市场，以市场化方式形成价格，持续完善调度运行机制，发挥储能技术优势，提升储能总体利用水平
2022年6月1日	北京市经济和信息化局	北京市"十四五"时期制造业绿色低碳发展行动方案	提出7大行动22项任务，包含产业结构优化升级行动、制造业企业节能降碳行动、资源利用效率提升行动、生产过程清洁优化行动、生产方式数字化转型行动、绿色产业创新发展行动、管理服务强化提升行动
2022年6月10日	生态环境部等7部门	减污降碳协同增效实施方案	加强源头防控，突出重点领域，优化环境治理，开展模式创新等
2022年6月15日	中国环境保护产业协会	加快推进生态环保产业高质量发展 深入打好污染防治攻坚战 全力支撑碳达峰碳中和工作行动纲要（2021—2030年）	到2030年，适应环境污染防治、生态保护与修复、资源高效循环利用、碳达峰、促进经济社会发展全面绿色转型需求的现代生态环保产业体系基本建立
2022年6月18日	湖南省工信厅	湖南省制造业绿色低碳转型行动方案（2022—2025年）	重点实施产业结构绿色转型、制造业重点领域碳达峰、能源消费低碳转型、资源综合利用、工业清洁生产、生产方式数字化转型、绿色制造标杆引领、产品供给绿色化转型、绿色低碳技术创新、绿色发展服务能力提升等"十大工程"

续表

时间	出台单位	政策措施	政策内容
2022年6月28日	财政部、生态环境部、国家发展改革委等7部门	中国清洁发展机制基金管理办法	适度拓宽了基金的使用范围，增加"支持碳达峰碳中和、污染防治和生态保护等绿色低碳活动领域，促进经济社会高质量发展"的内容
2022年7月7日	工信部、国家发展改革委、生态环境部	工业领域碳达峰实施方案	深度调整产业结构；深入推进节能降碳；积极推行绿色制造；大力发展循环经济；加快工业绿色低碳技术变革；主动推进工业领域数字化转型
2022年7月8日	上海市政府	上海市瞄准新赛道促进绿色低碳产业发展行动方案（2022—2025年）	到2025年，绿色低碳产业规模突破5000亿元，基本形成2个千亿、5个百亿、若干个十亿级产业集群发展格局；创新能力稳步提升，市场主体逐步壮大，园区体系健全完善
2022年8月10日	交通运输部	绿色交通标准体系（2022年）	到2025年，中国将基本建立覆盖全面、结构合理、衔接配套、先进适用的绿色交通标准体系
2022年8月15日	上海市发展改革委	关于支持中国（上海）自由贸易试验区临港新片区氢能产业高质量发展的若干政策	支持深入参与燃料电池汽车示范应用；加大在特色交通领域的推广应用；探索开展海上风电制氢示范应用；加快推动光伏制氢的示范应用；规划港口、贸易基地、技术创新平台、交易平台等
2022年8月22日	工信部等7部门	信息通信行业绿色低碳发展行动计划（2022—2025年）	优化绿色发展总体布局，聚焦三类重点设施绿色发展，协同推进绿色产业链供应链建设，强化行业赋能经济社会绿色发展供给能力，加强行业绿色发展统筹管理
2022年8月25日	国务院	国务院关于支持山东深化新旧动能转换推动绿色低碳高质量发展的意见	深化新旧动能转换，推动绿色低碳转型发展，促进工业化数字化深度融合，深入实施黄河流域生态保护和高质量发展战略
2022年9月8日	陕西省发展改革委等部门	陕西省高耗能行业重点领域节能降碳实施方案	到2025年，首批高耗能行业重点领域达到能效基准水平的产能比例达到100%，达到能效标杆水平的产能比例整体达到30%
2022年9月20日	国家能源局	能源碳达峰碳中和标准化提升行动计划	大力推进非化石能源标准化，加强新型电力系统标准体系建设，加快完善新型储能技术标准，加快完善氢能技术标准，进一步提升能效相关标准，健全完善能源产业链碳减排标准

续表

时间	出台单位	政策措施	政策内容
2022年9月21日	安徽省人民政府	安徽省建筑节能降碳行动计划	实施新建建筑能效提升行动；实施既有建筑运营降碳行动；实施建筑用能结构优化行动
2022年9月22日	农业农村部等5部门	建设国家农业绿色发展先行区 促进农业现代化示范区全面绿色转型实施方案	重点任务：集成推广农业绿色技术；加快培育农业绿色主体；探索构建农业绿色政策支持体系；积极创新农业绿色发展机制
2022年9月27日	重庆市经济和信息化委员会等部门	重庆市工业能效提升行动计划	到2025年，重点工业行业能效全面提升；规模以上工业单位增加值能耗比2020年下降14.5%
2022年9月30日	辽宁省人民政府	辽宁省加快推进清洁能源强省建设实施方案	到2025年，全省清洁能源装机占比达到55%，发电量占比达到48%以上，系统核电发电量占比达到22%以上，非化石能源消费占比年均提升1个百分点以上
2022年10月8日	深圳市市场监管局、深圳市发展改革委、深圳市生态环境局	创建粤港澳大湾区碳足迹标识认证 推动绿色低碳发展的工作方案（2023—2025）	到2025年年底，建成大湾区碳足迹公共服务平台，完成100类产品碳足迹标识认证配套技术文件、排放因子数据集及核算模型，600个产品碳足迹标识认证示范
2022年10月27日	国家发展改革委、国家统计局	关于进一步做好原料用能不纳入能源消费总量控制有关工作的通知	准确界定原料用能范畴，加快夯实原料用能数据统计核算基础，科学实施节能目标责任评价考核等
2022年11月2日	工信部等4部门	建材行业碳达峰实施方案	提出"强化总量控制、推动原料替代、转换用能结构、加快技术创新、推进绿色制造"五方面重点任务
2022年11月10日	工信部等3部门	有色金属行业碳达峰实施方案	提出"优化冶炼产能规模、调整优化产业结构、强化技术节能降碳、推进清洁能源替代、建设绿色制造体系"五方面重点任务
2022年11月10日	国家发展改革委、工信部等5部门	重点用能产品设备能效先进水平、节能水平和准入水平（2022年版）	合理划定能效水平，大力推广高能效产品设备，加快淘汰落后产品设备，推动相关产业提质升级

续表

时间	出台单位	政策措施	政策内容
2022年11月15日	中共北京市委办公厅、北京市人民政府办公厅	北京市关于深化生态保护补偿制度改革的实施意见	到2025年，以受益者付费原则为基础的市场化、多元化补偿机制逐步拓展，生态保护者和受益者良性互动的局面基本形成；到2035年，形成以综合补偿为主导、分类补偿为补充、市场化与多元化补偿共同推进的生态保护补偿格局，形成适应新时代生态文明建设要求、具有首都特点的生态保护补偿制度
2022年11月17日	福建省财政厅等部门	福建省钢铁行业差别电价资金使用规定	明确将钢铁行业差别电价资金纳入省级技改专项资金，并将差别电价资金总额的90%用于支持促进钢铁企业节能降碳、资源综合利用和转型升级等
2022年12月13日	国家发展改革委、科技部	关于进一步完善市场导向的绿色技术创新体系实施方案（2023—2025年）	强化绿色技术创新引领，壮大绿色技术创新主体，促进绿色技术创新协同，加快绿色技术转化应用，完善绿色技术评价体系，加大绿色技术财税金融支持，加强绿色技术人才队伍建设，强化绿色技术产权服务保护，深化绿色技术国际交流合作

在农业低碳发展政策方面，2022年1月4日，中共中央、国务院印发《关于做好2022年全面推进乡村振兴重点工作的意见》，提出要推进农业农村绿色发展，包括研发应用减碳增汇型农业技术，探索建立碳汇产品价值实现机制。2022年9月22日，农业农村部等部门联合印发《建设国家农业绿色发展先行区 促进农业现代化示范区全面绿色转型实施方案》，进一步明确重点任务：集成推广农业绿色技术、加快培育农业绿色主体、探索构建农业绿色政策支持体系以及积极创新农业绿色发展机制等。

在建设国内统一市场体系方面，2022年1月18日，国家发展改革委和国家能源局印发《关于加快建设全国统一电力市场体系的指导意见》；2022年3月25日，中共中央、国务院印发《关于加快建设全国统一大市场的意见》。前者对于中国跨省跨区资源市场化配置和绿色电力交易具有非常重要的指导作用，后者则对于推进市场设施高标准联通、打造统一的要素和资源市场、促进科技创新和产业升级等具有重要意义。

围绕高耗能产业低碳发展也有多项政策出台。例如，国家发展改革委等部门印发《高耗能行业重点领域节能降碳改造升级实施指南（2022年版）》、工信部等部门印发《工业领域碳达峰实施方案》《建材行业碳达峰实施方案》，主要强调产业升级、技术攻关、淘汰落后等重点任务；交通运输部印发《绿色交通标准体系（2022年）》，提出"十四五"基本建立绿色交通标准体系；国家发展改革委和国家能源局印发《"十四五"现代能源体系规划》《关于完善能源绿色低碳转型体制机制和政策措施的意见》、国务院办公厅印发《关于促进新时代新能源高质量发展实施方案的通知》，主要涉及创新新能源开发利用模式、完善新型电力系统建设和运行机制等；国家发展改革委和国家能源局印发《"十四五"新型储能发展实施方案》，明确强化技术攻关，构建新型储能创新体系，并积极试点示范，稳妥推进新型储能产业化进程。

同时，《减污降碳协同增效实施方案》和《关于进一步做好原料用能不纳入能源消费总量控制有关工作的通知》等重要政策文件的出台，一方面明确中国要把实现减污降碳、协同增效作为促进经济社会全面绿色转型的总抓手，另一方面在政策具体落实执行中，则要遵循客观规律和现实原则。

此外，在"双碳"目标与顶层设计指引下，2022年多省相继出台产业节能减排相关政策，如《贵州省绿色制造专项行动实施方案（2021—2025年）》《成渝地区双城经济圈碳达峰碳中和联合行动方案》《福建省冶金、建材、石化化工行业"十四五"节能降碳实施方案》《山东省"十四五"绿色建筑与建筑节能发展规划》《北京市"十四五"时期制造业绿色低碳发展行动方案》《湖南省制造业绿色低碳转型行动方案（2022—2025年）》等。从实现路径看，节能减排和能源替代仍是地方实现"双碳"的两大抓手，各省因地制宜，有序推进产业升级和低碳发展。

（二）中国低碳产业政策主要问题

2022年，中国低碳产业政策频频出台，政策加速细化。在中国低碳产业政策发展中，仍有两大方面值得进一步关注和提升。

一方面，低碳产业政策的法律框架仍有不足。首先，水电、核电等重要能源产业领域缺乏专门性立法，而产业的发展却十分迅速，二者不相匹配，也易造成产业发展混乱和产能过剩等局面。碳汇交易、可再生能源配额交易、能源需求侧管理、能源合同管理、能源发展基金等新领域、新内容尚缺乏完善的法律政策制度保驾护航。其次，对低碳产业技术创新的支持和保护力度尚显不足。自主创新、技术保护、技术投资等方面存在政策和法律支持上的薄弱点。最后，原有法律或难以适应低碳发展要求。比如，面对当前煤炭资源开发新现状、煤炭行业转型需求、国际煤炭市场变化、循环经济低碳经济发展需求，《煤炭法》部分内容需要积极进行修订与完善;《电力法》也需要进行修订完善，以顺应中国电力体制改革、电力市场与结构变化，更好地服务电力能源的开发与电力行业的发展。

另一方面，在于建立长效机制，切实提升地方和企业节能减排的动力。立足中国产业发展的特有国情，"双碳"目标的实现不在于一时的"喊口号""争表率"，更在于加快实现技术进步激励、推出灵活的市场化手段，以使产业和企业良性、有序发展。碳市场政策、合理补贴政策、绿色投融资政策等工具组合需要抓紧探索和完善，释放出体现市场价值规律的准确信号。

三、2023年中国低碳产业政策发展展望

2023年，中国将围绕重点行业碳双控目标，加强技术标准体系建设，加快碳市场向成熟期发展过渡，中央和地方制定发布各行业碳中和发展路径和实施方案，并对关键前沿技术研发、低碳产业发展加大财税支持力度。力争加快碳循环、可再生能源等技术的产业化，进一步加强建设全国统一大市场。2023年预计中国低碳产业政策将重点体现在以下方面。

（一）产业低碳转型发展的技术标准加强建设

2023年，预计将加快构建行业标准、监管和政策支持体系。例如能源行业，加快构建清洁低碳安全高效的能源体系，围绕促进能源低碳智慧转型、新能源高质量发展、新型电力系统建设、新型储能发展等重点任务，出台具体方向的中长期发展规划纲要及行业标准。当前每个细分行业的排放标准、核算边界、认证方法、减碳技术、产品碳足迹等方面的制度还不够完善、不够精确。在行业标准、数据基础日益完善的前提下，核证自愿减排量交易与

抵扣机制将进一步明确并适时推出，碳排放许可权稀缺性的价格机制初步形成，并达到既鼓励碳汇等项目发展，又能够激励重点行业通过低碳技术创新提高企业竞争力的理想效果。

（二）关键前沿技术研发方面加大财税支持力度

中国应制定国家低碳技术创新战略，明确国家层面低碳技术创新战略路线图，发挥关键性低碳技术创新对实现碳达峰碳中和的引擎与支撑作用。2023年，新一代信息技术、生物技术、新能源、新材料、高端装备、新能源汽车、绿色环保等战略性新兴产业，以及智能电网技术、新型储能技术等，与以往相比将会从战略层面被赋予更具优先级、更大规模的财税支持。各发达国家大力资助支持的技术领域也可以为中国所合理借鉴（尤其是日本、德国和美国资助的技术领域）。对"绿色低碳"基础设施如新能源汽车充电桩、充电站建设方面的财税支持力度也会加大。

（三）全国和地方统一市场的制度协调性不断加强

在碳市场方面，全国碳市场和试点地区碳市场建设中，政府配额松紧差异、投资机构是否允许进入、交易主体的覆盖范围、碳产品种类，以及企业对碳交易熟悉和重视程度的差异，使得碳价存在明显差异。全国碳市场与试点市场的行业既有交叉又有较大差别，囊括主体碳排放规模差异大，市场规则不统一，2023年将注重统一市场的制度协调，便于企业所持配额的流转，避免市场割裂，维护市场完整性。

在电力市场方面，组建全国电力交易中心，加快设计实行多层次市场协同运行的市场体系。国家层面充分发挥北京、广州电力交易中心作用，完善电力交易平台运营管理和跨省跨区市场交易机制。主体层面稳步推进省（区、市）/区域市场建设，提高省域内电力资源配置效率。在协同运行维度，引导各层次电力市场协同运行，条件成熟时支持省（区、市）市场与国家市场融合发展，或多省（区、市）联合形成区域市场后再与国家市场融合发展。在跨省跨区维度，有序推进跨省跨区市场间开放合作，分类放开跨省跨区优先发电计划，推动将国家送电计划、地方政府送电协议转化为政府授权的中长期合同。

低碳金融政策发展分析与展望

低碳金融指的是服务于限制温室气体排放等技术和项目的低碳经济投融资活动。2022年，由于俄乌冲突引发的能源危机等影响，全球低碳政策的推行面临着极大的挑战，全球低碳金融方面未有意义重大的新方向性政策出台，各国多为坚持实施已有框架下经济投融资活动。

一、2022年国际低碳金融政策发展概况

（一）发达国家

2022年8月7日，美国参议院通过了《通胀削减法案》（以下简称IRA），IRA将减少赤字，并对国内能源生产、气候变化等重要领域进行重大投资。为了在2030年前减少40%的碳排放，IRA预计未来十年将有约3690亿美元的直接投资流向能源与气候变化领域，以确保能源安全，增加能源创新，支持环境正义。这些资金将直接支持服务不足的社区，并允许部署低碳能源技术。IRA修订了《清洁空气法》，向美国环保署拨款270亿美元，创建了温室气体减排基金，用于部署低收入社区零排放技术和减排项目的财政和技术援助。除此之外，IRA还为贷款计划办公室拨款约117亿美元以支持发放新贷款，其中能源基础设施再投资计划预计在2026年9月30日前，利用50亿美元的拨款创造上限高达2500亿美元的贷款，为重组、重新供电、重新利用、已停止运营将要更换或者运营中的能源基础设施提供贷款，目的是避免、减少、利用、封存空气污染物或人为温室气体排放。还有一些针对清洁能源发展、先进技术车辆等项目的贷款拨款，均有助于改善现有能源结构、发展先进技术，促进低碳发展。

欧盟2022年7月1日发布的《欧盟2023财年年度预算草案》规定，欧盟迄今为止批准的新冠后实际恢复计划至少将37%的支出用于促进绿色转

型的措施。同时欧盟将设置一个机制，以支持欧洲受影响最严重的地区和经济中碳密集度最高的部门。按照草案计划，2023 年欧盟预计利用多年度财政框架为公正过渡基金拨款 15 亿欧元，后期再通过"下一代欧盟"（Next Generation EU）增加 55 亿欧元的支持。（Next Generation EU 是欧盟用于支持新冠大流行后经济复苏，并助力绿色发展的 8000 亿欧元的临时恢复工具，欧盟自 2021 年开始为其筹资，设定了在 2026 年年底之前每年筹资 1500 亿欧元的目标，其中 30% 的资金通过发行绿色债券筹得。）

2022 年 9 月 26 日，英国政府发布了英国绿色融资计划的首份分配报告。报告介绍了 2021—2022 财政年度，英国政府通过出售英国债务管理办公室发售的绿色金边债券以及国家储蓄和投资银行的绿色储蓄债券，筹集的 164 亿英镑的分配方式。这些收入 100% 分配给了六个类别的支出，分别是：清洁交通、能源效率、可再生能源、污染预防与控制、生活与自然资源以及气候变化适应。产生了英国四分之一以上温室气体排放的"清洁交通"项目获得了最大的拨款，重在降低英国建筑存量的碳排放的"能源效率"项目获得了第二大拨款。对于未来，英国债务管理办公室计划在 2022—2023 年发行 100 亿英镑绿色金边债券，预计每个季度将安排一笔绿色金边债券交易。

自 2022 年 7 月 1 日起，德国的可再生能源推广完全由"气候与转型基金"（以下简称 KTF）资助。该基金资助的方向有能源供应转型、行业脱碳以及建筑翻新、氢经济发展和电动汽车进步。2023 年该基金计划支出约为 354 亿欧元，比 2022 年的目标支出（约 279 亿欧元）高出 75 亿欧元。2023 年该基金将更加专注于支持建筑翻新，预计支持 169 亿欧元；在电动汽车方面，也将重点支持充电基础设施的发展，预计支持 56 亿欧元，将停止对车辆的补贴；氢能产业的发展将获得总计约 40 亿欧元的资金。此外，对特别能源密集型公司的救济约 26 亿欧元（电价补偿）。2023 年，KTF 将从自己的收入中获得约 195 亿欧元的资金，并使用其掌握的储备金。在整个财政规划期间，不再计划向 KTF 特别基金提供联邦拨款。因此，特别基金也为巩固联邦预算做出了巨大贡献。另外，德国财政部在"2030 气候行动计划"中提到德国的碳排放在 2021 年至 2025 年的启动阶段将被赋予固定价格并且每年增加，而从 2026 年开始，配额将在每吨碳排放 55 欧元至 65 欧元的价格范围内拍卖。

(二) 发展中国家

2022年3月8日，二十国集团工商界活动（以下简称B20）能源与资源效率工作组会议在G20轮值国印度尼西亚召开，会议提及要支持建立为发展中国家提供融资渠道的全球能源转型融资平台、通过多种途径降低能源使用的碳强度等。同年4月，印度尼西亚为聚焦B20，在印度尼西亚工商会馆成立了碳市场中心，作为政府在2022年担任G20轮值主席国期间推动实现能源转型承诺的一部分。印度尼西亚工商会馆计划支持国家生物燃料计划和电动汽车的发展，以促进交通领域的绿色能源伙伴关系。此外，印度尼西亚还将从G20成员中寻求能参与资助印度尼西亚可再生能源组合增长的合作伙伴。

2022年2月24日，柬埔寨总理签发关于证券业的激励法令，在税收上支持企业发行绿色证券和债券。同时政府将实施一系列"绿色复苏"财政措施，包括向中小企业发放"绿色贷款"，以及制定国家能源效率政策等。2022年10月，一家名为"黄金树"的写字楼出租服务企业获得柬埔寨证券交易所原则上批准发行的绿色债券，这是柬埔寨国内首个绿色债券。目前，柬埔寨证券监管局和亚洲开发银行合作，持续推动建立柬埔寨的绿色和可持续债券市场。

马来西亚的证券交易所大马交易所在2022年推出自愿碳市场，允许企业购买碳信用额度以抵消其排放量。大马交易所将使用国际自愿碳减排标准作为碳排放标准，新交易所将提供标准化的碳信用产品。首次拍卖的价格将成为国内碳信用额度需求的基准，供市场参与者和二级交易商参考。

二、2022年中国低碳金融政策发展分析

（一）中国低碳金融政策发展现状

自2021年迈入"十四五"时期，中国进入了实现"碳达峰""碳中和"目标的重要阶段，2021年，"双碳"目标顶层设计出台，初步建立了"1+N"政策体系（"1"指碳达峰碳中和指导意见，"N"则包括陆续出台的2030年前碳达峰重点领域和行业的具体政策措施和行动方案）。而2022年作为"十四五"的第二年，各政策制定部门坚持稳中求进，既在持续细化具有方向

性与指导性的顶层设计，同时，也在行业规范、产品创新、市场完善和国际合作等多个方面对具体措施与行动方案进行完善和落实，将低碳金融政策带到了更实操的层面。

1. 构建高效宏观调控体系，推动政府与有效市场结合

2022年5月，财政部印发《财政支持做好碳达峰碳中和工作的意见》（以下简称《意见》）。该《意见》是财政部门贯彻落实党中央、国务院相关重大决策部署的顶层设计文件。

《意见》明确了财政部门支持双碳的着力点，包括支持构建清洁低碳安全高效的能源体系、支持重点行业领域绿色低碳转型、支持绿色低碳科技创新和基础能力建设、支持绿色低碳生活和资源节约利用、支持碳汇能力巩固提升和支持完善绿色低碳市场体系。其中对于碳市场的支持主要包括：要逐步扩大全国碳排放权交易市场囊括的行业范围、交易品种和交易方式，适时引入有偿分配以充分发挥碳排放权、用能权等交易市场引导产业布局优化的作用；支持全国碳排放权交易的统一监督管理，健全碳排放监测计量体系和碳排放核算监管体系，健全企业、金融机构等碳排放报告和信息披露制度等。

根据《意见》的指导，未来的财政政策需要发挥出强化财政资金支持引导力、健全市场化多元化投入机制、加强气候变化国际合作、税收政策激励约束、完善政府绿色采购政策的作用。

2. 完善行业制度，发布银行保险业绿色金融指引

为贯彻落实党中央、国务院关于推动绿色发展的决策部署，2022年6月，中国银保监会印发了《银行业保险业绿色金融指引》（以下简称《指引》），旨在加强银行业与保险业对顶层绿色金融决策落地执行的效果。

《指引》从战略高度和实操指导两个方面对中国银行业和保险业发展绿色金融指明了道路。《指引》要求银行与保险公司应当完整、准确、全面贯彻新发展理念，在建立完整的绿色金融组织管理、制度建设和投融资流程管理机制、完善内控管理和监督机制上都分别提出了详细的操作措施。《指引》将重点关注以下四类客户：银行信贷客户、投保环境、社会和治理风险等相关保险的客户、保险资金实体投资项目的融资方、其他根据法律法规或合同约定应开展环境、社会和治理风险管理的客户，涵盖范围非常全面。为确保政策平稳有序实施,《指引》附则中专门设置了政策过渡期,银行保险机构应当按照政策要求,在 1 年内建立和完善相关管理制度和流程。

《指引》的推出代表银行业和保险业在绿色金融领域活动的开展与监管将拥有更明确的标准,更多参与者的权益将得到关注与保障,中国的绿色金融市场将更加规范。

3. 政策推动低碳投融资市场化,降低财政负担,稳固社会资金来源

根据国家气候战略中心全球气候变化综合评估模型的测算,为实现"双碳"目标,到 2060 年我国新增气候领域投资需求规模将达约 139 万亿元,年均约为 3.5 万亿。面对如此巨大的资金需求,政府的财政拨款只能提供很小部分的支持,绝大多数资金供给需要来自社会,依靠市场机制有效撬动。2021 年年底开始,中国已经意识到建立完善健全、资金充足、产品丰富的绿色低碳项目投融资市场的重要性,并开始制定相关政策,多项政策在 2022 年得以落地和发展。

2021 年 11 月 8 日,中国人民银行推出碳减排支持工具这一结构性货币政策工具,以撬动更多社会资金投入清洁能源、节能环保、碳减排技术等重点领域。2021 年 11 月 17 日,国务院常务会议又决定,在前期设立碳减排金融支持工具的基础上,再设 2000 亿元支持煤炭清洁高效利用专项再贷款,形成政策规模,推动绿色低碳发展。由于 2021 年的再贷款政策取得了良好的成效,中国人民银行在 2022 年 5 月 4 日再次增加 1000 亿元煤炭清洁高效利用再贷款额度,进一步加强定向支持。这类的货币政策工具采取"先贷后借"的直达机制,先由全国性金融机构向碳减排重点领域内相关企业发放符合条件的碳减排贷款,再由中国人民银行对其贷款本金提供资金支持,保证了资金可以精准滴灌碳减排项目,同时也要求金融机构对贷款对象"自主决策、自担风险",相比于财政拨款,此类货币政策工具可以更好地以市场化资源配置的方式匹配碳减排的资金需求。

2022 年 2 月 10 日发布的《关于完善能源绿色低碳转型体制机制和政策措施的意见》中提到,要研究将清洁低碳能源项目纳入基础设施领域不动产投资信托基金试点范围,进一步提高低碳能源项目融资的市场化。

财政部发布的《财政支持做好碳达峰碳中和工作的意见》在健全市场化

机制方面，提出要研究设立国家低碳转型基金，支持传统产业和资源富集地区绿色转型，充分发挥包括国家绿色发展基金在内的现有政府投资基金的引导作用，并鼓励社会资本以市场化方式设立绿色低碳产业投资基金，采取多种方式支持生态环境领域政府和社会资本合作（PPP）项目。

4. 持续推进绿色金融产品数字化与规范化，提升覆盖面和精准度

2022年1月7日，中国人民银行印发《金融科技发展规划（2022—2025年）》，提出新时期金融科技发展指导意见，明确金融数字化转型的总体思路、发展目标、重点任务和实施保障。其中绿色金融领域的重点任务为运用数字技术开展绿色定量定性分析，强化绿色企业、绿色项目智能识别能力，提升碳足迹计量、核算与披露水平，在依法合规、风险可控前提下为企业提供绿色信贷、绿色债券、绿色保险、碳金融产品等多元化金融产品和服务。目前绿色金融市场仍以绿色信贷为主导，依照政策的计划，不同种类的绿色金融产品将在金融科技的帮助下提升计量和披露的水平，降低风险，产品种类将逐步得到扩展与丰富，更好地服务绿色产业。

2022年4月12日，证监会发布《碳金融产品》金融行业标准，给出了碳金融产品及碳交易市场相关名词的具体定义，将碳金融产品分为碳市场融资工具、碳市场交易工具和碳市场支持工具三类，分别对每一种工具的实施主体和实施流程做出明确的规定。加深了各界对碳金融的认识，为金融机构开发、识别、运用和管理碳金融产品提供了指引，进一步规范了碳金融产品的发展，有利于碳交易市场参与者根据不同的需求更精准地使用碳金融工具，促进未来优质的金融资源更多地进入低碳领域，支持低碳发展。

5. 将绿色金融与"一带一路"结合，深化绿色金融国际合作

2022年3月28日，国家发展改革委等四部门发布了《关于推进共建"一带一路"绿色发展的意见》，提出要对外传递中国将进一步深化绿色金融国际合作的信号，在联合国、二十国集团等多边合作框架下，推广与绿色投融资相关的自愿准则和最佳经验，促进绿色金融领域的能力建设。要用好国际金融机构贷款，撬动民间绿色投资。鼓励金融机构落实《"一带一路"绿色投资原则》。完善资金支撑保障，有序推进绿色金融市场双向开放，鼓励金融机构和相关企业在国际市场开展绿色融资，支持国际金融组织和跨国公司在境内

发行绿色债券、开展绿色投资。同时还要促进煤电等项目绿色低碳发展。全面停止新建境外煤电项目，稳慎推进在建境外煤电项目。

（二）中国低碳金融政策主要问题

低碳金融发展过程中会暴露出一些当前技术或制度设计的漏洞，目前中国低碳金融政策面临的问题主要有三个方面。

1. 低碳金融支持政策对信息披露的高要求，与碳数据搜集与核算的能力不匹配

目前中国已经出台多项具体的金融政策为企业的低碳发展提供支持，为了保证政策支持精确传达到低碳环保企业，国家对支持对象的审核与监管将会愈加严格，对企业环境信息披露方面的需求也将逐渐增加。例如当金融机构想要获得中国人民银行发放的碳减排支持再贷款，则需要公开披露碳减排贷款的发放情况以及贷款带动的碳减排数量等信息，并由第三方专业机构进行核实验证。这就要求以银行为代表的金融企业要能利用客户的减排信息和转型金融中的贷款评审依据来核算客户的碳排放，并且还要评估其业务实施过程中的环境风险。当下虽已出台关于利用金融科技推进碳数据核算的政策计划，但现阶段还没有成熟的产品可以落实，且中国的金融机构没有建立较为完善的碳数据库，也没有建立完整的碳核算方法论和可操作性强的碳核算工具。因此在这个过程中，要做到完整的数据搜集、找到正确的核算方法都是具有挑战性的，碳核算和碳信息披露能力的不足将会削弱政策实施的精准性和有效性。

2. 碳金融工具运用不足，碳交易市场机制有待健全

中国全国碳市场尚处于起步阶段，于2021年7月16日正式启动上线交易。在此之前中国仅在几个重点省市开展了区域碳市场试点。

目前中国所有碳市场存在的最大问题是市场有效性弱，碳价波动大，价格无法反映碳减排的真实成本，对节能减排与低碳投资无有效指导作用。这反映出碳交易市场的政策安排还存在改进空间，目前有待改进的几点主要是碳配额分配的制度设计、交易工具的支持程度、区域与全国市场的融合度等。

第一，在碳配额分配制度设计方面，受限于经济发展，中国在2030年碳达峰之前只能设定相对的碳强度目标而非绝对的减排量目标。由于中国的碳交易市场准入机制较为严格，市场参与主体较单一，以工业中的控排企业为主，控排企业为规避持有碳配额而产生的价格波动风险，通常等临近履约期才会进行交易，碳市场交易量存在明显的潮汐现象，这使得碳价只能反映控排企业短期内对配额的需求，碳价波动大。同时，目前配额的总量设定较宽松，有偿分配的比例不多，没有体现配额的稀缺性，这也导致碳价的不合理，难以激发企业节能减排的积极性。

第二，在碳金融交易工具的使用方面，目前中国只在区域碳交易市场上有零星的碳金融产品试点，全国碳市场暂时没有开发碳金融产品。中国更多将碳金融产品定位为服务碳减排的从属性市场工具，其设计初衷以现货交易为主，旨在避免过多的衍生品投机现象，所以多样化的碳交易工具并未充分受到政策的支持，甚至存在限制。例如由于各碳市场缺乏《期货交易管理条例》中要求的期货制定和交易的权限，较为关键的碳期货产品难以活跃于市场。然而，多样、活跃交易的碳金融工具是碳交易市场走向有效化、实现价格发现功能的重要媒介，政策对于多样化碳金融产品的支持和规范还需要继续加强。

第三，在区域与全国市场的融合度方面，当下全国碳市场刚刚起步，与区域碳市场融合度不足，碳价存在差异导致定价不够准确。

3.需进一步加强低碳发展投融资的激励约束机制

中国碳市场处于起步阶段，各项机制建设还不健全，价格机制在低碳经济外部性问题的解决上不能充分发挥作用。受技术水平、自然条件等客观因素限制，市场缺乏相应的风险补偿、担保和税收减免等综合配套制度，低碳企业的社会效益与自身效益之间存在矛盾，直接导致融资机构信贷风险上升。在现有金融监管与运行体系下，金融机构无力分担企业应对环境变化的社会成本。银行对贷款的安全性、收益性与流动性的强调，以及证券市场对企业利润的要求，使得与低碳经济相关的项目面临较严苛的融资环境。

三、2023年中国低碳金融政策发展展望

随着"十四五"进程接近半程，中国的低碳金融政策已经搭建起了一个

较为完整的基本框架,未来中国低碳金融政策的制定将主要围绕在完善、填充当前框架与解决实操中的困难等方面。

(一)推进全国碳排放市场多维度扩张与有效性增强

未来随着碳市场风险管理的完善,全国碳市场或将纳入钢铁、有色、化工、石化、建材、造纸、航空等行业中排放的 CH_4、N_2O 等其他温室气体。同时,在《碳金融产品》的有效指导下会适时引入碳期货、碳期权等多样化的交易工具,并逐步对碳交易公司、金融机构等主体开放市场,市场的流动性和活跃度也将得到增强。除此之外,政策还将有偿分配作为主要配额分配方式,推动区域碳交易市场与全国碳交易市场的融合,促进碳价统一,发挥碳金融产品的价格发现功能,逐步实现公平有效的碳定价,推动形成能对低碳投资和企业减排产生引导性的碳价信号。

(二)构建更细化的"绿色"界定与统计标准

绿色金融体系建设初期,"绿色"范围较为宽泛,虽然 2021 年统一了绿色债券方面绿色项目的界定标准,但未来仍有在其他绿色金融产品方面继续精细化的必要,数据显示,截至 2021 年年末,中国宽泛的绿色贷款余额是 16 万亿元,而其中具有直接或者间接碳减排效应的占比仅为 67%。2023 年,政策倾向于将减碳、生物多样性和环保方向的绿色金融产品区分开来,分别进行发展与统计,有利于后续制定更有针对性的支持与管理政策。

(三)提高碳核算标准与技术水平,加强信息披露

随着"双碳"目标的推进、碳市场的发展与低碳金融产品的丰富,碳信息披露的需求在持续扩大,2022 年 8 月,国家发展改革委等部门已经印发《关于加快建立统一规范的碳排放统计核算体系实施方案》(以下简称《方案》),提出在 2025 年前进一步完善统一规范的碳排放统计核算体系,全面提高数据质量。2023 年针对该《方案》提出的基本思想和重点任务,全国及各地方将有序推进碳核算制度与方法的统一。

（四）推动绿色金融与转型金融的有序有效衔接

2022年，中国人民银行工作会议要求形成有关绿色金融和转型金融衔接的可操作性政策举措，在此政策背景下预计2023年，中国将会围绕明确气候转型标准、准确披露转型活动和路线图、监测系统性风险、完善政策工具、加强支持转型融资的激励措施来制定更多过渡性金融相关政策，对绿色金融市场快速平稳的发展提供更有效的支撑，并打造足以支持企业低碳转型发展的长效机制。

低碳产业篇

低碳经济的发展以及低碳技术的创新会带来产业结构的调整，使以低碳技术为核心的产业成为低碳经济发展下的新兴产业模式。在世界减碳、固碳热潮下，低碳产业发展迎来了机遇期。低碳产业未来将会成为一个新兴产业。

本篇将从不同类型的产业出发，对国际以及中国低碳经济的发展进行总结、分析和展望。本篇包含以下六个章节：火电减排产业发展分析与展望、新能源汽车产业发展分析与展望、节能建筑产业发展分析与展望、工业节能减排产业发展分析与展望、资源回收产业发展分析与展望、节能材料产业发展分析与展望。其中每一章的结构都以2022年国际相关产业发展概况、2022年国内产业发展分析以及2023年国内产业发展展望作为基本框架。通过分析国内外具有代表性的低碳产业发展状况，为中国未来低碳产业的发展总结宝贵的经验。

在任何一种经济发展模式下，产业都是国民经济的重要组成部分和国民经济增长的推动力。低碳经济已经成为各国经济发展的必然选择和方向，低碳产业也理应成为低碳经济的重要组成部分和支柱，其兴起和发展不仅是社会分工的产物和科技进步的结果，也是人类社会实现可持续发展的内在要求。

火电减排产业发展分析与展望

从全球来看,虽然可再生能源满足了2022年上半年全球电力需求的所有增长,但俄乌冲突带来的能源危机使欧洲多国开始转向传统能源,2022年7月和8月全球煤炭和天然气发电量增加。就中国而言,2022年,在兼顾能源安全的前提下,稳步推进能源转型,积极推动《碳排放权交易管理暂行条例》出台,全国统一的碳排放权交易市场正式启动。

一、2022年国际火电减排产业发展概况

2022年,随着电力需求的增长,煤炭生产和发电仍在持续。俄乌冲突带来的能源危机使欧洲多国开始转向传统能源,电力需求激增情况下,煤炭依旧是印度、巴西等国电力领域最为经济的选择,全球电力部门的排放仍处于高位。可再生能源在电力部门的部署需加速进行,从而推动全球能源系统的转型。

(一)全球煤炭发电发展

独立能源智库Ember于2022年10月5日发布的《全球电力年中洞察》报告称,可再生能源满足了2022年上半年全球电力需求的所有增长,阻止了煤炭和天然气发电的增长。该报告分析了2022年上半年占全球电力需求90%的75个国家的电力数据,并对其余国家的变化做出预测,通过与2021年同期进行比较来说明电力转型的进展情况。2022年上半年全球电力需求同比增长3%。风能和太阳能满足了这一新增需求的77%,而水电满足了其余部分,防止了化石燃料发电可能的4%的增长,避免了400亿美元的燃料成本和230吨二氧化碳的排放。

由于可再生能源增长满足了电力新增需求,化石燃料发电量几乎没有变化。煤电下降1%,天然气发电下降0.05%;这些都被石油发电的小幅上涨所

抵消。尽管如此，2022年7月和8月全球煤炭和天然气发电量增加，电力部门排放量继2021年创下历史新高后仍有上升空间。

根据联合国气候变化报告，2021年和2022年煤炭和天然气的高价格将严重削弱化石燃料的竞争力，并使太阳能和风能更具吸引力。面对国际局势动荡带来的化石燃料价格和进口的波动，各经济体需进一步加速发展低碳电力以推动电源结构调整。

（二）美国电力行业现状

研究机构SUN DAY Campaign对美国能源信息署数据分析表明，美国2022年前四个月的可再生能源发电量占总发电量的25%以上，光伏发电和风力发电仍然保持强劲增长势头。2022年前四个月，美国光伏发电量（包括住宅光伏系统）增长了28.93%，而风力发电增长了24.25%，二者合计增长了25.46%，占美国发电量的六分之一以上（16.67%）。水力发电量也增长了9.99%，加上地热能和生物质能的电力，可再生能源的发电量增加了18.49%，在2022年前四个月提供的发电量占到美国总发电量的25.52%。在此期间，美国可再生能源的发电量比燃煤发电量多出26.13%，与核电相比多出37.80%。与2021年同期相比，美国燃煤发电量下降了3.94%，而核电下降了1.8%。Ember年中报告显示，2022年上半年美国新增风能和太阳能发电量满足了81%的新增电力需求，而煤电下降7%。根据美国能源信息署数据，截至2022年8月，大约8.8吉瓦的传统发电设施被关闭或淘汰。燃煤发电厂在退役的发电设施中所占比例最大（76%），其次是天然气（12%）和核电站（9%）。

另一方面，2022年3月，美国商务部对来自东南亚四国的太阳能产品发起"反规避关税"的调查，导致美国太阳能电池板的进口几乎冻结。2022年6月虽又进行了关税豁免，但对电力行业的负面影响已不可避免。

2022年6月6日，美国总统发布总统决议，授权美国能源部利用《国防生产法》加速国内五种关键清洁能源技术发展，包括太阳能光伏器件和变压器等关键电网基础设施。

2022年7月，美国联邦最高法院做出裁定：美国国家环境保护局无权在州层面限制温室气体排放量，也不得要求发电厂放弃化石燃料转用可再生能源。该决定使联邦层面气候行动的未来前景受到质疑。美国环保组织称，近年来美国已有近360家燃煤电厂关闭或计划关闭，而目前因受新冠疫情影响，美国可再生能源部署不足，仍在运营的燃煤电厂有170多家。这表明政府在清洁能源转型方面出现了一些问题。2022年8月，美国通过了《通胀削减法案》，其通过税收抵免和其他措施扩大对可再生能源的支持，预计将在未来10年推动投资，降低电力行业的碳排放，加速向清洁电力的过渡。但有专家质疑，该法案对气候变化帮助不大，且其执行成本远高于研发新能源所需的费用。

（三）欧盟电力转型情况

欧盟于2022年1月宣布了一项价值1万亿欧元的绿色协议，计划使欧盟成为世界上第一个碳中和集团。2022年，俄乌冲突带来的欧洲天然气价格飙升影响了欧洲的能源安全，为此欧洲减缓了核电与煤电的退役以保障电力供应稳定。2022年以来，欧盟国家煤炭进口大幅度增长，上半年欧盟煤炭进口总量为5760万吨，同比增长49.6%。同期欧盟煤电上涨15%以弥补核电和水电的暂时短缺。

2022年3月8日，为应对俄乌冲突，欧盟委员会制定了REPowerEU欧洲联合行动计划，规划欧洲在2030年前从俄罗斯的化石燃料中彻底独立出来。该计划将寻求使天然气供应多样化，加快可再生气体的推出，并在供暖和发电中替代天然气。俄乌冲突进一步加强了欧盟能源转型与全体系脱碳的行动决心。2022年5月，欧盟委员会提议将欧盟2030年的可再生能源目标从至少32%提高到45%。同时，欧洲对太阳能的投产得到回报。根据Ember的分析，2022年5—8月，太阳能发电在夏季达到99.4兆瓦时，占欧盟约12%的电力，同比增长28%。但欧洲2022年前7个月的水力发电量比去年同期减少20%，核能发电量则减少了12%。

（四）其他主要国家电力转型情况

2022年9月13日，印度尼西亚总统佐科签署了2022年第112号总统条例，该法规旨在鼓励和推动可再生能源的使用，并计划在未来30年内让国内大批燃煤电厂退役。印度尼西亚国有企业部部长表示，印度尼西亚需要花费6000亿美元逐步淘汰共计15吉瓦的燃煤发电，并增加类似规模的可再生能源发电能力。印度尼西亚计划让燃煤电厂再运行10年，在接下来20年的时间里完全摆脱化石燃料。作为世界上最大的煤炭生产国和出口国之一，印度尼西亚的目标是到2025年将可再生能源在其能源结构中的比例提高到23%。2022年11月15日，美国、日本以及部分欧洲合作伙伴表示，将组建一个国际联盟组织，调动200亿美元的公共和私人资金，帮助印度尼西亚关闭煤电厂，将该行业的排放峰值提前7年至2030年。

印度在2022年第一季度安装了2.6吉瓦的光伏系统，与2021年第四季度2.8吉瓦相比下降了7%。第一季度印度安装大型水电设施的总装机容量约为46.72吉瓦，占各种能源总装机容量的11.73%。印度的风力发电装机容量约为40.36吉瓦，约占2022年第一季度总装机容量的10.14%。生物质能和小型水电分别占各种能源总装机容量的2.56%和1.22%。与此同时，印度在2022年一季度安装的传统能源装机容量将近242.89吉瓦，占各种能源总装机容量的61%，与2021年四季度的61.53%相比略有下降。该部分主要以化石燃料为基础，其中煤炭占51.26%，天然气占6.25%，核电占1.7%，褐煤占1.66%，柴油占0.13%。煤炭发电继续以204吉瓦以上的装机容量领先，与2021第四季度的203吉瓦相比略有增长。目前印度约75%的电力来自煤炭发电，燃煤电厂使用的煤炭占每年煤炭消费量的四分之三以上。2022年上半年，印度新增风能和太阳能发电量仅满足了23%的新增电力需求，煤电上涨了10%。鉴于电力需求激增，2022年4月以来印度多地煤炭库存告急，电力紧张加剧。印度计划在2030年之前将燃煤发电规模扩大约四分之一，在储能成本下降之前，印度将继续依赖煤炭来满足日益增长的需求，计划增加近56吉瓦的燃煤发电能力。

巴西原计划2027年结束对燃煤电站的补贴，但2022年年初颁布的新法案将补贴延长至2040年。煤电在巴西电力系统中的占比仅为3%，但面对天然气价格持续上涨、可再生能源发电能力不足的挑战，煤炭成为巴西电力领域最为经济的选择。2022年9月29日，巴西石油协会和巴西风能协会签订了海上风力发电合作谅解备忘录。在全球能源紧缺大背景下，巴西政府希望传统能源煤电企业能够带动新型环保风能发电的发展。

（五）国际电力转型对中国的启示

"十四五"是中国碳达峰的关键期、窗口期，是中国生态文明建设进入以降碳为重点战略方向、推动减污降碳协同增效、促进经济社会发展全面绿色转型、实现生态环境质量改善由量变到质变的关键时期。面对全球能源危机，电力行业转型受阻、速度放缓的情况，中国应深入总结经验以应对挑战和压力，扎实推动节能降碳重点工作。

第一，可尝试以财政政策促进能源转型，通过税收优惠激励国内能源领域相关制造业发展和清洁能源消费。第二，面对国际局势动荡带来的化石燃料价格和进口的波动，中国需进一步加速发展低碳电力以减少对化石燃料及进口的依赖。第三，长期坚持睦邻友好政策，广泛加强能源领域各方面合作，主动参与全球能源对话，并积极倡导全球能源安全的新理念，为全球应对气候变化和能效提升贡献中国智慧与方案。

二、2022 年中国火电减排产业发展分析

2022 年，火电仍是中国最主要的发电方式，占比达 69.8%。根据"十四五"规划，中国要实现煤电装机容量和发电量均在 2025 年达到峰值，2025—2030 年间煤电规模不再增长，此后煤电机组逐渐退出。

（一）中国火电行业现状与发展

根据国家统计局的数据，2022 年中国全年发电量为 8.4 万亿千瓦时，比 2021 年增长了约 2.2%。其中火电发电量为 5.9 万亿千瓦时，占总发电量比例为 69.8%，较 2021 年上升 0.9 个百分点；其次，全年水力发电量为 1.2 万亿千瓦时，较 2021 年上升了约 1%。此外，风力发电、核能发电和太阳能发电量以 6867.2 亿千瓦时、4177.8 亿千瓦时、2290 亿千瓦时分别占比 8.2%、5.0% 和 2.7%。在火电发电方面，2022 年全国发电量排在前五的省（区、市）依次是内蒙古、广东、江苏、山东、新疆。

国家发展改革委、国家能源局于 2022 年 1 月 30 日联合印发了《关于完善能源绿色低碳转型体制机制和政策措施的意见》，指出中国应立足以煤为主的基本国情，按照能源不同发展阶段，发挥好煤炭在能源供应保障中的基础作用。

（二）煤电供给侧结构性改革相关政策

2022 年，国家依据"十四五"规划，持续推动能源质量变革，进一步深化供给侧结构性改革，以高质量的能源供给适应、引领和创造新需求，实现更高水平的供需适配，切实提高保障经济社会高质量发展的水平。

2022 年 10 月，国家统计局发布报告《能源转型持续推进 节能降耗成效显著》，指出党的十八大以来，中国积极推动能源供给革命，坚持立足国内多元供应，深化能源供给侧结构性改革，优先发展可再生能源，推进煤炭清洁高效开发利用，加大油气勘探开发力度，供应保障能力不断提升，能源生产清洁化进程加快。

同时，依据国家能源局 2022 年 3 月印发的《2022 能源工作指导意见》，中国将坚持以立为先，深入落实碳达峰碳中和目标要求，深入落实《"十四五"可再生能源发展规划》，大力发展非化石能源，着力培育能源新产业、新模式，持续优化能源结构。大力发展风电光伏，有序推进水电核电重大工程建设，并积极发展能源新产业、新模式。

2022 年 3 月，中国煤炭工业协会发布了《2021 煤炭行业发展年度报告》，其中指出，到"十四五"末期，国内煤炭年产量将控制在 41 亿吨，目标值较中国 2020 年煤炭产量增长约 5%。

（三）清洁电力技术的研发和推广

近年来，受国家持续倡导的绿色经济、绿色能源影响，清洁电力技术备受瞩目，成果颇丰。

在能源装备技术方面，中国建立了完备的清洁能源装备制造产业链，成功研发制造全球最大单机容量 100 万千瓦水电机组，具备最大单机容量达 10 兆瓦的全系列风电机组制造能力，光伏电池转换效率多次刷新世界纪录；在能源自主创新方面，形成自主知识产权的华龙一号、国和一号等大型三代压水堆核电技术，系统掌握具有四代特征的高温气冷堆技术，世界首台135万千瓦煤电机组投入运行，具有完全自主知识产权的5万千瓦燃气轮机实现满负荷稳定运行。

当前，新型储能的技术水平和装机规模在稳步提升，技术标准体系初步建立；新型储能的应用场景和商业模式不断拓展，"新能源+储能""互联网+储能""分布式智能电网+储能"等多元化应用场景不断涌现。下一步，中国将通过继续推动新型储能的试点和示范，带动新型储能的技术、商业模式和体制机制创新，针对不同应用场景研究新型储能成本疏导机制，并利用好大数据平台加强信息交流和经验分享。

（四）火电行业碳排放控制与节能

"十四五"规划纲要提出，为实现2035年远景目标，要建设清洁低碳、安全高效的能源体系，实现碳排放达峰后稳中有降。

2021年12月的中央经济工作会议强调，要正确认识和把握碳达峰碳中和。实现碳达峰碳中和是推动高质量发展的内在要求，要坚定不移推进，但不可能毕其功于一役。要坚持全国统筹、节约优先、双轮驱动、内外畅通、防范风险的原则。传统能源逐步退出要建立在新能源安全可靠的替代基础上。要立足以煤为主的基本国情，做好煤炭清洁高效利用，增加新能源消纳能力，推动煤炭和新能源优化组合。要狠抓绿色低碳技术攻关。要科学考核，新增可再生能源和原料用能不纳入能源消费总量控制，创造条件尽早实现能耗"双控"向碳排放总量和强度"双控"转变，加快形成减污降碳的激励约束机制，防止简单层层分解。要确保能源供应，大企业特别是国有企业要带头保供稳价。要深入推动能源革命，加快建设能源强国。

习近平总书记在主持中共中央政治局第三十六次集体学习时，强调发展和减排的关系。减排不是减生产力，也不是不排放，而是要走生态优先、绿色低碳发展道路，在经济发展中促进绿色转型、在绿色转型中实现更大发展。要坚持统筹谋划，在降碳的同时确保能源安全、产业链供应链安全、粮食安全，确保群众正常生活。

煤电将逐步由提供电力电量的主体电源，转为电力电量并重的支撑性和调节性电源，主要表现在"两降低、两提升"。"两降低"是装机占比和发电量占比的降低，"两提升"是灵活调节能力和清洁高效水平的提升。截至 2021 年年底，中国煤电装机达到 11.1 亿千瓦，占总发电装机容量的比重为 46.7%。2021 年中国煤电的度电煤耗大约为 305 克，超临界和超超临界机组占比超过 50%。

2022 年，火电行业继续加大结构调整力度，提高资源能源利用效率。2022 年 30 万千瓦及以上机组装机占比从 2015 年的 77.8% 提升至 82.4%。行业平均供电煤耗从 2015 年的 315 克 / 千瓦时降至 302.5 克 / 千瓦时，按全年发电量估算，行业煤炭消费量约占全国煤炭消费总量的 54.9%。在"十四五"及之后的时期，中国将继续理顺"碳排放 – 能源 – 经济"的体制机制关系，并将其作为制度创新和改革的重点。

（五）电力市场化改革的现状

全国统一的电力市场将会开启中国电力市场化改革的新篇章。电力资源将实现更大范围内的共享互济和优化配置，电力系统稳定性和灵活调节能力将得到提升，有更强新能源消纳能力的新型电力系统的形成也将得益于此。

2022 年 1 月 18 日，国家发展改革委、国家能源局印发《关于加快建设全国统一电力市场体系的指导意见》，指出新一轮电力体制改革以来，中国电力市场建设稳步有序推进，多元竞争主体格局初步形成，市场在资源优化配置中作用明显增强，市场化交易电量比重大幅提升。但同时电力市场还存在体系不完整、功能不完善、交易规则不统一、跨省跨区交易存在市场壁垒等问题。下一阶段应重点健全多层次统一电力市场体系，进一步完善统一电力市场体系的功能，健全统一电力市场体系的交易机制，加强电力统筹规划和科学监管，构建适应新型电力系统的市场机制。

（六）碳排放交易市场的现状

全国碳市场是落实碳达峰碳中和目标的重要政策工具，是推动绿色低碳发展的重要引擎。全国碳市场是全球覆盖排放量规模最大的碳市场，第一个履约周期共纳入发电行业重点排放单位 2162 家，年覆盖二氧化碳排放量约 45 亿吨。

截至 2022 年 7 月 15 日，碳市场正式上线交易一周年，一年来市场运行总体平稳，碳排放配额累计成交量达 1.94 亿吨，累计成交额达 84.92 亿元。上海环境能源交易所 7 月 16 日发布的数据显示，2021 年 7 月 16 日至 2022 年 7 月 15 日，全国碳市场共运行 52 周、242 个交易日，累计参与交易的企业数量超过重点排放单位总数的一半。从成交量来看，全国碳市场自开市以来每个交易日均有成交，交易量随履约周期变化明显。成交价格一年来略有上升，一年前的首日开盘价为每吨 48 元，目前价格在每吨 60 元左右。

建设全国碳市场是一项复杂的系统性工程，目前仍处于起步阶段。下一步，生态环境部将坚持全国碳市场作为控制温室气体排放政策工具的工作定位，持续优化全国碳市场法律法规和政策体系，积极推动《碳排放权交易管理暂行条例》出台，并完善配套交易制度和相关技术规范。强化数据质量监管力度和运行管理水平，建立健全信息公开和征信惩戒管理机制，加大对违法违规行为的惩处力度。持续强化市场功能建设，逐步扩大全国碳市场行业覆盖范围，丰富交易主体、交易品种和交易方式。

三、2023 年中国火电减排产业发展展望

进入 2023 年，火电减排产业发展仍将是中国能源体系发展建设中的重要课题。以煤为主的火电一直是中国电力供应和二氧化碳排放的双主体，发挥着能源电力安全"压舱石"和"顶梁柱"的作用，同时在"双碳"目标下，火电行业低碳转型也成为落实碳减排目标以及确保电力安全供应的关键。

（一）立足国情把握节奏步骤，能源安全与绿色低碳发展两不误

2021 年以来，欧洲天然气、电力等能源短缺，价格持续暴涨，已严重影响产业链、供应链稳定。此次欧洲能源危机对中国能源转型具有警示意义。能源安全是关系国家经济社会发展的全局性、战略性问题，对国家繁荣发展、人民生活改善、社会长治久安至关重要。而在今后较长的一段时间内，中国能源需求总量还将持续增长，这要求我们在保证能源安全的前提下，持续推

进能源绿色低碳转型，处理好发展与减排、整体与局部、短期与中长期的关系。

2022年12月召开的中央经济工作会议提出，要坚决控制化石能源消费，尤其是严格控制煤炭消费增长。但是必须尊重客观规律，把握步骤节奏，先立后破、稳中求进。传统能源逐步退出要建立在新能源安全可靠的替代基础上。

富煤贫油少气是中国的能源资源禀赋，近年来，中国煤电清洁化发展迅速，小火电逐渐被淘汰，大批火电机组加大节能降耗改造和综合能源利用，已实现超低排放，煤电机组供电煤耗持续保持世界先进水平。虽然中国清洁能源装机规模持续增长，煤电装机占比历史性地降到50%以下，但当前，中国煤电以不到五成占比的装机，生产接近六成的电量，并支撑超过七成的高峰负荷需求，煤炭仍然是电力供应的主力能源，从长远来看，煤电将从目前装机和电量的主体，逐步演变为调节性和保障性电源，但在新技术取得突破，高效率、低成本储能大规模应用前，煤电机组将依然发挥保障电力持续、可靠供应的重要作用。短期内，煤电机组的"压舱石"地位也很难改变，煤炭增产保供稳价，对中国能源电力安全具有重要意义。中国能源转型要立足以煤为主的基本国情，在传统化石能源加速退出、新能源担当尚且不足的过渡期，必须做好统筹应对措施，使传统能源逐步退出建立在新能源安全可靠的替代基础上，推动煤炭和新能源优化组合，更好地完成保障能源安全与推动绿色低碳发展两大任务，为经济可持续发展提供可靠支撑。

从能源供应的稳定性来看，新能源在短期内也很难完全替代煤电。当前，以太阳能和风能为代表的新能源快速发展，但仍存在波动性大、随机性强、间歇性不足的缺点，这也要求煤电持续发挥其作为基础保障性和系统调节性电源的作用。截至2020年年底，中国达到超低排放水平的煤电机组约为9.5亿千瓦，节能改造规模超过8亿千瓦。特别是二氧化碳捕集、封存与利用技术的应用，给煤电减排二氧化碳提供了一种转型路径。

（二）供给侧结构性改革持续深化，能源产业保稳提质

2022年3月，国家发展改革委、国家能源局印发《"十四五"现代能源体系规划》，提出要进一步增强能源供应链的安全性和稳定性。"十四五"时期，随着中国经济建设进一步发展，能源消费仍将刚性增长，能源保供的压力持续存在，必须坚持"立足国内、补齐短板、多元保障、强化储备"的原则，加强能源自主供给能力建设，确保能源供需形势总体平稳有序。

能源产业链现代化水平将得到进一步提升。在发挥好科技创新引领和战略支撑作用的基础上，增强能源科技创新能力，加快能源产业数字化和智能化升级，推动能源系统效率大幅提高，全面提升能源产业基础高级化和产业链现代化水平。

能源供应能力将进一步增强，煤炭、煤电在推动能源绿色低碳发展中的支撑作用将更加明显。近年来我国火电装机容量持续增长，但受电源结构改革等政策影响，火力发电装机容量增速将逐渐放缓，火力发电装机容量占比也将呈逐年小幅下降态势，但由于能源结构、历史电力装机布局等因素短期内无法改变，国内电源结构仍将长期以火电为主。同时，通过促进释放先进煤炭产能、增加煤炭进口等方式保障能源安全稳定供应，平衡我国火电行业收益。在有序释放先进煤炭产能的同时，根据发展需要合理建设支撑性、调节性的先进煤电，加快完善能源产供储销体系。提升能源资源配置能力，做好电网等能源基础设施建设，特别是加强电力跨省跨区输送通道建设。建立健全煤炭储备体系，完善煤炭供需预警机制，提升供应能力弹性。

从能源消费侧看，《"十四五"现代能源体系规划》有助于推动形成绿色低碳的消费模式。能耗"双控"与碳排放控制制度将更加完善，严控能耗强度，遏制高耗能高排放低水平项目盲目发展等政策措施将进一步落实，而能源资源配置将更加合理高效，煤炭等能源利用效率将大幅提高，钢铁、化工、水泥等主要用煤行业煤炭消费将得到更严格的控制，煤电节能降碳改造、灵活性改造、供热改造"三改联动"将大大提升终端用能低碳化、电气化水平。

（三）推动能源技术革命，提高电力科技创新能力

大力推进火电低碳发展关键技术攻关，为火电转型持续注入新动能。近年来，电力行业聚焦国家关键核心技术攻关任务和行业发展重大技术需求，持续加强基础研究，夯实科技基础，推进"卡脖子"技术攻关，取得多项重

大技术突破和一批原创性成果。在国家科学技术奖励中，电力行业获得17项。随着碳达峰碳中和战略的进一步推行，火力发电行业将加大科技创新力度。加大火电转型关键技术研发投入，助力火电掌握灵活适配转型主动权。加快推动先进燃煤发电、燃气轮机等先进清洁发电技术创新应用，重点研发新一代超高参数和超临界二氧化碳等先进煤电技术，集中攻关新一代高效低能耗CCUS技术以及发电系统集成优化等关键技术，加快发展以清洁高效煤电为基础的多能融合发电技术。

顺应数字时代新趋势，积极推进电力企业能源科技革命和数字革命，推进数字化与工业化深度融合，加强关键信息基础设施保护和建设力度，加快信息技术在电力工业的创新应用，激活电力数据要素新动能，加快数据资源管理能力提升，赋能电力工业高质量发展。随着"双碳""行业数字化"等政策的落实，电力企业需要在稳步推进新型电力系统建设的同时，不断深化前沿数字技术与电力科学技术的结合，建设智慧电网、智慧电厂，实现火力发电行业企业的常新发展。加强智能灵活发电技术创新，进一步提升机组深度调峰和快速变负荷能力，以适配智能电网的一体化智慧运行；加快建设以火电为中心的综合智慧能源集成系统关键技术攻关和应用示范，推动火力发电向智能化、数字化、安全化、绿色化的智慧电厂方向发展转型，电力信息化建设进入新阶段。

（四）建设全国统一电力市场体系，推动碳市场与电力市场协同发展

2021年11月，中央全面深化改革委员会第二十二次会议审议通过了《关于加快建设全国统一电力市场体系的指导意见》，指出要健全多层次统一电力市场体系，加快建设国家电力市场，引导全国、省（区、市）、区域各层次电力市场协同运行，融合发展，规范统一的交易规则和技术标准，推动形成多元竞争的电力市场格局。

建设全国统一电力市场体系，是电力市场改革的重要抓手之一。2020年，中央提出到2025年年底前基本建成全国统一的电力交易组织体系的目标。此次会议更是对全国统一电力市场体系建设提出明确要求：遵循电力市场运行规律和市场经济规律，实现电力资源在全国更大范围内共享互济和优化配

置，加快形成统一开放、竞争有序、安全高效、治理完善的电力市场体系。

近年来，中国电力市场化改革取得显著成效，电力市场建设稳步有序推进，市场化交易电量比重大幅提升。但也要看到，随着改革不断深入，电力市场顶层设计欠缺、实施路径不清晰等制约电力市场健康可持续发展的问题的存在，这也要求中国能源转型要坚持两手发力，既要充分发挥市场在资源配置中的决定性作用，也要更好地发挥政府作用、制度优势，树立全国一盘棋思想，加强国家层面的统筹协调，根据各地实际分类施策，统筹能源有序转型。

当前，中国电力市场和碳市场协同发展的顶层设计尚未出台，碳电市场之间尚未建立科学合理的价格疏导机制以及高效协同的减排传导机制，部分煤电企业购买碳配额的费用低于煤电企业清洁化产生的成本，没有对煤电清洁化产生有效激励。对此，中国有关部门将加快完善落实推进煤电清洁化利用的相关支持政策，加强相关部门协同配合，做好顶层设计，避免各自为政，建立政策引导与市场推动相结合的煤炭清洁高效利用推进机制，设置煤电清洁化利用专项资金，用于支持解决煤电企业推进煤电清洁化利用技术发展中存在的资金问题，减轻因发电成本上升带来的企业负担和困难，提高煤电企业的清洁化改造动力和积极性，积极引导煤电企业在适应行业新发展要求的同时推进煤电机组清洁化利用改造，努力破解煤电清洁化技术瓶颈，形成完善合理的技术路线，降低产业运行的经济成本，加快解决电力市场和碳市场的协同问题。

（五）全国碳市场稳定运行，助力电力市场化改革迈向深水区

全国碳市场通过市场机制将碳减排责任落实到企业，有效发挥了碳定价功能，是落实碳达峰碳中和目标的重要政策工具，也是推动绿色低碳发展的重要引擎。自2011年起，中国先后通过开展碳排放权交易试点、总结借鉴试点经验等方法稳步推进全国碳市场建设。自中国碳市场正式启动上线交易以来，中国碳交易市场运行总体平稳，截至2022年7月15日，碳排放配额累计成交量达1.94亿吨，累计成交额达84.92亿元。中国碳市场第一个履约周期共纳入发电行业重点排放单位2162家，年覆盖二氧化碳排放量约45亿吨，

已成为全球覆盖排放量规模最大的碳市场。

  生态环境部高度重视全国碳排放权交易市场建设，积极稳妥推进制度体系、技术规范、基础设施、能力建设等各项工作任务，推动全国碳市场建设取得积极进展。初步构建全国碳市场制度体系，形成了"配额分配 – 数据管理 – 交易监管 – 执法检查 – 支撑平台"一体化的管理框架。毫无疑问，建设全国碳市场是一项复杂的系统性工程，目前仍处于起步阶段。下一步，生态环境部将坚持全国碳市场作为控制温室气体排放政策工具的工作定位，持续强化全国碳市场法律法规和政策体系，积极推动《碳排放权交易管理暂行条例》出台，并完善配套交易制度和相关技术规范。强化数据质量监管力度和运行管理水平，建立健全信息公开和征信惩戒管理机制，加大对违法违规行为的惩处力度。持续强化市场功能建设，逐步扩大全国碳市场行业覆盖范围，丰富交易主体、交易品种和交易方式。

新能源汽车产业发展分析与展望

随着能源短缺与环境污染问题愈发严重，加快推进节能与新能源汽车发展成为解决能源及环境问题的有效路径。2022年，全球宏观经济发展环境挑战很大，但新能源汽车发展受影响较小，全球新能源汽车产销量持续增加，成为全球经济新的增长点。从全球范围来看，中国、欧洲和美国仍是主要市场，其中中国市场销量占据全球第一；在中国市场，新能源汽车的产销量大幅增长，车型以纯电动汽车为主，市场渗透率持续提升。展望2023年，预计新能源汽车需求将保持高增长，新能源汽车的产销量和渗透率还将持续上升。

一、2022年国际新能源汽车产业发展概况

2022年，虽然全球宏观经济发展放缓，但各国相继出台碳排放限制和燃油车禁售政策，新能源汽车产业发展迅速。在市场运行状况方面，新能源汽车产销量持续增长，市场渗透率加快提升。从主要国家和地区看，中国、欧洲和美国的新能源汽车销量继续增加，中国牢牢占据新能源汽车全球销量第一的市场。不同新能源汽车品牌间销量差距显著，比亚迪占据全球新能源汽车销量榜首。另外新能源汽车技术创新也持续推动产业发展，造就电动智能大浪潮。

（一）全球新能源汽车发展环境分析

2022年，受诸多不利因素影响，全球经济持续下行，但是新能源汽车销量受到的影响相对较小；基于对碳中和的承诺，以及燃油车排放带来的环境污染和气候变暖等问题，各国政府相继出台碳排放限制和燃油车禁售政策，各大传统汽车企业进行电气化转型，推动新能源汽车产业快速发展。

1. 全球经济增速放缓，新能源汽车产业走势较强

2022年，受通货膨胀趋势、货币政策转向、供应链受损、极端气候灾

害、大国关系与地缘政治博弈、乌克兰危机以及疫情反复等因素影响，全球GDP增速放缓，根据中国社会科学院世界经济与政治研究所和社会科学文献出版社2022年度发布的《世界经济黄皮书》，2022年全球GDP同比增长率为4.5%。经济下行对于汽车产业冲击较大，但是对新能源汽车的销量影响相对较小。2022年，全球新能源乘用车（纯电动汽车和插电式混合动力汽车）销量为1009.12万辆，同比增长率为55.36%。

2. 各国政府持续推出燃油车禁售等政策，利好新能源汽车产业发展

在国际环保组织、能源部门的要求下，为了达到碳达峰碳中和的目标，各个国家及地区的碳排放法规日益严格。全球低碳转型进程加快，各国相继提出碳中和目标。截至2022年，全球已有接近150个国家做出碳中和承诺。

在碳中和及能源转型的大趋势下，大力发展新能源汽车被看作是实现碳中和的关键路径之一。为推进碳中和，包括中国、美国、欧盟在内的主要国家和地区均已提出燃油车禁售时间表。2022年6月29日，欧盟宣布到2035年全境内停止燃油新车销售，以实现2050年欧洲碳中和的目标。意大利和罗马、荷兰和挪威、美国加利福尼亚州和中国海南省也分别宣布于2024年、2025年、2030年全面禁售燃油车，燃油车禁售政策在一定程度上加速了新能源汽车行业的发展进程。

3. 响应"双碳"目标号召，全球各大传统汽车品牌纷纷转型

受燃油禁售及碳排放政策的影响，全球各大汽车品牌纷纷转型。2022年4月，比亚迪汽车宣布，自2022年3月起停止燃油汽车的整车生产，未来业务将集中在纯电动和插电式混合动力汽车模块，比亚迪也是全球首个停产燃油汽车的车企。2022年7月，大众集团计划到2030年，将纯电动车份额提升至50%，在2033年到2035年退出欧洲内燃机市场，到2040年，集团在全球主要市场的所有新售车辆将接近零排放，最迟到2050年，集团将实现碳中和。宝马计划于2030年在欧盟停止销售燃油车。梅赛德斯奔驰承诺到2035年在全球主要市场停止销售内燃机汽车，到2040年在全球范围停售。福特汽车表示，到2030年，福特在欧洲销售的新车将全面切换为纯电动汽车，福特汽车旗下品牌林肯宣布2022年全面停售停产燃油车。

4. 动力电池性能提升与智能化技术更新，助推新能源汽车加速发展

新能源汽车电动化和智能化不断推进，成为引领汽车产业转型升级的突破口。2022年1—9月，全球新能源汽车行业专利申请数量和专利授权数量分别为2653项和597项，授权比重为22.5%。全球新能源汽车第一大技术来源国为中国，中国新能源汽车专利申请量占全球新能源汽车专利总申请量的41.2%；其次是日本，日本新能源汽车专利申请量占全球新能源汽车专利总申请量的18.56%，美国和德国虽然排名第三和第四，但是与排名第一的中国专利申请量差距较大（图1）。整体看，全球新能源汽车行业专利申请数量呈现增长态势，全球新能源汽车技术尚处于成长期。动力电池各项细分技术也不断迭代，4680大圆柱电池、固态电池、钠离子电池、氢燃料电池等新型技术投入应用。大数据、云计算和人工智能技术持续发展，自动驾驶、智能座舱、车路协同等技术取得突破进展。

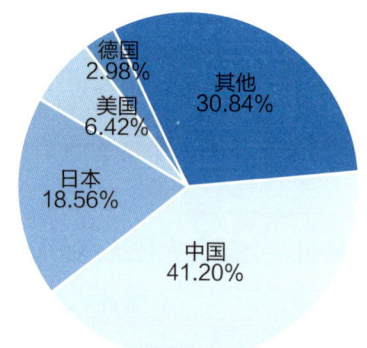

图1　全球新能源汽车行业技术来源国分布情况

数据来源：前瞻产业研究院

（二）全球新能源汽车市场发展状况

2022年新能源汽车市场整体发展状况良好，产销量大幅增长。在燃油车禁售和"双碳"目标影响下，全球新能源汽车产销量增加，增速加快；纯电动汽车销量远超混合动力汽车；全球新能源乘用车的市场渗透率持续上涨，但仍处于较低水平。

1. 全球新能源汽车生产规模持续扩大，增长率快速上升

受到燃油车禁售政策和碳排放限制影响，2018—2022 年全球新能源汽车产量稳步上升，年平均增长率达 48.26%。如图 2 所示，2022 年全球新能源汽车产量达到 1145 万辆，同比增长率为 70.13%，增速加快。

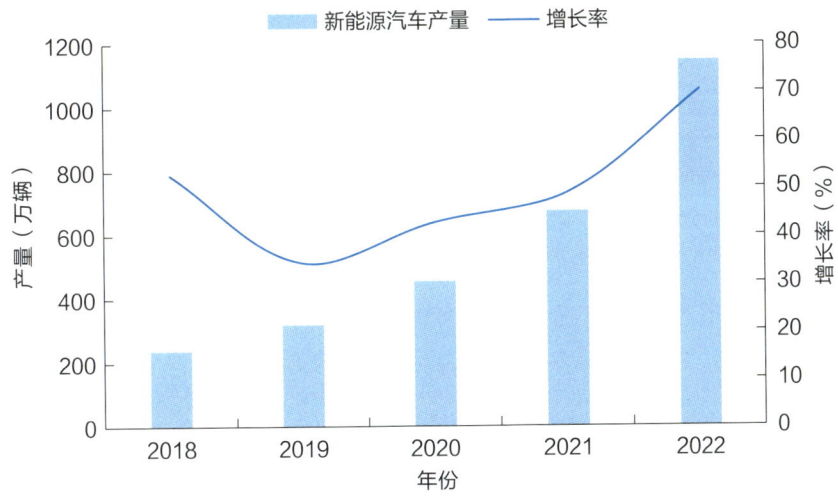

图 2　2018—2022 年全球新能源汽车产量及增长率

数据来源：公开资料整理

2. 全球新能源汽车销售规模大幅上涨，增长率创新高

从需求端看，2018—2022 年全球新能源汽车销量持续增长，年平均增长率为 49.54%。2022 年，由于中国新能源汽车需求上升，政策驱动转向市场驱动，形成较强增长动力，拉动世界新能源汽车销量大幅增长。如图 3 所示，2022 年，全球新能源乘用车销量达 1009.12 万辆，同比增长率为 55.36%，销量创新高。

从月度销量来看，2022 年月度销量呈现震荡上行趋势。如图 4 所示，2022 年全球新能源乘用车月度销量呈现较大波动，但总体保持上升；增长率随月度变化波动明显，增速起步较强，1—2 月呈现高倍增长，受到俄乌冲突影响，3—4 月增速放缓，5—12 月增速较平稳。

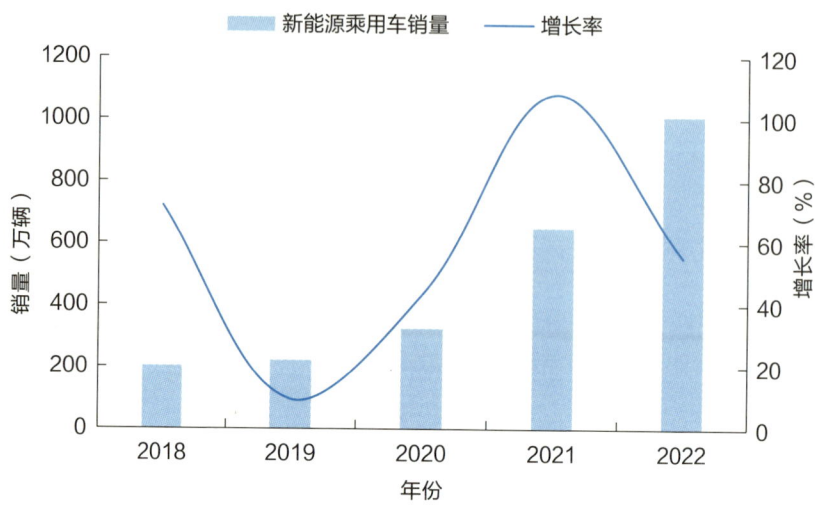

图3　2018—2022年全球新能源乘用车销量及增长率

数据来源：EV sales，CleanTechnica

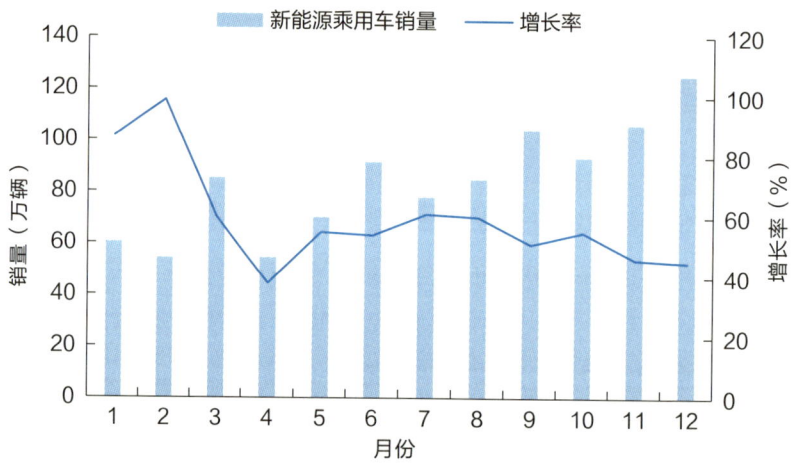

图4　2022年1—8月全球新能源乘用车月度销量及增长率

数据来源：EV sales，CleanTechnica

从车型上看，2018—2022年纯电动汽车销量远超混合动力汽车，都呈逐年稳定上涨趋势；纯电动汽车和混合动力汽车的增长率波动较大。如图5所示，受各车企电气化转型影响，2022年纯电动汽车销量突破770.43万辆，同比增长率为62.48%，低于2018—2022年平均增长率70.41%，增速放缓；2022年混合动力汽车的销量为237.1万辆，同比增长率为35.19%，低于2018—2022年平均增长率36.85%，增速减小。

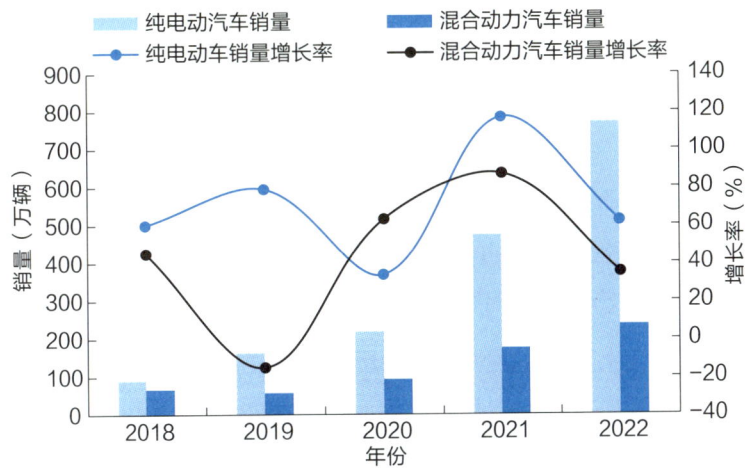

图5　2018—2022年全球纯电动汽车和混合动力汽车的销量及增长率

数据来源：IEA，EV sales，CleanTechnica

3. 全球新能源乘用车市场渗透率快速提升，但仍有较大的增长空间

受到"双碳"和燃油车禁售政策的影响，2018—2022年全球新能源汽车渗透率总体呈现快速上涨趋势，新能源汽车进入强势发展的新阶段，但与传统汽车相比仍处于较低水平，还有较大的增长空间。如图6所示，2022年全球新能源汽车市场渗透率达到14%，比2021年提高5.7个百分点。

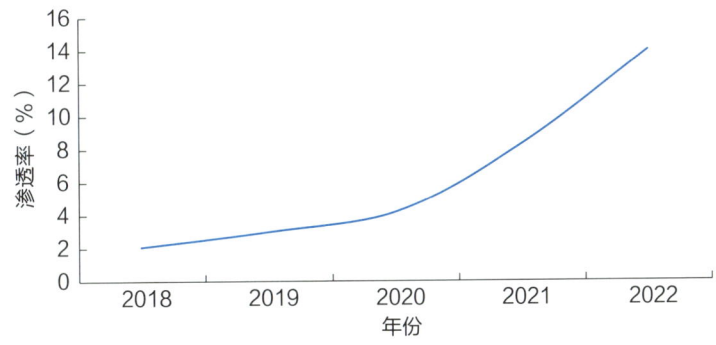

图6　2018—2022年全球新能源乘用车的市场渗透率

数据来源：EV sales，IEA，CleanTechnica

（三）全球新能源汽车竞争分析

2022年，随着整体新能源汽车市场化转型趋势的到来，全球新能源汽车市场竞争逐渐激烈。中国新能源汽车销量高起步，持续良好发展，总销量位居全球第一。不同企业品牌的新能源汽车销量存在差距较大，比亚迪夺得销量冠军。

1. 全球新能源汽车市场竞争逐渐激烈，中国新能源汽车市场快速成长

从全球新能源汽车销量占比来看，如表6所示，2018—2022年，欧洲波动较大，美国相对稳定，中国则稳步提升。

表6　2018—2022年全球新能源汽车销量占比

国家/地区	2018	2019	2020	2021	2022
中国	53.9%	51.5%	40.7%	53.0%	63.2%
欧洲	20.9%	26.9%	43.8%	33.0%	23.8%
美国	20.1%	17.2%	11.2%	11.0%	9.3%

数据来源：公开资料整理。

从全球各地区新能源汽车渗透率来看，如图7所示，中国与欧洲主要国家如德国、法国、瑞典等均处于上升期，美国、韩国、日本渗透率较低，处于推广期；2021年拜登政府上台之后，美国重新加入《巴黎协定》，8月正式确立了2030年新能源车渗透率50%的目标，政策迎来显著边际向好，将中长期驱动美国新能源汽车发展，不断提高渗透率；日本虽然渗透率低，但政府大力支持新能源汽车的发展，新能源汽车市场竞争逐渐激烈。如图8所示，2022年中国、欧洲和美国仍然占据全球新能源汽车的主要消费市场，中国新能源汽车发展良好，销量持续上升，占世界新能源汽车份额63.2%，与2021年相比增加了10.2个百分点。

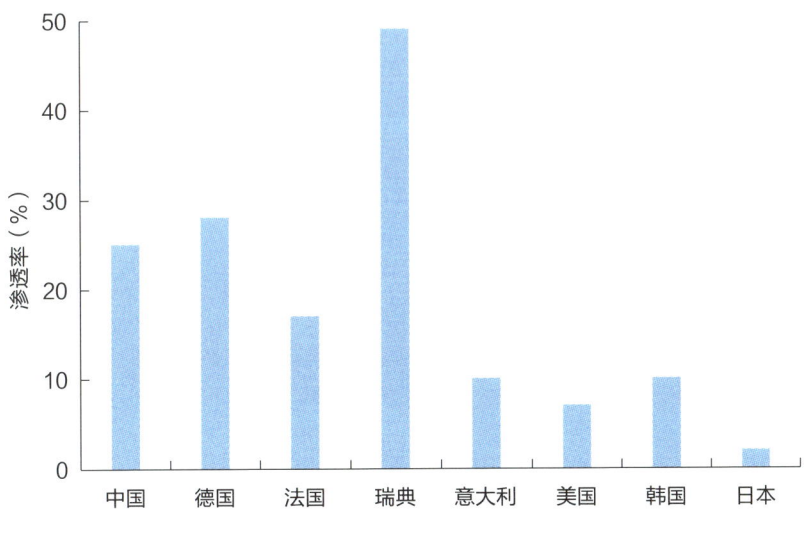

图7　2022年全球部分国家新能源汽车渗透率

数据来源：公开资料整理

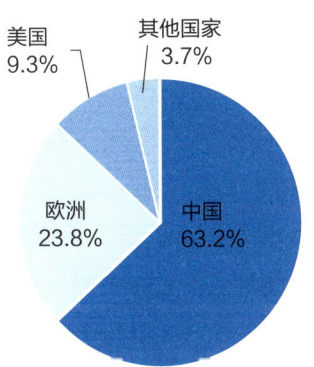

图8　2022年全球新能源汽车的销量占比

数据来源：公开资料整理

2. 比亚迪成功超越特斯拉，高居全球销量榜首

2022年，全球新能源乘用车品牌企业销量排名与2021年相比发生较大变化，比亚迪以184.77万辆的销量位居全球第一（图9），其新能源汽车销量的快速增长主要依靠中国市场；特斯拉被比亚迪成功超越，下滑到了销量第二名的位置；销量第七、八、九、十名由2021年的上汽、沃尔沃、奥迪、现代也调整为广汽、上汽、长安、奇瑞。

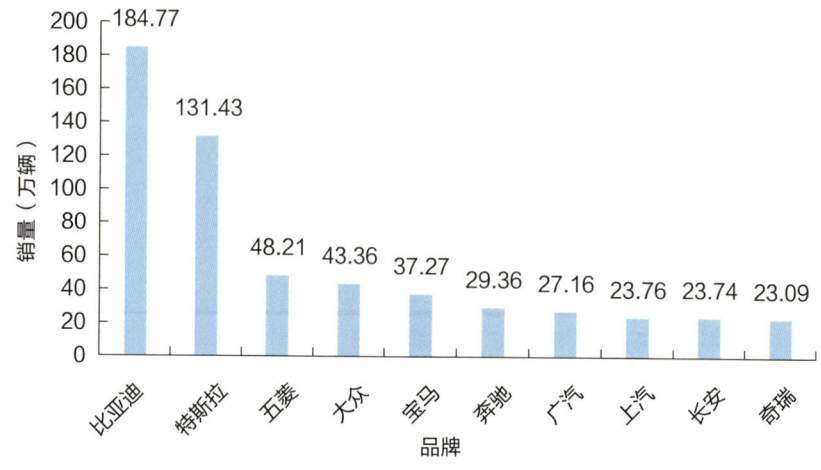

图9　2022年全球新能源乘用车品牌企业销量TOP10

数据来源：CleanTechnica

（四）全球新能源汽车产业发展趋势

展望2023年，全球宏观经济增长可能放缓，燃油车禁售政策与"双碳"目标继续推动新能源汽车产业发展。在新一代信息技术革命及汽车消费升级背景下，新能源汽车将呈现电气化、集成化、智能化趋势。全球新能源汽车产销量将持续增加，市场渗透率稳步提升；中国将保持新能源汽车第一消费市场地位，比亚迪将保持新能源汽车销量榜首位置。

1. 全球宏观经济增长疲软，传统车企电气化转型加快

展望2023年，全球宏观经济将面临更多挑战，增长将放缓。随着地球环境日益恶化，为了减少碳排放，将会有更多国家推出燃油车禁售政策和碳排放限制政策。同时新能源汽车发展空间较大，进一步推动传统车企进行电气化转型。

2. 全球新能源汽车的产销量持续增长，增长率稳步提升

随着消费者对新能源乘用车接受程度的提高，新能源乘用车的性价比将逐步提升。展望2023年，全球新能源汽车的产销量将保持较快增长，增长率和市场渗透率持续提升，纯电动汽车发展前景持续向好。

3. 中国保持全球新能源汽车最大消费市场的地位，比亚迪居销量榜首

由于中国新能源乘用车需求上升，政策驱动转向市场驱动，促进中国新能源乘用车行业快速发展。展望2023年，中国将保持新能源汽车第一消费市场的地位；比亚迪凭借完善的产品矩阵和新能源核心技术，将占据新能源汽车销量榜首地位。

二、2022年中国新能源汽车产业发展分析

新能源汽车产业作为中国的新兴产业之一，在低碳经济的倡导下得到了稳定向上的发展，目前处于从政策和市场双驱动转向以市场驱动为主的新发展阶段。随着国家一系列政策出台，人们低碳环保意识的日渐增强，同时伴随技术创新和科技进步的发展，中国新能源汽车的稳定性、适应性在不断提升，配套基础设施日益完善，生产愈发普及化，人们对新能源汽车的需求也随之增长。2022年，中国新能源汽车产销量创下历史新纪录，全国新能源汽车保有量实现千万辆的突破，同时新能源汽车的产业链不断延伸扩大，应用范围也愈发广泛。在新能源汽车产销规模快速壮大的同时，中国新能源汽车产业链配套体系也在不断发展，上游原材料供应偏紧，中游电池产业产量和装机量继续保持稳定增长，下游充电基础设施建设日趋完善，充电桩和换电站数量均明显上升。

（一）中国新能源汽车市场运行状况

2022年，中国经济保持稳定增长，在国家低碳经济、节能减排的号召下，进一步刺激了居民生活观念的转变，消费者对于新能源汽车的选择意愿也愈发明显。同时，为加快推动绿色低碳转型，促进国民经济水平提升及带动国内汽车产业发展，中国政府颁布了一系列的政策来加快行业发展。另外，由于多年来中国在新能源汽车上的培育，推动了中国新能源汽车产业链的愈发成熟及完善，随着愈发多样化的新产品陆续出世，使用场景及应用领域愈发广泛，新能源汽车也进一步得到了人们的认可。在政策和市场的双重驱动下，2022年，中国新能源汽车的产销量超越去年，全国新能源汽车保有量突破千万辆，市场渗透率不断提升。

1. 新能源汽车整体产量大幅增长，创下历史新纪录

2022年，中国新能源汽车总产量实现705.8万辆，相比去年同期增长96.9%。其中，中国纯电动汽车产量实现546.7万辆，插电式混合动力汽车产量实现158.8万辆，其余为燃料电池汽车，同比增长率分别达到83.4%、164.1%、105.4%。从各季度看，如图10所示，第一季度新能源汽车产量为129.3万辆，同比增长140%，规模远高于2021年同期水平，战略引领作用进一步凸显；虽受疫情反复影响，但随着生产生活逐渐恢复常态化，第二季度的新能源汽车产量完成136.8万辆，同比增长157%，新能源汽车延续高速增长势头；第三季度各种产业链恢复，国内供应多元化，加之国家一系列稳增长、促消费政策的支持，新能源汽车产量完成205.6万辆，涨幅高达416%；第四季度全国各地频频出台促消费的举措，推动市场潜力进一步释放，新能源汽车产量完成234.1万辆，同比增长71%。

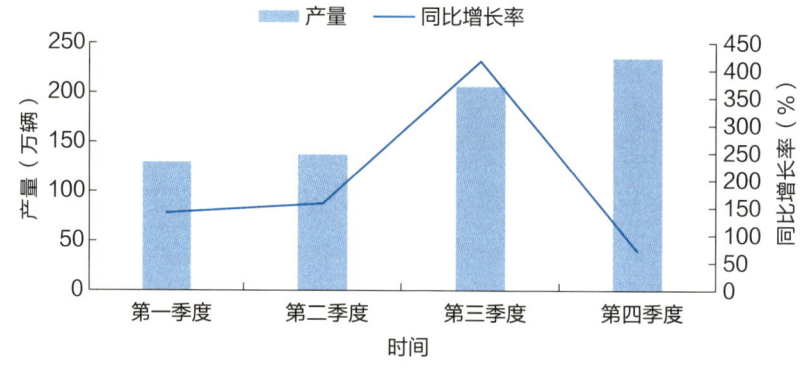

图10　2022年中国新能源汽车季度产量及同比增长率

数据来源：中国汽车工业协会

2. 新能源汽车产销基本平衡，销量大幅上涨

2022年中国新能源汽车累计销量达688.7万辆，同比增长超过93%。如图11所示，第一季度，尽管在国际上受地缘政治不稳定、在国内受多地疫情频发的影响，但由于国家政策的利好支持且疫情逐渐恢复常态化，新能源汽车销量保持稳定增长趋势，新能源汽车销量为125.7万辆，同比增长144%；第二季度销量完成134.3万辆，同比增长94%；由于前期消费的释放及国家政策的推动，尤其车辆购置税减半政策，极大地激发了市场活力，第三季度新能源汽车销量大增，共完成196.7万辆，同比增长107%；第四季度是汽车消费旺季，也是车企完成年度销量目标的重要阶段，各新能源车企加大促销力度，新能源汽车销量再创新高，完成销量232万辆，同比增长70%。

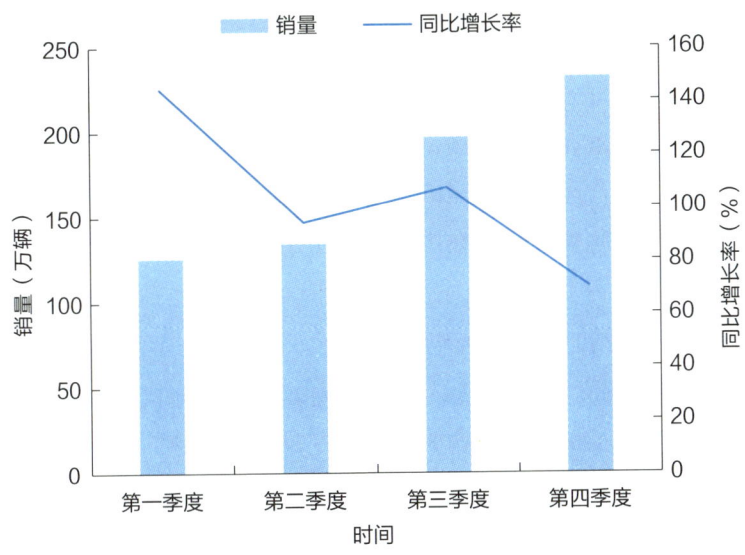

图11　2022年中国新能源汽车季度销量及同比增长率

数据来源：中国汽车工业协会

从新能源汽车用途来看，新能源乘用车销量占比约为八成。2022年中国新能源乘用车零售销量为654.8万辆，同比增长94.3%；新能源商用车销量为33.8万辆，同比增长78.9%；其中，新能源乘用车销量占新能源汽车总销量的95%，占乘用车总销量的31.5%，而新能源商用车销量仅占新能源汽车总销量的5%。由此可见，人们对新能源乘用车和商用车的需求仍存在差异。这主要是人们在使用场景和购买动机上的不一致所造成的，新能源乘用车大多为个人及家庭所用，购置时不需要考虑过多因素，从而需求量相对较大；新能源商用车则大多是服务于企业用作生产资料，购置时需要考虑新能源商用车的续航里程、实际载重量、充电时间及充电设施等与运营效率相关的因素，使得大量的商用车用户对新能源商用车的购置望而却步。

从新能源汽车种类来看，纯电动汽车销量占比约为八成。2022年中国纯电动汽车销量实现536.5万辆，同比增长81.6%，占全部新能源汽车销量的

78%；插电式混合动力汽车销量实现 151.8 万辆，同比增长 151.6%；其余为燃料电池汽车。相比 2021 年，这三种新能源汽车产销规模都在不断扩大，继续保持快速增长趋势。虽然插电式混合动力汽车存在明显的上升趋势，但纯电动汽车一直是新能源汽车的销售主力，可见二者在消费结构上的占比依然较为稳定。相比纯电动汽车，插电式混合动力汽车的优势在于没有续航里程的考虑，但插电式混合动力汽车的销量仍不如纯电动汽车，这主要有三个方面原因：一是价格上，目前市场上插电式混合动力汽车的价格普遍偏高，而同等价位的纯电动汽车具有很强的竞争优势，直接降低了插电式混合动力汽车在市场上的接受程度；二是在用车成本上，目前插电式混合动力汽车纯电动模式下的续航里程普遍较短，这就意味着如果用户希望减少汽油用量就只能更频繁地充电，同时，在不充电的情况下，油耗也高于油电混合动力汽车，甚至比纯燃油车都高，综合以上考虑，插电式混合动力汽车相对性价比不高的情况也进一降低了消费者的购买意愿；三是在"绿牌"问题上，目前新能源汽车的主要购买群体大多在一线城市，一线城市"绿牌"没有限行困扰，这是许多车主投奔新能源汽车的主要原因之一，而插电式混合动力汽车目前在一些城市，比如北京，已经不再算作"绿牌"车。

从新能源购买用户所在地区来看，新能源汽车购买用户多分布在一线及新一线城市。据中国汽车工业协会统计，2022 年中国新能源汽车销量前十名的城市有深圳、上海、杭州、成都、广州、北京等，可以看出新能源汽车购买用户多分布在一线及新一线城市。在一些一线及新一线城市，新能源汽车销量较高的原因主要有两个方面：一是受限行和当地政策的引导；二是发达城市的年轻群体较多，他们热爱时尚，紧跟时代发展潮流，且新能源汽车越来越展现其前卫的元素，与年轻人的审美不谋而合。总之，一线及新一线城市对于新能源汽车的热爱度和认可度会更高。

3. 国家补贴转向各省市发放购车红包，新能源汽车渗透率呈上升趋势

随着新能源汽车产品的多样化、智能化，虽然消费者面临国家对购买新能源汽车的优惠补贴政策即将取消的现状，但对新能源汽车的购买意愿依然不减。据统计，截至 2022 年年底，有近 20 个省（市、区）公布了汽车消费补贴政策，多地积极发放汽车消费大红包，推动中国新能源汽车市场的快速扩大，随之保有量也呈快速增长势头。根据公安部统计，截至2022年年底，全国新能源汽车保有量实现1310万辆，占全国汽车总量的4.10%，同比增长67.13%。其中，中国纯电动汽车保有量实现1045万辆，占全国新能源汽车总量的79.78%。2022年全国新注册登记新能源汽车535万辆，同比增长率高达81.48%，占全国汽车新注册登记量的23.05%。据乘联会发布的乘用车市场数据，2022年以来，中国新能源乘用车零售渗透率一直呈上行趋势，四个季度分别达到26.7%、28.3%、29.7%、31.9%。2022年全年新能源汽车渗透率达到27.6%，相比2021年增加12.6个百分点。虽然个人收入和消费都不同程度地受到疫情的影响，但同时油价上升及人们低碳意识的提升也逐渐加强了人们对于新能源汽车的认可。2022年是中国新能源汽车行业从政策和市场双驱动转向以市场驱动为主的关键阶段，未来几年中国新能源汽车的渗透率将会继续提升。

4. 新能源汽车应用领域伴随产业成熟不断扩大，商用领域应用愈发广泛

目前，中国新能源汽车的应用领域主要包括私用和商用两大类，其中在商用领域上的应用越来越广泛，并随着产业的成熟在进一步扩大，例如在电动汽车租赁、公共交通、物流运输及共享汽车领域等都得到了很大推广。2022年新能源公交车突破5.8万辆，在全国共有城市公共汽电车中占比达8%。近年来，国家大力建设绿色环境，保护能源安全，为助推新能源汽车产业的发展陆续推出了一系列政策，在政府的重点扶持下，新能源汽车的应用市场将会进一步扩大。

（二）中国新能源汽车产业链发展现状

中国新能源汽车产业链主要由上游、中游及下游组成。上游负责提供原材料及设备制造，中游负责生产新能源汽车的重要组成子系统，下游负责整车和充电设施的建设。其中，上游产业主要包括锂矿产业、生产动力电池所需的四大材料（正极材料、负极材料、电解液、隔膜）产业及其他金属产业；中游产业主要包括电池、电机、电控这三部分产业，其中，动力电池作为新能源汽车产业的关键部分，占据了新能源汽车整车成本的四成左右；下游产业主要由整车组装和充电桩建设产业所组成。2022年，上游原材料供应偏紧，导致价格持续抬升，中游电池产业产量和装机量大幅度提升，下游充电基础设施建设愈发完善，充电桩及换电站数量继续稳步增长。

1. 上游原材料价格持续抬升，供应短缺的局面仍然存在

在全球追求新能源发展的大环境下，锂资源的需求也在进一步扩大，全球锂资源拥有国相关部门都会加紧对本国锂资源的调控，全球锂资源竞争进一步加剧。中国在本国锂资源产能有限、且受国际政治环境影响的情况下，中国锂资源供应成为中国锂电池行业发展面临的关键问题。目前全球动力电池行业以三元锂电池为主，电池关键的三元正极材料以镍、钴、锂为主，其中锂资源又是正极材料的核心元素。长期以来，中国市场锂资源供给不足，需要靠国外进口来补给，对外依存度居高不下。在中国新能源汽车产业的快速扩张及锂化合物供应相对紧张的双重刺激下，锂资源价格飞速上涨。据工信部消息，截至 2022 年 12 月，电池级碳酸锂价格已经上涨到 50 万元 / 吨。锂资源价格的上涨，导致中下游新能源整车企业普遍亏损的状况更加严峻，极大地影响了整个新能源汽车产业的健康可持续发展。

2. 中游电池产业产量大增，装机量大幅增长

中游产业主要由电池、电机、电控及其他零部件产业所构成，其中，电池、电机、电控构成了新能源汽车的核心动力系统，且电池又占据了整车成本的 42%，由此可见，电池产业在新能源汽车产业链中的重要性。但随着电池技术创新与进步，未来电池产业及核心动力系统模块都将会有更大的发展空间。

目前，在国家各类政策的推动及消费者对新能源汽车需求的猛增下，动力电池作为电动化革新的核心技术，为新能源汽车替代燃油汽车打下坚实的基础。如图 12 所示，据中国汽车动力电池产业创新联盟的相关数据，2022 年，中国动力电池累计产量实现 545.9 吉瓦时，相对 2021 年全年增长率达到 148.5%。其中三元电池产量实现 212.5 吉瓦时，占总产量的 38.9%，同比增长 126.4%；磷酸铁锂电池产量实现 332.4 吉瓦时，占总产量 60.9%，同比增长 165.1%。2022 年，中国动力电池累计装机量实现 294.6 吉瓦时，累计同比增长 90.7%。其中三元电池累计装机量实现 110.4 吉瓦时，占总装机量的 37.5%，累计同比增长 48.6%；磷酸铁锂电池累计装机量实现 183.8 吉瓦时，占总装机量的 62.4%，累计同比增长 130.2%。

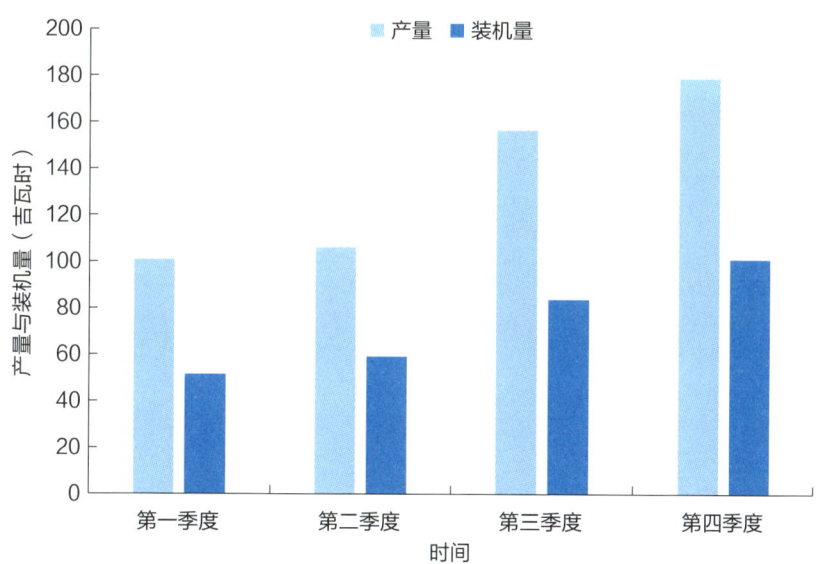

图 12　2022 年中国动力电池产量与装机量

数据来源：中国汽车动力电池产业创新联盟

3. 下游充电基础设施建设愈发完善，充电桩和换电站数量继续稳步增长

下游产业主要由整车、电动车配件生产及充电桩建设三部分组成，其中，充电桩的建设是下游的核心产业。充电基础设施是电动汽车用户绿色出行的重要保障，是促进新能源汽车产业发展、推进新型电力系统建设、助力"双碳"目标实现的重要支撑。2022 年 1 月 10 日，国家发展改革委、国家能源局等多部门联合印发了《国家发展改革委等部门关于进一步提升电动汽车充电基础设施服务保障能力的实施意见》，对于指导"十四五"时期充电基础设施发展具有重要意义。据中国充电联盟统计数据，如图 13 所示，2022 年，全国充电基础设施累计数量约为 521 万台，同比增长 99.1%，联盟内成员单位总计上报公共充电桩 179.7 万台，其中直流充电桩 76.1 万台、交流充电桩 103.6 万台。从 2021 年到 2022 年，中国月均新增公共充电桩约 5.4 万台。私人充电桩方面，随车配建私人充电桩数量达到 341.2 万台。2022 年，充电基础设施增量为 259.3 万台，其中公共充电桩增量 65.1 万台，同比上涨 91.6%。随车配建私人充电桩增量为 194.2 万台，同比增长 225.5%。2022 年充电基础设施与新能源汽车继续爆发式增长，桩车增量比达到1∶2.7，可以看出充电基础设施建设能够基本满足新能源汽车的快速发展。

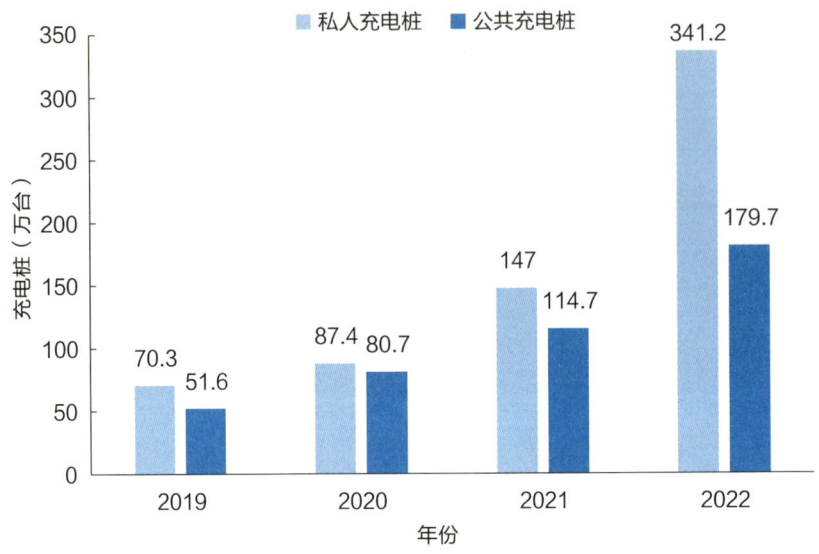

图 13　2019—2022 年公共充电桩与私人充电桩数量分布

数据来源：中国充电联盟

随着新能源汽车市场的高速发展，换电产业得到政策明确支持，中国新能源汽车换电站数量呈现快速增长趋势。2022 年，据中国充电联盟统计数据，联盟内成员单位总计上报换电站 1973 座。换电运营商主要有蔚来、奥动新能源和杭州伯坦，分别运营 1160 座、494 座和 108 座换电站。

三、2023 年中国新能源汽车产业发展展望

2023 年，"双碳"目标持续推进，各大车企相继公布禁售燃油车时间表，各种利好新能源汽车政策持续出台，新能源汽车产销量仍将继续增长，但国家新能源汽车补贴的取消，使得政策重心开始向产业规范化和标准化转移；芯片的短缺、电池原料成本的上升将会导致新能源汽车的价格上涨，为新能源车企的生产供给带来了巨大挑战；充电基础设施建设加快，为新能源汽车的发展夯实了基础，各种新兴技术的应用将会给新能源汽车注入前进的新动力。

（一）中国新能源汽车产业政策展望

2023年，各种利好政策将相继出台，促进新能源汽车产业全方位发展，车辆购置税利好政策再延续，助推新能源汽车市场平稳增长；新能源汽车补贴取消，市场正式进入转型阶段；双积分政策逐渐注重市场化调节作用，促进汽车节能与利用新能源协调发展。

1. 车辆购置税利好政策再延续，助推新能源汽车市场平稳增长

2022年9月26日，财政部、工信部、国家税务总局发布《关于延续新能源汽车免征车辆购置税政策的公告》（以下简称《公告》），将继续对新能源汽车免征车辆购置税，并且将该政策延长至2023年年底。此外，《公告》提出将继续对新能源汽车免征车船税、消费税，提供路权和牌照等支持。《公告》的发布意味着原本于2022年年底到期的新能源汽车免征购置税政策再次延长一年，2023年消费者购买新能源汽车依然可以享受政策优惠。在一定程度上，《公告》采取的延期方式与国家补贴"退坡"的延期方式相似，将更好地促进新能源汽车市场消费，助推市场平稳增长。

2. 新能源汽车补贴退市，市场正式进入转型阶段

2023新能源汽车将不再继续补贴，根据国务院发布的《关于2022年新能源汽车推广应用财政补贴政策的通知》，2022年为新能源汽车补贴终止之年，此后上牌的新能源汽车将不再给予补贴。这也标志着新能源汽车行业由政府扶持逐渐向市场发展过渡，由过去主要靠补贴推动，转向在弱补贴和双积分政策的基础上，由优质供给与市场需求共同驱动。政策作用开始弱化，政策关注点开始向产业规范化和标准化转移。

3. 双积分政策注重市场化调节作用，促进汽车节能与利用新能源协调发展

基于技术进步、成本下降和新能源、油耗积分合规成本变化情况，工信部就2024年至2025年新能源乘用车积分及油耗积分暂行管理方法进行修改，自2023年起，当年度产生、结转的新能源汽车正积分之和，大于考虑结转、转让积分抵偿后的企业平均燃料消耗量负积分与新能源汽车负积分之和的2倍时，在每年度积分核算情况报告发布后90日内，企业可自愿存储至积分池，不设结转比例，有效期自存储年起不超过五年。

（二）中国新能源汽车产销发展展望

2023年，随着消费者对新能源汽车的认可度逐步提升，在强劲的需求推动下，新能源车企继续对细分市场加快布局，新能源汽车产销量有望继续保持增长趋势。充电基础设施建设加快，新能源汽车渗透率将继续快速上升。由于上游芯片原材料持续短缺，中游电池成本上升，新能源汽车价格将会上涨，给新能源车企带来压力。

1. 新能源汽车需求强劲，车企加快市场细分布局

2023年，新能源汽车企业将继续推出各具特色的新车型产品及补贴退出，将导致新能源汽车产量增长明显，预计新能源汽车产量将继续保持高速增长趋势。随着电池技术不断创新以及充换电基础设施加快建设，预测新能源汽车销量将持续增加，有望超过750万辆。随着消费者对新能源汽车的认可度逐步提升，优秀自主车企将会持续发力，加快混动布局，使得节能性突出，产品力升级，在细分领域上，细分价格已出现爆款车型，蓝海效应逐渐减弱。新能源汽车的渗透率持续上升，2023年新能源汽车渗透率有望达到30%。

2. 上游芯片原材料维持短缺，中游电池成本上升，下游充电基础设施建设继续加快

截至2022年，中国汽车进口芯片率是90%，尤其是新能源汽车芯片高度依赖进口。2023年，在疫情、俄乌冲突以及美国制裁的影响下，再加上中国芯片无法实现自给自足，芯片原材料将持续短缺。新能源汽车动力电池原材料相关的镍、钴、锂矿产价格或将迎来50%的涨幅，动力电池原材料价格的上涨，将会造成新能源汽车成本的进一步上升，而由于国际油价上升带来新能源汽车使用成本的优势将由此被削弱。完善充电基础设施是推广新能源汽车的重要方式，可以有效缓解消费者对里程碑的顾虑，进一步促进新能源汽车消费。2022年8月25日颁布的《加快推进公路沿线充电基础设施建设行动方案》要求，到2023年年底，具备条件的普通国省干线公路服务区（站）能够提供基本充电服务。在国家政策的指引下，充电桩行业将开启新一轮高速成长，将给上下游企业带来机遇，满足新能源汽车充电服务需求。

（三）中国新能源汽车产业技术发展展望

2023年，整车核心技术逐渐由电池技术转向智能网联技术，同时拥有全新驾乘体验和科技属性的智能网联技术正接替电池技术成为行业新一轮的核心竞争力；氢能燃料电池汽车发展迅速，市场推广节奏不断加快。

1. 新能源汽车持续转型升级，智能化、电动化成为重要方向

2023年，电池技术已逐渐成熟，"里程焦虑"得到明显改善，电池技术的侧重点将由过去"里程焦虑"、补贴要求引导下的能量密度转向成本、安全、循环寿命等更市场化的属性。随着新能源汽车智能化发展步伐逐渐加快，汽车场景应用将在新一轮能源革命和智能化的驱动下，进一步突破过去其兼具场景和移动特点终端的局限性，有望打造一个除智能手机之外的新的智能终端，助力人们日常安全、智能出行，有利于人与自然和谐相处，互联网技术的进步将推动新能源汽车的智能化、电动化发展进程。

2. 氢能燃料电池汽车发展迅速，市场推广节奏不断加快

2022年10月13日，工信部对《道路机动车辆生产企业及产品公告》拟发布内容进行了公示，本批次共有72个燃料电池汽车产品型号上榜，创下历史新高。其中，34家车企参与申报，有27家燃料电池企业参与配套。这在一定程度上说明，燃料电池汽车市场推广节奏不断加快。除丰田外，上汽大通、现代、长安、长城、广汽集团、北汽集团等均推出或正在研发氢燃料电池汽车。其中，丰田、现代、长安、上汽大通等车企都将在2023年拥有实现量产的氢燃料电池汽车品牌。

节能建筑产业发展分析与展望

"十四五"时期是碳达峰的重要时期,实现"双碳"目标需要不同行业间的协同配合。建筑行业碳排放占全国总量超50%,建筑行业碳减排是碳达峰碳中和目标下的重要一环,在碳达峰碳中和目标下,必然要进行建筑行业的绿色转型。作为中国能源消费的三大部门之一,建筑行业具有巨大减排潜力。推动建筑行业绿色转型、推动节能建筑普及是实现经济绿色可持续发展、实现碳达峰碳中和目标以及建设现代经济体系的必然要求。

一、2022年国际节能建筑产业发展概况

建筑业是碳排放的主要行业之一,世界建筑委员会发布全球"净零碳建筑承诺",主张减少或补偿建筑的碳排放,实现到2030年将建筑和施工部门的排放量减半的目标。本节对全球主要国家建筑碳中和的发展历程进行研究,总结2022年全球主要国家在建筑碳中和道路上采取的措施和取得的成果,对主要国家出台的标准、规范及政策进行梳理,为我国节能建筑发展提供借鉴。

(一)美国节能建筑产业发展现状

统计数据显示,2022年,美国建筑业住宅类已动工工程为129540,较去年下降约3%。建筑业水泥使用量为1200万吨,较去年上升约9%。

美国明确提出了建筑相关的脱碳政策,包括规范新建筑采用现代能源,支持建筑物的效率升级和高性能电气化等,从而减少与建筑相关的排放,并降低家庭能源成本。美国通过"联邦可持续发展计划"对建筑物脱碳的相关资产进行了更具体的描述,提出了2045年实现净零排放建筑的目标。为实现该目标,联邦政府提出了一系列政策要求,包括:制定并发布有史以来第一个联邦建筑性能标准,以提高效率和脱碳;根据建筑类型类别的主要绩效基

准，制定数据驱动的 2030 年能源和水资源减排目标和年度目标；利用绩效合同来减少排放，并在其持有和租赁的建筑中实现更高水平的可持续性等。此外，还将推行"购买清洁"政策，创建"购买清洁"工作组以识别高排放的建筑材料（如钢铁、水泥），进而鼓励使用碳排放量较少的建筑材料。

（二）日本节能建筑产业发展现状

根据日本经济产业省的资料，2022 年，日本建筑业预定总投入为 267468 亿日元，较去年上升 1.9%。建筑开工面积为 119466 平方千米，较去年下降 2.3%，其中公共建筑开工面积为 4204 平方千米，较去年下降 21.8%，占总建筑开工面积的 3.5%，私人建筑开工面积为 115263 平方千米，较去年下降 1.4%，占总建筑开工面积的 96.5%。从建筑功能上来看，用于居住的建筑开工面积为 72263 平方千米，较去年下降 2.1%，占总建筑开工面积的 60.5%。用于非居住的建筑开工总面积为 47203 平方千米，较去年下降 2.6%，占总建筑开工面积的 39.5%。从非居住建筑来看，制造业建筑开工面积为 9997 平方千米，较去年上升 24.3%。不动产建筑开工面积为 1641 平方千米，较去年下降 54.9%，下降幅度最大，金融保险业建筑开工面积为 320 平方千米，较去年下降 33.8%，一流、卫生保健和福利建筑开工面积为 4662 平方千米，较去年下降 10.6%。从建筑构造类别上来看，木制建筑的建筑开工面积为 49537 平方千米，较去年下降 6.7%，占总建筑开工面积的 41.5%。非木制建筑的建筑开工面积为 69930 平方千米，较去年上升 1.1%，占总建筑开工面积的 58.5%，其中钢筋混凝土结构、其他建筑结构与钢结构建筑较去年均有所上升，上升幅度分别为 17.6%、13.3%、11.7%。

2022 年 4 月，日本正式实施《全球变暖对策推进法》，根据这一政策，日本各地的地方政府有义务与中央政府合作，设定利用可再生能源的具体目标，并对民间及企业的减排措施提供补给与奖励。在住宅和其他建筑节能方面，除了需要进一步扩大引入可再生能源之外，还应在包括建筑材料等的生产、建筑施工、废弃等阶段的全生命周期角度考虑温室气体的排放。日本提出到 2030 年实现住宅和其他建筑减排 46%。利用现有技术，在保证新建住宅及其他建筑性能达到零能耗住宅、零能耗建筑节能标准性能的同时，为超过 60%

的新建独栋住宅引入太阳能发电设备。为提高国民和民间企业的积极性，日本还提出从国家和地方政府等公共机关作为所有者/管理者的住宅和其他建筑开始，率先采取彻底的节能对策，并扩大可再生能源的引入。

（三）德国节能建筑产业发展现状

建筑业是德国重要的经济部门之一，2022年，德国建筑材料价格大幅上涨，含有沥青的沥青混合材料价格上涨了25.8%，金属整体价格较去年上升了26.5%，整个建筑业的生产者价格指数平均上升了9.2021%，2022年新住宅建筑的建设价格平均上涨16.4%。鉴于建筑材料价格的上涨，德国的建筑业停滞不前。

德国是气候保护与建筑节能的先锋。在节能建筑方面，德国制定了多元化的战略，包括执行新建建筑的高热能标准、逐步提高现有建筑的能源效率、部署建筑层面的可再生热能技术，以及在区域供热中使用热电联产和可再生资源等。其中还制定了相关政策，包括通过德国复兴信贷银行为提高能源效率的活动提供补贴和贷款、规范新建建筑的热性能和供热的建筑标准以及为可持续供热设备提供补贴和赠款。除了联邦政府的财政支持外，各州甚至各市也组织了补充性的监管和资助计划。在欧盟的整体政治框架下，德国制定了至2050年在温室气体排放、可再生能源的利用、建筑能耗、能源生产和旧房修缮等方面的目标，并基于该目标，相继出台了对应的一系列政策。

德国建筑业在房屋现代化改造、翻修及拆除期间，每年产生约2.2亿吨矿物废料。它们的无害处理归《回收管理法》监管，该法力求对物料进行高质量的回收。《回收管理法》将欧洲的框架指令落实到国家法律层面并提高其资源利用效率，首次将在建筑工程中产生且未作为建筑项目的一部分重新使用的所有物质或材料认定为废物废料，并将相应的废物废料划分为五个等级：可直接进行再利用，在技术经济允许的情况下进行回收，通过能源回收和回填，通过减少数量和有害性降低环境污染，销毁。在对废物废料的处理上，首先考虑的是避免资源的浪费，其次考虑对资源的重新回收与再循环使用，只有在无法进行回收的情况下考虑发电和回填，在上述条件都不可行的情况下，进行处置与销毁。根据《回收管理法》的规划，2022年年底，建筑和拆除废物的回收率应至少达到85%。

（四）欧盟节能建筑产业发展现状

2022年，欧盟建筑业信心指数35%，较2021年上升约31%。目前在欧洲，建筑能耗约占总能耗的40%，对应的温室气体排放占总排放的36%。欧洲建筑领域降低能耗目前面临的挑战有：快速增加的建筑存量，对制冷的需求，以及旧房较低的修缮率。在此背景下，欧盟委员会在欧盟缔约国范围内制定了以《巴黎协定》、欧盟分类法和欧洲"绿色计划"为主的一揽子计划。其中，《巴黎协定》规定了至2030年节能减排的目标，缔约国就国家自主贡献做出承诺并定期更新；欧盟分类法提出了判定投资项目是否"绿色"的准则，搭建了实体经济、金融经济与政治之间的桥梁；欧盟"绿色计划"制定了横跨多个领域的发展战略，在实现温室气体零排放的同时，断开经济发展与资源消耗之间的纽带。

额外的私人投资是实现建筑业气候目标的关键。为了使金融部门可以通过相关标准评估对建筑物进行绿色投资，欧盟在法律层面构建了适当的框架。欧盟行动计划即是用于实现包括对建筑和工业部门的现有项目数据进行使用和透明分析的一项法律框架。该行动计划的主要内容有：可持续增长融资和欧洲建筑指令的更新，其中包括对能源性能等级的深度改造、建筑改造证书的引入、提高能源性能证书的可靠性和数字化程度，以及更好的能源系统集成（用于加热、冷却、通风、电动汽车充电、可再生能源）；支持能源效率金融机构集团与降低风险的能源效率数字平台。

二、2022年中国节能建筑产业发展分析

（一）中国建筑产业发展概况

1. 建筑业增加值概况

经国家统计局核算，2022年全年，中国国内生产总值为1210207亿元，同比增长3.0%（按不变价格）；其中，建筑业总产值为311980亿元，同比增

长 6.4%，增速高于国内生产总值 3.4 个百分点。建筑业增加值占国内生产总值的比重为 25.8%。

2. 固定资产投资拉动建筑业增长

2022 年 1—12 月，中国固定资产投资（不含农户）572138 亿元，比 2021 年增长 5.1%；其中，民间固定资产投资 310145 亿元，同比增长 0.9%。分产业看，第一产业投资 14293 亿元，同比增长 0.2%；第二产业投资 184004 亿元，同比增长 10.3%；第三产业投资 373842 亿元，同比增长 3.0%。分地区看，东部地区投资同比增长 3.6%，中部地区投资同比增长 8.9%，西部地区投资同比增长 4.7%，东北地区投资同比增长 1.2%。固定资产投资的增加对建筑业产生利好，拉动建筑业高速增长。

3. 房地产开发投资阻碍建筑业发展

2022 年 1—12 月，中国房地产开发投资 132895 亿元，同比下降 10.0%，其中，住宅投资 100646 亿元，同比下降 9.5%。2022 年，房地产开发企业房屋施工面积 904999 万平方米，同比下降 7.2%，其中，住宅施工面积 639696 万平方米，同比下降 7.3%。房屋新开工面积 120587 万平方米，同比下降 39.4%。房屋竣工面积 86222 万平方米，同比下降 15.0%。2022 年以来，宏观经济下行压力明显加大，居民收入预期走弱，市场预期不稳，这些因素导致房地产开发投资有一定程度的下降，从而对建筑业的发展产生了一定的负面影响。

（二）中国绿色节能建筑产业发展概况

当前中国的绿色节能建筑发展迅速，新建建筑节能成效显著。住建部最新数据显示，2021 年，中国新建绿色建筑面积已增长至 20 亿立方米，城镇当年新建绿色建筑面积占比达到 84%，获得绿色建筑标识项目累计达到 2.5 万个，到 2021 年年底，中国累计建成节能建筑面积达到 277 亿立方米。截至 2022 年上半年，中国新建绿色建筑面积占新建建筑的比例已经超过 90%。

"十四五"期间，中国建筑节能和绿色建筑发展目标进一步提高。在总体目标上，到 2025 年，城镇新建建筑要全面建成绿色建筑，建筑能源利用效率稳步提升，建筑用能结构逐步优化，建筑能耗和碳排放增长趋势得到有效控制，基本形成绿色、低碳、循环的建设发展方式，为城乡建设领域2030年前碳达峰奠定坚实基础。在具体目标上，到2025年，中国要完成既有建筑节能改造面积3.5亿平方米以上，建设超低能耗、近零能耗建筑0.5亿平方米以上，装配式建筑占当年城镇新建建筑的比例达到30%，全国新增建筑太阳能光伏装机容量0.5亿千瓦以上，地热能建筑应用面积1亿平方米以上，城镇建筑可再生能源替代率达到8%，建筑能耗中电力消费比例超过55%。

（三）中国建筑节能产业政策发展概况

1. 中央层面

2022年3月11日，住建部印发《"十四五"建筑节能与绿色建筑发展规划的通知》，要求到2025年，建设超低能耗、近零能耗建筑0.5亿平方米以上。引导京津冀、长三角等重点区域制定更高水平节能标准，开展超低能耗建筑规模化建设，推动零碳建筑、零碳社区建设试点。在其他地区开展超低能耗建筑、近零能耗建筑、零碳建筑建设示范。推动农房和农村公共建筑执行有关标准，推广适宜节能技术，建成一批超低能耗农房试点示范项目，提升农村建筑能源利用效率，改善室内热舒适环境。

2022年5月13日，中国银保监会印发《关于银行业保险业支持城市建设和治理的指导意见》，要求有序推进碳达峰碳中和工作，推动城市绿色低碳循环发展，鼓励银行保险机构支持城市发展的节能、清洁能源、绿色交通、绿色商场、绿色建筑、超低能耗建筑、近零能耗建筑、零碳建筑、装配式建筑以及既有建筑绿色化改造、绿色建造示范工程、废旧物资循环利用体系建设等领域，大力支持气候韧性城市建设和气候投融资试点。

2022年6月17日，生态环境部等七部门联合发布《减污降碳协同增效实施方案》，其中提到，推进城乡建设协同增效；优化城镇布局，合理控制城镇建筑总规模，加强建筑拆建管理，多措并举提高绿色建筑比例，推动超低能耗建筑、近零碳建筑规模化发展；稳步发展装配式建筑，推广使用绿色建材。

2022年6月30日，国家发展改革委、住建部发布《城乡建设领域碳达峰实施方案》，提出要持续开展绿色建筑创建行动，到2025年，城镇新建建筑全面执行绿色建筑标准，星级绿色建筑占比达到30%以上，新建政府投资公益性公共建筑和大型公共建筑全部达到一星级以上，并制定完善了绿色建筑、零碳建筑、绿色建造等标准。

2022年11月2日，工信部、国家发展改革委等四部门联合发布《建材行业碳达峰实施方案》，提出了"十四五""十五五"两个阶段的主要目标。"十四五"期间，水泥、玻璃、陶瓷等重点产品单位能耗、碳排放强度不断下降，水泥熟料单位产品综合能耗降低3%以上。"十五五"期间，建材行业绿色低碳关键技术产业化实现重大突破，原燃料替代水平大幅提高，基本建立绿色低碳循环发展的产业体系。

2. 地方层面

随着国家层面对建筑节能产业的高度重视和有关政策的出台，中国各级地方政府快速响应，积极探索建筑节能减排具体方案，以创建建筑节能与绿色建筑为抓手，多措并举，为建筑产业实现碳达峰碳中和目标奠定坚实基础。截至2022年年底，已有多省（区、市）发布建筑节能产业发展规划，明确了产业发展的总体目标（表7）。

表7 2022年各省建筑节能产业发展规划概况

时间	发布机构	政策名称	总体目标
2022年3月29日	广东省住建厅	广东省建筑节能与绿色建筑发展"十四五"规划	到2025年，建筑能源利用效率稳步提升，建筑能耗和碳排放增长趋势得到有效控制，绿色建筑全面建设，以装配式建筑为代表的新型建筑工业化加快发展，绿色建材应用形成长效机制，为城乡建设领域2030年前碳达峰奠定坚实基础
2022年4月13日	山东省住建厅	山东省"十四五"绿色建筑与建筑节能发展规划	到2025年，全省绿色建筑与建筑节能实现持续、高质量发展，建筑能效水平大幅提高，建筑用能结构进一步优化，建筑领域能耗和碳排放增长趋势有效控制，建筑业发展方式及建造模式绿色转型取得明显成效
2022年6月14日	北京市住建委	北京市"十四五"时期建筑业发展规划（征求意见稿）	产业发展迈向更高水平，服务首都能力不断增强，产业转型升级取得突破，质量安全水平保持领先，建筑绿色发展成效显著，行业治理能力大幅提升
2022年6月25日	湖南省住建厅	湖南省"十四五"建筑节能与绿色建筑发展规划	到2025年，湖南省绿色建筑全面实现，建筑能耗和碳排放增长趋势有效控制，建筑用能结构合理优化，人民群众生产生活空间品质明显提高，推动形成绿色低碳生活方式

续表

时间	发布机构	政策名称	总体目标
2022年7月7日	山西省住建厅	山西省建筑节能、绿色建筑与科技标准"十四五"规划	到2025年，城镇绿色建筑占新建建筑比例达到100%，一星级及以上绿色建筑占比达到30%，大力推进区域规划、设计、施工、运营管理、建筑拆除的全过程绿色化、低碳化进程，逐步提高城镇新建建筑中绿色建材应用比例
2022年7月28日	内蒙古自治区住建厅	内蒙古自治区"十四五"建筑节能与绿色建筑发展专项规划	新建建筑能效水平稳步提高，既有建筑节能改造有序推进，清洁及可再生能源应用比例提高，农村建筑节能实现新突破，建筑能源消费结构逐步清洁化、低碳化，绿色建材得到广泛应用，建筑领域绿色发展水平明显提高
2022年8月19日	广西壮族自治区住建厅	广西建筑节能与绿色建筑"十四五"发展规划	到2025年，城镇新建建筑实现绿色建筑全覆盖，既有建筑节能及绿色化改造有序推进，可再生能源建筑应用规模化、一体化，基本形成绿色、低碳、循环的建设发展方式，为城乡建设领域2030年前碳达峰奠定坚实基础
2022年9月6日	江西省住建厅	江西省住房和城乡建设领域"十四五"建筑节能与绿色建筑发展规划	到2025年，城镇新建建筑星级绿色建筑占比达30%，建筑用能结构逐步优化，建筑能耗和碳排放增长趋势得到有效控制，基本形成绿色、低碳、循环的建设发展方式，为城乡建设领域2030年前碳达峰奠定坚实基础
2022年9月15日	甘肃省住建厅	甘肃省"十四五"建筑节能与绿色建筑发展规划	到2025年，绿色建筑规模和质量效益显著提高，新建建筑全面执行绿色建筑标准，建筑建造方式更加绿色化、低碳化、智能化，绿色建筑全产业链逐步完善，在2030年前实现建筑领域碳达峰
2022年10月21日	黑龙江省住建厅	黑龙江省"十四五"建筑节能与绿色建筑发展规划	对房产开发项目按采用的节能标准和绿色星级综合确定补贴支持标准；研究在保证建筑安全、卫生等基础条件的情况下，以套内面积核算容积率的土地出让机制，降低企业成本；推动新一轮农村住房建设补贴，按照绿色标准增加建设费用的一定比例予以现金补贴

数据来源：中国政府网。

三、2023年中国节能建筑产业发展展望

中国推动节能产业发展对于实现碳达峰碳中和目标具有重要意义。2022年，中央和地方层面均出台了一系列政策支持节能建筑产业发展。2023年，

节能建筑产业将迎来前所未有的发展机遇，主要体现在加强国际合作、推动低碳转型和完善配套政策三个方面。

（一）节能建筑领域的国际合作逐渐加强

城乡建设领域的低碳发展和公共建筑的能效提升工作任重道远。现阶段的重点任务是，如何将国际合作项目取得的成果、成效、获得的经验和教训，及时有效地用创新手段在行业领域内进行扩散和宣传，从而可以有效为行业现阶段工作以及未来的发展提供数据方面的参考，为工程实践提供技术支撑，为业内专业人士提供宝贵的经验借鉴，尤其是为促进节能建筑领域内部的进一步交流和探讨、为行业进步和健康发展、为保障国家"双碳"目标的实现建言献策。

继续加强国际合作，借力国际合作平台，向国际社会发出中国声音，把建筑节能的中国经验、中国故事讲得更好，向国际社会进行宣传，凸显中国为实现"双碳"目标所做出的突出贡献。例如，2022年7月由中国公共建筑能效提升项目管理办公室指导，中国建筑节能协会主办的住建部、联合国开发计划署、全球环境基金"中国公共建筑能效提升项目"成果交流研讨会在北京成功举行，取得了良好的效果。这有助于在更大范围向行业相关人士宣传公共建筑节能及能效提升理念，分享子课题研究成果和示范子项目的经验，进一步推广宣传公共建筑能效提升的重要性和方法路径。因此，展望2023年，政府相关单位应继续推动类似相关研讨活动，汇聚全球范围内的建筑节能、绿色建筑行业领域相关专家，吸收和借鉴国内外先进经验。加强国际合作，传达中国声音，开拓国际视野，对于节能建筑产业发展具有重要意义。

（二）超低能耗建筑发展助推节能建筑行业绿色低碳转型

2022年9月6日，国内首座模块化零能耗建筑在上海建成启用，成为中国建筑行业绿色低碳转型发展的生动注脚。这栋建筑综合运用光伏幕墙和光伏屋顶，实现全年零能耗，预计每年可比同类建筑节省电费24.8万元，减少了碳排放量高达104吨。此外，模块化的建造方式节省了50%以上的工期，降低了70%的人工成本，减少了80%的垃圾排放，并且可以在未来循环使用。

发展超低能耗建筑已经成为推动节能建筑行业低碳转型的重要手段。2022年以来，住建部以及各省市陆续印发了一系列关于超低能耗建筑的引导、扶持、管理相关政策。例如，2022年1月，住建部印发《"十四五"建筑业发展规划》，其中明确要求提升工程建设标准水平，完善既有建筑绿色改造技术及评价标准，编制超低能耗、近零能耗建筑相关标准。2022年1月，深圳市住房和建设局、深圳市发展和改革委员会印发《深圳市住房发展"十四五"规划》，其中明确提出大力推广超低能耗、近零能耗建筑，发展零碳建筑。2022年1月，天津市发展和改革委员会印发《天津市节能"十四五"规划》，其中将超低能耗建筑建设工程作为重点工程，积极推进超低能耗、近零能耗、零能耗建筑"三步走"战略，建设一至两个近零能耗建筑、零能耗建筑、零碳小屋项目，做好示范引领。依托天津在超低能耗建筑系统集成技术、建筑辅材等领域的产业集群优势，鼓励探索产业集成发展、协同创新路径，打造超低能耗建筑的全产业链发展样板，探索超低能耗建筑工厂化生产新路径，形成超低能耗建筑新的建设模式。2022年9月，重庆市印发《重庆市"十四五"节能减排综合工作实施方案》，其中要求积极开展超低能耗建筑工程示范，探索近零能耗、低碳（零碳）建筑试点，推动商场、医院、学校、酒店和机关办公建筑等既有公共建筑由单一型的节能改造向综合性的绿色化改造转变，推进示范创建行动，推进公共机构新建建筑开展超低能耗建筑、近零能耗建筑建设。2022年10月，海南省发布《海南省绿色建筑发展条例》，提出在新建建筑和既有建筑节能改造中，推广使用太阳能、风能、氢能、生物质能、地热能等可再生能源，鼓励绿色建筑执行更高的建筑节能和碳排放标准，降低建筑能耗，推进超低能耗建筑、近零能耗建筑、低碳建筑等规模化发展，鼓励开展零碳建筑示范应用，推动建设零碳示范区，促进节能建筑产业生态化。

超低能耗建筑已成为建筑业发展的必然趋势，对于提升建筑节能水平、推动行业转型升级、保护生态环境具有十分重要的意义。展望2023年，超低能耗建筑将迎来前所未有的发展机遇，有效助推节能建筑产业绿色低碳化转型。

（三）节能建筑产业发展相关配套政策进一步完善

建筑从设计、施工到竣工阶段，会涉及很多方面，需要各部门的支持，有效实践建筑节能必须从政策着手，需要相关部门建立一个完善的节能监管体系，从而真正实现建筑节能的目的。建筑节能相关政策体系正在逐步完善，细分领域政策和配套支持政策需要进一步完善。

2022年以来，住建部以及各省市出台了一系列促进节能建筑领域发展的相关政策。例如，2022年3月，住建部发布《"十四五"建筑节能与绿色建筑发展规划》，强调了提升绿色建筑发展质量等九项重点任务，并且提出了具体的规划目标。建筑节能作为一项系统工程，在全面推进的过程中，需要制定全面的配套政策法规，包括技术标准、产品标准和管理标准等，在实施过程中随时进行监督检查；对新技术、新工艺、新设备、新材料、新产品等给予补贴支持。因此，2023年，中国政府应在现有政策体系基础上，继续深化完善标准体系、监督检查、奖惩机制等方面的法律法规。此外，考虑到一些建筑建设过程中未能达到建筑节能设计标准，未能发挥出真正的节能效果，因此加强政策执行力度是推动节能建筑产业发展的重要手段，具有重要的指导和改善作用。

工业节能减排产业发展分析与展望

工业文明的飞速发展不仅为人类社会创造了物质财富，推动了经济发展，同时也带来能源危机以及环境问题。因此工业节能减排是缓解工业发展与资源环境矛盾的关键举措。工业节能减排就是指在工业发展过程中，减少能源消耗，提高能源使用效率，减少废弃物的排放。

一、2022年国际工业节能减排产业发展概况

国际上，美国、德国、俄罗斯、日本、韩国等主要能源消耗国及温室气体排放国针对工业节能减排出台了多项政策，开展了一些重点项目。本部分将通过列举国际上发达国家的工业发展情况和工业节能措施，为中国实现工业节能减排发展提供政策参考。

（一）国际工业发展及节能减排情况分析

1. 国际工业发展概况

根据联合国工业发展组织最新的经季节性调整的估计，制造业产出在2021年第二季度增长。所有工业化经济体都报告2021年第二季度有相当大的增长，与上年同期相比，总增长率为19.2%。

根据联合国工业发展组织2022年10月25日发布的《2022年国际工业统计年鉴》，中国在全球制造业中的份额从1990年的3.5%增长到2021年的30.5%。

20世纪90年代，世界制造中心位于欧洲和美洲，分别贡献了世界制造业增加值的36.7%和33.2%。然而，制造业格局在过去30年稳步变化，全球生产逐渐从传统工业化经济体转移到亚洲，目前亚洲在世界制造业中的份额为54.1%。中国已经确立了自己作为世界制造业强国的地位，其在全球制造业中的份额从1990年的3.5%稳步增长到2021年的30.5%，位居全球第一。亚洲

其他两个表现好的国家——印度（3.2%）和韩国（3.1%）在全球制造业中的份额要低得多，尽管它们是全球重要的制造业参与者。

2021年，美国是第二大制造国，占世界产量的16.8%，日本紧随其后，占7.0%。德国仍然是欧洲最大的制造国，占世界制造业4.8%的份额。非洲和大洋洲仅占全球制造业的一小部分，分别为2.0%和0.7%。2010—2020年，全球制造业出口值从12万亿美元增长到14.7万亿美元。全球前四大出口国中国、德国、美国和日本，占世界制造业出口的38%左右。世界前三大进口国美国、中国和德国，占世界制造业进口从2010年的28.2%增加到2020年的31.4%。

2. 国际工业用能和排放概况

能源使用方面，2022年6月30日英国石油公司（bp）发布第71版《bp世界能源统计年鉴》，整体上看，2021年，全球能源需求和碳排放基本恢复至疫情之前的水平，扭转了2020年因疫情而暂时降低的局面。2021年一次能源需求增长5.8%，超过2019年。其中，化石燃料占一次能源使用量的82%，低于2019年。2021年，油价平均为70.91美元/桶，为2015年以来的第二高水平。2021年，石油消费量增加了530万桶/日，但仍比2019年的水平低370万桶/日。大部分消费增长来自汽油和柴油。从地区来看，大部分增长发生在美国、中国和欧盟。2021年，全球石油产量增加了140万桶/日，其中逾3/4的增量来自石油输出国组织。在所有国家中，利比亚、伊朗和加拿大的增长幅度最大，尼日利亚、英国和安哥拉的产量降幅最大。受经合组织大幅减产的推动，2021年经合组织的炼油产能下降近50万桶/日，处于1998年以来的最低水平。

联合国环境规划署2020年12月9日发布了《2020年碳排放差距报告》，指出，疫情后的绿色复苏有望推动全球在预测的2030年温室气体排放量基础上减排25%，使全球更接近《巴黎协定》设定的2℃温控目标。此外全球约有三分之一的二氧化碳排放归因于制造业。因此，工业发展必须通过采用更高效的技术和升级基础设施以限制温室气体排放，来适应整体环境目标。

3. 国际工业节能减排新现象和新趋势

当前复杂的经济形势使得国际工业节能减排面临更多的变数。联合国工业发展组织在环境工作方面的专门知识和比较优势已进一步完善，集中体现为：支持产品的清洁制造；提高工业能效，开发易于回收的产品；处理在产品寿终时的资源回收或安全处置。

（二）重点国家/地区工业节能减排发展分析

1. 美国工业节能减排发展分析（北美工业区）

美国是当今世界上最大的能源消耗国之一，也是温室气体排放量最多的国家。

对于美国能源消耗，美国能源信息署在2023年3月发布的《短期能源展望》中指出，2022年该国煤炭产量为5.35亿吨，同比增长2.2%，预计2023年美国煤炭产量将下降7%，降至4.99亿吨，2024年将进一步下降9%，降至4.54亿吨。在煤炭价格上涨推动下，美国煤炭出口在未来两年仍将呈现良好态势，电力行业也将补充2021年枯竭的库存。

美国能源信息署预计，2022年燃煤发电在整个美国电力生产中的比例达到20%，2023年降至17%，而2021年这一比例为23%。尽管2022年天然气燃料成本大幅上升，但煤炭还不能在电力生产中代替天然气。2022年天然气发电在美国电力生产中的比例预计接近39%，2023年为39%。因为太阳能和风能装机容量增长，可再生能源发电的比例将从2021年的20%增至2022年的22%、2023年的24%。

2. 德国工业节能减排发展分析

据德国联邦统计局发布的数据，经季节和工作日调整，德国2022年12月工业实际产出（经价格调整）环比下降3.1%。德国2022年全年工业产出比2021年减少0.6%，比疫情前的2019年减少5.0%。数据显示，德国2022年12月能源业产出环比下降2.3%，建筑业产出环比下降8.0%；若去除能源业和建筑业后，当月工业产出环比下降2.1%。

在工业领域，德国2022年12月消费品产出环比增长0.3%，资本货物产出环比持平，而中间货物产出环比下降5.8%。受能源价格居高不下影响，德国能源密集型行业2022年12月产出环比下降了6.1%。除少数例外情况，该行业产出在2022年持续下降。德国基尔世界经济研究所研究员尼尔斯·扬森指出，"巨大的供应瓶颈"以及过去一年的能源危机，造成能源密集型行业产出下降。德国联邦经济和气候保护部表示，德国2022年12月工业经济放缓在意料之中。然而，近期较为乐观的商业前景、材料供应瓶颈的减少及大量订单表明德国经济放缓程度或比较温和。

3. 俄罗斯工业节能减排发展分析（东欧工业区）

俄罗斯副总理诺瓦克在政府工作会议上表示，2022年俄罗斯的燃料和能源综合体表现稳定，具备对外部挑战的适应力和确保国家能源安全的能力。2022年，全俄罗斯发电厂的总装机容量为253.5吉瓦，低碳能源的份额增加到34.2%。在俄罗斯10个地区建设了10个可再生能源发电设施。全年发电量增加0.7%，太阳能、风能等电力产量增加了38%。包括超过30000个中小型企业在内的超过423000个新的消费主体成功连接到电网。

诺瓦克表示，尽管不友好国家采取了制裁等限制，俄罗斯石油行业2022年发展势头强劲。全年石油产量为5.35亿吨，同比增长1000万吨，增幅2%。石油出口增长7%，去年石油和天然气工业对俄罗斯预算收入贡献率增加28%，约2.5万亿卢布。汽油和柴油产量也有所增加，炼油厂现代化和石油化工关键项目仍在顺利实施。

在天然气领域稳定向国内市场供气，共供应484亿立方米天然气。西方的制裁和限制以及对"北溪"管道的破坏减少了俄罗斯管道天然气的出口，但与此同时，液化天然气的生产和出口增加了8%，达到460亿立方米。此外，截至2022年年底，全俄罗斯家庭整体气化率达到73%。在煤炭领域，尽管2022年8月欧洲实施相关禁运，但俄罗斯各煤炭公司确保了产量同比增长0.3%，生产量达到4.42亿吨，与2020年的水平相当。该领域出口供应降幅为7.6%，国内供应增幅为6.8%，完全满足了国内需求。

4. 日本工业节能减排发展分析（日本太平洋沿岸工业区）

日本政府于2020年10月宣布2050年实现碳中和的目标。2021年5月，日本国会参议院正式通过修订后的《全球变暖对策推进法》，以立法的形式明确了日本政府提出的到2050年实现碳中和的目标。

日本能源匮乏，节能在日本能源政策中占有举足轻重的地位，特别是20世纪70年代初的石油危机之后。作为能源消耗大户，日本钢铁工业一直非常关注节能问题。随着对先进节能技术的不断开发和广泛应用,日本钢铁工业的节能减排取得了显著成效。20世纪90年代中期以后,日本将应对全球气候变化提上日程。而钢铁行业是日本工业部门中排放二氧化碳最多的行业。因此,日本钢铁工业逐步从节能降本转变为努力降低二氧化碳和所有温室气体排放,并为此积极开发降低二氧化碳排放的新技术,同时加强废弃物回收以及进行生命周期评价等。

5. 韩国工业节能减排发展分析（亚洲东部沿海工业区）

韩国能源消耗结构中,石油消耗量居首,其次是煤炭、天然气和水电。

韩国的温室气体排放量连续4年呈现增加趋势,2015年排放量为6.923亿吨,2016年为6.926亿吨,2017年为7.091亿吨,2018年为7.2754亿吨。但2019年较2018年减少3.4%,为7.0280亿吨。2020年全国温室气体排放量同比减少7.3%,约为6.486亿吨,首次出现连续两年减排的情况。2021年全国温室气体排放量为6.796亿吨,同比增长3.5%。

为了实现温室气体减排目标,韩国钢铁业正在积极开发采用氢还原冶炼的创新型环保技术。

目前,液化天然气是韩国能源结构中占比最大的一部分,其次是煤炭,占总量的27.1%。核能占能源生产的19.2%。到2030年,核电在能源结构中所占比例将下降至11.7%,到2034年将进一步下降至9.9%。到2030年,可再生能源的比例应该会上升到33.1%。

二、2022年中国工业节能减排产业发展分析

下面将从中国2022年工业发展概况以及工业用能和排放状况入手,分重点工业行业以及重点工业地区对中国工业节能减排进行分析总结。

（一）中国工业发展概况

经初步核算,2022年全年国内生产总值为1210207亿元,按不变价格计算,同比增长3.0%。分产业看,第一产业增加值88345亿元,比上年增长4.1%;第二产业增加值483164亿元,比上年增长3.8%;第三产业增加值638698亿元,比上年增长2.3%。分季度看,一季度国内生产总值同比增长

4.8%，二季度增长 0.4%，三季度增长 3.9%，四季度增长 2.9%。从环比看，四季度国内生产总值与三季度持平。分门类看，采矿业增加值增长 7.3%，制造业增长 3.0%，电力、热力、燃气及水生产和供应业增长 5.0%，高技术制造业、装备制造业增加值分别增长 7.4%、5.6%，增速分别比规模以上工业快 3.8 个百分点、2.0 个百分点。分经济类型看，国有控股企业增加值增长 3.3%，股份制企业增长 4.8%，外商及港澳台商投资企业下降 1.0%，私营企业增长 2.9%。

（二）中国工业用能和排放状况

工业用能方面，2022 年工业能源消费平稳增长，单位工业增加值能耗持续下降。2022 年 1—12 月，全国工业用电量 56000 亿千瓦时，同比增长 1.2%，占全社会用电量的比重为 64.8%。

工业排放状况方面，中国已经基本扭转了二氧化碳排放快速增长的局面。大规模国土绿化和生态保护修复工程持续推进，适应气候变化能力不断增强，应对气候变化体制机制不断完善，全社会应对气候变化意识不断提高，为应对全球气候变化做出了重要贡献。

2022 年 12 月，全国 339 个地级及以上城市平均空气质量优良天数比例为 83.2%，同比下降 3.2 个百分点；$PM_{2.5}$ 平均浓度为 45 微克/米^3，同比持平；PM_{10} 平均浓度为 74 微克/米^3，同比上升 4.2%；O_3 平均浓度为 79 微克/米^3，同比下降 4.8%；SO_2 平均浓度为 11 微克/米^3，同比持平；NO_2 平均浓度为 30 微克/米^3，同比下降 11.8%；CO 平均浓度为 1.1 毫克/米^3，同比下降 8.3%。

2022 年 1—12 月，全国 339 个地级及以上城市平均空气质量优良天数比例为 86.5%，同比下降 1.0 个百分点；$PM_{2.5}$ 平均浓度为 29 微克/米^3，同比下降 3.3%；PM_{10} 平均浓度为 51 微克/米^3，同比下降 5.6%；O_3 平均浓度为 145 微克/米^3，同比上升 5.8%；SO_2 平均浓度为 9 微克/米^3，同比持平；NO_2 平均浓度为 21 微克/米^3，同比下降 8.7%；CO 平均浓度为 1.1 毫克/米^3，同比持平。

根据 bp 的报告，中国经济正在从能源密集型工业领域向低密度服务和面向消费者领域的持续转变。且 2021 年工业排放趋缓，但是中国工业总体上尚未摆脱高投入、高能耗、高排放的发展方式，资源能源消耗量大，生态环境问题突出。

（三）中国重点工业行业节能减排发展情况

1. 钢铁行业

据中国钢铁工业协会表示，2022 年前三季度，国内钢铁行业市场需求相对较弱且恢复不及预期，钢铁生产、进出口、价格均同比下降，钢铁企业经济效益同比下降，但资产状况相对良好。

以煤为主的能源结构决定了中国钢铁工业二氧化碳的大量排放，在气候变化日趋严重的今天，中国钢铁工业在碳排放约束下将面临巨大的挑战。钢铁生产过程产生的二氧化碳排放 95% 以上来自能源消耗。中国钢铁工业二氧化碳排放量占全球钢铁工业二氧化碳总排放量的 65%，而美国为 5%。

针对目前的钢铁节能减排状况，当前及未来将推广"一罐到底"铁水供应、烧结烟气循环、高温高压干熄焦等技术。

2. 有色金属

中国有色金属工业协会表示，2022 年上半年，中国有色金属工业总体保持平稳向好态势。前期因多种原因压制的产能逐渐得以释放，国内的铜、铝、铅锌等冶炼生产整体平稳，开工率较好；光伏、风电、储能、新能源汽车等新兴领域快速发展，持续有效地拉动与铜、铝、多晶硅、镍、锂、稀土等相关产品的消费，同时部分品种原料海外供应端预期较好，国际金融市场动荡预期偏弱，为相关有色金属工业平稳运行提供了较好的宏观环境。

在节能减排技术方面，目前中国有色金属资源利用率低，产业结构分散，污染物排放严重，不过在以下四个方面中国有色金属节能减排技术也有所创新：一是废水方面的节能减排技术；二是废气方面的节能减排技术；三是废渣方面的节能减排技术；四是加强节能减排关键技术推广。

3. 建材工业

建筑材料工业是国民经济的重要基础原材料工业之一，它既是能源消耗和污染物排放大户，也是资源综合利用、发展循环经济的重要行业。

工信部印发的《建材工业智能制造数字转型行动计划（2021—2023年）》，旨在促进建材工业与新一代信息技术在更广范围、更深程度、更高水平上实现融合发展，促进建材工业转方式、调结构、增动力，加快迈向高质量发展。该行动计划对建材重点细分子行业智能制造系统解决方案做了明确计划安排，有利于建材行业转型升级，行业龙头公司作为技术领先者将直接受益。

4. 煤炭行业

2020年受疫情影响，世界经济增长顿时放缓，煤炭需求急剧下滑，煤炭国际贸易大幅下降，煤炭行业遭遇前所未有的严峻挑战，煤炭市场供大于求的矛盾进一步加剧。2022年，宏观经济总体保持平稳复苏态势，稳增长、扩内需政策措施成效逐步显现，各行业生产继续向好，受全国高温天气减退、清洁能源发电量大幅增加的影响，煤炭消费有所下降，电厂库存大幅增加。产地煤矿安全、环保监察力度较大，产量同比小幅下降，煤炭企业及港口库存持续回落，供需整体以稳为主，市场价格上涨。当前正大力发展焦炉煤气、煤焦油、电石尾气等副产品的高质高效利用技术。

5. 石化化工行业

2022年，石化化工行业进一步优化产能规模和布局，加大落后产能淘汰力度，有效化解结构性过剩矛盾。严格项目准入，合理安排建设时序，严控新增炼油和传统煤化工生产能力，稳妥有序发展现代煤化工。引导企业转变用能方式，鼓励以电力、天然气等替代煤炭。调整原料结构，控制新增原料用煤，拓展富氢原料进口来源，推动石化化工原料轻质化。优化产品结构，促进石化化工与煤炭开采、冶金、建材、化纤等产业协同发展，加强炼厂干气、液化气等副产气体高效利用。鼓励企业节能升级改造，推动能量梯级利用、物料循环利用。到2025年，国内原油一次加工能力控制在10亿吨以内，主要产品产能利用率提升至80%以上。

（四）中国主要地区工业节能减排发展情况

节能方面，京津冀、长三角、珠三角、东北地区重点实施钢铁、建材等行业节能。而中西部地区能源消费增长较快，节能减排形势严峻。中西部地区重工业占比较高，高耗能行业的持续增长导致其能源消费反弹，节能减排压力较大。2022年，全社会用电量86372亿千瓦时，同比增长3.6%。分产业看，第一产业用电量1146亿千瓦时，同比增长10.4%；第二产业用电量57001亿千瓦时，同比增长1.2%；第三产业用电量14859亿千瓦时，同比增长4.4%；城乡居民生活用电量13366亿千瓦时，同比增长13.8%。按地区划分，中部地区全社会用电量为16488亿千瓦时，同比增长6.7%；西部地区全社会用电量为25037亿千瓦时，同比增长4.2%；东部地区全社会用电量为40305亿千瓦时，同比增长2.4%；东北地区全社会用电量为4542亿千瓦时，同比增长0.8%。

三、2023年中国工业节能减排产业发展展望

2023年是"十四五"规划的第三年，工业节能减排的发展对于实现"2030年碳达峰"及"2060年碳中和"的战略目标具有重要意义。下面就当前形势对2023年中国工业节能减排总体状况进行展望，同时对中国工业重点行业以及中国主要工业地区的节能减排规划进行分析与展望。

（一）中国工业节能减排规划

1.中国工业节能减排总体目标

为尽快实现工业绿色发展，根据《"十四五"工业绿色发展规划》，到2025年，工业产业结构、生产方式绿色低碳转型取得显著成效，绿色低碳技术装备广泛应用，能源资源利用效率大幅提高，绿色制造水平全面提升，为2030年工业领域碳达峰奠定坚实基础。

2.中国工业节能目标实施规划

针对工业节能目标规划，国务院印发了《"十四五"节能减排综合工作方案》，到2025年，全国单位国内生产总值能源消耗比2020年下降13.5%，能源消费总量得到合理控制，到2025年，完成5.3亿吨钢铁产能超低排放改造，"十四五"时期，规模以上工业单位增加值能耗下降13.5%，万元工业增加值用水量下降16%。到2025年，通过实施节能降碳行动，钢铁、电解铝、水泥、平板玻璃、炼油、乙烯、合成氨、电石等重点行业产能和数据中心达到能效标杆水平的比例超过30%。到2025年，新能源汽车新车销售量达到汽车新车

销售总量的 20% 左右，铁路、水路货运量占比进一步提升。到 2025 年，非化石能源占能源消费总量比重达到 20% 左右。"十四五"时期，京津冀及周边地区、长三角地区煤炭消费量分别下降约 10%、5%，汾渭平原煤炭消费量实现负增长。

3. 中国工业减排目标实施规划

到 2025 年，化学需氧量、氨氮、氮氧化物、挥发性有机物排放总量比 2020 年分别下降 8%、8%、10% 以上、10% 以上。节能减排政策机制更加健全，重点行业能源利用效率和主要污染物排放控制水平基本达到国际先进水平，经济社会发展绿色转型取得显著成效。

工信部等部门发布《"十四五"全国清洁生产推行方案》，到 2025 年，清洁生产推行制度体系基本建立，工业领域清洁生产全面推行，农业、服务业、建筑业、交通运输业等领域清洁生产进一步深化，清洁生产整体水平大幅提升，能源资源利用效率显著提高，重点行业主要污染物和二氧化碳排放强度明显降低，清洁生产产业不断壮大。到 2025 年，工业能效、水效较 2020 年大幅提升，新增高效节水灌溉面积 6000 万亩。全国废旧农膜回收率达 85%，秸秆综合利用率稳定在 86% 以上，畜禽粪污综合利用率达到 80% 以上。城镇新建建筑全面达到绿色建筑标准。

（二）中国重点行业节能减排潜力分析

1. 钢铁行业节能减排潜力分析

钢铁行业是当前中国的重点用能行业。钢铁企业能源消耗大，环境排放总量大，为了缓解这个问题，在《"十四五"全国清洁生产推行方案》中提出大力推进非高炉炼铁技术示范，推进全废钢电炉工艺。推广钢铁工业废水联合再生回用、焦化废水电磁强氧化深度处理工艺。完成 5.3 亿吨钢铁产能超低排放改造、4.6 亿吨焦化产能清洁生产改造。

减排方面，工信部出台的《"十四五"工业绿色发展规划》提出，到 2025 年，完成 5.3 亿吨钢铁产能超低排放改造、4.6 亿吨焦化产能清洁生产改造；《"十四五"原材料工业发展规划》要求"十四五"期间钢铁行业吨钢综合能耗降低 2%，电解铝碳排放降低 5%。此外，《关于促进钢铁工业高质量发展的指导意见》要求构建产业间耦合发展的资源循环利用体系，80%以上钢铁产能完成超低排放改造，吨钢综合能耗降低2%以上，水资源消耗强度降低10%以上，确保2030年前碳达峰。

国务院印发的《2030年前碳达峰行动方案》要求，为推动钢铁行业碳达峰，要深化钢铁行业供给侧结构性改革，严格执行产能置换，严禁新增产能，推进存量优化，淘汰落后产能，通过推进钢铁企业跨地区、跨所有制兼并重组，以提高行业集中度。以京津冀及周边地区为重点，优化生产力布局，压减钢铁产能。促进行业结构优化和清洁能源替代，大力推进非高炉炼铁技术示范，提升废钢资源回收利用水平，推行全废钢电炉工艺。《工业领域碳达峰实施方案》指出，钢铁行业需严格落实产能置换和项目备案、环境影响评价、节能评估审查等相关规定，切实控制产能。强化产业协同，构建清洁能源与钢铁产业共同体。鼓励适度稳步提高钢铁先进电炉短流程发展。推进低碳炼铁技术示范推广。优化产品结构，提高高强高韧、耐蚀耐候、节材节能等低碳产品应用比例。到2025年，废钢铁加工准入企业年加工能力超过1.8亿吨，短流程炼钢占比达15%以上。到2030年，富氢碳循环高炉冶炼、氢基竖炉直接还原铁、碳捕集利用与封存等技术取得突破应用，短流程炼钢占比达20%以上。

2. 石化行业节能减排潜力分析

为推动化石能源清洁高效利用，提高可再生能源应用比重，《"十四五"节能减排综合工作方案》提出，要深化石化化工等行业挥发性有机物污染治理，全面提升废气收集率、治理设施同步运行率和去除率。《2030年前碳达峰行动方案》要求，为推动石化化工行业碳达峰，要优化产能规模和布局，加大落后产能淘汰力度，有效化解结构性过剩矛盾，严格项目准入，调整原料结构，优化产品结构，促进石化化工与煤炭开采、冶金、建材、化纤等产业协同发展，加强炼厂干气、液化气等副产气体高效利用。鼓励企业节能升级改造，推动能量梯级利用、物料循环利用。为实现化工行业碳达峰，《工业领域碳达峰实施方案》指出，要增强天然气、乙烷、丙烷等原料供应能力，提高低碳原料比重；合理控制煤制油气产能规模；推广应用原油直接裂解制乙烯、新一代离子膜电解槽等技术装备；开发可再生能源制取高值化学品技术。

到 2025 年，"减油增化"取得积极进展，新建炼化一体化项目成品油产量占原油加工量比例降至 40% 以下，加快部署大规模碳捕集利用与封存产业化示范项目。到 2030 年，合成气一步法制烯烃、乙醇等短流程合成技术实现规模化应用。到 2025 年，国内原油一次加工能力控制在 10 亿吨以内，主要产品产能利用率提升至 80% 以上。

同时，《"十四五"工业绿色发展规划》指出，要求实施高效催化、过程强化、高效精馏等工艺技术改造，以及废盐焚烧精制、废硫酸高温裂解、高级氧化、微反应、煤气化等装备改造。《"十四五"全国清洁生产方案》提出，开展高效催化、过程强化、高效精馏等工艺技术改造。推进炼油污水集成再生、煤化工浓盐废水深度处理及回用、精细化工微反应、化工废盐无害化制碱等工艺，实施绿氢炼化、二氧化碳耦合制甲醇等降碳工程。

3. 有色金属行业节能减排潜力分析

为推动有色金属行业碳达峰，《2030 年前碳达峰行动方案》要求，巩固化解电解铝过剩产能成果，严格执行产能置换，严控新增产能。《工业领域碳达峰实施方案》指出，要坚持电解铝产能总量约束，研究差异化电解铝减量置换政策，防范铜、铅、锌、氧化铝等冶炼产能盲目扩张，新建及改扩建冶炼项目须符合行业规范条件，且达到能耗限额标准先进值。实施铝用高质量阳极示范、铜锍连续吹炼、大直径竖罐双蓄热底出渣炼镁等技改工程。突破冶炼余热回收、氨法炼锌、海绵钛颠覆性制备等技术。依法依规管理电解铝出口，鼓励增加高品质再生金属原料进口。到 2025 年，铝水直接合金化比例提高到 90% 以上，再生铜、再生铝产量分别达到 400 万吨、1150 万吨，再生金属供应占比达 24% 以上。到 2030 年，电解铝使用可再生能源比例提至 30% 以上。同时推进清洁能源替代，提高水电、风电、太阳能发电等应用比重。加快再生有色金属产业发展，完善废弃有色金属资源回收、分选和加工网络，提高再生有色金属产量。加快推广应用先进适用绿色低碳技术，提升有色金属生产过程余热回收水平，推动单位产品能耗持续下降。

《"十四五"工业绿色发展规划》提出，要实施氧化铝行业高效溶出及降低赤泥技术，铜冶炼行业短流程冶炼、连续熔炼，锌冶炼行业高效清洁化电解、氧压浸出，镁冶炼行业竖式还原炼镁等技术和装备改造。到 2025 年，完成 4000 台左右有色金属窑炉清洁生产改造。

4. 化工行业节能减排潜力分析

《"十四五"节能减排综合工作方案》提出，要加强行业工艺革新，实施涂装类、化工类等产业集群分类治理，开展重点行业清洁生产和工业废水资源化利用改造，同时推进新型基础设施能效提升，加快绿色数据中心建设；深化石化化工等行业挥发性有机物污染治理，提升废气收集率、治理设施同步运行率和去除率。到 2025 年，溶剂型工业涂料、油墨使用比例分别降低 20%、10%，溶剂型胶粘剂使用量降低 20%。

5. 建材行业节能减排潜力分析

《"十四五"原材料工业发展规划》提出，"十四五"期间水泥产品单位熟料能耗水平降低 3.7%。《2030 年前碳达峰行动方案》提出，要加强产能置换监管，加快低效产能退出，引导建材行业向轻型化、集约化、制品化转型。推动水泥错峰生产常态化，合理缩短水泥熟料装置运转时间。鼓励建材企业使用粉煤灰、工业废渣、尾矿渣等作为原料或水泥混合材。《工业领域碳达峰实施方案》指出，要严格执行水泥、平板玻璃产能置换政策，依法依规淘汰落后产能。加快全氧、富氧、电熔等工业窑炉节能降耗技术应用，推广水泥高效篦冷机、高效节能粉磨、低阻旋风预热器、浮法玻璃一窑多线、陶瓷干法制粉等节能降碳装备。到 2025 年，水泥熟料单位产品综合能耗水平下降 3% 以上。到 2030 年，原燃料替代水平大幅提高，突破玻璃熔窑窑外预热、窑炉氢能煅烧等低碳技术，在水泥、玻璃、陶瓷等行业改造建设一批减污降碳协同增效的绿色低碳生产线，实现窑炉碳捕集利用与封存技术产业化示范。《"十四五"工业绿色发展规划》要求建材行业实施水泥行业脱硫脱硝除尘超低排放，实施玻璃行业熔窑烟气除尘、脱硫脱硝、余热利用（发电）"一体化"工艺技术和成套设备改造。

（三）中国分区域节能减排潜力分析

1. 东部地区节能减排潜力分析

中国当前工业地区的发展状况并不平衡，相较于西部地区，东部地区节能减排指标更高。

京津冀及周边地区积极推动能源结构低碳化转型，显著提升区域能源绿色低碳水平。

北京市政府提出要提高能源利用效率，强化能源、碳排放总量和强度双控，并且在2025年碳排放总量达峰后实现稳中有降，且较峰值下降10%以上，能源消费总量控制在8050万吨标准煤左右。在能源的使用上要实现能源绿色低碳转型新突破，预计2025年，可再生能源消费比重达到14.4%以上，同时大力推进"减煤、稳气、少油、强电、增绿"，争取在2035年全面建成坚强韧性、绿色低碳智慧能源体系，能源利用效率达到国际先进水平，绿色低碳关键核心技术研发和推广应用实现重大突破，城乡用能服务实现均等化。

天津市政府提出到2025年，单位地区生产总值能源消耗比2020年累计下降15%，2025年单位工业增加值能耗完成国家任务、工业固体废物综合利用率保持在98%以上，氮氧化物、挥发性有机物、化学需氧量和氨氮重点工程减排量分别为2.08万吨、0.99万吨、1.60万吨和0.04万吨以上。

河北省政府预计到2025年单位生产总值能源消耗和二氧化碳排放分别降低15%、19%，主要污染物排放总量持续减少，氮氧化物、挥发性有机物、化学需氧量和氨氮重点工程减排量分别为14.05万吨、5.64万吨、16.64万吨和0.57万吨以上。

除此之外，其他东部地区（辽宁、山东、上海、江苏、浙江、福建、广东、海南等）也有针对"十四五"的新规划提出。

山东省预计到2025年，非化石能源占一次能源消费比例提升至13%左右。

上海市则提出，到2025年煤炭消费总量控制在4300万吨左右，煤炭消费总量占一次能源消费比重下降到30%左右，天然气占一次能源消费比重提高到17%左右，到2025年本地可再生能源占全社会用电量比重提高到8%左右。

江苏省依照发展规划，提出2025年单位工业增加值能耗比2020年降低17%，单位工业增加值二氧化碳排放比2020年降低20%。并且在2025年，单位地区生产总值能源消耗降低14.5%，天然气消费量占能源消费比重达到14%以上，电煤占煤炭消费比重提高到68%以上。

《浙江省生态环境保护"十四五"规划》指出，到2025年，煤炭消费比重下降至33.5%，非化石能源在一次能源消费中占比24%。

福建省到2025年全省规模以上工业万元增加值能耗下降率，完成国家下达任务；工业固体废物综合利用率力争达到80%，非化石能源占一次能源消费比例预期提升至26.1%。

广东省提出到2025年氮氧化物、挥发性有机物、化学需氧量和氨氮重点工程减排量分别为7.38万吨、4.99万吨、19.73万吨和0.98万吨以上。

《海南省"十四五"生态环境保护规划》提出，到2025年单位地区生产总值能源消耗累计降低15%，非化石能源占一次能源消费比例22%左右，可再生能源在一次能源消费中占比14%左右。

2. 中部地区节能减排潜力分析

安徽省计划到2025年，氮氧化物、挥发性有机物、化学需氧量和氨氮重点工程减排量分别为8.3万吨、3.07万吨、13.67万吨和0.69万吨以上。

湖北省则提出，到2025年湖北省单位工业增加值能耗比2020年降低12%，单位工业增加值二氧化碳排放量比2020年降低18%，单位工业增加值用水量比2020年降低16%。并且到2025年，湖北全省氮氧化物、挥发性有机物、化学需氧量和氨氮重点工程减排量分别为4.7万吨、2.6万吨、13.56万吨和0.41万吨以上。

《湖南省"十四五"生态环境保护规划》指出，到2025年非化石能源占一次能源消费比例提升至23%左右。

江西省在"十四五"期间，全省绿色低碳发展加快推进，能源资源配置更加合理，利用效率大幅提高，碳排放强度进一步下降，预计2025年单位工业增加值能耗比2020年降低12%。规模以上工业中，单位增加值能耗累计下降21.4%，制造业一般工业固废综合利用率达95%，单位地区生产总值能源消耗和二氧化碳排放分别降低14.5%、19.5%。

《内蒙古自治区"十四五"生态环境保护规划》提出，到2025年全省单位地区生产总值能耗比2020年下降15.5%，非化石能源占一次能源消费比例18%左右。

3. 西部地区节能减排潜力分析

为进一步推动工业节能减排目标的实施，西部各省（区、市）也出台了相应的政策和规划。

甘肃省提出，到 2025 年，单位地区生产总值能源消耗降低 13%，《甘肃省"十四五"生态环境保护规划》确定，"十四五"期间全省氮氧化物、挥发性有机物、化学需氧量和氨氮重点工程减排量分别为 1.84 万吨、0.70 万吨、2.27 万吨和 0.03 万吨以上。

重庆市到 2025 年单位工业增加值能耗比 2020 年降低 16%，全省氮氧化物、挥发性有机物、化学需氧量和氨氮重点工程减排量分别为 3.68 万吨、1.06 万吨、4.32 万吨和 0.18 万吨以上。

陕西省提出降低能耗的目标，到 2025 年规模以上单位工业增加值能耗累计降低 12%，单位地区生产总值能耗累计降低 13.5%，单位工业增加值二氧化碳排放降低 16%，"十四五"期间单位生产总值二氧化碳排放量累计降低 18%，全省氮氧化物、挥发性有机物、化学需氧量和氨氮重点工程减排量分别为 13.90 万吨、13.55 万吨、11.35 万吨和 10.98 万吨以上。

四川省提出，到 2025 年非化石能源占一次能源消费比例 42% 左右，要求"十四五"期间全省氮氧化物、挥发性有机物、化学需氧量和氨氮重点工程减排量分别为 5.95 万吨、2.53 万吨、14.92 万吨和 0.79 万吨以上。

宁夏回族自治区提出降低能耗的目标，到 2025 年，非化石能源占一次能源消费比例 15% 左右。

《新疆生态环境保护"十四五"规划》提出，到 2025 年，新疆维吾尔自治区氮氧化物、挥发性有机物、化学需氧量和氨氮重点工程减排量分别为 1.66 万吨、0.78 万吨、2.81 万吨和 0.10 万吨以上，新疆生产建设兵团氮氧化物、挥发性有机物、化学需氧量和氨氮重点工程减排量分别为 0.25 万吨、0.06 万吨、0.44 万吨和 0.03 万吨以上。整体单位地区生产总值能耗累计降低 14.5%，非化石能源占一次能源消费比例 18% 左右。

4. 东北地区节能减排潜力分析

东北三省是中国的老牌工业区，针对未来的节能减排发展，政府也出台了相应的规划与政策。

黑龙江省提出，到 2025 年，规模以上工业企业万元工业增加值能耗下降 10% 左右，规模以上工业企业万元工业增加值用水量下降 17%。同时，"十四五"期间全省氮氧化物、挥发性有机物、化学需氧量和氨氮重点工程减排量分别为 5.02 万吨、0.74 万吨、7.14 万吨和 0.20 万吨以上，非化石能源占一次能源消费比例 15% 左右。

辽宁省出台了《辽宁省"十四五"生态环境保护规划》，到 2025 年，全省单位地区生产总值能耗比 2020 年下降 15%，全省氮氧化物、挥发性有机物、化学需氧量和氨氮重点工程减排量分别为 7.96 万吨、3.27 万吨、8.92 万吨和 0.11 万吨以上，非化石能源占一次能源消费比例 13.7% 左右。

吉林省到 2025 年，全省非化石能源消费比重提高到 12.5%，煤炭消费比重下降到 6.2%，全省氮氧化物、挥发性有机物、化学需氧量和氨氮重点工程减排量分别为 3.19 万吨、1.03 万吨、5.41 万吨和 0.16 万吨以上。

5. 长江流域节能减排潜力分析

长江经济带覆盖 11 个省（区、市），是中国重要的内河经济带和生态文明建设区域。

据《长江三角洲区域一体化发展规划纲要》，到 2025 年，长三角地区细颗粒物（$PM_{2.5}$）平均浓度总体达标，地级及以上城市空气质量优良天数比率达到 80% 以上，跨界河流断面水质达标率达到 80%，单位 GDP 能耗较 2017 年下降 10%。《"十四五"工业绿色发展规划》提出，长三角地区需推进生态环境共保联治，统筹区域产业结构调整，促进传统行业绿色升级改造、产业转移、产业链跨地区协同、产业高效聚集，推进区域能源资源优化配置，建立高水平生态绿色一体化发展示范区；长江经济带地区则需要加强化工园区整治提升和污染治理，中上游地区加强磷石膏、冶炼渣、粉煤灰、废旧金属、废塑料、废轮胎等资源的综合利用。

资源回收产业发展分析与展望

在全球节能减排的行动之下，2022年国际资源回收产业稳步发展，国际资源回收技术向低碳环保的目标持续前进。在光伏系统晶硅回收、锂离子电池回收等技术上取得了新的进展。2022年面对复杂严峻的国际环境和国内疫情等多重考验，中国相继出台了一系列资源回收产业政策，扶持引导产业向集约化、规范化、标准化发展。展望2023年，中国资源回收产业仍将健康稳步快速发展，为实现"双碳"目标奠定坚实基础。

一、2022年国际资源回收产业发展概况

资源回收是一种发展方式，它以材料的持续循环利用为特征，当前这一方式已经成为一种全球潮流。为了提高资源利用效率，降低环境污染，促进绿色生产和提倡绿色消费等，目前资源循环使用处理已成为各国最主要的资源供给来源。随着人们对环保问题的要求越来越苛刻，国际资源回收行业和技术不断更新与发展。

（一）国际资源回收行业发展简介

资源回收行业的十大类资源包括：废钢铁、废有色金属、废塑料、废轮胎、废纸、废弃电器电子产品、报废汽车、废旧纺织品、废玻璃、废电池。根据节能减排的要求，为解决再生资源回收利用问题，促进经济社会可持续发展，资源回收行业得到快速发展。随着环保要求的日益严格，国际资源回收技术也在不断更新与发展。

1. 美国资源回收行业发展现状

美国再生银行模式利用物联网技术，重新梳理废品产生者、再生资源回收利用企业和政府之间的利益链条，通过市场化经营和政府适度补贴，提高资源回收率，促进废弃物分流分类，实现企业的盈利与运营。2022年6月，

美国加利福尼亚州的一项法案规定，将塑料废物善后的责任从使用者转移至生产者。具体来说，该法案要求到2032年1月实现州内所有一次性包装（包括纸和金属）都可回收或可堆肥，回收率不低于65%。对于明确不遵守法案的公司，最高每日罚款5万美元。该规定将废弃物回收基础设施、回收站以及收集和分类设施的成本，从纳税人转移至创造这些负担的制造商。这一项规定力求解决塑料污染危机，既要减少塑料生产，也要循环利用塑料。制造商必须为一次性包装的回收工作负责。鉴于环境和气候变化问题，塑料产品的回收利用至关重要，该法案还要求塑料制造商在未来10年内向一个基金支付50亿美元，以减轻塑料污染对环境和健康的影响。

2. 欧洲国家资源回收行业发展现状

2022年1月，欧盟开始实施电池和废电池新的相关法规，新增11项电池投放市场后的管控内容，包括碳足迹、再生原材料、电化学性能和耐久性等，并对运营商的尽职调查和废旧电池的回收和处理提出新的要求。从2022年4月起，英国对每年制造或进口到英国数量超过10吨、再生塑料使用比例不足30%的塑料包装征收每吨200英镑（约人民币1700元）的塑料包装税。如果使用了30%或更多的再生塑料，则无须缴税。2022年9月，欧盟委员会发布食品接触用再生塑料新法规，新法规对使用合适的回收技术提出要求，同时新法规对回收计划的运作、开发和上市等也提出了相应的要求。塑料再生利用通过废塑料回收、清洗、分拣，后经过物理或化学方法重新制成塑料原料，应用到纺织、食品饮料包装、家居建材等领域，是塑料可持续发展的方式之一。欧洲塑料废弃物回收商Montello与意大利可持续塑料产品制造商采用了至少95%消费后的再生塑料制成太阳能面板。

3. 亚洲国家资源回收行业发展现状

亚洲国家资源回收行业在2022年稳步发展。泰国在全国政府机构开展垃圾减量分类试点，并定下2022年将送去处置的垃圾量减少至30%的目标，手提塑料袋数量及一次性塑料杯的使用量减少100%，促进塑料的回收利用，包括手提塑料袋、单层塑料薄膜包装、塑料瓶、瓶盖、塑料杯等。韩国环境部计划到2025年，韩国将塑料垃圾减少20%，并将废塑料回收利用率从目前的54%提高到70%。根据政府已经公布的根除塑料垃圾的蓝图，计划将分阶段进行，直到100%的日常用品由生物质制成，45%的生物塑料制成企业使用的产品。从2022年起，韩国将全面禁止从海外进口塑料废弃物。同样，生物塑料将被贴上这样的标签，表明它们可以回收利用。日本的资源回收行业正在面临冲击，视为依靠的东南亚加强进口限制。

（二）国际资源回收技术最新进展及趋势

在全球节能减排的行动之下，有必要探究国际资源回收技术的重点和进展，以向低碳环保的目标持续前进。本节主要分析国际资源回收技术的最新进展及发展趋势，列举了退役光伏系统晶硅回收、锂离子电池回收等一些新技术进展。

1. 退役光伏系统晶硅回收技术

在美国，退役光伏系统中可回收及可再生利用材料潜在的经济、环境价值，使得市场监管力度、商业利润以及可持续光伏回收的关注度有所提高。尽管监管和商业方面取得了进展，但最近的一项研究表明，现有晶硅光伏回收技术的局限性、回收的高成本以及有限的回收能力是美国以可持续方式管理光伏废弃物的主要障碍。与碲化镉光伏回收不同，美国目前没有晶硅光伏回收商具备从退役光伏组件中回收散装和特种材料的工艺。由于不回收特种材料，光伏回收商放弃了利用回收和转售贵重材料（例如银）获得最大收入的机会，同时该做法也防止了铅等材料对下游环境造成潜在危害。此外，考虑到未来5年光伏废弃量的规模较小，小型硅光伏回收商的规模可能会延迟扩张。为了规范组件分类的相关协议，需要更高的监管透明度。根据现有的光伏组件毒性鉴别测试的结果，从退役光伏组件中获取样品的切割方法不同，结果也有所区别。毒性测试的结果决定了退役光伏组件是否被归类为危险废物。其次，考虑到危险废物的下游运输成本和填埋倾倒费高于非危险废物，一旦废弃光伏组件被确认为危险废物，下游处理成本也将受到影响。

2. 锂离子电池回收技术

由于锂离子电池的广泛应用，锂离子电池行业是全球发展最快的行业之一。鉴于锂、镍、锰和钴等原材料的稀缺性，且90%的锂、钴、镍、锰和石墨是可回收的，因此对于稀有元素的回收至关重要。预计未来几年将产生大量电池废物，需要进行系统的废物管理。电池租赁等概念在租赁期结束时归还电池，重新利用和回收利用的责任已经出现在制造商身上。用于电动汽车的电池组主要由电芯、电池管理系统、电池外壳、模块外壳、高压和低压线束、保险丝、电流、电压和温度传感器、电池断开单元、连接器等。然而，电池的化学成分构成了电池组内最关键和最稀有的材料，因此这些材料的回收通常是回收的主要目标。

3. 废旧橡皮回收技术

废旧橡皮是固体废弃物的一种，主要分为包括直接利用、粉碎为胶粉后利用、获取再生胶和燃烧利用四种回收利用途径。其中再生胶是指把硫化过程中形成的交联键切断，从而得到可以重新加工利用的橡胶。用传统方法（油法和水油法）生产再生胶有着生产能耗大、"二废"治理难等缺点，无法适应环境提出的要求。为此，世界各国着手开发了如微波脱硫，生物脱硫等新型工艺，这些新方法很有可能成为再生胶生产技术的转折点。如通过化学和超声的结合将硫化过程中形成的交联键切断的方法，可以分别得到再生胶、炭黑、硫黄和再生油；或通过脱硫重新制备三元乙丙橡胶（以下简称EPDM）再生胶，所制备的EPDM再生胶重新硫化后具有较高的力学性能，但比原生EPDM胶稍低。

二、2022年中国资源回收产业发展分析

2022年是中国"十四五"规划的第二年，也是中国经济发展绿色转型的关键年份，在此背景下，促进资源回收产业高质量发展是全社会建成循环经济、实现减碳增效的核心环节之一。随着经济的迅速发展，社会生产和人民生活过程中产生的垃圾种类和数量也迅速增加，资源回收行业展现出广阔的发展前景。

截至2022年，推进废旧物资回收利用的工作已取得较为显著的成果，但行业的进一步发展仍面临诸多限制。中国政策一直积极引导资源回收行业走向专业化、集约化、规范化的发展方向，但回收产业仍存在体系不完善、市场转型成本高、企业转型动力不足等问题。除此之外，由于技术水平的限制，中国资源回收行业仍然以废塑料、废钢、废有色金属、废纸等传统高价值资

源回收为主；对于如废玻璃、废纺织品等低值可回收物，以及对于如锂电池、光伏组件等精密可回收物的回收利用率较低，进而导致行业整体效率结构性低下。随着低碳转型的进一步深化，新能源的普及率迅速上升，资源回收产业需要适应新的时代要求。

（一）中国资源回收行业发展简介

2022年，中国资源回收行业主要沿着政策推动、地方响应和企业落实的道路发展，最鲜明的行业特点是同高质量发展紧密结合。《关于加快废旧物资循环利用体系建设的指导意见》等一系列激励性产业政策的出台，为资源回收行业的良性发展打下了坚实基础，让企业在面临复杂经济环境时能保持一定的信心，维持社会投资的相对稳定。

2022年1月17日，国家发展改革委联合商务部、工信部、财政部、自然资源部、生态环境部、住建部发布《关于加快废旧物资循环利用体系建设的指导意见》（以下简称《意见》），对废旧物资回收利用进行了全面而系统的部署。《意见》指出，力图到2025年，废旧物资回收网络体系基本建立，建成绿色分拣中心1000个以上。在完善废旧物资回收网络方面，《意见》要求，第一，要合理布局废旧物资回收站点，深入推进生活垃圾分类网点与废旧物资回收网点"两网融合"；第二，推动废旧物资分拣中心规范建设，合理布局分拣中心；第三，推动废旧物资回收专业化，鼓励各地区采取特许经营等方式，授权专业化企业开展废旧物资回收业务；第四，提升废旧物资回收行业信息化水平，推行"互联网＋回收"模式。在提升加工利用水平方面，《意见》要求，一方面要推动再生资源加工利用产业集聚化发展，推动再生资源规模化、规范化、清洁化利用；另一方面，要提高再生资源加工利用技术水平，加大再生资源先进加工利用技术装备推广应用力度，推动现有项目提质改造。

2022年1月21日，国家发展改革委联合商务部、工信部、财政部、自然资源部、生态环境部、住建部发布《关于组织开展废旧物资循环利用体系示范城市建设的通知》（以下简称《通知》），决定筛选约60个城市，开展废旧物资循环利用体系示范城市建设。《通知》计划，到2025年，示范城市率先建成基本完善的废旧物资循环利用体系，在全国范围内形成引领效应。对示范城市的具体要求包括：在资源回收体系建设方面，基本建成交投便利、转运畅通的废旧物资回收网络，实现回收网络城区全部覆盖、农村地区基本覆盖，回收主体更加专业化、多元化、市场化，回收模式更加规范高效；在资源回收产业方面，再生资源加工利用产业实现集聚化发展，规模化、规范化、清洁化水平显著提升，废钢铁、废铜、废铝、废铅、废锌、废纸、废塑料、废橡胶、废玻璃等主要再生资源品种回收加工利用水平国内领先；在二手市场方面，城乡居民二手商品交易渠道和形式更加丰富，二手交易更加规范便利，废旧物资循环利用保障体系更加完善，监管政策更加有效。

2022年3月31日，国家发展改革委联合商务部、工信部发布《关于加快推进废旧纺织品循环利用的实施意见》(以下简称《实施意见》)，着力解决废旧纺织品回收利用体系不健全、关键技术薄弱、综合利用效率较低等问题，力图到2025年废旧纺织品循环利用率达到25%；到2030年，废旧纺织品循环利用率达到30%。在生产制造方面，《实施意见》要求纺织企业提高纺织品易拆解、易分类、易回收性。鼓励生产企业在纺织品上设置相关识别标签，提高废旧纺织品分拣效率和准确性。在完善回收体系方面，第一，积极完善回收网络，推动合理设置废旧纺织品专用回收箱或相关设施，提高回收箱体覆盖率；第二，积极拓宽回收渠道，发展"互联网＋回收"，促进线上线下融合发展，充分利用生活垃圾分类系统收集废旧纺织品，培育相关企业，建立重点联系企业制度，建设废旧纺织品回收及资源利用信息化平台，整合废旧纺织品相关信息；第三，强化回收管理，规范回收主体及回收行为，打击违法违规回收行为和不规范生产经营活动，指导行业协会加强废旧纺织品回收利用数据统计分析。

2022年4月25日，国务院办公厅发布《关于进一步释放消费潜力促进消费持续恢复的意见》，针对回收利用行业提出相关要求：要加快构建废旧物资循环利用体系；推动汽车、家电、家具、电池、电子产品等回收利用；适当放宽废旧物资回收车辆进城、进小区限制；推进商品包装和流通环节包装绿色化、减量化、循环化。

2022年5月31日，财政部发布《财政支持做好碳达峰碳中和工作的意见》，提出要支持绿色低碳生活和资源节约利用，要发展循环经济，积极推动资源综合利用，加强城乡垃圾和农村废弃物资源利用；要完善废旧物资循环利用体系，促进再生资源回收利用提质增效；要建立健全汽车、电器电子产品的生产者责任延伸制度，促进再生资源回收行业健康发展；要推动农作物秸秆和畜禽粪污资源化利用，推广地膜回收利用；支持"无废城市"建设，形成一批可复制可推广的经验模式。

2022年6月13日，生态环境部、国家发展改革委、工信部、住建部、交通运输部、农业农村部、国家能源局联合发布《减污降碳协同增效实施方案》，提出要推进固体废物污染防治协同控制；强化资源回收和综合利用，加强"无废城市"建设；推动煤矸石、粉煤灰、尾矿、冶炼渣等工业固废资源利用或替代建材生产原料，到2025年，新增大宗固废综合利用率达到60%，存量大宗固废有序减少；推进退役动力电池、光伏组件、风电机组叶片等新型废弃物回收利用；加强生活垃圾减量化、资源化和无害化处理，大力推进垃圾分类，优化生活垃圾处理处置方式，加强可回收物和厨余垃圾资源化利用，持续推进生活垃圾焚烧处理能力建设；减少有机垃圾填埋，加强生活垃圾填埋场垃圾渗滤液、恶臭和温室气体协同控制，推动垃圾填埋场填埋气收集和利用设施建设；因地制宜稳步推进生物质能多元化开发利用；禁止持久性有机污染物和添汞产品的非法生产，从源头减少含有毒有害化学物质的固体废物产生。

2022年7月7日，工信部、国家发展改革委、生态环境部联合印发《工业领域碳达峰实施方案》，明确在工业领域要大力发展循环经济。优化资源配置结构，充分发挥节约资源和降碳的协同作用，通过资源高效循环利用，降低工业领域碳排放。第一，推动低碳原料替代。在保证水泥产品质量的前提下，推广高固废掺量的低碳水泥生产技术，引导水泥企业通过磷石膏、钛石膏、氟石膏、矿渣、电石渣、钢渣、镁渣、粉煤灰等非碳酸盐原料制水泥；推进水泥窑协同处置垃圾衍生可燃物；鼓励有条件的地区利用可再生能源制氢，优化煤化工、合成氨、甲醇等原料结构；支持发展生物质化工，推动石化原料多元化；鼓励依法依规进口再生原料。第二，加强再生资源循环利用。实施废钢铁、废有色金属、废纸、废塑料、废旧轮胎等再生资源回收利用行业规范管理，鼓励符合规范条件的企业公布碳足迹；延伸再生资源精深加工产业链条，促进钢铁、铜、铝、铅、锌、镍、钴、锂、钨等高效再生循环利用；研究退役光伏组件、废弃风电叶片等资源化利用的技术路线和实施路径；围绕电器电子、汽车等产品，推行生产者责任延伸制度；推动新能源汽车动力电池回收利用体系建设。第三，推进机电产品再制造。围绕航空发动机、盾构机、工业机器人、服务器等高值关键件再制造，打造再制造创新载体；加快增材制造、柔性成型、特种材料、无损检测等关键再制造技术创新与产业化应用；面向交通、钢铁、石化化工等行业机电设备维护升级需要，培育50家再制造解决方案供应商，实施智能升级改造；加强再制造产品认定，建立自愿认证和自我声明结合的产品合格评定制度。第四，强化工业固废综合利用。落实资源综合利用税收优惠政策，鼓励地方开展资源利用评价；支持尾矿、粉煤灰、煤矸石等工业固废规模化高值化利用，加快全固废胶凝材料、全固废绿色混凝土等技术研发推广；深入推动工业资源综合利用基地建设，探索形成基于区域产业特色和固废特点的工业固废综合利用产业发展路径；到2025年，大宗工业固废综合利用率达到57%，2030年进一步提升至62%。

2022年7月7日，商务部、国家发展改革委、工信部、公安部、财政部、自然资源部、生态环境部、住建部、交通运输部、文旅部等17个部门联合发布《关于搞活汽车流通 扩大汽车消费若干措施的通知》，针对报废汽车回收利用提出要求，并对企业用地进行规范：完善报废机动车回收利用体系，支持符合条件的企业获得报废机动车回收资质；加大对报废机动车回收企业建设项目用地支持力度，企业建设项目用地性质原则上应为工业用地，对已取得报废机动车回收资质的企业及文件印发后3个月内获得用地审批或建设工程规划许可的在建项目，按已确定的用途使用土地。

2022年7月29日，商务部、国家发展改革委、工信部、财政部、生态环境部、住建部、中国人民银行等13个部门联合发布《关于促进绿色智能家电消费若干措施的通知》，明确要求加强废旧家电回收利用，推动家电生产企业开展回收目标责任制，依托产品销售维修服务网络，构建废旧家电逆向回收体系，加快建设废旧物资循环利用体系，强化政策保障，支持家电回收网点、绿色分拣中心建设。

2022年8月18日，科技部、国家发展改革委、工信部、生态环境部、住建部、交通运输部、中科院、工程院、国家能源局共同研究制定了《科技支撑碳达峰碳中和实施方案（2022—2030年）》，从科技层面对资源回收利用提供支持，明确指出，在资源循环利用与再制造方面，要积极研发废旧物资高质量循环利用、含碳固废高值材料化与低碳能源化利用、多源废物协同处理与生产生活系统循环链接、重型装备智能再制造等技术。

2022年10月18日，市场监管总局、国家发展改革委、工信部、自然资源部、生态环境部、住建部、交通运输部、中国气象局、国家林草局联合印发《建立健全碳达峰碳中和标准计量体系实施方案》，从计量标准方面对资源回收做出部署，提出要加强资源循环利用标准制修订；健全资源循环利用标准体系，加快循环经济相关标准研制；围绕园区循环化改造，推进能量梯级利用、水资源综合利用、废弃物综合利用、产业循环链接等标准制修订；健全清洁生产、再生资源回收利用、大宗固废综合利用标准。

2022年11月2日，工信部、国家发展改革委、生态环境部、住建部联合印发《建材行业碳达峰实施方案》，提出要加快提升固废利用水平，支持利用水泥窑无害化协同处置废弃物；鼓励以高炉矿渣、粉煤灰等对产品性能无害的工业固体废弃物为主要原料的超细粉生产利用，提高混合材产品质量；提升玻璃纤维、岩棉、混凝土、水泥制品、路基填充材料、新型墙体和屋面材料生产过程中固废资源利用水平；支持在重点城镇建设一批达到重污染天气绩效分级B级及以上水平的墙体材料隧道窑处置固废项目。

2022年11月14日，国家发展改革委、住建部、生态环境部、财政部、中国人民银行联合印发《关于加强县级地区生活垃圾焚烧处理设施建设的指导意见》，对加快健全收运和回收利用体系做出部署，包括三个方面的主要工作。第一，要科学配置分类投放设施，各地要综合考虑辖区自然条件、气候特征、经济水平、生活习惯、垃圾成分及特点等因素，科学构建与末端处理能力相适应的县级地区生活垃圾分类方式，并相应配备生活垃圾投放设施，避免出现"先分后混"；鼓励农村地区推行符合农村特点和生活习惯、简便易行的分类方式，厨余垃圾就地就近资源化利用。第二，要因地制宜健全收运体系，县级地区要根据辖区地域特点、经济运输半径、垃圾收运需求等因素合理布局建设收集点、收集站、中转压缩站等设施，配备收运车辆及设备，健全收集运输网络；到2025年年底，东部地区实现县级地区收运体系全覆盖，中部地区基本实现县级地区收运体系全覆盖，西部和东北地区有条件的县级地区实现收运体系全覆盖。第三，要健全资源回收利用体系，鼓励有条件的县级地区根据生活垃圾分类后可回收物数量、种类等情况，统筹规划建设可回收物集散场地和再生资源回收分拣中心，推动建设一批技术水平高、示范性强的资源化利用项目；推动供销合作社再生资源回收利用网络与农村环卫清运网络的"两网融合"，加强废旧农膜、农药肥料包装等塑料废弃物回收处理。

整体而言，2022年由于疫情反复、能源价格波动、绿色低碳转型要求以及复杂的外部形势，中国资源回收行业在稳健而富有针对性的政策支持下，行业发展较为稳定，现行技术迭代速度有所加快，配套设施逐步健全，用地问题逐渐得到解决。以"双碳"目标为导向，政策文件牵头，城市农村差异互补，生产和回收利用一体化互动的业态渐次形成。可以预见，各个市场主体在经营过程中会逐步形成以回收利用为终端的生产模式，进而为再生资源回收和利用打下基础。

（二）中国资源回收技术最新进展及趋势

磷酸铁锂电池回收技术获得突破，为降低拆解利用过程中的二次污染、降低成本、提高利用率开辟了新路径，为全社会绿色低碳转型提供了保障。智能资源回收系统的使用，让企业能够全流程、多方位地对废旧物资的回收、拆解和利用环节进行把握，有效降低了经营成本，提升了经营效益。同时借助该系统，政府对企业的监督更加完善，服务更加富有针对性。互联网、大数据和云计算等信息技术的普及使回收交易更加便利，模式更加灵活，方式更加多样，提高了资源回收利用过程中的全民参与度和废旧物资的利用率，为资源回收行业的良性发展打下了坚实的基础。

1. 废磷酸铁锂正极材料资源化回收技术

该技术针对废磷酸铁锂电池回收工艺过程复杂、二次废料过多、成本高等问题，提出了基于固相电解技术的电化学法回收技术，降低了次生污染风险,实现了废磷酸铁锂电池高产率低成本回收。该技术采用磷酸体系固相电解的方法回收废磷酸铁锂正极活性物质,在磷酸电解液中,采用先浸泡后电解的方式浸出磷酸铁锂废料中的铁和锂,并以二水合磷酸铁和磷酸锂形式回收。全程除了磷酸根外无其他酸根引入,副产物只有磷酸二氢铵,无废水产生且使用电量少,回收成本低。

2. 智能再生资源回收系统

借助智能再生资源回收管理系统,企业可以实现再生资源产业数据化、场景化、追溯化,解决了再生资源领域的"真实性及合规性"难题,加速规范化、数字化生产转型,提升企业综合效益。应用该技术,企业可以提升信息化管理水平,提高生产效率,实现企业进销存加工等全流程的标准化、数据化、信息化管理,优化内部工作流程。通过大数据平台,企业可以实时分析经营数据并加以整合应用,为生产决策提供有力数据支撑,降低生产损耗。同时,借助该技术可以引入银行等金融机构提供供应链金融服务,降低企业融资成本,有效提高企业资金周转率,扩大企业营业规模。通过物联网设备及技术,企业可以佐证业务真实性,为原材料采购成本列支及销项开具提供真实性保障,降低税务风险,为成本列支开具提供依据。最后,借助该技术可以将银行账户托管体系与企业采购、销售系统打通,充分证实企业交易真实性,解决公对私账户监管问题。

3. "互联网+回收"交易模式

中国针对资源回收行业的系列政策在"互联网+回收"交易模式上持续发力,借助互联网串联起包括智能回收箱、移动终端等在内各类网络节点,实现线上线下的协同互动,建立起依托网络信息技术的一体化废旧电子产品回收体系。与传统回收模式不同,"互联网+回收"可以有效减少交易环节,大幅减轻信息不对称的影响,加快回收速度,并且可以有效实现对回收物资的向前追溯和向后追踪,物资流向更加清晰,交易层次更加透明。除此之外,"互联网+回收"可以实现无接触的交易方式,兼顾了疫情防控和资源回收行业发展,也迫使资源回收行业转变经营模式,为生活垃圾减量化、生产垃圾无害化打下坚实基础。

三、2023 年中国资源回收产业发展展望

中国资源回收行业仍将健康稳步快速发展，为实现"双碳"目标奠定坚实基础。展望 2023 年，资源回收产业将加速构建废旧物资回收网络体系，深化再生资源循环利用，加快供销社资源回收体系构建，积极实施"互联网＋物联网＋再生资源"战略。

（一）加速构建废旧物资回收网络体系

"十四五"期间废旧物资回收网络体系基本建立，到 2025 年，新增大宗固废综合利用率达到 60%，存量大宗固废有序减少。推进退役动力电池、光伏组件、风电机组叶片等新型废弃物回收利用。加强生活垃圾减量化、资源化和无害化处理，大力推进垃圾分类，优化生活垃圾处理处置方式，加强可回收物和厨余垃圾资源化利用，持续推进生活垃圾焚烧处理能力建设。"十四五"期间中国再生资源行业加速发展，市场空间快速打开，相关企业也将迎来高速增长期。

（二）深化再生资源循环利用

将更加关注再生资源循环利用，实施废钢铁、废有色金属、废纸、废塑料、废旧轮胎等再生资源回收利用行业规范管理；延伸再生资源精深加工产业链条，促进有色金属高效再生循环利用；研究退役光伏组件、废弃风电叶片等资源化利用的技术路线和实施路径；深入推动工业资源综合利用基地建设；推动新能源汽车动力电池回收利用体系建设。

（三）加快供销社资源回收体系构建

将加快推进供销合作社再生资源业务高质量发展，资源回收历来是供销社传统职责，随后的市场化发展引入多方参与，在两网融合与"互联网＋"发展方向指引下，加速供销社资源回收体系扩张，成为家电、电子产品、汽车、钢材等废旧物资收集的主要入口。

(四)积极实施"互联网+物联网+再生资源"战略

将积极实施"互联网+物联网+资源回收"战略,充分利用已有集散市场的线下资源,建立专供再生资源回收体系的物联网平台,为上游回收企业与下游拆解和利用企业搭建信息发布、竞价采购和物流服务平台,提高回收企业组织化水平,降低交易成本,优化再生资源回收、拆解利用产业链。

节能材料产业发展分析与展望

2022年,中国"碳达峰""碳中和"各项工作全面启动,节能材料产业迎来新的机遇与挑战。下游需求端从疫情的影响中逐渐恢复,带动产业各项指标逐步回升,节能材料产业领域政策频出,市场格局正在发生深刻变化。"双碳"政策助力新能源产业蓬勃发展,带来了新的增长点,中国节能材料产业迎来了"变革之年"。展望2023年,在碳达峰碳中和的大背景下,全球对节能材料的需求将会持续增长,建筑节能材料、耐火保温材料等重点领域的技术突破也有助于节能材料产业的发展。节能材料产业迎来发展机遇,行业产值将不断提升。

一、2022年国际节能材料产业发展概况

2022年,国际节能材料产业进一步发展,行业产能持续扩大。同时,国际节能材料产业在环保循环材料、建筑节能材料、电池材料等方面取得较大进展,特别是高温绝热材料市场具有良好的发展前景,在石化、陶瓷、玻璃、铝、水泥、钢铁、耐火材料和粉末冶金行业均有增长机遇。节能材料产业迎来发展的主要驱动力是公众对节能认识的提高,以及国家对水泥、石油、天然气和金属生产商实行严格的节能减排政策来减少温室气体排放量的政策。

(一)2022年全球节能材料产业发展成果分析

1. 俄罗斯开发出环保低成本建筑材料

2022年1月13日,俄罗斯国立研究型技术大学的科学家开发了一种新技术,用于获得生产建筑材料的原料无水硫酸钙。与同类技术相比,其优势在于环保、简单和低成本。无水硫酸钙是生产建筑材料的重要成分。为了降低成本和简化生产工艺,研究人员提出了一种在含水介质中用废石灰(水处理的废物)和硫酸悬浮液一步合成无水硫酸钙的方法。研究人员提出的新技

术用于反应器中，温度仅为45℃~55℃，并基于生产废弃物，从而节省了资源和燃料。这种方法的优点和新颖之处在于生产设备流程简单，合成温度和压力低，成本将保持在原料石膏的成本水平。新技术可以应用于产生废硫酸或废石灰的企业，或生产建筑干混料的企业。获得的产品可用于建筑、化工、医疗等行业。

2. 韩国开发出可以提高 OLED 和 QLED 发光效率的材料

2022年1月19日，韩国科学技术高等研究院和电子通信研究所宣布已开发出一种能够提高 OLED 和 QLED 显示器发光效率的创新显示材料。该团队将这一发现应用于先进的显示技术，如 OLED、QLED 和 PeLED，以实现显著的性能提升。在开发材料以更好地利用金属氧化物时，该团队专注于两种具有不同能级的金属氧化物之间的电荷转移，并将这一新原理应用于氧化镍和氧化钼纳米粒子的组合。这两种金属氧化物之间的电荷转移是有效的，导电性提高了240%，同时能级调整范围很广。此外，该成果还应用于绿色和蓝色 OLED，使外部量子效率提高了32%。

3. 美国开发新二氯化物材料，致力于打造超薄、轻便的太阳能电池

2022年2月4日，斯坦福大学开发出新二氯化物材料，致力于打造超薄、轻便的太阳能电池。此项研究最大的优势在于超薄的厚度，不仅能充分减少材料使用和成本，而且使二氯化物太阳能电芯变得轻便灵活，能够模制成不规则的形状，用于汽车车顶、飞机机翼或人体。二氯化物也具有其他工程优势，如长期稳定可靠，不含有毒化学物质。另外，这种材料还具有生物相容性，可用于需要直接接触人类皮肤或组织的可穿戴应用。研究人员表示，二氯化物功能强大、灵活耐用。在太阳能技术领域，是富有前景的新发展方向，希望这项工作能激发更多二氯化物太阳能电池领域的研究。

4. 澳大利亚研发新型石墨烯薄膜可吸收 90% 以上太阳光能

2022年5月16日，澳大利亚墨尔本斯威本科技大学转化原子材料中心的研究人员开发了一种新型石墨烯薄膜，这种薄膜可以吸收90%以上的太阳光，同时消除了大部分红外热发射损失。这是一种高效的太阳能加热超材料，能够在开放环境中以最小的热损失快速加热到83℃。该薄膜的拟议应用包括热能收集和储存、光热发电和海水淡化。这种新材料还将薄膜厚度显著减少到

三分之一而使用了较少的石墨烯，其薄度有助于更有效地将吸收的热量传递到其他介质，如水。此外，薄膜是疏水性的，这有助于自我清洁，而石墨烯层有效地保护铜层免受腐蚀，有助于延长超材料的寿命。

5. 东京大学团队研发膜材料淡化海水，更快更节能

2022 年 5 月 12 日，东京大学的研究人员发表了利用氟基纳米材料从水中过滤出盐的研究成果。与目前的海水淡化方法相比，含氟纳米通道速度更快，需要的压力更小，耗能也更少，是一种更高效的过滤器。这种氟基水淡化薄膜更有效、更快速、操作所需能量更少，而且使用起来也非常简单。研究人员表示该研究前景值得期待，考虑到膜的寿命和低运行成本，总体能源成本将远远低于目前的方法。在扩大规模的同时，研究人员还希望在其他专家的帮助下，能够在几年内制造出一种跨度约为 1 米的薄膜。与此同时，他们也在探索类似的薄膜是否可以用来减少二氧化碳或其他工业排放的污染物。

6. 美国科学家研制出史上最薄的铁电材料

2022 年 10 月 19 日，美国能源部阿贡国家实验室研制出有史以来最薄的铁电体和最薄的硅工作存储器。传统的铁电材料在厚度低于几纳米时，其内部极化就会消失，这意味着它们与目前的硅技术不兼容，该问题一直阻碍着铁电材料与微电子技术的整合。该研究团队成功解决了这一问题。被称为铁电体的先进材料有望降低超小型电子设备的功耗，这为超低功率微电子领域提供了广阔的前景。

（二）2023 年国际节能材料产业发展展望

"碳中和"背景下，全球能源转型已势不可挡。目前，各国都在积极布局清洁能源发展。清洁能源的发展进一步带动节能材料产业的发展。各国出台了相应的扶持政策及规划，促进节能材料的研发与应用。展望 2023 年节能材料市场，前景乐观，增长水平较快，充满较大机遇。绿色、低碳的新材料技术及产业化将成为发展的主要方向，在追求经济目标的同时更加注重资源节约、环境保护和公共健康等社会目标。

1. 全球高温隔热材料市场保持较快增长

资源节约型社会背景下"碳中和"目标的提出预示着低能耗低排放的产

业项目将成为社会主流，新型高温隔热材料的研发也将迎来热潮。当今，全球高温隔热材料正朝着高效、节能、薄层、隔热、防水、外护一体化方向发展，在发展新型高温隔热材料及符合结构保温节能技术的同时，更强调有针对性使用高温隔热材料，按标准规范设计及施工，努力提高保温效率以及降低成本。

未来航空航天器将向低维护和高度重复使用的方向发展，降低航空隔热材料本身重量可有效降低能耗，故研发轻质超薄的高温隔热材料是未来该领域主要的发展方向之一。与高温下易产生有毒物质的材料相比，绿色无毒的隔热材料不仅降低对人体的健康威胁，而且迎合节能环保的社会趋势，所以研究绿色环保的新型高温隔热材料将成为重要趋势。随着社会经济的发展，各领域对高温隔热材料的性能要求愈加严格，单个隔热材料的优缺点较为明显，可通过多种材料组合，取长补短，从而提高材料的综合性能，复合优化、高品质是未来高温隔热材料的发展趋势。发展高温隔热材料，要掌握其隔热机制，从根本上对材料进行结构合理控制，在提高其隔热性的同时兼顾其力学、耐腐蚀等性能，积极探索和研发性能稳定优良、生产成本低、绿色环保的高温隔热材料，经功能化后用于建筑、新能源、航空航天等领域。

随着全球高温隔热材料在技术上的更新换代之后，各应用领域的需求也将向更深、更细分的方向发展，预计未来全球市场对高温隔热材料的需求将增长 5% 左右，到 2023 年市场规模将达到 580 亿美元左右。

2. 全球热界面材料市场迎来新机遇

当前，全球热界面材料市场的特点是多家小型和大型制造商共存。为了迎合业务价值链的发展，这些公司已考虑对其业务流程进行多样化和整合化调整。大多数公司正试图利用规模经济，通过收购和合并进行扩张以及组建合资企业来保持市场竞争力。收购和合并使企业能够扩大产品范围，同时提高产品质量。

热界面材料市场行业一直在增加投资和不断努力研发以引入具有增强特性的热界面材料，从而增加其市场渗透的机会。由于亚太地区新兴企业以较低成本提供热管理解决方案，国际知名企业在热界面材料领域的存在可能会经历颠覆性竞争。目前亚太地区在 2022 年以 38.1% 的最高份额主导了全球热界面材料市场。这归因于新兴经济体的工业基础、自动化和制造活动不断发展。推动热界面材料市场增长的关键因素包括对高性能、节能的电气和电子产品的需求不断增长，以及电信和计算机领域等应用行业的增长。2022年全球热界面材料市场估计为20.5亿美元，预计2023年将达到24亿美元。全球热界面材料市场预计从2022年到2030年将以11.4%的复合年增长率增长，到2030年将达到48.6亿美元。

3. 2023年全球建筑绝热材料市场规模不断扩大

能源节约的需求增加和建筑支出的高增长将推动建筑绝热材料市场发展。全球建筑产业价值在2015年超过7万亿美元，并且预计到2024年将超过14万亿美元。届时，中国、美国和印度合计占近55%的份额。高节能、减少碳足迹和产品易供性是推动建筑绝热材料市场的关键因素。通过建筑物的墙壁、屋顶和地板损失的热量占总体的70%以上。以最少的能源保持室温所带来的好处，将会增加产品渗透。国际能量节约准则的普及率增长，刺激了建筑领域的产品发展。此外，政府的规范中呼应了限制温室气体排放和能源节约，这有望推动建筑绝热材料市场。易于安装、高度的湿敏性、抗压强度大、较好的导热性和耐用性是促进产品渗透的关键性能。政府的财政支持，兼具贷款利息低和投资回收期短的特点，将会刺激建筑绝热材料市场。进一步地，欧洲节能法规标准的实施将加强业务发展。

到2024年，发泡聚苯乙烯将见证4.2%的复合年均增长率。这种材料轻质、耐用和加工能力优越的性能强化了产业的成长。因为它的高热阻值，即使只有较少量，也可以提供和其他材料同样的耐热性。到2024年，平屋顶的产值将超过56亿美元。商业领域对平屋顶的倾向趋势将会推动该领域的发展。商业领域在杂货店、便利店及购物中心方面的扩张将促进建筑绝热材料市场的发展。高额的消费、核心家庭的演变及持续增长的人口数量将对产品需求产生积极影响。

4. 2023年热塑性复合材料应用领域不断拓展

热塑性复合材料由于其环保优势突出，近年来发展前景越来越好。据预测，全球热塑性复合材料市场将由2019年的280亿美元增长至2024年的360亿美元，年增长复合率为5.2%。由于不断增长的市场需求，预计亚太地区将成为全球热塑性改性塑料的最大市场。预测亚洲增长点集中在（中国、印度和日本的）汽车、电气、电子以及消费品等终端产业的增长，这会推动对热塑性复合材料的需求。

受惠于绿色经济发展，包括工程塑料、长纤维增强材料、连续纤维增强材料在内的各类热塑性复合材料在汽车轻量化、家电、建筑等领域的应用越来越广泛，产量有望继续保持高速增长。除此之外，高端医疗、轨道交通、轮船、航空、体育休闲领域也是未来的一个潜在增长点。高端医疗设备里，中空纤维管用于微创介入；材料的自动成型技术应用于大飞机上；预埋注塑等技术应用于轮船、轨道交通内饰件及座椅骨架等。

二、2022年中国节能材料产业发展分析

"十四五"期间，节能材料产业处于重要战略机遇期，"双碳"目标有力传导至每个具体领域，节能材料产业的产业结构、能源结构得到大力调整。传统节能材料领域进入发展模式转型期，产业规模持续扩大。绿色发展初见成效，产业升级稳步推进，行业发展成效显著。新型节能材料产业正在朝向创新、绿色、智能化的方向发展。

（一）2022年中国节能材料产业概况

1. 绝热节能材料产业规模持续扩大

节能材料是中国推进节能减排，实现低碳发展的关键材料。"十四五"期间，"生态优先、绿色发展"逐渐成为提升节能材料核心竞争力的关键要素，这对节能材料绿色发展提出新要求，也带来了新机遇。推动行业绿色改造，淘汰落后技术、工艺和设备，形成节约资源和保护环境的产业结构。

2. 绝热节能材料产业全生命周期绿色制造体系初步建立

2022年2月正式实施的《绝热材料行业绿色工厂评价要求》政策成果显著，绿色制造体系的建立已具雏形。中国绝热节能材料协会积极配合工信部、中国建材联合会，在绝热节能材料行业开展绿色制造体系建设。已建成公开透明的第三方评价机制和标准体系为基础的绿色体系，基本形成以绿色工厂、绿色产品、绿色园区、绿色供应链为主要内容的全生命周期绿色制造体系。

在创新、协调、绿色、开放、共享的新发展理念下，生态文明建设得到大力推进，推动工业领域供给侧结构性改革。

（二）节能材料产业重点发展成果和关键技术分析

1. 西北民族大学创新团队研发出节能结构与防火一体化技术

2022年1月7日，西北民族大学曹万智教授创新团队研发完成的"建筑节能与结构一体化装配式墙体围护体系成套技术"，在有效实现建筑围护墙体结构、保温与防火三种功能一体化的同时，彻底解决了外墙外保温层开裂、脱落问题。该技术在填补国内建筑行业"筋骨肌相连"的一体化围护体系相关技术领域空白的同时，为建筑领域在国家"双碳"目标的实现中发挥作用，为实现建筑行业绿色发展提供了可靠的技术保证。

2. 华阳集团气凝胶降噪隔音板与吸音板研制成功

2022年1月，阳中新材与北京声美同济声学工程技术有限公司合作，经过查阅大量文献资料和反复对比、测试，以气凝胶绝热毡为基础，以硅酸钙板、丁基胶隔音橡胶、玻璃纤维毡、玻璃纤维布等材料为辅，探索出气凝胶降噪产品的工艺参数。经检测，研制出的样品性能优异，在100~5000赫兹的全频段平均吸声系数达到1.07，计权隔声量达到41分贝，一次性通过专业检测。气凝胶降噪吸音板和隔音板兼具了优秀的保温性能、疏水自洁性能与阻燃性能。

3. 四川大学邹华维团队研制出轻质柔性聚酰亚胺防隔热泡沫

2022年3月7日，四川大学邹华维教授团队结合微波辅助发泡和粉末发泡方法，制备出系列高性能聚酰亚胺泡沫（PIFs），微波辅助发泡保证了多孔泡沫单元的快速形成，随后的热处理（即后固化）保证了PIFs分子链结构的完全亚胺化和泡沫最终成型。通过在不同分子结构的二胺和二酐之间进行聚合，得到了粒径小于200微米的PEAS粉末，采用微波辅助发泡得到部分亚胺化的PIFs，随后通过高温后固化获得完全亚胺化的PIFs。PEAS前驱体的最佳发泡温度为85℃~135℃，通过调整PEAS的熔化速率和黏度以满足快速制备PIFs的挥发分释放速率。通过上述方法制得的PIFs具有极高的开孔率（99.99%），微米级的孔径（400~500微米）和微米/纳米多尺度结构，表现出良好的压缩－回弹特性。此外，PIFs 表现出优异的热稳定性和耐热性能，低热导率和卓越的防隔热性能，在航空航天、海洋船舶、微电子等高科技领域具有重要应用价值。

4. 东华大学团队研制出兼具卓越机械性能和隔热性能的全陶瓷弹性气凝胶

2022 年 3 月 15 日，东华大学俞建勇院士、丁彬教授、斯阳研究员提出了一种简便的策略来制备具有弹性和稳健机械性能以及优异隔热性能的纳米纤维－颗粒二元协同陶瓷气凝胶。复合陶瓷气凝胶可恢复压缩应变高达 80% 的超弹性、1000 次循环压缩后塑性变形为 1.2% 的优异抗疲劳性、低导热性和良好的高温超绝缘性能。此外，由于陶瓷材料的耐高温性和结构热稳定性，气凝胶在超低和超高温度下都能保持弹性。通过使用溶胶－凝胶法和静电丝法制备了柔性 ZrO_2–SiO_2 纳米纤维膜，然后通过超声波辅助冷冻成型工艺制造纳米纤维－颗粒气凝胶（ZNGA）。

5. 天津工业大学教师开发出高强隔热纳米纤维气凝胶

2022 年 3 月 16 日，天津工业大学杨光、庄旭品等人提出了一种质子供体调节组装策略，以构建具有致密皮肤层和高孔纳米纤维体的不对称芳纶纳米纤维（ANF）气凝胶膜（ASAAMs）。这种非对称结构表现出的良好的协同效应是由去质子化的 ANFs 结构恢复的差异性引起的，由于可用质子浓度的差异而产生 ANF 组装，所制备的气凝胶膜表现出优异的整体性能。研究者还提出了一种刮刀工艺，以连续、可扩展的方式制备气凝胶膜，在民用和军事领域都有潜在的应用前景。该团队进一步设计了一种可以连续、量化制备 ASAAMs 的工艺，其断裂强度和断裂伸长均有明显的增长，这也是迄今为止拉伸强度最高的芳纶纳米纤维气凝胶膜。相比于均质气凝胶，非对称气凝胶在高温环境下展现出更加优异的隔热性能、热稳定性能和阻燃性能，探索了气凝胶膜在高温防护领域的多项应用表现。

6. 华南理工大学开发出高取向、超绝热再生全纤维素海绵－气凝胶纤维

2022 年 4 月 1 日，华南理工大学叶冬冬博士开发了一种流动辅助的动态物理和化学双重交联策略，利用微流控芯片连续制备具有异质结构的再生全纤维素分级海绵－气凝胶纤维（CGFs）。当预交联的纤维素芯流接触纤维素溶剂时，纤维素溶剂渗透芯流以形成分级的纤维素分布，当溶液通过凝固浴时，该纤维素分布在物理和化学双重交联反应期间被保留以形成具有分级孔隙率（致密芯和多孔壳）的纤维。在系统地调节和模拟微流控芯片中的流动过程后，研究人员制备了可定制海绵厚度且机械性能优异的 CGFs。CGFs 和 CGF 织物在 20℃到 80℃的宽温度范围内都表现出稳定的隔热性能，展示了利用生物纤维制造轻质和高度隔热织物的巨大潜力。这项工作提出了一种通过结合绿色化学、流体力学和材料科学来制造异质结构生物质纤维的新颖设计理念，有望为高性能纤维的开发提供一个平台。

7. 陕西科技大学制备出多功能气凝胶纤维传感器

2022 年 4 月 28 日，陕西科技大学陆赵情教授团队通过湿法纺丝法制备了涂有聚吡咯（PPy）层的轻质多孔芳纶纳米纤维（ANF）和碳纳米管（CNT）气凝胶纤维，可用于运动检测和信息传输。该 ANF/CNT/PPy 气凝胶纤维的密度、拉伸强度和电导率分别为 56.3 毫克/厘米^3、2.88 兆帕和 6.43 西门子/米，可用作具有高灵敏度和长寿命的运动传感器。同时，利用气凝胶纤维的微分电导率来减少信息传输时间（最高可达 46%）。耐高温和耐低温（–196℃～100℃）气凝胶纤维还可用作快速加热器和离子溶液检测器。ANF 的气凝胶纤维显示出超低密度（40.1～66.2 毫克/厘米^3）、优异的机械强度、柔韧性、低温下的强弯曲性能和耐高温的特性，这主要归功于 ANF 气凝胶良好的网络结构。ANF/CNT/PPy 纤维比 ANF/PPy 保留了更多的 PPy，并且其光滑表面增强了它们的机械性能和导电性。ANF/CNT/PPy 传感器在 1000 次拉伸循环后依然保持稳定且灵敏度在工作频率范围内令人满意。ANF/CNT/PPy 气凝胶信号发射器还表现出便携性和灵活性等优点。此外，由于 ANF/CNT/PPy 气凝胶纤维具有多孔内部结构且与导电纤维分离，因此还可以用于检测溶液中的离子。

8. 华南农大团队研发出超强多功能隔热气凝胶

2022 年 6 月 2 日，华南农业大学王清文教授与欧荣贤副教授等人，在乙二醇稳定木质素/硅氧烷胶体的基础上，通过水诱导自组装和原位矿化，合理地设计了一种超强硅矿化木质素纳米复合气凝胶（LigSi），该气凝胶具有可调节的多级微纳米结构和任意的机械加工性。优化后的 LigSi 具有超高的刚度，可承受自身重量5000倍以上且无明显变形。此外，气凝胶还展示了一系列杰出的特性，包括优异的耐湿保温性能、优异的防火性能、耐受小于1200℃的火焰而不解体、低近红外吸收（-9%）以及内在的自清洁/超疏水性能。这些集成的多功能性确保了纳米复合气凝胶作为一种有前途的生物基隔热材料，在极端环境中也能安全可靠地应用。

9. 中山大学周剑团队在丙烯酰胺辅助真空干燥制备高性能气凝胶方向取得新进展

2022年10月8日，中山大学周剑副教授团队开发了一种气凝胶材料的补偿策略制备方法并以此方法制备了导电气凝胶聚3,4-乙烯二氧噻吩/聚苯乙烯磺酸（PEDOT/PSS）。通过调整PEDOT/PSS与丙烯酰胺的重量比和干燥温度，得到了低密度（6.3~21.6毫克/厘米^3）、高孔隙率（>99%）和低收缩率（5.3%）的气凝胶，并且气凝胶电导率可达81.1西门子/米。该气凝胶被用作湿气发电的绿色能源的收集。

10. 江西理工大学在聚酰亚胺气凝胶热防护材料领域取得新进展

2022年10月6日，江西理工大学聚合物气凝胶课题组张思钊提出一种预聚-缩聚可控构筑策略，成功合成了轻质低密度、力学性能适中、干燥收缩率低、保温隔热性能优异、疏水性能良好和可加工性能优良的聚酰亚胺气凝胶（PIA）。PIA干燥收缩率可低至1.84%，在-196℃冷面环境下，即使经过265秒，放置于PIA样品另一面表面的液滴仍能保持流动状态，水接触角为135度，具备良好的异形结构成型加工特性。

11. 超弹Kevlar纳米纤维气凝胶用作智能热管理的热开关

2022年10月22日，东南大学孙正明教授、张培根副教授和中科院苏州纳米所王锦项目研究员团队采用慢质子释放-调制凝胶化和热诱导交联策略，设计并制备了一种超弹Kevlar纳米纤维气凝胶（HEKAs）。该方法不使用交联剂，使超低密度的HEKAs具有低热导率（0.029瓦每米开尔文）、高孔隙率（99.75%）、高热稳定性（550℃）、高压缩回弹性（80%）和抗疲劳性能。通过实验和仿真证明了HEKAs作为热开关的设想。热开关的热响应速度为0.73℃/秒，热流密度为2044焦耳每秒平方米，开关比为7.5。由于HEKAs的超弹性和抗疲劳性，散热可逆开关50次以上。该研究为满足多孔气凝胶的超弹性和按需定制热流提供了一条途径。

三、2023年中国节能材料产业发展展望

展望2023年，节能材料的发展会坚持创新、协调、绿色、开放、共享的新发展理念，坚持创新发展、绿色发展、智能化原则，构建高质量发展、创新发展的新发展格局。走低碳环保、绿色发展化道路，引领行业跨界融合，更好地满足国家节能减排低碳和装配式绿色建筑发展的需求，为国家碳达峰碳中和目标做出贡献。

（一）节能材料行业节能减排速度加快

在国家"双碳"目标下，节能材料绿色制造体系得到有效构建。节能材料行业工业技术和环保装备的创新和技术升级改造速度加快，实现清洁生产、循环发展，促进节能减排和资源综合利用。岩矿棉、玻璃棉、硅酸铝纤维的能效提升、清洁生产、能耗监测反馈、减排减碳治污等类似工艺技术装备得到研发推广。针对岩棉、玻璃棉、橡塑行业的重污染天气绩效分级，差异化减排措施得到落实。

推进节能材料落实评价标识工作推行。组织企业开展落实建材认证标识申报工作，对于获得节能材料落实认证的产品和企业通过网络、媒体及发布会等方式广泛宣传推广，提升企业品牌形象和行业影响力。

（二）节能材料智能制造数字转型速度加快

随着数字化、信息化技术的发展，节能行业生产管理智能化水平提升，节能材料产业价值链与工业互联网的融合速度加快，行业信息化生态体系逐渐成形。数字经济促进行业发展，全行业智能制造标准体系基本形成，建设企业级互联网生态系统，业务流程、生产方式重组变革。通过利用信息化、网络化、数字化、智能化技术，构建新的产业协作、资源配置和价值创造体系。

行业智能制造的关键技术攻关取得一定成效。以智能制造推进工程，依托行业骨干企业创建开放共享的节能材料制造创新平台，研发推广适用于节

能材料的智能制造软件、硬件系统及工业机器人、智能交互系统等智能产品。创新"5G+工业互联网"场景应用，推动节能行业工业互联网标识解析，互联互通能力得到大幅提高。

（三）完善产业服务体系，延伸产业链和价值链条

聚焦节能材料全产业链，各个环节的服务功能得到强化。节能材料各类市场主体参与服务供给、研发设计、工程总承包、现代物流、电子商务、信息服务、信息化建设、行业文化建设等高端生产性服务得到重点发展，形成涵盖生产、经贸合作、工程建设、商品流通、评估认证、中介服务、节能减排、投融资等的多领域服务的服务体系。实现行业生产性服务业标准化、品牌化、数字化建设。

形成产业共性问题的有效解决机制。多种形式的产业技术服务得到发展，推进协同攻关、研发评价、成果转化、标准质量提升。一体化经验的商贸流通体系得到构建，创建出若干个科技创新服务平台、投融资服务平台及相关专项咨询服务平台，构建形成集研发设计、原材料采购到生产制造到售后使用服务的全链条服务体系。

低碳金融篇

本篇从碳税、碳交易市场和低碳投融资三个方面对低碳金融进行了分析。首先是碳税发展分析与展望。碳税作为一种环境税，是控制温室气体排放的手段，在控制温室气体排放、保护环境等方面起到了举足轻重的作用。然而，在经济发展和环境保护二者的权衡之中，对于不同发展程度的国家有不同的要求，目前，全球许多国家已经施行了碳税征收政策，主要体现在早期由芬兰、丹麦、瑞典、德国等发达国家施行碳税制度，以及后期印度、南非、加拿大等发展中国家和发达国家积极跟随制定碳税政策这个两方面。其次是碳交易市场发展分析与展望。碳交易机制作为一种运用市场手段解决环境问题的政策工具，受到越来越多的国家和地区的采纳。最后是低碳投融资发展分析与展望。低碳投融资发展是推进低碳发展的关键。2023年中国"双碳"政策更趋完善，低碳发展步伐将逐步加快，之后中国政府将加大低碳投资力度，低碳投融资政策、法律体系将进一步完善，中国将加快构建完善的碳金融市场，加快碳金融工具创新，通过政府与资本市场相结合助推中国实现"双碳"发展目标。

碳税发展分析与展望

全球经济不断发展，生态问题愈演愈烈：全球变暖、大气层破坏、突发极端反常天气频次走高等。发展绿色低碳经济，踏上可持续发展道路成为共识。截至2022年4月，全球共有68个碳定价机制在运行，另有3个计划即将投入使用，这使得约23%的全球温室气体排放被正在运行中的碳定价机制所覆盖。碳定价机制中的碳税作为一种环境税，在控制温室气体排放、保护环境等方面起到了举足轻重的作用。然而，在经济发展和环境保护二者的权衡中，对发展程度不一的国家的要求也存在差异。目前，芬兰、丹麦、瑞典、德国等国已施行碳税征收政策，其相关政策对减少碳排放具有非常积极的影响，同时对其他国家推动低碳发展提供了导向。

一、2022年国际碳税发展概况

当前，气候变化成为影响世界经济发展的重要因素，海平面上升、极端气候现象及生物多样性锐减等因素严重阻碍了世界经济发展。而面对气候变化危机，征收碳税被认为是积极应对气候变化和促进节能减排的有效手段之一。截至2022年10月，全球共有37个碳税工具在运行或计划即将投入使用。例如，乌拉圭在2022年1月开始征收新的碳税。

（一）发达国家碳税发展现状

庇古理论认为，碳税是针对碳排放量或不同化石能源的消耗量以及对应不同碳排放系数所征收的税，目的是减少或控制碳排放。碳税具有双重红利：环境红利，即通过征收碳税提高能源产品使用价格，减少能源产品需求，从而降低碳排放；社会福利，即征收碳税的同时降低其他税种税率，从而降低所得税等扭曲性税收的超额税收负担，增加社会福利。在北欧国家最早实施碳税之后，许多国家纷纷效仿。

1. 发达国家碳税的征收目的

第一是缓解全球气候变暖。碳税是一种环境保护税,其最大的作用就是限制碳的排放,从而减缓全球气候变暖速度,维持经济的可持续发展。

第二是推动低碳经济发展。征收碳税增加了使用能源产品的成本,以此来促进经济主体使用清洁高效的新能源,促进企业节能减排,从而鼓励绿色低碳产业的发展。

第三是创造政府财政收入。碳税作为环境保护税的重要组成部分,也是实现绿色税收体系的重要一环,可以为政府带来可观的财政收入。2022年,大多数碳税管辖区提高了碳税,一些司法管辖区的碳税创历史新高,包括加拿大不列颠哥伦比亚省、爱尔兰、拉脱维亚、列支敦士登等。

2. 发达国家碳税的征收效应

第一是环境效应。碳税征收增加了能源的使用成本,从而带来化石燃料供给和需求的下降,增加了对新能源、清洁能源的使用,最终实现了减排。另外,随着税率的提高,减排效应不断增加,所以发达国家的碳排放多属于"奢侈排放"。

第二是经济效应。征收碳税对经济增长的影响具有两面性:一方面,征收碳税会降低私人投资的积极性,对经济增长产生抑制作用;另一方面,碳税征收会增加政府财政收入,扩大政府的投资规模,对经济增长起到拉动作用。短期来看,碳税会增加成本,降低需求,进而抑制经济增长;但长期来看,碳税将促进相关替代产品的研发,降低环境治理成本,有利于经济的可持续发展。

第三是能源消费效应。碳税征收必定会提高化石燃料的价格,从而提高企业的生产成本,最终带来化石燃料供需的下降。同时,企业会加大对新能源技术的研发投入,采用替代能源,从而促进能源消费结构转变。

3. 发达国家碳税实践

自1990年芬兰开征碳税以来,许多发达国家陆续效仿,其中芬兰、瑞典、丹麦、德国和日本这几个国家,在征收碳税的政策实施中,均取得了不错的效果,如表8所示。

芬兰在1990年开始施行碳税征收政策,起初的税率较低,范围较广。碳税的施行，让芬兰在 1990—1998 年有效抑制了约 7% 的 CO_2 排放量。同时芬兰政府认为，在不久的将来通过不断地征收碳税等能源税和不断提高相应的税率，至 2030 年可以实现煤炭的"零消耗"。

表 8　发达国家的碳税实践汇总表

国家	开征时间	税目	课税对象	税率	施行效果
芬兰	1990 年	碳税	煤、柴油、电力、无铅汽油、天然气等能源产品	1990 年每吨 CO_2 为 1.2 欧元；2003 年每吨 CO_2 为 18 欧元；2008 年每吨 CO_2 为 20 欧元	在 1990 到 1998 年间，芬兰有效地抑制了约 7% 的二氧化碳排放量
瑞典	1991 年	碳税	汽油、燃料油、天然气、煤炭	1991 年每吨 CO_2 为 25 欧元；2008 年每吨 CO_2 为 106 欧元；2022 年每吨 CO_2 为 118 欧元	在 1991 到 1994 年间，减排二氧化碳 6 到 8 万吨，1995 年减排 15% CO_2。至 2006 年，瑞典 GHG 排放总量下降 9%，而同期 GDP 却增长 44%
丹麦	1992 年	碳税	煤、柴油、电力、重燃油、轻燃油、天然气等能源	1992 年每吨 CO_2 为 13.4 欧元；2005 年每吨 CO_2 为 12.1 欧元；2018 年每吨 CO_2 为 23～26 美元	在征收碳税期间，丹麦 CO_2 排放量减少了 3.8%，实现设想的节能减排目标
德国	1999 年	能源税	摩托车燃料、轻质燃料油、天然气和电力	1999 年每吨 CO_2 为 15 欧元	到 2009 年年底，碳减排量已经超过了 949 万吨，新增了 7 万个就业岗位
德国	2021 年	二氧化碳税	摩托车燃料、轻质燃料油、天然气和电力	2021 年每吨 CO_2 为 25 欧元，且于 2021 年后分阶段提高	到 2009 年年底，碳减排量已经超过了 949 万吨，新增了 7 万个就业岗位
日本	2007 年	环境税	家庭和办公室的燃料；工厂、企业等生产过程中使用的化石能源	2007 年每吨 CO_2 为 655 日元	促进了企业对节能减排设备的购买，减排量比 1990 年增加 4%，基本减少 0.5 亿吨的碳排放量

　　瑞典在 1991 年出台碳税政策。征税对象从家庭到企业，但对用于电力和大型交通工具的化石燃料，给予免税优惠。截至 2022 年，瑞典的碳税已由 1991 年的 25 欧元/吨逐渐增长至 118 欧元/吨，使得企业和家庭逐步适应了碳税体系。

　　丹麦于 1992 年开征碳税。征税对象是家庭和企业，不同于其他国家，丹麦将碳税的负担更多地放在居民个体上，且施行较高的税率。为了让国民接受这个政策，丹麦施行了配套的税收优惠政策，还根据能源的用途和是否自愿参加减排协议等情况实施不同的碳税退税政策。

德国于1999年开征能源税，主要是对各种燃料进行征收，随后也将煤炭纳入能源税的征收范围之内。1999—2009年，德国减排949万吨，且新增了7万个就业岗位。德国从2021年1月起征收新的二氧化碳税，起始税率为每吨CO_2征收25欧元，且于2021年后分阶段提高。

日本是亚洲地区唯——个强制减排国家，于2007年正式开征碳税，征税对象是煤炭、天然气等化石燃料。2011年进行了改革，将碳税作为附加税，在石油和煤炭税的基础上根据CO_2的排放量进行征收，以避免重复征税和降低实施的阻力。日本碳税体现了其"广范围、低税率、宽减免"的特色。

（二）发展中国家碳税发展现状

发展中国家的首要任务是发展自身经济，走先污染后治理的路子是难以避免的。由于全球对气候变暖和环境保护的不断关注，发展中国家面临着是否征收碳税的选择。

1. 发展中国家碳税的征收目的

第一是推动经济可持续发展。发展中国家的第一要务是发展自身经济，但粗犷型经济发展模式让很多发展中国家付出了惨痛的环境代价。因此，为了国家经济的可持续和高质量发展，征收碳税是非常有必要的。

第二是维护出口贸易公平。《京都议定书》等一系列协议对发展中国家规定了和发达国家同等的义务。这对发展中国家是非常不公平的。同时发达国家利用碳关税来保护本国贸易，减弱他国商品竞争力，对发展中国家造成了贸易威胁。因此，征收碳税是有必要的。

第三是缓解国家能源危机。发展中国家的主要能源是化石燃料，有些国家的化石燃料还依靠国外进口，这会对国家能源安全产生威胁。征收碳税可以增加化石燃料使用成本，降低其需求，促进清洁能源的使用和开发，从而维护国家能源安全。

2. 发展中国家碳税的征收效应

第一是贸易效应。现如今发达国家开始对进口商品征收碳关税，这会增加进口商品成本，降低其需求，从而影响发展中国家的进出口贸易。发展中国家要想有长足的发展，出口是一个重要途径，在发达国家施行碳关税的情形下，出口会受到很大抑制。为此，发展中国家必须选择实行碳税征收政策，以此打破发达国家的碳关税压迫，维护自身在贸易中的利益。

第二是分配效应。碳税的分配效应，是指碳税会对人们的收入和福利产生不均衡的影响，有的会承担更多的损失，有的会在碳税中进行投机而获利。崔景华总结了早期学者们对碳税在加拿大、澳大利亚以及丹麦的收入分配效应的研究，发现了碳税具有累退性。Tiezzi 认为碳税在意大利的收入分配效应具有明显的累进性。Tim Callan 和 Sean Lyons 研究发现碳税在爱尔兰的收入分配效应具有累进性，低收入家庭负担的碳税要低于高收入家庭。

3. 发展中国家碳税实践

征收碳税对发展中国家来说是非常有必要的，但考虑到经济发展，发展中国家对于碳税的开征多处于设想阶段，仅有少部分国家付诸实践，如表 9 所示。

表 9 发展中国家的碳税实践汇总表

国家	开征时间	税目	课税对象	税率	施行效果
印度	2010 年	碳税	煤炭	2010 年煤炭 50 卢比/吨；2014 年煤炭 100 卢比/吨；2018 年煤炭 400 卢比/吨	碳税征收使得每提升 1% 的 GDP，二氧化碳的排放量就减少 25%
南非	2019 年	碳税	化石燃料排放、工业排放等	2019 年 6 兰特/吨至 48 兰特/吨	

印度在 2010 年 7 月针对煤炭征税碳税。经过多次调整，在 2018 年提高了碳税税率。2021 年 11 月，印度总理莫迪在《联合国气候变化框架公约》第二十六次缔约方大会中正式提出：印度将在 2070 年前实现净零碳排放的目标。

南非在 2019 年 6 月正式对新机动车辆实行碳税征收。为了缓解碳税对经济增长的影响，碳税征收分为了两个阶段。2021 年 3 月 31 日，作为全球第 12 大温室气体排放国的南非，承诺到 2030 年减少 28% 的碳排放。

低碳金融篇

（三）国际碳税发展的启示

发达国家的碳税税制经历了 30 余年的实践检验，逐步趋于完善和成熟。分析其发展中的有益经验，对中国开征碳税有着非常重要的借鉴意义。

1. 遵循阶段性完善碳税制度原则

不同于发达国家经济实力雄厚，可以很好地应对碳税短期内对经济的阻碍。中国基于现实国情，需要分阶段去开征碳税。在开征前，广泛、持续地宣传碳税的制度及其目标，促进企业和居民主动改变能源消费行为，减少碳税制度实施的阻力；中国也可以从低税率、广征收起步，在社会经济适应了这一负担之后，再逐步提高碳税的整体税负，逐阶段地进行改革调整。

2. 建立科学合理的碳税制度和征收方式

碳税是一种灵活多变的政策工具，既可以配合已有的能源税收政策，还可以配合其他的二氧化碳减排措施。同时，碳税的征收既可以由全国统一征收，也可以由地方征收，中国可以基于现实国情自主选择征收方式，同时把开征碳税、中国排放权交易体系建立进程和相关能源税收政策的制定统筹起来考虑。

3. 建立完备的税收反哺制度

碳税是环境税的一种，其主要目的是保护环境而非增加政府收入。因此，在碳税征收时，需要制定税收反哺政策，如采取设定免征额或税收返还等方式避免相关企业在开征初始阶段承受过高的税收负担。同时税收反哺不仅体现在现金的反哺，更多的应该是对企业研发新能源技术的扶持。

二、2022 年中国碳税发展分析

中国始终是应对世界气候变化的重要参与者、贡献者、引领者。2020 年 9 月，国家主席习近平在第七十五届联合国大会一般性辩论上发表重要讲话，提出二氧化碳排放力争于 2030 年前达到峰值，努力争取 2060 年前实现碳中和。2021 年中国政府工作报告提出，"扎实做好碳达峰、碳中和各项工作，制定 2030 年前碳排放达峰行动方案"。中国正积极探索利用碳税等手段来进行减排，以实际行动积极兑现"双碳"目标承诺，也让世界看到了中国绿色低碳可持续发展的坚定决心。

（一）中国征收碳税发展分析

1. 影响中国碳税发展的因素

一是中国经济所处发展阶段的因素。如图14所示，在2010年之后，经济增长速度放缓，GDP增长率开始下滑，从2010年的10.6%降为2020年的2.3%，但在2021年又回升到8.1%，2022年再次下降为3.0%。在中国目前经济环境下，出台碳税政策将会对能源企业以及消费者产生严重的负面影响，进而对中国的经济产生冲击。而尹伟华利用GTAP-E模型（全球一般均衡环境模型）探讨中国主动采取成本公平性原则的差异化碳税政策应对发达经济体碳关税威胁的可行性发现，发达经济体、中国实施差异化征收碳税，在不影响经济体产品竞争力的情况下，全球碳排放量同样大幅下降，且中国实际GDP、居民福利下降幅度也得到了有效控制。

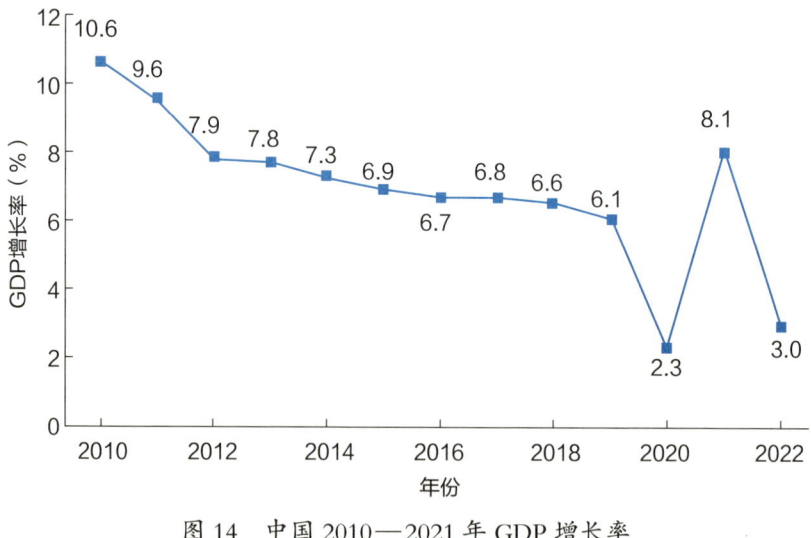

图14 中国2010—2021年GDP增长率

二是碳排放权交易与碳税的选择因素。《京都议定书》提出的碳排放权交易是实现减缓气候变化国际合作的重要机制。2021年7月16日，中国正式启动上线交易的全国碳排放权交易市场，但碳交易市场并不能覆盖所有的企业和碳排放量，依然存在大量碳排放未被纳入碳排放权交易调控范围的情况，因此利用碳税作为碳排放权交易的补充手段对这部分碳排放进行约束具有必要性。在推进碳市场建设的同时适时推出碳税，两者互为补充，形成有效的正向激励机制。同时可以根据碳税实施路径和征收范围的不同，对碳排放权交易和碳税进行调控范围或调控力度上的协调。

三是多个税种交叉重合因素。中国现行税收体制下，针对化石燃料征税的税种有资源税、消费税等。碳税与资源税都针对煤炭、原油、天然气等矿产资源征收，这与消费税针对的汽油、柴油等成品油征税重叠。若增收碳税，重复征税现象会更加严重，征税成本和企业生产成本增加，消费品价格上升，将降低消费者和社会福利。

四是国际环境的压力因素。中国作为世界上最大的排放国，经受着巨大的国际舆论压力。尽管《京都协定书》没有规定发展中国家强制节能减排，但是在逐渐要求其明确排放峰值的时间。因此，中国应立足本国国情加强国内碳税立法，加速国内碳减排进程，基于避免国际双重征税的原则，中国就可以相应避免碳关税，从而增加了产品的竞争力，有利于商品的出口。

五是国际碳税贸易壁垒的影响因素。2022年6月，欧洲议会表决通过了碳边境调节机制（以下简称碳关税）的提案修正案文本。除去此前的五大行业外，新版碳关税扩大了征收范围。而中国出口欧盟的产品中大部分碳排放来自金属、化学品和非金属矿物，均属于欧盟碳关税产品征收范围，这对中欧之间的贸易产生不容忽视的影响。因此中国应不断完善碳排放交易市场，适时开征碳税，促进形成认证评级制度上的互认标准。

2. 中国碳税发展的必要性

一是缓解国内生态环境压力的需要。中国是世界少有的以煤炭为主的能源消费国之一，中国国民经济与煤炭的发展息息相关。2022年中国能源消费总量比2021年增长2.9%，其中，煤炭比重提高0.2个百分点。另外，全国原煤生产增长较快，产量创历史新高，达45.0亿吨，比2021年增长9.0%，增速加快4.3个百分点。气候变化已经严重影响了中国的环境和经济发展，同时中国也面临着能源枯竭的威胁，因此中国要把重心转移到节能减排上来，以实现经济的可持续发展。碳税是实现节能减排的重要途径，因此应当作为一项重要政策来实施。

二是树立负责任国际形象的需要。2007年出台的"巴厘岛路线图"协议，首次明确了发展中国家的责任。在2021年3月中央财经委员会第九次会议上，习近平总书记强调实现碳达峰、碳中和是一场广泛而深刻的经济社会系统性变革，要把碳达峰、碳中和纳入生态文明建设整体布局，拿出抓铁有痕的劲头，如期实现2030年前碳达峰、2060年前碳中和的目标。碳税的出台有利于中国树立负责任的大国形象和掌握未来谈判的主动权。

三是转变经济发展方式的需要。改革开放以来，中国一直实行粗放型经济发展方式。随着时间的推移，这种方式逐渐暴露出许多弊端，从而限制了中国经济的进一步发展。开征碳税，提高了化石燃料价格，增加了企业生产成本，从而促进企业改变工艺提高原料利用率或寻找绿色替代原料，以减少化石燃料的使用。由此可见，碳税对于中国产业结构的调整、绿色经济的实现以及经济的进一步发展都发挥着极大的作用。

四是完善环境税制的需要。西方发达国家例如英国普遍建成了较为完整的环境税制体系，而中国目前尚无专门的环境税制，只是在一些相关税制和政策里面略有涉及，这就使得现行的环境保护税存在收费标准偏低、范围过窄、有税收空白区域及环境治理效果不理想等一系列问题。碳税是直接针对碳排放征收的税种，配合其他相关税种的征收，就可以弥补中国环境税制的空白，优化环保框架。

五是应对国际碳关税贸易壁垒的需要。欧盟在2021年提出建立碳边境调节机制，同时也正在推进其立法进程，这预示着发达国家实行绿色国际贸易壁垒可能成为长期趋势，而且鉴于发达国家在碳减排领域的话语权，碳关税贸易保护壁垒未来很可能加入世界贸易组织规则。一旦碳关税在世界范围内推行，将会对中国出口贸易造成巨大的打击，从而影响中国经济健康发展。中国在这样的趋势下征收碳税，一方面可以打破他国建立的碳关税贸易壁垒，对抗碳贸易保护主义；另一方面可以将部分税收补贴给相关出口企业，提高中国出口产品的竞争力。

3. 中国碳税发展的可行性

一是完备的理论基础。通过碳税征收使企业额外承担由于自身生产而造成的环境成本，"庇古税"理论有效解决了企业的生产成本和环境成本背离的问题。"双重红利"理论认为征收碳税一方面可以增加政府的财政收入，用于经济增长；另一方面可以减少碳排放，保护环境。所以，碳税具有理论上的可行性。

二是循序渐进的政策沿革。张国兴等人的协同效应理论认为：节能减排政策措施协同中的核心是金融措施、财政税收措施等与行政措施及引导措施的协同。2021年1月，全国税务工作会议强调，"十三五"时期中国形成了以系统性税收优惠政策"多策结合"的绿色税收体系框架，但现有的绿色税收体系与所期望的宏大目标仍有一定差距，因此应不断探索符合中国国情的碳税制度，从而与行政措施形成更大的协同效应，使经济转型、低碳发展的目标得以更快实现。

三是科学的技术支撑。碳税以碳排放量为税基，而各种能源的含碳量相对固定，再考虑减排技术和回收利用等措施就可以计量真实的碳排放量，计算简单，易于测量。同时国际上很多国家的碳税实践都给中国提供了宝贵的借鉴经验，比如税率低起点、差异化逐步递增，以及完善的减免和配套制度等。中国可以结合本国国情，制定一套适合中国的碳税体系。

四是丰富的国际经验。中国与日本碳税开征前具有相似的背景，所以中国可以从日本碳税实践经验中得到一些有益启示。除日本以外，芬兰、瑞典、丹麦等西方发达国家的碳税开征历史已有30多年，积累了较为丰富的经验，这可以为中国碳税政策的设计与开征提供有益的参考。

（二）中国碳税发展存在的主要问题

1. 经济结构限制碳税的实施

碳税是指针对二氧化碳排放所征收的税，碳税征收给能源生产和高耗能行业带来了较大的冲击，与中国正处于经济结构改革的关键阶段相冲突，不利于中国经济结构的转变。

2. 打击企业生产的积极性

与发达国家相比，中国生产力相对落后，这就决定了中国的碳排放需求在未来较长一段时间内仍然会维持较高水平，而碳税的征税对象将覆盖中国大部分高耗能企业，影响重大。在政策实行初期势必会造成企业的生产成本增加，利润下降，打击企业的积极性，进而导致社会的总供给减少无法满足总需求，不利于控制中国的通货膨胀水平。

3. 增加消费者税收负担

碳税属于流转税，碳税范围内的大部分产品是生活必需品且缺乏相应的替代品，需求弹性较小，所以最终碳税的税负压力大部分由消费者承担。此外与高收入人群相比，低收入人群对于此类产品的需求弹性更小，产品价格的上升会加重他们的生活负担。

三、2023年中国碳税发展展望

2021年10月，中共中央、国务院《关于完整准确全面贯彻新发展理念做好碳达峰碳中和工作的意见》提出"研究碳减排相关税收政策"，基于国内外碳税政策发展状况与2022年国内外现状，对2023年中国碳税的发展提出以下展望。

（一）立足国内国际现状，因时施宜建设中国碳税制度

2030年实现碳达峰和2060年实现碳中和已成为推动中国绿色低碳高质量发展的重大战略举措。在此背景下，中国推出碳税是助推"双碳"目标实现的重要举措，展现了积极负责任的大国形象。在国际方面，2022年以俄乌冲突为代表的地缘政治冲突事件，对国际能源价格的抬升产生了显著的影响，伴随而来的大宗商品物价上涨、经济衰退迫使德国、奥地利、法国等欧洲国家纷纷推迟碳中和的计划。在国内方面，2022年中国GDP同比增长3%，面临较大的经济下行压力，同时在可再生能源尚未实现根本替代的情况下，中国的能源结构对化石能源的依赖度依然处于较高水平，碳捕集、碳储存等碳减排技术还没有实现大规模的普及应用，化石能源生产与高碳排放企业面临较为严峻的生存环境。中国碳税立法的主要目的是减少二氧化碳排放，推动经济高质量发展，应充分考虑国际地缘政治危机带来的能源价格波动对国内经济发展的冲击，立足本国国情，建立合理有效、因时施宜的碳税制度。

（二）统筹考虑碳交易和碳税两种政策手段的并行和协调应用

碳税与碳交易政策在实施的过程中存在着几个方面的显著差异。一是运营、维护和监督成本差异，碳税政策可以在中国既有的税制体系基础上循序渐进地展开，额外需要承担的成本较低；碳交易体系的建立对初期的基础设施水平存在一定的要求，包括交易平台、清算平台和监督体系的建设等，运营、维护和监督成本较高。二是政策覆盖的范围差异，碳排放权主要面向的对象是排放量达1万~2万吨及以上的二氧化碳排放源，而碳税对中小型二氧化碳排放源具有更广泛的调节作用。三是对调节能源和产业结构的作用存在差异，碳排放权交易在经济上行期和下行期的调节作用具有非对称性，而碳税的征收具有稳定性且可以转化为财政支出用于加大对清洁能源产业的扶持，促进能源结构的改善。

中国一方面应利用碳税与碳交易覆盖范围互补的特点，借鉴欧盟的做法，针对不同行业、不同排放规模的主体采取量体裁衣的政策，在保证碳定价机制有效的同时避免对排放主体造成过重的经济负担。另一方面应利用碳交易与碳税价格机制互补的特点，在经济步入低谷的时期，碳交易价格的低迷不能充分引导排放主体低碳减排，而碳税价格的稳定性可以发挥良好的互补效果，防止碳减排政策效果的低迷。

中国于2021年7月启动全国统一的碳排放交易市场，碳排放交易体系和发达国家相比仍然存在信息透明度不高、交易产品单一、市场流动性差等问题。应努力促进形成碳交易、碳税灵活配合与协调发展的格局，发挥市场的竞争机制，提升碳价格发现的效率，引导合理的资源配置，促进企业以最低成本进行节能减排。

（三）建设科学、合理、灵活的碳税征收方式

科学合理的税收制度对于征税形式、税率、征税环节、税收优惠等层面的合理性都具有较高的要求。

在征税形式层面，主要有分别计算和混合计算两种形式：分别计算形式是指将碳税作为一个单独的税种计税，混合计算形式是指碳税将与其他税款

统一进行计算。中国对化石燃料征收的资源税、成品油消费税也具有调控碳排放的作用，但仍缺少专门针对碳减排目标的碳税。

在税率层面，考虑开征碳税可能对于中国社会和经济产生的影响，中国应在不同的时段对不同的地区采取不同的税率，循序渐进提升公众对于碳税政策的接受程度。

在征税环节层面，征税环节一般包括在生产环节征税和在消费环节征税。鉴于中国目前对于能源征税的实际做法，考虑到实际管理和征税的有效性，预计将在生产环节征税，以便于把控和管理。同时，由于征税环节后移，对于进口的化石燃料也将征收碳税。

在税收优惠层面，结合中国具体国情，中国初期阶段的税收优惠将包括以下几点。第一，对于愿意主动减排，并且已经达到协议规定目标的高耗能企业应当给予税收返还或者免税。第二，考虑到中国目前尚处于社会主义初级阶段，民生问题仍是国家大事，对于个人使用煤炭、天然气等排放的二氧化碳应当暂不征税。

低碳金融篇

碳交易市场发展分析与展望

碳交易机制作为一种运用市场手段解决环境问题的政策工具,受到越来越多的国家和地区的采纳。截至 2022 年 1 月,全球共有 25 个运行中的碳市场。另外有 22 个碳市场正在建设中,预计将在未来几年内投入运行,主要分布在南美洲和东南亚。2021 年 7 月 16 日,中国全国碳市场上线交易正式启动,成为全世界覆盖排放量最大的碳市场,占中国碳排放的 40% 以上的企业成为首批交易主体。自 2021 年 7 月 16 日启动交易至 12 月 31 日,全国碳市场累计运行 114 个交易日,碳排放配额累计成交量 1.79 亿吨,累计成交额 76.61 亿元。超过半数重点排放单位积极参与了市场交易,履约完成率为 99.5%。自 2022 年 1 月 4 日至 2022 年 12 月 30 日,全国碳市场累计运行 242 个交易日,碳排放配额累计成交量 2.30 亿吨,累计成交额 104.75 亿元。

一、2022 年国际碳交易市场发展概况

(一)国际碳交易市场发展概况

1. 国际碳交易市场减排机制

目前,国际碳交易市场仍是在《京都议定书》建立的三种机制为指导的准则下运行,分别是国际排放贸易机制(以下简称 IET)、联合履约机制(以下简称 JI)和清洁发展机制(以下简称 CDM)。可以看出,这三种减排机制是按照参与主体在《京都议定书》中的所承担减排目标的大小来确定的。IET 是指附件一国家之间可以互相进行减排单位的交易机制。JI 是指附件一中的国家可以通过节能减排项目的合作来获得碳排放权。CDM 是指非附件一国家基于项目的活动所产生的减排量可以作为附件一国家获取排放权的依据。附件一国家主要是发达国家,非附件一国家主要是发展中国家。因此,可以认为 IET 和 JI 是发达国家间的市场减排机制,CDM 是发达国家和发展中国家之间

的市场减排机制。在这三种机制的配合下，国际碳交易市场得以运行。

2. 国际碳交易市场监管机制

自 1997 年以来，国际碳交易市场采取联合国统一登记、各国或各区域分别集中登记的监管机制。联合国针对碳交易市场的三种运行机制分别设置了不同的监管机构。针对 IET 下的各种数据登记，联合国交易日志（以下简称 ITL）肩负这一任务，以国家或区域为单位在 ITL 处详细记录配额排放单位、欧盟碳排放配额等碳排放权的发放、交易、转让和注销等事件。由于欧盟排放交易系统是全球规模最大的交易系统，因此，在设计之初，ITL 系统的设置就将各国的注册系统与欧盟注册系统相衔接。联合履行监督委员会（以下简称 JISC）记录全球各种 JI 中减排单位的买卖与转让等。清洁发展机制执行委员会（以下简称 CDMEB）用于记录全球 CDM 运行过程中各种核证减排单位的交易。在有排放约束的国家内部设立国家注册系统，各个国家的碳排放权登记系统分别与联合国对应的登记机构相联合。

3. 国际碳交易市场价格形成机制

通常认为碳交易市场是一个不完全竞争市场，从碳配额的配给到碳排放权价格的决定既受到政治方面的影响，也受到很多大型公司的影响，即存在市场势力。根据碳交易市场不同参与主体划分，可以分为一级市场和二级市场。在一级市场上，目前，国际主要碳交易市场普遍采用免费分配和竞价拍卖相结合的方式。在二级市场上，按照交易场所的不同，碳排放权价格的决定又分为两种，一种是场内交易价格，即交易所交易价格；另一种是场外交易价格，即交易所外交易价格。对于交易所交易价格来说，碳排放权价格的形成采用连续、集合竞价的方式，与证券市场的股票价格形成及交易形式类似。对于场外交易市场来说，其价格的决定主要依据交易双方达成的约定。

（二）国际碳交易市场体系

1. 全球主要国际碳交易市场

按照减排的强制程度来划分，国际碳交易市场分为强制性碳交易市场和自愿性碳交易市场。强制性碳交易市场是指在《京都议定书》约束范围内的对缔约国强制性的碳交易要求，以国家制度和行政命令为指导在市场机制下进行的交易。自愿性碳交易市场是指不在《京都议定书》规制范围下的基于自律性管理的碳交易市场。其中，按照碳交易市场交易对象的不同，强制性碳交易市场和自愿性碳交易市场又分别分为基于配额的市场和基于项目的市场。基于配额的市场是指基于"总量控制－交易"的市场。基于项目的市场是指以同一国家或者不同国家的不同企业之间的合作项目产生的碳减排量为交易对象，特定的能带来减排实效的项目经过核证后，确定的碳减排额度使项目的投资方获得减排额度，项目的被投资方提供场所，这一市场主要以联合履约机制市场和清洁发展机制市场为主。根据市场的层次分类，配额市场和项目市场又分别进一步细分为区域性碳交易市场、国家级碳交易市场和地市级碳交易市场。其中，区域性碳交易市场以欧盟排放交易体系为主，国家级碳交易市场以澳大利亚新南威尔士温室气体减排交易体系和美国芝加哥气候交易所为主。

芝加哥气候交易所成立于 2003 年，这是全球首个具有法律效力的、以国际准则进行管理的自愿性碳交易场所。

欧盟排放贸易体系是目前全球范围内规模最大且较全面复制了《京都议定书》中关于全球碳交易市场构建的初设的碳交易市场。这一体系分三个阶段进行，第一阶段是 2005 年 1 月 1 日至 2007 年 12 月 31 日，这一阶段是试行期。第二阶段是 2008 年 1 月 1 日到 2012 年 12 月 31 日，这一阶段的减排目标正是为了实现其在《京都议定书》中做出的具体减排目标的承诺。第三阶段是 2013 年 1 月 1 日至 2020 年 12 月 31 日，在这一阶段，欧盟委员会扩大了碳排放的贸易项目的覆盖范围，增加了石油化工、航空等领域内的碳排放。目前，欧盟已经进入到第四阶段，也就是 2021 年 1 月 1 日至 2030 年 12 月 31 日。欧盟将配额总量年递减率调升至 2.2%，在执行较为严格的政策下引起了碳价的持续走高，且未来可能要纳入海运、运输和建筑等部门，以服务"2030 年净排放量至少减少 55%"的气候目标计划。

2007 年，澳大利亚新南威尔士温室气体减排交易体系成立。澳大利亚政府对电力零售商和其他碳排放部门规定碳排放的上限，在总排放量受到限制的情况下，各个交易主体在交易所内进行碳排放权的买卖。另外，澳大利亚设立了场外交易市场，方便碳交易的市场参与者进行基于项目的合作等活动。

2. 国际碳交易市场交易主体

按照碳排放权的供求分析，国际碳交易市场的参与者可以分为碳排放权的供给者和需求者。按照是否受到减排约束，供给者分为两类。一类主要是各个市场有额外减排数量的受排放约束的企业；另一类是没有受到减排约束但通过发展节能减排项目从而产生了经核证的减排数量，进而在二级市场中将其出售给碳排放数量需求方的国家和企业。按照获取碳排放权的目的的不同，需求者分为最终使用者和中介。最终使用者是指在既定的排放数量下难以满足自身发展的需要进而产生了超额的碳排放，从而需要买入碳排放权以达到承诺的减排目标避免受到惩罚的国家或企业。中介是指为碳排放权的供需双方搭建平台、传递信息的机构或组织。

3. 国际碳交易市场交易对象

国际碳交易市场上交易的产品可以分为碳排放权基础产品和各种衍生产品。碳排放权的基础产品包括各个碳交易市场的交易产品。《京都议定书》确立的三种减排机制分别形成了对应的碳交易市场。配额排放单位（以下简称 AAUs）是在 IET 市场中进行交易的产品。减排单位（以下简称 ERUs）是 JI 市场中的交易对象。核证减排单位（以下简称 CERs）是在 CDM 市场中形成的交易对象。欧盟碳排放交易市场中的交易对象是碳排放配额（以下简称 EUAs）。这些都是碳排放权买卖、转让的对象，统一使用吨二氧化碳（tCO_2）为交易单位。与证券市场类似，在上述原生性交易产品的基础上衍生出一些用于规避风险或套利的交易工具，以碳排放权期货、期权与远期产品为主。

（三）国际碳交易市场新进展

1. 全球碳排放交易进展

碳市场正在不断兴起和发展，作为推动脱碳的首选政策工具之一，发挥着越来越关键的作用。2021 年，全球碳市场经历了一系列发展，除已有碳市场外，不少地方也纷纷设计和实施新的碳市场计划；现有的碳市场日益成熟，抵御外部冲击的能力也在不断增强。

从欧盟到斐济，从英国到魁北克，从新西兰到中国，全球范围内正通过加强减排来应对气候危机，使得几乎所有碳市场的碳价在2021年呈上涨趋势，反映出市场参与者对未来各碳市场进一步收紧总量目标的预期。2021年年底，欧盟碳市场的配额价格突破了100美元，从北美到亚太地区，几乎所有碳市场的配额价格和拍卖收入都呈现上升趋势。

在碳价不断上涨的同时，全球多个地区能源价格持续走高，公众对碳定价的接受程度对其政治可行性、有效性和持久性至关重要。碳市场提供了一些工具，以保护最脆弱的群体不受碳价和能源价格过高的负面影响，比如美国加利福尼亚州对碳市场的拍卖收入进行合理利用，以支持弱势和低收入社区，并提供家庭能源开支补贴。

（1）欧洲和中亚。

2021年7月，欧盟发布了"减碳55%"一揽子计划。作为该一揽子立法提案的一部分，欧盟提出了对其碳市场实施全面改革的方案，以使欧盟碳市场与新的欧盟2030年气候目标保持一致。拟议的改革措施包括调整排放上限、调整市场稳定储备机制、设定更严格的基准、纳入海运行业、建立碳边境调整机制，以及建立一个新的独立的碳市场来覆盖建筑和道路运输行业的燃料排放。这项备受期待的提案是推动欧盟碳价在2021年达到历史新高的关键因素之一。

德国于2021年成功启动了全国碳市场。这一碳市场覆盖运输和建筑行业上游的燃料，为欧盟碳市场形成有力的补充。2021年，控排企业在登记系统中开立了履约账户，开始监测自身碳排放，并从交易所或授权的中介机构购买了第一批排放配额。

芬兰政府已经任命了一个由不同部门的政府官员组成的跨行业工作组，以评估和制定交通运输部门的碳排放交易机制。

2021年10月，欧盟以及黑山等西巴尔干国家就气候政策实施路线图达成一致。根据《绿色议程行动计划》，欧盟将支持黑山在2024年前使其国家立法与欧盟一致。这为该国建立碳市场提供了可能的前景。

2021年，俄罗斯库页岛地区公布了温室气体排放清单，显示其95%的排放与能源相关。俄罗斯联邦经济发展部与库页岛政府合作起草了一项法律草案，对 5 万吨二氧化碳当量及以上控排企业提出强制性的碳排放报告、配额分配和履约的要求。该草案于 2021 年 12 月通过国家杜马第一次审议。俄罗斯国内的其他四个地区也表示有意加入试点。

瑞士碳市场于 2021 年启动了第三个交易期。相关部门更新了分配基准以与欧盟碳市场保持一致，并引入市场稳定机制，以应对未来的需求冲击。

2021 年是乌克兰首次应用框架协议中所采用的监测报告核查程序。2021 年的监测报告预计将于 2022 年 3 月底发布。根据监测报告核查系统至少三年的数据，乌克兰计划通过立法来建立一个碳市场。2021 年 1 月，环境保护和自然资源部部长宣布，该国或将于 2025 年启动碳市场。自 2022 年 2 月起，该国的碳市场建设陷入停滞状态，未来发展态势不明。

英国碳市场成功完成首年运行。持续走高的配额价格分别于 2021 年 12 月和 2022 年 1 月触发了成本控制机制，而政府两次均决定不向市场重新分配或释放额外的配额供应。

（2）北美。

美国加利福尼亚州对其碳市场进行了调整，包括引入价格绝对上限并在此之下设定了两个价格控制储备层级，减少抵消信用的使用，以及在 2030 年之前更大幅度地降低配额总量。市场对这些措施的反应积极，碳价在 2021 年持续走高。2021 年 3 月，马萨诸塞州通过了新的气候法案，要求 2030 年和 2040 年的排放在 1990 年的水平上削减 50% 和 75%，到 2050 年实现净零排放。该州碳市场于 2021 年改为全面拍卖。华盛顿州签署了《气候承诺法案》，该法案的生效为该州制定了一个覆盖整个经济的排放上限和投资计划，将于 2023 年 1 月开始运行。该计划将覆盖每年排放超过 2.5 万吨二氧化碳当量的控排企业。华盛顿州生态部目前正在制定该体系的实施细则。俄勒冈州和北卡罗来纳州等州也相继通过新规开启碳市场建设。2021 年 5 月，宾夕法尼亚州通过了最终法案，决定建立覆盖电力行业二氧化碳排放的碳市场，并加入区域温室气体倡议。同时，该州发布了评估碳市场影响的最新建模结果。新的排放控制储备机制于 2021 年开始运行。区域温室气体倡议成员州于 2021 年夏季启动了第三次碳市场体系审查，以分析这一区域碳市场的成就、影响，以及 2030 年后可能需要调整的要素，如排放上限。

加拿大魁北克省总量控制与交易体系开始了第四个履约期，并执行了一系列新规定，包括修订储备配额的价格阶梯，以及改革抵消项目的资格要求。2021年下半年配额价格不断上涨。

（3）亚太地区。

韩国政府决定于2021年2月至5月暂停月度配额拍卖。此前，该国政府评估了2020履约年度的配额价格过低和供应过剩等问题，部分原因是受新冠疫情影响，碳市场所覆盖控排企业的排放较低。而在下半年，韩国碳市场的价格和交易量双双上涨。

2021年，新西兰对该国碳市场进行了重大改革，这是继《2020年气候变化应对修正法案》后的又一次改革。新的改革措施包括设定配额单位供应的上限，并引入拍卖机制。2021年3月启动了拍卖。之前充当价格上限的固定价格期权在2020年后被取消，新的成本控制储备取而代之。

2021年4月至8月，印度尼西亚在电力行业开展了基于强度的自愿碳市场试点。此后，该国于10月签署了备受期待的《碳经济价值总统条例》，该条例亦成为印度尼西亚碳定价工具的制度框架。该国还宣布将于2022年4月正式运行具备上限、交易、税收功能的混合型碳市场。

马来西亚政府发布了一份政策文件，提出建设全国碳市场的计划。该国计划于2022年启动自愿性碳市场信用交易平台，作为履约性碳市场的先期基础设施。

2022年1月，越南政府根据《环境保护法》发布了一揽子法规，其中包括建立与越南国家自主贡献相对应的全国碳市场，并建立碳抵消项目计划。

2. 碳市场的全球扩展

碳市场这一机制在全球呈强劲增长态势，碳排放交易体系所覆盖的全球温室气体排放比例已达到17%，是2005年欧盟碳市场启动时的三倍之多。这一变化过程还受到新行业、体系增加、总量趋于逐步收紧和全球排放增加等因素的交互影响。

3. 行业覆盖范围

所有正在运行的碳市场所覆盖的行业，如图15所示，这些碳市场按字母顺序排列（顺时针方向），其中最外层环中的数字表示碳市场覆盖的排放总量比例。行业的上游覆盖范围用箭头表示。当行业有至少一部分控排企业面临明确的履约义务时，该行业将被视为覆盖行业。由于纳入门槛等限制，通常并非该行业所有的设施都受到碳市场的监管。此外，碳市场无法覆盖某一行业的所有温室气体的排放类型或工艺。特别要注意的是，中国的碳市场和区域温室气体倡议的覆盖数字仅反映二氧化碳排放量。图中只显示被一个以上碳市场覆盖的行业。

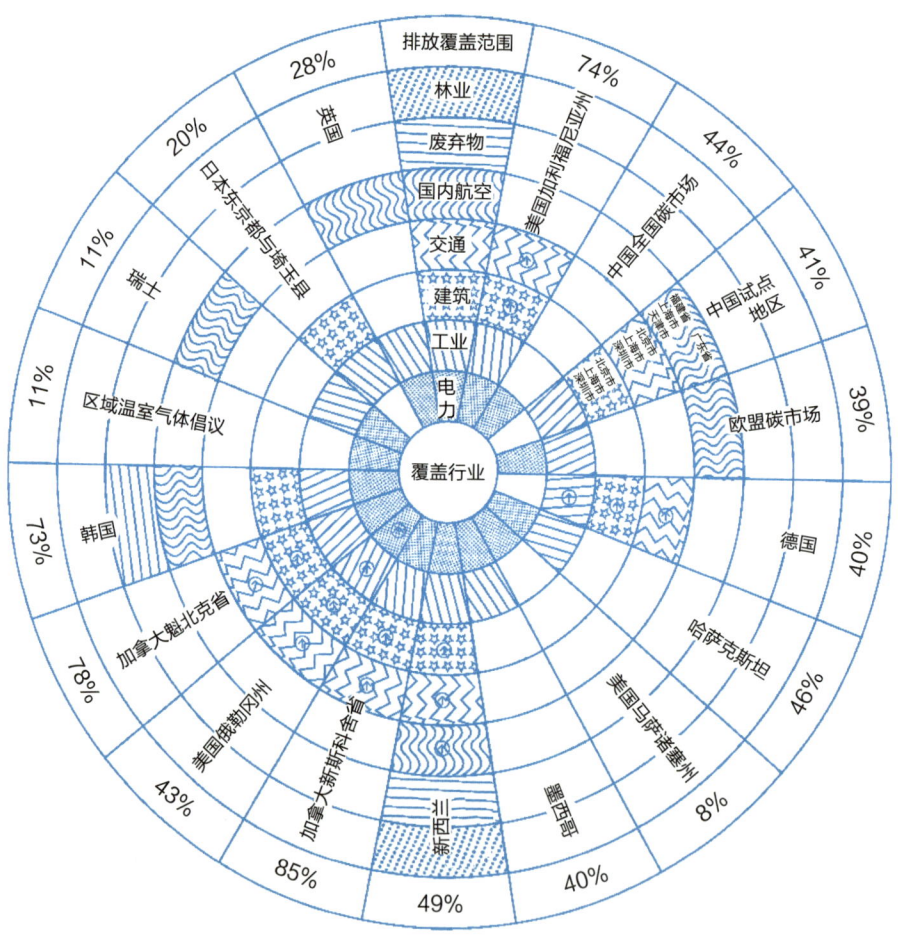

图15　不同碳市场覆盖行业

数据来源：Emissions Trading Worldwide Status Report 2022

4. 多样化的总量控制与交易体系

根据碳市场的四项关键指标对六个相对成熟的碳市场进行比较（图16），覆盖范围显示碳市场覆盖的该司法管辖区的排放比例。各体系的配额价格是按美元每吨二氧化碳当量计算的2021年平均价格。拍卖比例代表的是通过拍卖为司法管辖区政府带来收入的配额数量在2021年配额总量中的占比。使用抵消额度指履约实体可以使用批准的抵消额度来履约的比例。

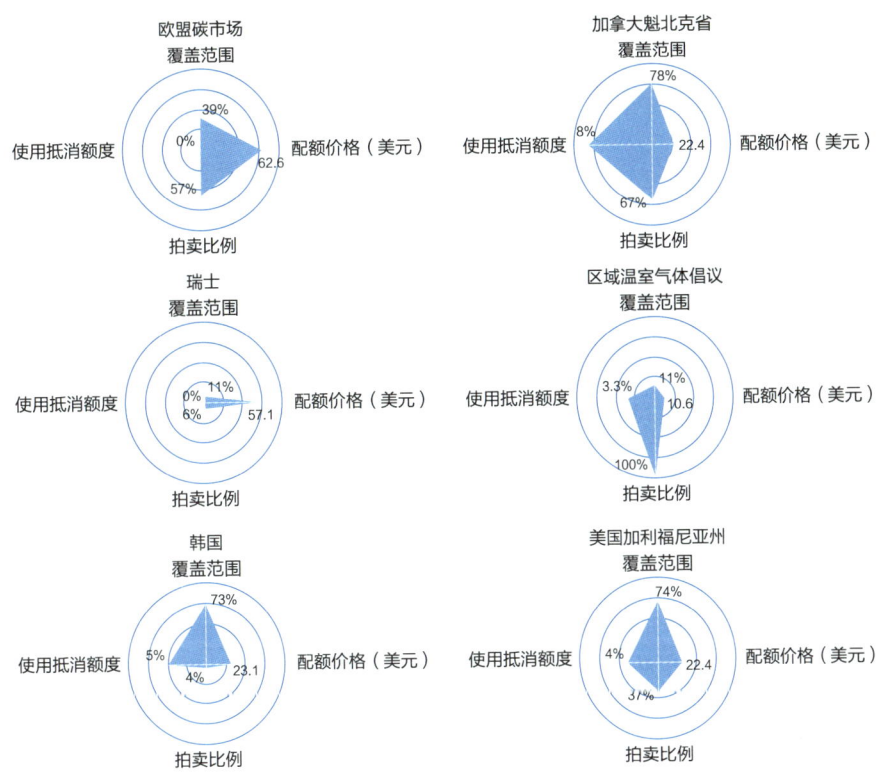

图16　碳市场关键指标比较

数据来源：Emissions Trading Worldwide Status Report 2022

5. 净零排放目标与碳市场

在世界各地，越来越多的司法管辖区宣布了21世纪中叶的净零排放目标，以限制全球变暖。这些司法管辖区的温室气体排放量在全球排放量中所占的比例越来越高。在意图实现这些目标的政策组合中，碳排放交易是一个重要的组成部分。碳市场覆盖排放数据以及国家层面净零目标采用情况和温室气体排放数据如图17所示，它显示了三类的目标采用状况的变化（已立法；正在建设/讨论中；无净零目标），以及各个司法管辖区依赖碳排放交易来实现这些目标的程度（每个类别中的阴影区域代表次国家、国家或超国家层面碳市场所涵盖的排放比例）。

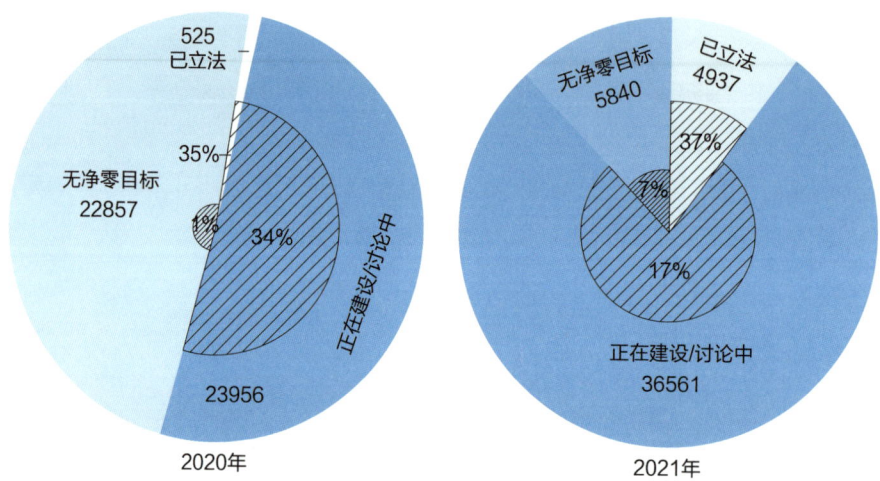

图17　碳市场覆盖的排放（单位：百万吨二氧化碳当量）
数据来源：Emissions Trading Worldwide Status Report 2022

二、2022年中国碳交易市场发展分析

按覆盖的排放量（45亿吨二氧化碳当量）计算，中国于2021年正式启动的全国碳市场是全球最大的碳市场。中国政府于2021年10月发布"1+N"政策框架下多项重要的政策文件，宣布全国碳市场将是中国实现到2030年碳达峰和2060年碳中和目标的重要措施。2021年，碳市场主管部门发布了一系列关于监测报告核查和市场运作等关键设计要素的政策文件，并于7月启动了配额交易。2021年年底，政府宣布覆盖2019年和2020年的首个履约期圆满结束。

（一）碳市场总体成交规模

2021年7月，全国碳排放权交易市场正式启动上线交易。自2022年1月4日至2022年12月30日，碳排放配额累计成交量2.30亿吨，累计成交金额104.75亿元。市场运行总体平稳有序。如图18所示，2021年各地碳市场仍在稳步推进。2021年全年，全国九个碳市场总成交量2.46亿吨，其中上海碳市场总成交量6255.92万吨，占比25.43%，年度现货总成交量和CCER成交量在全国九个碳市场中位居第一，各地碳市场规模仍存在显著差距。

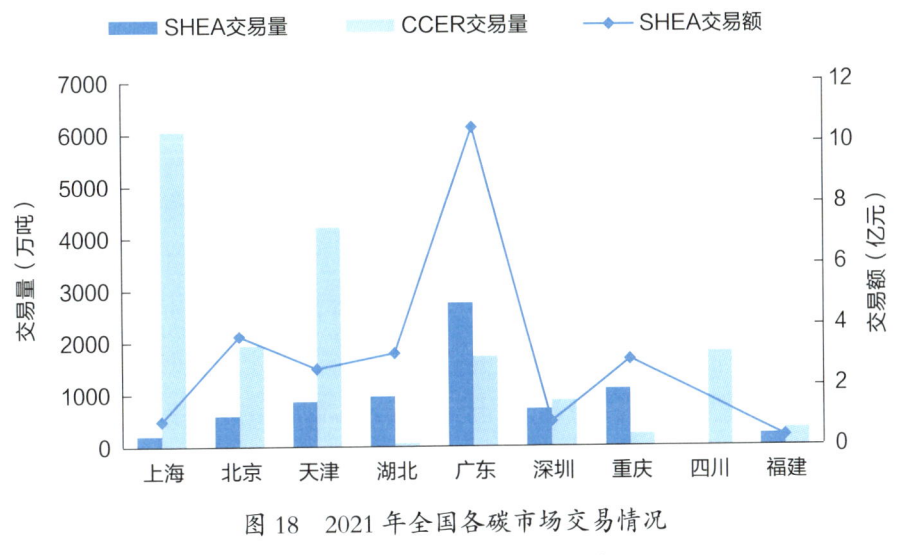

图18　2021年全国各碳市场交易情况

数据来源：上海环境能源交易所

（二）碳市场交易价格

如图19所示，自2021年7月16日启动交易至12月31日，全国碳市场累计运行114个交易日，12月31日收盘价54.22元/吨，较启动首日开盘价上涨13%，市场运行健康有序，交易价格稳中有升，促进企业减排温室气体和加快绿色低碳转型的作用初步显现。

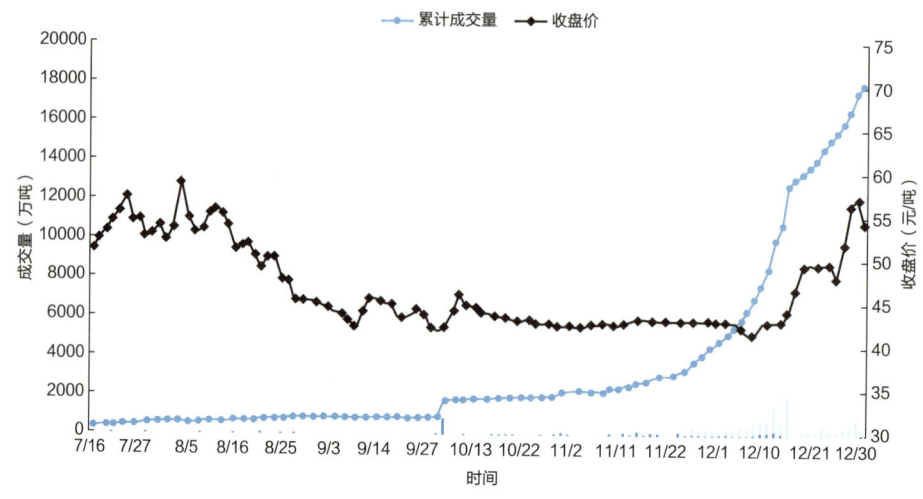

图 19　2021 年 7 月—12 月全国碳市场成交量及收盘价情况

数据来源：上海环境能源交易所

（三）碳市场建设在中国应对气候变化工作的重要地位

2021 年以来，中国积极落实《巴黎协定》，进一步提高国家自主贡献力度，围绕碳达峰碳中和目标，有力有序有效推进各项重点工作，取得显著成效。中国已建立起碳达峰碳中和 "1+N" 政策体系，制定中长期温室气体排放控制战略，推进全国碳排放权交易市场建设，编制实施国家适应气候变化战略。经过第一个履约周期的建设和运行，全国碳市场已经建立起基本的框架制度，打通了各关键流程环节，初步发挥了碳价发现机制作用，有效提升了企业减排温室气体和加快绿色低碳转型的意识和能力，实现了预期目标。

（四）主要政策

2022 年碳市场主要政策梳理如表 10 所示。

表 10　2022 年碳市场主要政策

时间	政策
2022 年 2 月	生态环境部办公厅发布了《关于做好全国碳市场第一个履约周期后续相关工作的通知》
2022 年 4 月	中国证监会发布《碳金融产品》(JR/T 0244—2022) 等四项金融行业标准

续表

时间	政策
2022年8月	国家发展改革委、国家统计局、生态环境部公布了《关于加快建立统一规范的碳排放统计核算体系实施方案》
2022年11月	市场监管总局等九部门联合印发《建立健全碳达峰碳中和标准计量体系实施方案》，明确中国碳达峰碳中和标准计量体系工作总体部署

数据来源：中国政府网。

三、2023年中国碳交易市场发展展望

2022年是中国全国性碳排放权交易市场启动上线交易一周年，也是"十四五"规划的关键之年。全国碳市场是落实碳达峰碳中和目标的重要政策工具，是推动绿色低碳发展的重要引擎，第一个履约周期共纳入发电行业重点排放单位2162家，年覆盖二氧化碳排放量约45亿吨，激励约束作用初步显现。但建设全国碳市场是一项复杂的系统性工程，目前仍处于起步阶段，在数据质量监管、市场功能建设、行业覆盖范围等多方面仍有较大完善空间。

（一）加快建设碳排放数据体系，为全国碳市场覆盖行业的增加建立基础

根据政策规划，未来全国碳市场覆盖的行业将从当前单一的发电行业逐渐延伸到8个高耗能行业的其他细分方向，具备碳排放数据基础的子行业有望率先被纳入碳市场。因此，政府应当加快推动碳监测、碳核算、碳咨询等行业的发展，以帮助企业进行精准的碳排放数据预测与核算，加快建设高耗能行业的碳排放数据体系，助力碳市场行业覆盖面的提升。

（二）推动非履约机构与个人相关细则出台，为全国碳市场丰富交易主体创造条件

当前全国碳市场的交易主体仍以履约机构为主，从国际经验及地方试点经验来看，非履约机构与个人投资者的纳入将是应有之义。金融机构参与碳市场交易，将为市场提供更多流动性，有助于改善当前碳市场流动性欠缺、交易集中度高的状况。因此，政府应当加快制定非履约机构及个人进入碳市

场的相关监管规定和细则，为碳市场丰富交易主体、提升交易活跃度创造条件。

（三）引入碳金融衍生品交易，发挥风险对冲及价格发现的作用

碳配额发放、交易与上缴的先后时序安排，使得碳市场天然存在利用衍生品对冲交易风险的需求。从国际经验来看，交易相对活跃、连续的碳市场，其交易对象多为碳金融衍生产品，其中碳期货是使用优先级最高的碳金融工具。中国期货市场经历长期发展，品种较其他衍生品而言相对丰富，市场经验已相对充分。2021年广州期货交易所揭牌后，工信部等四部门联合发文表态支持其建设碳期货市场。因此，尽快推动碳期货产品的研发、设计与落地，引入碳金融衍生品交易，有助于发挥其风险对冲及价格发现的作用。此外，对于地方碳市场已有尝试、效果较好的其他碳金融工具，也可考虑及时推广到全国碳市场当中。

（四）尽快出台全国范围的碳市场稳定调节机制

由于全国碳市场刚刚建立，目前尚未出台市场稳定调节机制的细则。从国际经验来看，市场稳定调节机制对于防止碳价失灵、确保减排效果、维护碳市场平稳运行发挥了积极作用。一方面，应当参照国际与地方试点碳市场的经验，为全国碳市场设置价格限制、持仓限制、成本控制储备等市场调节机制和工具；另一方面，可参照欧盟、RGGI市场的改革经验，建立碳市场自身制度的定期审查和修正机制，为碳市场植入制度动态优化的基因。

（五）加深与全球碳市场的合作，探索国际化道路

2021年9月，中国－加州碳市场联合研究项目正式启动，以共同应对气候变化挑战、早日实现"双碳"目标为目的，促进美国加州碳市场与中国碳市场之间的合作。从碳交易规模总量上看，中国碳市场作为全球最大碳市场，在全球碳市场建设中有望发挥规模优势。因此，应当提前布局碳市场合作方案的研究，为可能面临的问题准备好预案，以应对未来碳市场深入合作、跨境连接的需求。

低碳投融资发展分析与展望

纵观全球低碳投融资体系的历史长河，发达国家目前已然形成了多元化的投融资体系，发展中国家的低碳投融资发展方兴未艾。即使有着疫情近三年来的持续影响，低碳发展依然是全球发展的重中之重。2022年中国低碳发展步伐逐步加快，中国政府加大低碳投资力度，低碳投融资政策、法律体系进一步完善，加快构建完善的碳金融市场，加快碳金融工具创新，通过政府与资本市场的结合助推中国实现"双碳"发展目标。

一、2022年国际低碳投融资发展概况

面对严峻的气候问题，发达国家和发展中国家都积极参与治理，相比发展中国家，发达国家有更早的工业化进程，化石能源的替代开始得更早，绿色低碳经济也更加成熟。政府财政支持和引导低碳投融资，大力发展私人资本投资，并积极投资于绿色低碳领域。

（一）发达国家低碳投融资发展现状

自2016年《巴黎协定》正式生效以来，世界各国为了应对全球气候变化积极推动绿色低碳转型，大力发展低碳经济，很多国家也相继做出碳中和承诺，其中美国、英国、德国、日本等发达国家在低碳投融资方面积累了丰富的经验。

1. 低碳融资渠道较完善，融资方式多样

发达国家的低碳投融资机制比较完善，初步形成了政府财政主导、信贷机构参与、资本市场传统金融工具补充的多元化低碳投融资模式。

通过政府财政进行融资的方式有直接和间接两种，直接方式指政府直接用财政资金购买低碳企业的股票和债券等金融资产，设立基金，引导资本投资方向为其提供资金，间接方式则是政府给予低碳企业财政补贴、税收优惠

等来降低低碳企业的经营成本。英国政府积极用政策引导绿色投资，在2025年引入关于气候的强制性财务信息，并且发展绿色分类法确定利于绿色低碳转型的经济活动。德国2020年推出《2020—2025年新电动车补贴方案》，总补贴额度提高至20.9亿欧元，2022年计划大幅提高纯电动汽车和燃料电池汽车的购车补贴并延长至2027年。美国《能源政策法》中为不同的新能源汽车提供了不同额度的税收抵免，其中为新型混合动力轻型车提供3400美元的税收抵免。日本对新能源汽车实行"绿色税制"政策，购买新能源车可享受免除多种税赋的优惠。

与能源绿色低碳转型的巨大融资需求相比，财政资金投入只能是杯水车薪，必须建立健全市场化投融资机制，撬动更多社会资本投资其中。发达国家一方面通过财政贴息等激励政策，鼓励国家银行、商业银行及部分其他金融机构积极给予低碳行业与低碳企业资金支持，鼓励对有利于节约资源和减轻环境污染的重点项目提供低息贷款、无担保贷款等；另一方面通过发行绿色债券、绿色基金和绿色保险在资本市场上获取资金支持。欧盟委员会于2021年发行了全球最大规模的绿色债券，从资本市场筹集120亿欧元，用于支持成员国能源绿色低碳转型等可持续发展领域的投资。法国巴黎银行开发了较多用于能源转型的金融工具，如绿色债券、绿色投资基金和可持续贷款，可再生能源融资不断增加，2020年达到178亿欧元。

2. 低碳投资重点瞄准新能源行业，投资规模不断上升

为了实现碳中和的目标，各个国家不断增加对低碳能源领域的投资，涉及可再生能源、电气化运输、电加热、核能、储能、碳捕集与封存以及氢气等方面。为了应对能源危机，欧盟于2022年5月再次提出新的"REPowerEU"计划，加速能源清洁转型是最核心的部分，推出了太阳能、风能计划，计划到2030年，可再生能源发电能力达到1236吉瓦，新安装近600吉瓦太阳能，以此减少1700亿立方米的天然气消耗。欧洲国家在电力系统低碳化发展方面的投资正逐步增长，如表11所示，2017—2022年欧洲海上风电投资额逐年上升，到2022年达到了121.3亿欧元；陆地风电投资数额从2017—2020年呈现递增趋势，2020年之后受到疫情和能源危机的冲击，陆地风电投资数额有所减少。风电投资总额在近三年总体保持稳定。

表11 欧洲2017—2022年风电投资额及增长情况

单位：十亿欧元

年份	陆地风电投资	海上风电投资	风电投资总额	同比增长
2017	13.52	7.03	20.55	—
2018	14.59	8.17	22.76	10.75%
2019	15.80	9.93	25.73	13.05%
2020	16.21	10.39	26.60	3.38%
2021	15.16	11.46	26.62	0.001%
2022	14.43	12.13	26.56	-0.002%

数据来源：CSMAR 数据库。

美国的《通胀削减法案》计划在能源安全和气候变化领域投资3690亿美元，主要包括清洁用电和减排安排、增加可再生能源生产补贴、对个人使用清洁能源提供信贷激励和税收抵免、支持新能源汽车等。日本政府为配合《2050年碳中和绿色增长战略》也制定了一系列财政资金投入计划，设立了规模为2万亿日元的基金，支持创新技术研发。

（二）发展中国家低碳投融资发展现状

全球气候变暖形势越发严峻，各国都在积极推进绿色低碳转型，巴西、阿联酋、印度和南非等发展中国家积极应对气候变化，在低碳投融资方面有所成就也有不足，了解其他发展中国家的现状有利于健全中国的低碳投融资体系。

1. 政策和金融工具并驱，推动能源转型投融资

发展中国家同发达国家一样，低碳融资的主要渠道有政府资金支持、信贷机构融资和资本市场融资等模式。2021年巴西政府宣布启动"国家绿色增长计划"，拟利用约合800亿美元的国内外公共和私人资本推动实现降低碳排放、保护热带雨林和合理利用自然资源三大目标，2021年巴西首个碳信用投资基金正式进入金融交易市场。阿联酋投资大量的资金用于基础设施建设和引进高新技术，并且推动各酋长国出台地方政策。阿联酋可持续金融市场发展较慢，目前市场以绿色债券为主，2020年发行第一支绿色房地产投资信托

基金，可持续金融市场逐渐完善。但与发达国家相比，发展中国家的融资体系不健全，信贷市场上获取资金能力不够强。

印度政府为公民提供了绿色补贴，为企业安装了太阳能板以及购买了电动汽车，然而印度没有建立起高效的绿色金融体系。印度在推动低碳转型过程中存在化石能源依赖严重、清洁能源发展不力、财政实力不足等问题，政策目标和现实之间落差较大。2022年，印度通过了《2022节能修正案》，提出在印度建立全国碳市场，集中各个行业的信用交易，以此撬动社会资本参与实现气候目标。

2. 低碳投融资发展注重国际合作，积极投资可再生能源领域

发展中国家自身低碳投融资的发展较为落后，但是比较注重国际合作尤其是南南合作。2022年中国与巴西就促进两国农产品贸易发展、低碳和清洁技术投资等领域合作事项达成一致，同意在数字经济等领域积极开展合作。巴西煤炭和天然气均需大量进口，为了降低化石能源的对外依存度，大力挖掘可再生能源利用潜力，中国与巴西在水电、光伏、风电以及生物质发电方面都有合作。中国的海外能源投资推动了发展中国家的绿色低碳发展，以巴基斯坦为例，中国投资的风光项目将为该国每年减少412万吨的碳排放量，相当于该国年排放量的9.16%；在南非，中国投资的风光项目可以为该国带来每年1368万吨的碳减排，相当于该国年排放量的6.1%。

2021年阿联酋核能公司与法国电力集团签署低碳氢能开发协议，结成50亿美元的战略联盟，以推动阿联酋的绿色氢经济。中国和阿联酋合作建成的迪拜光热发电项目是世界上规模最大、技术最先进的光热电站。南非政府积极推进能源转型，大力开发太阳能和风能，在2012—2020年，新增可再生能源装机容量共计6327兆瓦。南非电力公司拟在2021—2050年投资3000亿兰特用于改造燃煤电站并且增加减排设备，此外还推出了"氢能研究计划""可再生能源枢纽和辐射计划""锂离子电池计划"，不断加大对低碳技术研发的政策和资金支持。

二、2022年中国低碳投融资发展分析

中国二氧化碳排放力争于2030年前达到峰值，努力争取2060年前实现碳中和，要实现"双碳"目标，仍需要百万亿元资金投入，这就需要政府、企业、金融机构和投资者的共同推动，使得中国低碳投融资体系更加完善。

（一）中国低碳融资发展现状

1. 政府财政资金支持引导

为了更快实现"双碳"目标，中国政府加大了对清洁低碳能源项目、能源供应安全保障项目投融资支持力度。碳达峰、碳中和"1+N"政策陆续出台，政府财政支持发挥了支持引导作用。

税收是财政收入的主要来源。中国政府一方面落实环境保护税、资源税、消费税等税收政策；落实节能节水、资源综合利用等税收优惠政策，研究支持碳减排相关税收政策。另一方面通过发行政府专项债券和低碳基金进行融资：一是将符合条件的重大清洁低碳能源项目纳入地方政府专项债券支持范围；二是将国家绿色发展基金和低碳转型相关基金运用于低碳重点支持领域，以及将清洁低碳能源项目纳入基础设施领域不动产投资信托基金试点范围。

如表12、表13所示，分析中国近几年的财政收支数据可知，总体上中国近几年从资源税所征得的税收总额呈不断增长趋势，占财政收入的比重也在不断提高。环境保护税自2018年开始征收，截至2020年一直呈增长趋势，受疫情影响，2021年有所下降，2022年又有些许回升。税收收入的增加可以有效增强地方财政实力，抑制环境污染。2020年受疫情影响，全年的环保节能支出呈现不断下降趋势，在财政总支出的占比也在不断下降，可以看出，新冠疫情的暴发对于中国低碳经济发展产生了一定的不良影响。

表12　2016—2022年有关低碳融资财政税收情况

单位：亿元

年份	财政总收入	资源税			环境保护税		
		总量	同比增长率	占比	总量	同比增长率	占比
2016	159552	951	−8.1%	0.596%	—	—	—
2017	172567	1353	42.3%	0.784%	—	—	—
2018	183352	1630	20.4%	0.889%	151	—	0.082%
2019	190382	1822	11.8%	0.957%	221	46.1%	0.116%
2020	153310	1815	−0.4%	1.184%	225	1.8%	0.147%
2021	202539	2288	30.4%	1.130%	203	−1.9%	0.100%
2022	203703	3389	48.1%	1.664%	211	3.9%	0.104%

数据来源：中华人民共和国财政部。

表13　2015—2022年财政对低碳融资投入情况

单位：亿元

年份	财政总支出	环保节能支出		
		总量	同比增长率	占比
2015	175768	4814	26.2%	2.739%
2016	187841	4735	−1.6%	2.521%
2017	203330	5672	19.8%	2.790%
2018	220906	6353	13%	2.876%
2019	238874	7444	18.2%	3.116%
2020	190910	6317	−15.1%	3.309%
2021	246322	5536	−12.6%	2.247%
2022	260609	5396	−3.2%	2.071%

数据来源：中华人民共和国财政部。

2.绿色金融融资规模扩大

中国的绿色金融政策稳步推进，在绿色信贷、绿色债券、绿色基金和绿色保险等领域均有长足发展，相关的金融政策也在不断更新，中国于2021年发布了《绿色债券支持项目目录（2021年版）》《银行业金融机构绿色金融评价方案》，于2022年发布了《中国绿色债券原则》。

中国绿色融资需求越来越多，存在较大的资金总量缺口，2022年年底，国内21家主要银行绿色信贷余额达20.6万亿元，同比增长33.8%。按照信贷资金占绿色项目总投资的比例测算，每年可支持节约标准煤超过6亿吨，减排二氧化碳当量超过10亿吨。绿色保险覆盖面不断拓展，保险资金通过多种形式积极参与绿色项目投资建设。中国绿色债券发行规模稳步增长，已成长为全球第二大绿色债券市场，此外金融机构还通过发行蓝色债券、"碳中和"债券和绿色资产支持债券，助力绿色产业发展。2022年，我国银行间市场绿色债务融资工具共发行265只，金额总计3215亿元，占全市场绿色债券规模约37%，占绿色公司信用类债券规模63%。从募集资金用途来看，主要聚焦于清洁能源产业、基础设施绿色升级、节能环保产业等绿色项目建设运营及偿还绿色项目有息债务。2022年6月22日，中国首批转型债券发行成功，用于推动传统行业转型升级，目前中国的转型债券市场仍处于起步阶段。此外中国政府还发力发展气候投融资，并于2022年8月公布了气候投融资试点的名单。

3. 碳金融市场融资协调跟进

2022年7月16日，全国碳排放权交易市场正式启动上线交易一周年。截至2022年年末，全国碳市场碳排放配额累计成交量2.30亿吨，累计成交额104.75亿元。全国碳市场成为全球现货最大的碳市场。搜集中国8大碳排放权交易所的统计数据，2016—2022年碳排放权交易数据如表14所示。

表14 全国八大碳排放权交易所碳排放权交易情况

项目	2016	2017	2018	2019	2020	2021	2022
全年交易总量（万吨）	4251.12	5752.12	2991.90	3034.64	4762.95	4766.96	3485.16
全年交易均价（元/吨）	23.17	23.90	24.73	29.04	34.49	32.20	58.73
全年交易金额（万元）	80955.45	78793.53	79362.02	93677.95	139655.78	161440.56	199489.77

数据来源：wind数据库。

从全国8大碳排放权交易所的交易数据汇总可知，中国碳排放权交易市场总体呈现交易均价以及交易金额不断上涨的趋势，交易总量波动较大，无明显趋势。此外各个交易所也推出了一系列碳金融产品，北京绿色交易所联合金融投资机构研发一系列碳金融产品，帮助企业拓宽融资渠道，目前有碳配额回购融资、碳配额场外掉期交易、中碳指数等碳金融产品。上海环境能源交易所在 2020 年推出了碳配额质押、CCER 质押、借碳交易等碳金融产品。《中国碳中和债发展报告 2021》研究指出，自 2021 年 2 月发行首支碳中和债以来，碳中和债发行量快速上升，债券品种也不断丰富。中国进一步推动碳金融产品创新，增强碳市场的价格发现功能，有望开展碳基金、碳资产质押贷款、碳资产授信、碳保险等各项碳金融服务，推动碳金融体系深化发展。

4. 低碳转型国际合作不断加强

中国的低碳领域还有巨大的融资缺口，国际金融市场对国内融资需求起到了较好的补充，中国充分利用国际要素来吸引和引导外资投入清洁低碳能源产业领域。

中国从国际上获取资金的主要方式是 CDM 项目融资，从发达国家获得资金援助和先进技术。中俄两国在风电领域和核电领域都有合作，2017 年两国合作建成了俄罗斯国内第一个大规模的风力发电厂，2021 年中俄两国领导人共同出席田湾核电站和徐大堡核电站项目的开工仪式，核电站建成投产后年发电量将达 376 亿千瓦时，每年减少二氧化碳排放 3068 万吨。

（二）中国低碳投资发展现状

总体来说，中国低碳投资呈现投资领域宽泛、投资重点明确、投资总量不断增加的特点，但是仍然存在投资结构不合理的问题。目前中国为实现减少碳排放，投资的重点是新能源和可再生能源领域，中国对低碳行业的投资规模也在不断增加。

1. 政府加大财税扶持力度和绿色采购

中国继续利用财政资金和预算内投资支持环境基础设施、绿色环保产业发展、能源高效利用、资源循环利用等。通过立法保障、财政收入、税收激励等方式主导低碳投入。2022 年国家税务总局发布了《支持绿色发展税费优惠政策指引》，实施了 56 项支持绿色发展的税费优惠政策，用于支持环境保护、促进节能环保、鼓励资源综合利用、推动低碳产业发展四个方面。此外中国将重大清洁能源项目纳入地方政府专项债券和低碳转型基金的支持范围，在"十三五"期间支持实施"可再生能源与氢能技术""新能源汽车"等重点专项。并且加大了对农村能源建设、北方冬季清洁取暖和建筑节能的资金支持。

中国不断完善政府绿色采购政策，对节能环保产品实施强制采购或者优先采购、推广绿色建材、支持采购新能源汽车。2021年中央财政加强资源统筹，优化支出结构，安排支持绿色低碳发展相关资金约3500亿元。

2. 产业和生态低碳化投资

为了实现"双碳"目标，中国一方面要进行能源结构调整，发展清洁能源，例如光伏、风能、氢能、核能以及水电等，在工业、建筑、交通等重点领域通过低碳技术研发减少化石能源的使用。另一方面增加碳吸收，要发展碳捕集利用与封存技术，以及通过维护森林、草地、湖泊来进行生物固碳。

根据国家能源局数据，截至2022年年末，全国累计发电装机容量约25.6亿千瓦，同比增长7.8%。2022年，全国可再生能源总装机超过12亿千瓦，水电、风电、太阳能发电、生物质发电装机均居世界首位。其中，风电装机容量约3.7亿千瓦，同比增长11.2%；太阳能发电装机容量约3.9亿千瓦，同比增长28.1%。2022年6月7日，国家首批大型风电光伏基地项目——腊巴山风电项目正式开工。2022年8月29日，中国最大的碳捕集利用与封存全产业链示范基地、国内首个百万吨级CCUS项目——"齐鲁石化-胜利油田百万吨级CCUS项目"正式注气运行。

3. 居民消费和投资低碳化

在日常消费方面，居民坚持倡导绿色低碳的生活方式，选择节能家电、节能照明设备，抵制动物皮毛产品。绿色建筑材料和新能源汽车发展迅速。已有19省市121家银行开展了"光伏贷"业务，引导绿色低碳消费转型，帮助核心光伏厂商拓宽销售渠道，助力绿色金融发展。此外公众和机构投资者基于社会责任和对行业发展前景的分析，通过购买低碳经济相关行业的上市公司的股票或者投资低碳经济的主题基金，将自用资金投资于风电光伏行业、储能行业等低碳行业，在中国的股票交易市场中，风电、绿色电力、储能、核电以及核准制次新股等概念板块的净流入资金一直稳居前几位，体现了中国投资者对于低碳环保板块成长潜力的看好。

4. 积极参与南南合作助力发展中国家

中国积极同广大发展中国家开展气候变化南南合作，帮助发展中国家特别是小岛屿国家、非洲国家和最不发达的国家提高应对气候变化的能力，减少气候变化带来的不利影响。中国已累计安排超过 12 亿元人民币用于开展气候变化南南合作，与 38 个发展中国家签署了 43 份应对气候变化南南合作文件，为 120 多个发展中国家培训约 2000 名气候变化领域的官员和技术人员。中国海外可再生能源的投资，为参与"一带一路"倡议的发展中国家的绿色低碳发展注入新动力。

（三）中国低碳投融资问题分析

中国发展低碳经济已经十多年了，与创办初期相比，取得了一定的成绩，积累了丰富的经验。但是中国的低碳投融资体系与相对成熟的水平还有很大的差距，低碳投融资体系还存在很多问题。

1. 财政支持引导不足以及低碳投融资政策法规不完善

中国未来三十年的绿色低碳投资累计需求将达 487 万亿元人民币，相对于低碳转型带来的百万亿级融资缺口，政府需要出台一系列力度更大、覆盖范围更广的低碳项目扶持政策与措施。绿色低碳发展的税收政策体系以及节能节水、资源综合利用等税收优惠政策都不是很完善。绿色金融的评价机制和标准体系也都不健全。在低碳金融方面和联合国环境署发布了《金融机构关于环境和可持续发展的声明》以及《绿色信贷环保指南》等指导性的政策和纲要，但是这些政策和纲要可操作性差，缺少低碳金融的支持性政策。为了挖掘碳市场的投融资能力，就要发挥全国碳排放权交易市场的作用，为此要建立统一规范的碳排放统计核算体系，积极参与国际碳排放核算方法研究。

2. 金融机构在低碳金融领域参与性不足、专业性低以及绿色金融产品缺乏

中国参与低碳经济的金融机构集中且参与程度不深，银行、证券公司、保险公司占 90% 以上。金融机构对碳金融的操作模式、项目开发以及交易程序还很陌生，碳金融项目本身较长的开发周期、不确定的风险因素、较高的交易成本也影响了金融机构和相关企业的参与热情，无法满足大规模的绿色融资需求。和国际最佳实践相比，中国的许多银行在治理框架、战略目标、实施路径、碳足迹测算、气候风险分析、环境信息披露和产品创新能力等方面仍有差距。

与欧美较为成熟的绿色金融市场相比，中国的绿色金融产品不够丰富并且市场参与者不完善。主流的绿色金融产品为绿色信贷、绿色概念债券和低碳项目投资。绿色基金、绿色企业IPO和再融资市场规模都较小，并且尚未出现成体系的间接融资模式和衍生产品交易平台。

3. 碳金融市场不够完善

碳金融市场可以发挥能源转型的资金融通和国家贸易投资促进功能。国际碳市场已经形成了由配额初始分配市场、现货交易市场和期货及衍生品市场共同构成的市场体系。与欧盟和美国成熟的碳排放交易体系相比，中国的碳排放交易体系建设还有很长的路要走，中国碳市场于2021年正式启动，目前主要以现货交易为主，围绕期货、期权等衍生品开展的业务不足，碳远期、碳掉期、碳指数等金融衍生品交易仍有待发展。碳金融市场面临以下问题：一是碳排放统计核算体系有待完善，碳排放数据质量有较大提升空间；二是交易主体和交易品种单一，全国碳市场首期仅纳入电力行业，无法实现行业间的优势互补；三是全国碳市场以大宗协议交易为主，日常交易不活跃；四是碳市场价格发现功能尚未完善，市场价格失真。

三、2023年中国低碳投融资发展展望

2021年7月16日，全国碳排放权交易正式线上启动；10月24日，中共中央、国务院《关于完整准确全面贯彻新发展理念做好碳达峰碳中和工作的意见》发布，展示出中国实现"双碳"目标的坚定信心。展望未来，中国"双碳"目标和政策的实施在疫情导致经济下滑、俄乌冲突导致全球能源危机的背景下任重道远，"双碳"目标下中国政府将进一步加大低碳发展资金投入，低碳投融资政策、法律法规将进一步完善，传统高能耗、高排放行业投入力度将有序减弱，新能源等绿色低碳行业投资量将逐渐上升，产业优化升级将不断推进，碳金融市场构建将进一步完善，碳金融产品不断创新，资本市场

在低碳发展领域的参与度将逐渐走高。

（一）低碳发展资金持续注入，助力低碳投融资政策进一步完善

政府作为中国实现"双碳"目标，实现低碳发展的领军力量，将持续加大对低碳发展产业的资金投入，引导政策偏向绿色低碳产业。

在资金投入方面，国家的财政支出中设有专门的环境保护支出项目，从 2012 年到 2019 年，国家财政环境保护支出由 2963 亿元增加至 7390 亿元的峰值。虽然 2020 年因为新冠疫情国家财政的环保支出数额减少，但是随着疫情防控的科学化程度不断提升以及"双碳"目标的提出和政策部署，预计国家财政对于促进低碳环保的支出将会重新增加。

在政策引导方面，政府将进一步在财税、价格等方面给予绿色低碳产业发展以优惠与鼓励，保持对应当鼓励的对象与应当限制的对象泾渭分明的立场，合理引导资金流向低碳绿色领域。通过充分发挥税收政策激励约束作用，对符合条件的新能源汽车车购税、车船税予以免征，引导绿色低碳出行；全面实施矿产资源税从价计征改革，促进资源的合理开发。此外，不断完善政府绿色采购政策，继续保持每年节能环保产品采购规模占同类产品政府采购规模的比例达到 85% 以上，有效推动相关产业发展，对社会绿色消费起到积极引领作用。

在政府政策的引导下，"双碳"目标的实现正逐渐形成从地方到中央逐层实施的布局，地方政府将成为能否实现目标的关键条件。目前中国除港澳台地区外的 31 个省区市均已出台了"双碳"的相关规划，多数省份开始将碳中和落地到具体的产业结构调整中，整体来看，具有因地制宜的特点，例如华北地区主要致力于煤炭资源的安全高效开采和清洁利用，西南地区主要致力于生产流程中的低碳化处理与新能源项目投资。中国的"双碳"目标实现过程正体现出中央与地方协调配合，地方发挥产业优势"百家齐放"的良好态势。

（二）金融创新促进碳交易市场进一步完善，资本市场助力合理碳价发现

中国统一碳排放权交易市场的建立，助力资本市场的融资能力，受惠绿

色低碳产业结构化转型。2008年，中国碳金融建设开始起步，与发达国家相比，中国的碳金融市场建设具有起步较晚、市场不发达、产品类型欠缺与流动性不足等问题。碳金融产品的推出可有效增强市场活跃度，扩大碳市场影响范围，吸引更多社会资本进行低碳投资，为"双碳"目标的实现提供资金支持。"十四五"期间，以碳市场为基础的碳金融产品创新将迎来政策利好，碳期货、碳期权、碳远期、碳掉期、碳结构性存款、碳资产挂钩债券等产品在政策激励下将落地发展，发挥资本市场价格发现、资源配置和风险管理等优势，为金融机构打开业务发展空间。在碳金融市场不断完善的推进下，中国的碳价发现机制将进一步完善，以合理的碳价实现资源配置最大化，促进企业以最小的成本实现减排目标。

当下中国的金融体系仍以间接融资为主，商业银行的资金支持同样是促进投融资结构低碳化转型的重要力量。一方面，商业银行将加大对绿色低碳产业信贷投入，如清洁能源发电、资源回收、新能源领域、储能、氢能、碳中和及碳捕捉、电气化改造、数字化改造、能源效率提升等；另一方面，传统高能耗、高排放产业转型升级是一个长期的过程，商业银行将"扶优限劣"，继续为此类产业提供必要的资金支持以逐渐实现节能减排转型升级，这些行业包括煤炭、煤电、钢铁、建材等。

（三）全球能源危机凸显，中国能源转型之路机遇与挑战并存

2022年地缘政治冲突引发国际油气价格始终处于高位，西方国家对俄罗斯的制裁严重冲击国际油气供应链，引致全球油气价格高涨，在受新冠疫情影响、全球经济不景气的背景下，能源供应链的短缺又在刺激着全球通胀的加剧。德国、奥地利、法国等欧洲国家纷纷推迟碳中和的计划，欧美国家能源消费开始重新向煤炭倾斜，同时又加快对新能源产业的部署，发展新能源也将成为各国减轻对传统能源依赖的重要途径。在中国，可再生能源发展的步伐加快，能源转型和绿色低碳发展得到大力推进，2021年中国光伏发电和风电装机量分别达到30656万千瓦和32800万千瓦，相对2020年分别同比增长21%和16.9%；2021年中国可再生能源发电总量为2.48万亿千瓦时，相较2020年同比增长11.7%，可再生能源发电量占社会发电总量的比例由2020年

的 29.1% 增长到 2021 年的 29.7%。全球能源供给冲击的影响对中国的可再生能源发展而言，既是机遇也是挑战。

一方面，高能源价格将成为能源国企低碳转型的重要窗口期。中国拥有着全球最丰富的化石能源系统，中国化石能源的主要供给来自能源国企，因此能源国企能否实现低碳化转型是实现 2060 年碳中和至关重要的因素。企业低碳转型对资金依赖的重要性不言而喻，较高的能源价格可以提升化石能源国企的盈利状况，这为能源国企的低碳转型提供了重要的资金条件。能源国企需要把握碳中和进程中的产业机遇，将未来几年作为全面低碳转型的重要窗口期，积极、尽早地入局新能源系统。

另一方面，中国的能源供应依旧以煤炭为主，石油和天然气占中国的能源消费仍然不足 30%，且中国的天然气消费有超过 40% 的比例依赖外国进口。实现"双碳"目标的进程初期，天然气在能源消费中必将承担更多责任，之后会伴随新能源的崛起而逐渐降低。中国的新能源发电效率仍然处于较低的水平，天然气在当下阶段的重要性不言而喻，尽管中国的天然气进口来源丰富，国际油气价格的高涨仍然对中国中长期的低碳转型带来冲击。

低碳技术篇

气候变化是对人类社会可持续发展的主要威胁之一，减少碳排放已经成为国际社会普遍关心的重大问题。为应对气候变化、减少温室气体排放，多国相继确立"双碳"目标，而在实现"双碳"目标的道路上，低碳核心技术的突破和应用是最有力的支撑。本篇将从碳利用技术、清洁煤技术、节能技术和绿色照明技术四个方面对2022年国际和国内低碳技术发展进行概括与分析，并对2023年中国低碳技术发展进行分析与展望。

一是碳利用技术。中国每年大约只有14%的CO_2排放被捕集进行处理，其余大部分仍然被排放至大气，所以加强碳利用技术是促进低碳发展的重要方式。二是清洁煤技术。实现煤炭资源的清洁高效利用，对推动国家构建绿色低碳、安全高效的现代能源体系，发展高质量煤炭工业，应对气候变化及治理大气污染都具有十分重要的意义。三是节能技术。充分利用节能技术减少能源浪费，促进产业升级，能源结构转型，创造低碳未来，是世界各国抑制全球变暖的重要举措之一。本部分从钢铁、石化化工、电力、有色金属、纺织、水泥、造纸、建材八个方面介绍了相关节能技术。四是绿色照明技术。2022年，国内外绿色照明技术进步显著，绿色照明行业标准密集出台。《中华人民共和国国民经济和社会发展第十四个五年规划和2035年远景目标纲要》明确表示，促进绿色照明行业进一步发展，旨在为中国减排提供一定的借鉴经验。

碳利用技术发展分析与展望

随着城市化和工业化水平不断提高，全球的环境气候遭受着极其严重的影响，以二氧化碳为首的温室气体排放带来全球气温升高的问题。2022年3月中旬，地球南北两极同时经历异常的高温，南极洲的部分地区比平均温度高出40℃。研究人员指出这种极端情况在未来将更加普遍，无疑给全球的民生与经济发展带来了愈发严峻的挑战。在全球各国共同促进低碳经济发展之时，各项低碳、节能与利用等新技术如雨后春笋般萌发。联合国政府间气候变化专门委员会和国际能源署认定碳捕集利用与封存（以下简称CCUS）技术是全球碳中和目标实现的重要战略性选择，遏制全球变暖成本将降低一半。因此，CCUS技术作为一项有望实现化石能源大规模低碳化利用的新兴技术，不仅是减少二氧化碳排放、保障能源安全的战略选择，还是构建生态文明和实现可持续发展的重要手段。2022年，各国积极推动CCUS技术落地，完善政策体系，加大技术示范力度，加强多方合作，带动相关低碳产业的发展和壮大。

一、2022年国际碳利用技术发展概况

受到新冠疫情的影响，全球二氧化碳排放量有所下降；但是随着经济复苏，碳排放量已经开始强劲反弹，2021年碳排放量为363亿吨，较2020年同比增长6%，达到了有史以来年度最高水平。

国际能源署可持续发展情景的目标是全球于2070年实现净零排放，并将CCUS列为第四大贡献技术，其技术减排量占累积减排量的15%。CCUS技术是碳捕集与封存（以下简称CCS）技术新的发展趋势。在CCS的基础上加上了碳"利用"，即把二氧化碳从工业过程、能源利用或大气中分离出来，进行提纯后投入新的生产过程中，从而实现二氧化碳循环再利用，而不是简单的封存。如图20所示，碳利用的主要方式包括矿化利用、物理利用、化学利用

和生物利用等多种方式,既能够产生经济效益,也具有现实操作性。

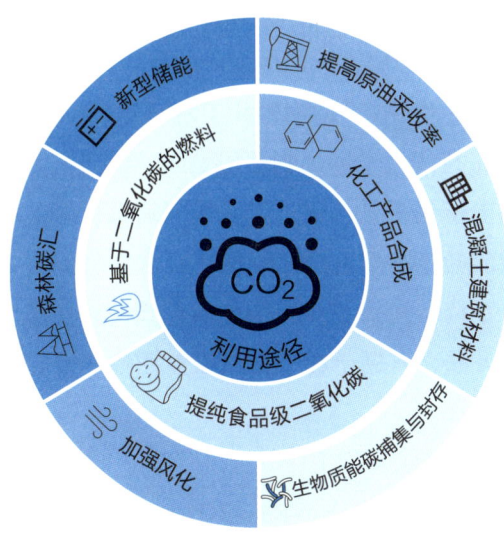

图 20　碳利用主要方式

(一)国际碳利用技术发展概况

科技创新是实现碳中和的核心驱动力,绿色低碳技术创新产业发展作为实现碳中和目标的战略选择已成为主要发达国家的共识。2022年以来,发达国家通过制定面向碳中和的科技战略与计划,来加快绿色低碳科技发展,带动产业优化升级。

1. 全球 CCUS 项目连续四年呈向上趋势

CCUS 技术作为全球应对气候变化必不可少的技术手段,受到世界各国的高度重视,具有特殊的战略意义。全球碳捕集与封存研究院发布的《全球碳捕集与封存现状 2021》中提到,全球 CCUS 项目连续四年呈向上趋势,总捕集能力增长了 32%。2021 年新增 71 个 CCUS 商业项目,使全球 CCUS 商业项目增加到 135 个。其中 27 个项目已进入运行,每年碳捕集能力达 4000 万吨。截至 2022 年,全球有 25 个国家开展 CCUS 项目,其中美国和欧洲占四分之三。

2. 合成生物吸收二氧化碳生产技术方面取得进展

2022 年 2 月,碳回收公司 LanzaTech 和美国西北大学的研究人员在合成生物吸收二氧化碳生产技术方面取得进展,实现了负碳生产丙酮和异丙醇的中试阶段。该研究以光合自养微生物为底盘，利用合成生物技术进行代谢重塑，构建"负碳细胞工厂"，在光能驱动下将二氧化碳直接转化为目标产物，揭示了生物光驱动合成可降解塑料的潜在应用前景。

3. 碳固定与光伏技术相结合的电催化工艺

2022 年 6 月，特拉华大学和加利福尼亚大学的研究人员开发了一种独立于生物光合作用的电催化工艺，通过串联式电解系统将二氧化碳转化为一氧化碳，再转化为醋酸盐，其中电解产生的"废水"将作为生物体的碳和能量来源。这种碳固定系统与光伏技术相结合的模式，为食品生产提供了一种可替代的、更节能的方法，有助于在不扩大农业用地的情况下满足人类对食物不断增长的需求。

4. 启动全球首个电网级储能工厂

2022 年 6 月，意大利储能公司 Energy Dome 启用了全球首个电网级储能工厂。其独特的"二氧化碳电池"可以长期储存可再生能源，并能做到将其快速释放，成本不到大型锂电池的一半。该电池是由巨大穹顶和充满二氧化碳气体的气囊构成的封闭系统，利用可再生能源来运行电动压缩机，将二氧化碳气体压缩，直至凝结成液体，在环境温度下储存。在压缩过程中，将产生的热量捕获并储存，相当于为电池充电。当需要能量时，将储存的热量用来蒸发液态二氧化碳，使之变成气体，再利用气体驱动涡轮发电。

5. 工业废气中捕集的二氧化碳百分百转化为乙烯

2022 年 9 月，美国伊利诺伊大学芝加哥分校研究人员发现了一种可将工业废气中捕集的二氧化碳百分百转化为乙烯的方法。乙烯是塑料产品的关键成分，当使用可再生能源运行时，该技术可将 6 吨的二氧化碳转化为 1 吨乙烯，并且回收几乎所有捕集的二氧化碳，使塑料生产实现净零排放。这项新方法通过实际减少工业二氧化碳总排放量，超越了其他碳捕集和转化技术的净零碳目标。

6. 日本建立首个碳回收技术示范研究中心

2022 年 11 月，日本新能源产业技术综合开发机构宣布在发电厂附近建立首个碳回收技术示范研究中心，旨在将二氧化碳利用技术早日投入实际应用。该中心包括三个研究区域：示范研究区、基础研究区和藻类研究区。在示范研究区进行有效利用二氧化碳制混凝土技术研发、以碳循环利用为目标的化工产品合成技术研发和二氧化碳制脂质生物工艺技术研发；在基础研究区进行常压等离子体的新型二氧化碳分解/还原工艺的研发、碳循环液化石油气制造技术及工艺研发和微藻固定二氧化碳及制化学品技术研发；在藻类研究区进行微藻衍生的生物喷气燃料生产工艺研发，并建立提高二氧化碳利用效率的研究基地。

7. 混凝土搅拌站利用二氧化碳转化为矿物减少水泥用量

加拿大 CarbonCure 公司开发了一个系统，能够在混凝土搅拌的过程中捕集二氧化碳，并将捕集到的二氧化碳转化为矿物形式注入混凝土中。二氧化碳的注入使混凝土所需的水泥用量最小化，改善了混凝土的抗压强度，使混凝土更加坚固。这意味着即使只使用较少的水泥，仍然可以制造出强度合格的混凝土，大大节约了生产成本。水泥的生产是引起气候变化的主要因素之一，碳排放占全球排放量的 8%。这项技术可以有效减少单位水泥用量。截至 2022 年，该公司已经在英国的 400 多家商品混凝土搅拌站采用了这项技术，同时也启动了从水泥窑直接收集二氧化碳的研发工作。

（二）国际碳利用政策发展概况

联合国政府间气候变化专门委员会发布了《气候变化 2022：减缓气候变化》报告，指出我们仍有一半的机会将全球升温控制在 1.5 摄氏度以内，但这要求全球温室气体排放量在 3 年内即 2025 年达到峰值，到 2030 年前排放量要比 2010 年减少 43%。全球各国在 2022 年间，不断完善促进碳捕集、利用的相关市场化机制，在政策与立法层面积极保驾护航。2022 年，国际能源署推出《CCUS 技术法律和监管机制》手册。该手册由在线 CCUS 法律和监管数据库支持，更新了 CCUS 标准监管框架，为示范立法文本提供了样本措辞和常用术语定义示例，明确了利用 CCUS 技术应优先解决的 25 个问题，介绍了全球案例研究，并深入分析了不同的司法管辖区处理这些问题的差异，为当局在制定适合其国家或区域背景的 CCUS 立法和监管机制提供参考。

2022 年 3 月，日本水泥协会修订发布了《日本水泥行业碳中和长期愿景》，制定了实现 2050 年碳中和的国家绿色增长战略，确立了日本水泥厂大规模循环利用二氧化碳技术为今后水泥产业发展的目标，同时，推进利用废弃物等多种钙源固化二氧化碳技术研发和示范应用。具体绿色创新基金项目主要研发技术有二氧化碳循环利用生产水泥技术、水泥烟气中二氧化碳回收研发和示范，以及利用钙源固化二氧化碳技术。利用二氧化碳合成甲烷等燃料的研究也在同步推进，在遵循国家基础技术开发和示范长期目标的同时，仍需加强推进短期实用化技术的开发。

2022年3月，美国政府加大资金投入力度，投入9600万美元，用来支持天然气发电厂和其他工业的开发，以及测试碳捕集材料、设备、工艺等。同时在CCUS有关政策支持方面加大力度，2022年颁布的《通胀削减法案》为45Q税收抵免提供了重要更新，通过扩大和加强45Q，有效刺激高排放企业参与节能减排，有助于释放数十亿美元的私人资本进行碳捕集、利用与封存，大幅提高了市场投资的积极性。45Q最终法规对于推动美国实现净零排放和实现21世纪中叶的气候目标具有重要意义。

2022年6月，加拿大政府启动了温室气体抵消信用体系，该体系是加拿大《2030年减排计划》中的一项关键措施。在新体系下，注册的参与者可以按照联邦抵消议定书开展温室气体利用项目，这些项目每减少或消除一吨大气中的二氧化碳，就可以产生一个可交易的抵消信用，抵消信用可以卖给其他利益相关者，帮助他们履行合规义务或实现碳污染定价体系下的减排目标。

2022年7月，英国政府宣布从爱丁堡到埃克塞特、斯温顿到谢菲尔德，共有15个项目将获得超过5400万英镑的资金，用于直接空气碳捕集、生物能源碳捕集和存储、生物炭、海水温室气体去除等四项技术的研发。

二、2022年中国碳利用技术发展分析

"双碳"目标既是中国当前社会关注的热点，也是未来社会发展的主要战略。碳基能源目前仍是中国能源结构主体，与欧美各国相比，中国制造业占GDP比重较高，单位GDP能耗强度高，为世界平均水平的1.4倍，是发达国家的2~3倍。2011—2019年，世界主要国家和地区碳排放情况如图21所示，中国碳排放量占据世界首位，远超其他国家，2021年中国二氧化碳排放量超过119亿吨，占全球总量的33%。因此，碳利用技术作为实现"双碳"目标的

有力工具越来越被国家重视。

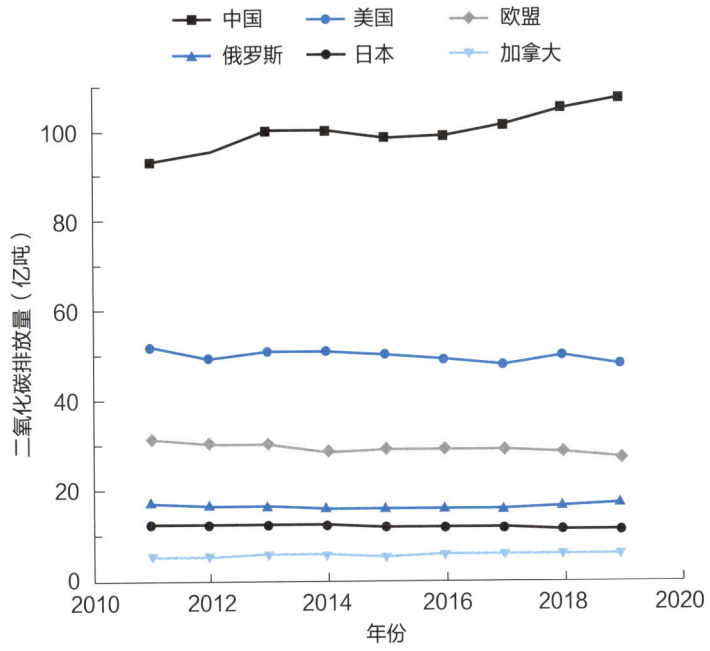

图 21　2011—2019 年世界主要国家和地区碳排放情况

数据来源：世界银行

（一）中国碳利用技术发展现状

作为减碳固碳技术，CCUS 已成为中国碳中和行动计划的重要组成部分。二氧化碳利用技术作为 CCUS 技术的关键一环，已经进入了全新的发展阶段，随着在该领域投入的不断加大，相关研发工作深入开展，新型技术不断涌现，CCUS 产业迎来商业化运营时代。

1. 碳资源化利用技术不断创新

科技创新是支撑中国达成碳中和目标的核心驱动力，也是战略目标实现的根本保障，中国高度重视碳资源化利用技术发展。2012—2022 年，中国碳资源化利用技术专利数量趋势如图 22 所示，"双碳"目标提出后，中国创新能力与技术研发支持力度加大，2022 年碳资源化利用技术专利数量再破新高，达到 468 项，在多个方向取得重要突破。

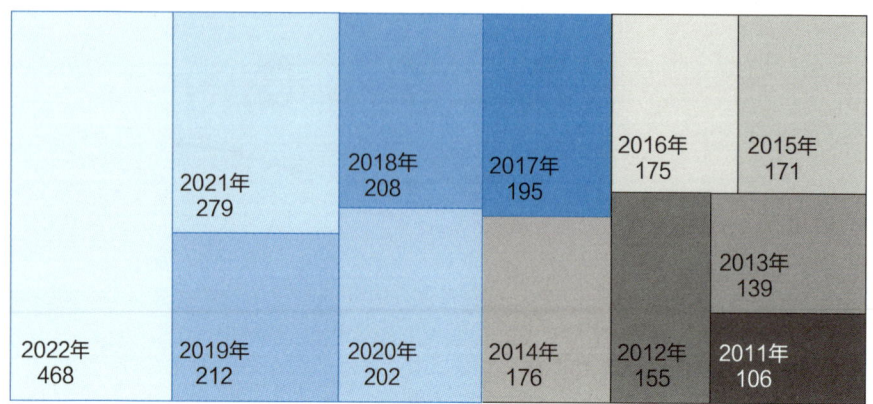

图 22　中国碳资源化利用技术专利数量

数据来源：智慧芽数据库

2. CCUS 产业发展进程加速

在中国宣布"双碳"目标后，中国的 CCUS 发展进程显著加快。中国企业在政府引导下积极开展 CCUS 研发与示范活动，中国已投运和正在建设中的 CCUS 示范项目约 40 个，分布于 19 个省份，涉及电厂和水泥厂等纯捕集项目，以及二氧化碳提高原油采收率、二氧化碳驱替煤层气、地浸采铀、重整制备合成气、微藻固定和咸水层封存等多样化封存及利用项目，其中部分示范项目情况如表 15 所示。

表 15　中国 CCUS 部分示范项目情况

项目名称	规模	利用与封存方式	投运时间
中石油吉林油田 EOR 项目	35 万吨/年	驱油	2008 年
华能石口洞电厂捕集项目	12 万吨/年	精制食品级 CO_2	2009 年
中石化胜利油田 EOR 项目	4 万吨/年	驱油	2010 年
中电投重庆双槐电厂碳捕集示范项目	1 万吨/年	焊接保护	2010 年
华中科技大学 35 兆瓦富氧燃烧示范项目	10 万吨/年	工业应用	2014 年
中石化中原油田 EOR 项目	10 万吨/年	驱油	2015 年
华能天津 IGCC 电站	10 万吨/年	工业利用	2016 年

续表

项目名称	规模	利用与封存方式	投运时间
国家能源集团国华锦界电厂15万吨/年燃烧后捕集与封存项目	15万吨/年	咸水层封存	2020年
中海油海上CO_2封存示范工程	30万吨/年	海上封存	2022年
中石化齐鲁石油化工EOR项目	100万吨/年	驱油	2022年
延长石油榆林煤化CO_2捕集项目	30万吨/年	驱油	2022年

2022年6月，中国海油宣布，中国首个海上规模化（300万吨到1000万吨级）二氧化碳捕集利用与封存（CCS/CCUS）集群研究项目正式启动。2022年11月，中国首个贯穿长江沿线开放式千万吨级二氧化碳捕集利用与封存项目在上海签约启动。这两项项目的启动是积极推进"双碳"工作的又一项务实举措，将有助于华东和长江沿线地区现有产业脱碳，打造低碳产品供应链，为中国实现到2035年拥有每年至少2500万吨碳捕集与封存能力的目标做出重要贡献。

2022年8月，"齐鲁石化－胜利油田百万吨级CCUS项目"正式注气运行。项目正式投产每年可减排二氧化碳100万吨，相当于植树近900万棵，标志着中国CCUS产业开始进入成熟的商业化运营阶段，将为中国大规模开展CCUS项目建设提供更丰富的工程实践经验和技术数据，对搭建"人工碳循环"模式具有重要意义。"十四五"时期，中国石化将加大建设力度实现CCUS产业化发展。中国石化将依托胜利发电厂、南化公司等企业产生的二氧化碳，力争在所属胜利油田、华东油气田、江苏油田等再建设2个百万吨级CCUS示范基地，实现CCUS产业化发展，为中国实现"双碳"目标开辟更为广阔的前景。

3. 二氧化碳矿化利用技术

2022年3月，浙能兰溪二氧化碳捕集与矿化利用集成示范项目正式开工建设。项目运行过程中，将电厂发电产生的部分二氧化碳捕集回收并用于加气砌块砖的生产，首次把低能耗二氧化碳两相吸收剂及基于化学吸收工艺的吸收剂胺逃逸控制装置应用于工业示范，探索出了一条传统能源低碳循环发展的有效路径，对中国同类型燃煤电厂的低碳转型具有良好的推广借鉴意义。

2022年6月，国内煤化工行业首个万吨级二氧化碳矿化制备全固废负碳建材项目成功试运行。该项目利用煤化工行业生产过程中产生的气化渣、电石渣、粉煤灰等大宗固废，在不借助外部热源、不使用任何水泥的条件下与煤化工行业产生的二氧化碳烟气发生矿化反应，制备出矿化建材产品，固碳率达到15%以上，其强度、耐久性等指标均符合现行国家及行业标准，真正实现了节能、利废、负碳相统一。正式投产运行后，该项目将成为国内煤化工领域低碳转型的标杆性示范项目，将全力推进电力行业、钢铁行业、建材行业等其他高碳排放产业的低碳绿色发展。

2022年6月，陕西延长石油年捕集30万吨煤化工二氧化碳项目在陕西省榆林市正式投产。该项目依托煤制甲醇装置及设施，将生产过程中排放的二氧化碳捕集提纯，用于油田驱油开采与地质封存。项目针对煤气化、变换装置产生的二氧化碳进行高效捕集，经闪蒸、压缩、冷凝液化，得到纯度达99.6%的液体二氧化碳产品，且二氧化碳捕集能耗较低，生产成本不超过每吨100元。这是目前国内煤化工行业二氧化碳捕集成本相对较低的一套装置。

4. 二氧化碳生物利用技术

2022年4月，中国实现二氧化碳合成葡萄糖和脂肪酸，该技术首先通过电催化将二氧化碳和水合成高纯乙酸，再以乙酸及乙酸盐为碳源经生物发酵合成葡萄糖和脂肪酸等长碳链分子，为人工和半人工合成"粮食"提供了新路径。该技术开辟了电化学结合活细胞催化制备葡萄糖等粮食产物的新策略，为进一步发展基于电力驱动的新型农业与生物制造业提供了新范例，是二氧化碳利用方面的重要发展方向。

2022年7月，成都首次将"空气中的二氧化碳"捕集技术应用于生态灭蚊领域，此技术在世界范围内首次只利用自然空气来引诱并捕杀蚊子，实现了健康、高效的革命性捕蚊。相比传统二氧化碳捕集技术及装置，该项目开发的新型二氧化碳捕集技术及装置具有高吸附–脱附速率、良好循环稳定性，运行成本低于目前常规的胺吸附技术捕集成本，所捕集的二氧化碳还可直接再利用，有望真正实现二氧化碳利用的碳生态循环。

2022年10月，国家电网浙江丽水缙云水光氢生物质近零碳示范工程启动投产。该项目是中国首个乡村氢能生态示范工程，创造性地利用绿氢"提纯"生物天然气，为乡村迈向共同富裕和"碳中和"提供新思路。该工程采用质子交换膜技术制备零排放无污染的绿氢，这一过程将当地富余的水电、光伏等可再生能源作为"电源"就地消纳。而生成的氢气，一部分可供交通和工业使用，另一部分则用于捕集固定沼气中的二氧化碳，进一步提纯天然气。与此同时，产出的生物天然气经管网输送到周边用户，实现农村废弃物循环利用。

5. 二氧化碳应用于石化行业

2022年3月，全球首套1000吨/年二氧化碳加氢制汽油中试装置开车成功，能够选择性生产高附加值、高能量密度的烃类燃料，将为推进清洁低碳的能源革命提供全新路线。二氧化碳加氢转化制液体燃料和化学品不仅可实现温室气体二氧化碳的资源化利用，还有利于可再生能源的储运，也为解决国家能源安全问题提供新策略。

2022年6月，清华大学与久泰集团合作建设的万吨级二氧化碳制芳烃工业试验项目开工仪式在鄂尔多斯市准格尔旗举行。该项目以二氧化碳和氢气为原料，开发有自主知识产权的流化二氧化碳一步法制芳烃成套技术，形成万吨级工业示范，是世界首套万吨级以碳氢化合物为产品的二氧化碳利用项目。项目为二氧化碳高效清洁利用提供新一代技术储备，为新型煤化工的发展及煤炭的清洁利用提供一条具有前景的技术路线。

6. 二氧化碳应用于新型储能行业

2022年8月，全球首个"二氧化碳+飞轮储能示范项目"在四川省德阳市建成，标志着中国这一储能技术迈开了工程化应用的步伐。这个"零碳超级充电宝"占地18000平方米，约为两个半足球场大小，利用储能规模10兆瓦/20兆瓦时，能在2小时内存满2万度电，是全球单机功率最大、储能容量最大的二氧化碳储能项目，整个充放电过程，不会用到化石燃料，也不会产生固体废弃物，完全做到零碳排放，标志着中国这一新型储能技术实现了工程应用的巨大飞跃。

（二）中国碳利用技术发展政策

中国高度重视CCUS发展，2022年以来，不断加强CCUS政策的顶层设计，规划CCUS相关行业技术标准，各级人民政府积极响应，对接重点领域出台相关方案政策，鼓励和支持CCUS大型项目的建设和示范推广（表16）。

表16　2022年中国碳利用技术发展政策

时间	政策措施	出台单位	政策内容
2022年1月	关于完善能源绿色低碳转型体制机制和政策措施的意见	国家发展改革委、国家能源局	完善火电领域二氧化碳捕集利用与封存技术研发和试验示范项目支持政策，加强二氧化碳捕集利用与封存技术推广示范，扩大二氧化碳驱油技术应用，探索利用油气开采形成地下空间封存二氧化碳
2022年4月	加强碳达峰碳中和高等教育人才培养体系建设工作方案	教育部	加快碳捕集利用与封存相关人才培养，针对碳捕集利用与封存技术未来产业发展需求，推动高校尽快开设相关学科专业，促进低碳、零碳、负碳技术的开发、应用和推广，为未来技术攻坚和产业提质扩能储备人才力量
2022年6月	科技支撑碳达峰碳中和实施方案（2022—2030年）	科技部等9部门	以CO_2捕集和利用技术为重点，开展CCUS与工业过程的全流程深度耦合技术研发及示范；聚焦提升CCUS、绿色碳汇、蓝色碳汇等负碳技术能力，对甲烷、氧化亚氮等非CO_2温室气体监测和减量替代技术进行针对性部署，着力加强国家科技计划对低碳科技创新的系统部署，推动国家绿色低碳创新基地建设和人才培养
2022年7月	国家标准化发展纲要	市场监管总局等16部门	研究制定生态碳汇、碳捕集利用与封存标准，开展碳达峰碳中和标准化试点
2022年7月	工业领域碳达峰实施方案	工信部、国家发展改革委、生态环境部	部署工业低碳前沿技术研究，实施低碳零碳工业流程再造工程，研究实施氢冶金行动计划；布局"减碳去碳"基础零部件、基础工艺、关键基础材料、低碳颠覆性技术研究，突破推广一批高效储能、能源电子、氢能、碳捕集利用与封存、温和条件CO_2资源化利用等关键核心技术。推动构建以企业为主体，产学研协作、上下游协同的低碳、零碳、负碳技术创新体系

续表

时间	政策措施	出台单位	政策内容
2022年9月	"十四五"生态环境领域科技创新专项规划	科技部、生态环境部、住建部、国家气象局、国家林草局	在应对气候变化领域，开展重点领域低碳、零碳、负碳技术研发，重点突破零碳工业流程再造、积极开展二代碳捕集、CO_2利用关键技术研发与示范，建成中国CCUS集群化评价应用示范平台，构建绿色技术创新体系，推动经济社会发展全面绿色转型，建设美丽中国
2022年10月	能源碳达峰碳中和标准化提升行动计划	国家能源局	加快推进相关标准管理体系和标准体系完善，推进CO_2捕集、输送、封存监测、泄漏预警、驱油等关键环节标准制修订

数据来源：中国政府网。

三、2023年中国碳利用技术发展展望

随着"双碳"目标的提出，以及碳减排工作的不断推进，中国正从能耗"双控"向碳排放总量和强度"双控"转变。二氧化碳利用技术作为大规模碳减排的有效技术，总体呈现良好发展势头。尽管中国CCUS技术发展起步较晚，但国家对CCUS技术全链条技术研发和示范非常重视。2023年，中国将持续加速碳利用核心技术研发，因地制宜，壮大试点示范项目规模化、集群化、商业化，进一步增强整体竞争力，在碳利用技术、产业、政策等方面，都会有新的突破。

（一）政产学研助力二氧化碳资源化利用走上正轨

现有的相关法规从不同角度对二氧化碳的定性和CCUS技术的发展提供了法律依据，为确保在中国大规模推广CCUS项目及其商业化发展，将会设立专门的立法和技术标准，从法律规范的层面为其法律地位、技术规范、监管、责任与事故响应等问题进行界定和规范。当地企业等创新主体充分认识低碳经济的发展前景和意义，愈发重视二氧化碳资源化利用，积极引导各级企业抓住研发机遇，做好绿色生产转型。未来将会加强顶层机制设计，明确CCUS技术中长期发展战略定位，将CCUS纳入国家重大低碳技术范畴，出

台具体的鼓励措施及监管要求，有望形成政产学研各界对其商业化应用的统一愿景。

（二）强化经济激励，提高市场投资积极性

在"双碳"目标下，相关政策重点从减排需求出发，保持创新驱动策略，完善税收、财政补贴、碳交易、绿色金融等体系来调动市场投资积极性。合理预测 2023—2060 年中国 CCUS 发展路径、模式及布局，为行业乃至全社会碳中和路径确定锚点。将 CCUS 纳入产业和发展目录，打通金融融资渠道，为 CCUS 项目优先授信和优惠贷款。2023 年相关政策有望将 CCUS 纳入二氧化碳减排量认证及国家碳排放交易体系，建立碳信用交易系统，探索制定符合中国国情的 CCUS 税收优惠和补贴激励政策，形成投融资增加和成本降低的良性循环，完善优化法律法规体系以及行业规范，制定科学合理的建设、运营、监管、终止标准体系。

（三）CCUS 示范大规模开展，产业化集群建设不断增多

中国高度重视 CCUS 技术发展，稳步推进该技术研发与应用。中国 CCUS 技术整体处于工业示范阶段，虽然现有大规模示范项目较少，但随着技术的发展，"十四五"期间，有望建成 3~5 项百万吨级 CCUS 全链条示范项目。各单位也在加速突破高性价比的二氧化碳吸收/吸附材料开发、大型反应器设计、长距离二氧化碳管道运输、二氧化碳高效利用等核心技术，促进 CCUS 产业集群建设。将会积极把握 2030—2035 年 CCUS 技术改造的最佳窗口期，在电力行业、钢铁行业、水泥行业超前部署新一代低成本、低能耗 CCUS 技术示范，推进 CCUS 技术代际更替，有望避免技术锁定，争取最大减排效益。

（四）关键性碳利用技术发展瓶颈有所突破

"十四五"时期，将会重点完善能源科技创新制度，布局零碳、负碳技术的发展。随着政策支持不断增多以及示范工程建设的加速推进，中国将准确把握前沿技术方向，抓紧布局技术和装备研发，借助高铁和光伏等产业发

展经验，依托国内巨大市场，在二氧化碳化学、地质、生物、矿化多领域利用技术方面，集中开展科技战略攻关，合理降低资源成本，加速培养科技人才。

（五）信息技术共享，将合作推向新高度

绿色低碳技术的发展对于"双碳"目标的实现和人类文明发展都具有重大意义。随着信息技术的迅猛发展，创新资源在世界范围内加快流动，开放与合作创新将日益普遍，不断推动开放才能更好促进交流合作。未来几年，在发展CCUS产业集群的同时，共享基础设施有助于带动小型碳利用项目，满足其发展需求，又能迅速高效推动基础设施投资。同时，加强企业内部不同板块之间的合作，加速构建相关企业CCUS联合沟通协调机制，有利于多元化地实现互利共赢。

清洁煤技术发展分析与展望

能源是社会与经济发展的物质基础，世界各国均高度重视能源安全，竭力发展能源技术，保障能源供给。虽然每个国家的资源储量不同，发展方向各有侧重，但能源清洁化是全球共同的发展趋势。2022年10月，国际能源署发布《世界能源展望2022》，提出俄乌冲突引发的全球能源危机正在引起深刻而持久的变化，这次的能源危机可能是世界能源结构迈向更清洁、更安全未来的历史性转折点。煤炭作为重要的化石能源，其高效、洁净利用不仅是国际上解决燃煤环境问题的主导技术和重要领域，也是中国国家科技计划重点支持和煤炭产业发展方向。2022年，国家发展改革委、国家能源局印发《"十四五"现代能源体系规划》《"十四五"节能减排综合工作方案》等文件，对新时期能耗双控、煤炭消费总量减量替代提出了更高的要求。相比"十二五"和"十三五"，"十四五"能源规划更强调"现代能源体系"，大力推动能源领域绿色低碳高效转型是加快构建现代能源体系的重要举措。

一、2022年国际清洁煤技术发展概况

国际能源署发布煤炭年度市场报告《煤炭2022》，指出国际煤炭市场在2022年严重震荡，一些传统贸易流动中断，煤炭价格飙升。2022年全球煤炭消费量同比增长1.2%，达到历史新高，首次超过80亿吨。

2022年2月底，俄乌冲突爆发。欧盟对俄罗斯煤炭实行禁运制裁，同时俄罗斯也减少对西欧国家的天然气输送。为应对俄罗斯天然气断供的危机，欧盟尽力节省天然气的使用，削弱了煤炭向天然气的转换力度，煤炭消费也将进一步增加。

2022年7月，匈牙利宣布进入能源紧急状态，允许政府增加天然气和煤炭产量。2022年9月，国际能源署执行主任法蒂赫·比罗尔在发布报告时表示，将提高能源效率和发展可再生能源列为优先事项是一种务实的方法，可

以避免化石燃料进口和排放的增加，符合匈牙利的能源和气候目标。

波兰是欧洲最大的煤炭生产国之一，煤炭在其能源结构中占比近70%。随着欧盟绿色新政的实施，波兰面临越来越大的能源转型压力。2022年以来，波兰政府出台一系列政策，在改善其能源系统的安全和可持续性方面取得了重大进展。但根据国际能源署的政策审查，波兰仍需要大幅加速清洁能源转型，以解决煤炭在电力部门主导作用造成的排放问题。

德国作为严重依赖俄罗斯能源供应的国家之一，更是由于俄乌冲突受到强烈冲击。在煤炭电厂装机量稳定的情况下，德国只有通过提高煤电装置发电小时数以弥补天然气发电损失量。可以看出，德国面对严峻复杂的能源供应形势，不得不对此前一系列能源政策进行调整，力图在继续大力发展可再生能源的同时，适当增加传统能源供应来应对能源供应紧张的形势。

在亚太地区，各国积极探索和发展清洁煤技术。2022年10月，哈萨克斯坦总理斯迈洛夫在政府例行工作会议上指出，至2035年，哈萨克斯坦将建成10吉瓦的新能源项目。能源部长阿克丘拉科夫表示，为实现煤炭高效利用，计划启动"清洁煤炭"项目，该项目主要针对减少煤炭利用过程中产生的废料。煤炭工业作为哈萨克斯坦支柱产业之一，有其特殊地位，作为一项新技术，清洁煤技术将在未来得到广泛应用。

印度尼西亚能源与矿产资源部表示，2022年印度尼西亚可再生能源产业有望实现39.1亿美元的投资目标。政府将加快老旧燃煤电站的淘汰速度，鼓励并投资建设更多可再生能源发电站，同时积极推广使用清洁煤技术，最大限度减少温室气体的产生。

在经历"能源问题"后，各国已充分认识到煤炭等传统能源的"压舱石"作用，未来在发展新能源的同时，会积极推动清洁能源存储能力建设，并增加传统能源储备。

二、2022年中国清洁煤技术发展分析

截至2022年，中国清洁能源投资额始终为世界最高，各类清洁能源的装机量和产出也都居世界首位。清洁煤行业与传统能源行业相比，对研发和投入的要求更高，成本也相应较高，营利性较弱。全国实现超低排放的煤电机

组约 8.9 亿千瓦，占煤电总装机容量 86%，建成了世界最大规模的超低排放清洁煤电供应体系。中国已形成了包含煤炭分选、提质加工、清洁转化与污染物控制的清洁煤技术体系，在燃煤超低排放发电、高效煤粉型和水煤浆工业锅炉、现代煤化工等领域取得重大技术突破，能源利用效率不断上升，环保水平不断提高。

（一）技术发展现状分析

清洁煤技术是指煤炭从开发到利用过程中，减少污染排放与提高利用效率的加工、燃烧、转化和污染控制等新技术。主要包括煤直接清洁利用技术，例如燃烧前的净化加工技术、燃烧中的清洁燃烧技术、燃烧后的烟气净化处理技术，以及煤转化为清洁燃料的技术。煤炭清洁高效转化利用方式主要分为热解、气化、液化等。此外，对煤炭利用过程中污染排放的控制，以及煤炭燃烧过程中所产生废弃物的环保处理等新技术也在迅速发展。例如，对煤炭燃烧所产生的烟尘进行净化处理、煤层气的开发利用，及煤矸石、粉煤灰以及煤泥的综合利用，等等。

新时代煤炭清洁高效利用特征，可归纳为"三高三低"。"三高"体现为：高效率，即在煤炭利用各环节充分利用先进技术，做到煤质与不同用煤技术、装备精准适配，实现转化效率大幅提高；高品质，即不断应用具有经济、社会和环境效益的新工艺，重塑煤炭利用产业，发展新产品；高循环，即将煤炭利用过程产生的废弃物变为可再生利用材料，形成"资源—产品—资源"的循环模式。"三低"体现为：低消耗，即煤炭利用各环节要控制能源消费强度等，降低单位产品能源资源消耗；低污染，即大气、水、固废污染物排放浓度要低，实现清洁生产，达到近零排放；低碳排放，即要通过与可再生能源深度耦合以及碳捕集利用与封存技术，提升减碳能力，降低碳排放量。中国煤炭清洁技术主要包括煤炭洗选技术、超超临界发电技术、循环流化床锅炉技术、中深层煤原位清洁转化技术等。

1. 煤炭洗选技术

煤炭洗选加工技术是清洁煤技术中的关键基础，也是重要源头。加强对该项技术的开发与利用，能够有效提升中国煤炭质量。所谓煤炭洗选就是利用煤、杂质之间的理化差异，通过技术手段将煤从原料当中分离出来，加工成不同煤炭产品。目前国内具有代表性的先进湿法选煤工艺技术主要有两种，分别是"不脱泥无压给料三产品重介质旋流器+煤泥重介质旋流器+浮选"和"脱泥无压给料三产品重介质旋流器+干扰床分选机+浮选"，这两种工艺的普遍应用使中国的选煤技术进入了国际领先行列。采用先进的选煤技术不仅可以优化产品结构，还可以提高煤炭利用效率，同时实现煤炭产品由单一结构、低质量向多品种、高质量转变，提高煤炭下游产业的能源利用率，实现煤炭全生命周期的节能环保。选煤技术可以就地排除大量煤矸石（约占入选原煤量的15%～20%，按平均18%计算），运输优选后煤炭产品与运输原煤相比，可以节约18%的运力，每入选1亿吨原煤，可排除1800万吨矸石。

2022年1月，国内首个《利用神东煤泥浮选精煤制水煤浆技术研究》项目配套建设的浮选精煤外运系统，在神东煤炭洗选中心布尔台选煤厂投入试运行，标志着神东浮选精煤具备单独外运和销售能力，为煤炭清洁利用及煤泥高附加值利用找到新途径，解决长期困扰选煤厂的细煤泥质量差、水分高、卸车困难等难题。

截至2022年，中国已拥有世界上单机处理能力最大（每小时1300吨）、分选粒级最宽（0.25～200毫米）、分选精度最高（一段可能偏差每升0.02～0.03千克，二段可能偏差每升0.02～0.04千克）的选煤设备，以及简化、高效、节能的选煤系统。中国重介质旋流器的入料粒度上限已突破200毫米，不脱泥重介质旋流器选煤工艺的介耗已低至每吨0.4千克，浓缩机的单位面积处理量已达每小时10立方米。

尽管中国煤炭洗选加工业得到了迅速发展，选煤技术有了较大进步，但与世界发达国家相比还存在不小的差距。2022年10月，中国煤炭经济研究会副研究员秦容军在采访中表示："虽然煤炭洗选加工技术已成为当前中国清洁煤技术推广的主要技术手段之一，但中国煤炭洗选过程还存在分选产品质量不均衡、信息化应用差距明显、定制化水平不足等问题，在精细化和智能化洗选加工方面任重道远。"因此，想要切实提升中国原煤入洗比例，突破发展障碍，攻克技术难关，要着眼于提升原煤入洗能力水平。

2. 超超临界发电技术

2022年6月，在"中国这十年"系列主题新闻发布会上，科技部部长王志刚数次提到"超超临界高效发电技术"。超超临界发电技术是指燃煤电厂在高温运作时，采用先进的蒸汽循环以实现更高的热效率和比传统燃煤电厂更少的废气排放。煤炭作为中国最主要的一次能源和二次能源之一，燃煤发电生产革命对中国能源生产革命具有决定性作用，因此超超临界发电技术是高效燃煤发电技术中重要发展方向。

2022年7月，国电电力双维内蒙古上海庙能源有限公司2号机组顺利通过168小时满负荷试运行，机组各项主要指标良好，正式投入运营。至2022年，在建百万千瓦火电项目一期工程中，两台超超临界100万千瓦机组全部投产运行。中国连续15年布局研发了百万千瓦级超超临界高效发电技术，供电煤耗最低可达到263克每千瓦时，大大低于全国平均水平，也处于全球先进水平。中国超超临界高效发电技术和示范工程已经在全国推广，占煤电总装机容量的26%。中国高温材料研究基础薄弱，电站高温材料的研究起步晚，但"700摄氏度"计划仍在稳步进行，利用国内市场提供的巨大舞台，通过自主研发等方式，多家上市公司已经具备先进的设计制造平台和全球"600摄氏度"等级超超临界机组最多的设计运行经验。按照煤电机组的发展速度，预计2030年能够实现净效率不低于47%的"650摄氏度"超超临界燃煤发电机组的工程示范；2040年实现净效率不低于50%的"700摄氏度"超超临界燃煤发电机组的工程示范。

3. 循环流化床锅炉技术

迄今为止，流化床锅炉技术已经有五十多年的历史，其技术的发展已经趋于成熟，基本上能够满足当前市场上工业生产的要求。循环流化床（以下简称CFB）锅炉能够对煤炭资源进行梯级利用，以较低成本实现污染物排放控制，起到了对煤粉锅炉的"填平补齐"作用。该技术的研发进一步提升了生产效率，促使中国工业生产迅猛发展，同时对生态环境造成的危害也大幅度下降。根据经济发展的现状来看，该技术在未来仍有很广阔的发展空间。CFB锅炉炉膛内合理的物料浓度分布，是锅炉安全经济和环保运行的先决条件。中国科研人员提出的定态设计理论打破了国际CFB锅炉流态设计的完全经验式，选择合适的气固两相流动状态，保障了 CFB 锅炉燃烧设备运行的可靠性和环保性。在 CFB 锅炉定态运行基础上进行流态化重构能够优化锅炉整体性能。

2022 年 7 月，神华国能彬长低热值煤 660 兆瓦超超临界 CFB 示范项目于彬州市新民高端能源化工园区启动。该项目建成后可实现低热值煤就地清洁高效利用，有效缓解矿区大量煤泥、煤矸石堆存造成的土地占用和环境污染问题，保护矿区自然生态环境，节约土地和运力资源，提高煤炭资源综合利用率。

4. 中深层煤原位清洁转化技术

国家能源技术革命创新行动计划（2016—2030 年）明确提出，要在 2030 年实现规模化地下气化开采工业示范，中深层煤原位清洁转化技术作为构建低碳能源生态圈的关键枢纽，在资源规模、产业互补、协同经济效益方面具有优势。

中深层煤原位清洁转化技术是指通过石油工程技术在原始煤层构建"地下气化炉"，将大量没有机械开采价值的中深层煤炭资源原位转化为甲烷等可燃气体和焦油等液体产品，同时将产生的二氧化碳用于气体驱油或者回填到地下气化腔、枯竭油气藏或咸水层。区别于传统意义上的煤炭地下气化，煤原位清洁转化更强调合成气中二氧化碳的利用和埋藏，更符合"双碳"目标下的化石能源发展要求。中深层煤原位清洁转化技术是已知温度最高的化石能源原位开发方式，目前尚处于起步研究阶段，该技术一旦取得突破，将大大推动化石能源技术革命进程，对其他化石能源原位开发起到积极推动作用。油气企业在地下化石能源的勘探开发利用方面具有技术优势，同时具备井下特殊装备工具研发能力和油气资源接替现实需求，油气企业组织开展系统攻关研究，将有利于加快理论技术创新和现场试验进度，有望成为推动该技术和产业发展的主力军。

5. 整体煤气化联合循环和整体煤气化燃料电池发电技术

整体煤气化联合循环发电系统（以下简称 IGCC）是指将煤气化技术和高效的联合循环相结合的先进动力系统。IGCC 由两部分组成，即煤的气化与净化部分和燃气 – 蒸汽联合循环发电部分。与传统煤电技术相比，IGCC 具有发电效率高、污染物排放低、二氧化碳捕集成本低等优势，是目前国际上被验证的、能够工业化的、最具发展前景的清洁高效煤电技术。美国、日本、荷兰、西班牙等国家已相继建成 IGCC 示范电站。

在整体煤气化联合循环发电系统的基础上，引入高温燃料电池的整体煤气化燃料电池发电（以下简称 IGFC）技术，可实现煤电的近零排放。整体煤气化燃料电池发电是以气化煤气为燃料的高温燃料电池发电系统，包括固体氧化物燃料电池和熔融碳酸盐燃料电池，兼备 IGCC 技术的优点，其效率可达 60% 以上。2022 年 9 月 11 日，中国石油和化学工业联合会组织专家在国家能源集团宁夏煤业 IGFC 试验基地，对国家重点研发计划项目"二氧化碳近零排放的煤气化发电技术"IGFC 试验示范系统性能指标进行了现场考核，该项目成功通过考核。该成果是发展煤基化学品、煤基液体燃料、煤制氢、煤制天然气等行业的基础和共性技术，对实现煤炭高效利用和可持续发展、维护国家能源安全具有重要的战略意义。

IGCC 与 IGFC 发电技术把联合循环发电技术与煤炭气化和煤气净化技术有机地结合在一起，具有高效率、清洁、节水、燃料适应性广、易于实现多联产等优点，符合 21 世纪发电技术的发展方向。

（二）政策分析

2022 年国际局势风云动荡，油气供应危机频现，欧洲主要国家重启煤电，煤炭对保障能源安全意义深远。中国于 2021 年年底的中央经济工作会议提出，要立足以煤为主的基本国情，抓好煤炭清洁高效利用，推动煤炭和新能源优化组合。

2022 年 1 月 24 日，中共中央政治局第三十六次集体学习中提出，推动能源革命，要立足中国能源资源禀赋，坚持先立后破、通盘谋划，传统能源逐步退出必须建立在新能源安全可靠的替代基础上。要加大力度建设以大型风光电基地为基础、以其周边清洁高效先进节能的煤电为支撑、以稳定安全可靠的特高压输变电线路为载体的新能源供给消纳体系。

2022 年 3 月 22 日，煤炭清洁高效利用工作专题座谈会强调，要坚持从国情实际出发，推进煤炭清洁高效利用，切实发挥煤炭兜底保障作用。

2022年5月10日，国家发展改革委等部门发布《煤炭清洁高效利用重点领域标杆水平和基准水平（2022年版）》的通知，指出实现"双碳"目标任务，推动煤炭清洁高效利用，促进煤炭消费转型升级。

2022年10月10日，国家能源局印发《能源碳达峰碳中和标准化提升行动计划》，重点强调推动煤炭清洁高效生产、利用和石油炼化等领域节能降碳相关标准提升，进一步提升煤电、煤炭深加工能效相关标准，完善和提升石油炼化能效相关标准。进一步提升煤炭和油气相关资源综合利用标准水平，完善煤矸石、粉煤灰和尾矿综合利用相关技术标准，加强煤炭和油气开发、转化、储运等环节余热、余压和冷能等资源回收利用相关标准要求。推动完善煤炭和油气开发生态环境治理相关标准。

中国是世界上少数几个主要依赖煤炭资源的国家。以煤为主的能源结构带来日益严重的环境污染，影响社会经济的可持续发展，并关系到国家的国际形象。因此，加快煤炭清洁高效利用是支撑能源转型、确保国家能源安全和实现"双碳"目标的必然选择和坚强基石。中国发展清洁煤技术已是必然选择，清洁煤技术是中国能源的未来，也是可持续发展战略的重要保障。

三、2023年中国清洁煤技术发展展望

发展清洁煤技术是中国现在和将来解决能源问题重要途径，更是推进实现自然生态环境保护目标的重要举措。国家大力推进与实施清洁煤技术，为今后在清洁煤技术领域的长期发展奠定了坚实的基础。

（一）超超临界发电技术发展前景广阔

高效的"700摄氏度"燃煤发电技术研发难度大、周期长，受材料和加工制造等基础工业的影响，高温材料仍然是制约超超临界燃煤发电技术发展的瓶颈，"700摄氏度"超超临界燃煤示范电站尚未建成。中国超临界和超超临界发电技术比发达国家起步晚，但中国具有先进的设计制造平台和丰富的"600摄氏度"超超临界机组设计运行经验，为中国"700摄氏度"超超临界燃煤发电技术的发展奠定了良好的基础。未来将着力于发展材料加工制造业等基础工业，改善高温材料制造工艺；同时有望在主机设备和系统布置方面

创新，降低工程投资，力求减少对高温材料的使用。

（二）燃煤机组耦合农林生物质发电技术亟待发展

燃煤耦合农林生物质发电技术在欧洲等发达国家经过 20 余年的发展已较为成熟，实践证明在有力的监管和激励政策下，煤粉炉和流化床机组可由燃煤过渡到全燃生物质，是公认的降低燃煤机组二氧化碳排放的关键路线之一。与欧洲发达国家相比，中国农林生物质资源虽然储量丰富，但未被资源化利用。受限于原料成本偏高、高比例耦合技术不成熟等原因，中国燃煤耦合生物质发电技术发展较为缓慢，与国外相比仍存在较大差距。因此，稳定低成本的生物质原料供应和加工流程，以及高比例耦合技术的完善将极大推动生物质发电的进程。生物质作为一种国际公认的"零碳"能源，在碳交易体系中有着巨大的优势。燃煤机组耦合生物质发电技术有望在中国电力板块降碳中发挥重要作用。

（三）促进煤炭燃烧污染物超低排放

京津冀、长三角、珠三角等重点地区单位面积煤炭消费强度高，散烧煤量大且燃烧效率低、污染治理难度大，导致单位面积污染物排放强度也远高于全国平均水平及美国、日本等发达国家水平，发达国家的大气污染防治经验值得借鉴。中国已在大气污染治理技术研发方面取得了显著的进展，多项关键共性技术取得突破，有效支撑了各重点行业大气污染物排放标准的制定、修订和实施，减少了主要大气污染物的排放，并在一定程度上遏制了空气质量持续恶化的局面。围绕当前空气质量改善的需求，针对工业源、移动源等主要大气污染源，中国正经历从末端污染控制向全过程污染治理的转变，从单一污染物排放控制向多种污染物系统协同控制转变，从污染物达标排放向深度治理转变，并逐步构建源头削减—过程控制—末端治理的全过程大气污染治理技术体系，以支撑实现大气污染物治理能力的全面提升。

（四）促进煤炭智能化开采

在煤矿产业的智能化开采过程中，自动化技术和智能化技术是实现智慧煤矿产业发展的核心。在开采的过程中将根据不同的开采环节引进先进的机械设备实现智慧开采，有效减少在各个生产环节中的人力资源投入，提高整体开发的质量和效率。中国智能化开采处于起步阶段，转变煤炭产业发展思路，积极追求智能化开采技术的理念创新，在生产与管理的各个环节中加强运用信息技术，是持续推进开采智能化发展的重要举措。同时，积极发展硬件设施，持续推进智能化开采技术的设备创新，充分发挥现代化设备的生产优势，有利于提高煤矿开采的质量和效率。随着各类高效、高端的综合采掘技术与装备技术的快速发展，煤炭智能化开采的机械化水平与自动化水平全面提高，将会在更大程度上为煤矿产业的发展提供保障。

节能技术发展分析与展望

2022年，基于全球新冠疫情持续和局部地缘政治冲突的大背景，全球能源局势更加紧张，能源转型与能源短缺共生演变。在此，国际社会针对气候及能源变化，提出更积极的碳排放目标，出台一系列相关的节能减排政策，以实现低碳减排、节约能源。2022年1月24，国务院印发《"十四五"节能减排综合工作方案》，强调要大力推动节能减排，深入打好污染防治攻坚战，加快建立健全绿色低碳循环发展经济体系，推动实现碳达峰碳中和目标。节能技术是指在社会生产的各个领域，根据用能情况、能源类型及其消耗的现状，发掘剩余能源的节能空间，利用先进的技术手段来实现节约能源的目标。作为低碳领域的核心力量之一，节能技术在钢铁、石化、电力、有色金属、纺织、水泥、造纸、建材等行业有着巨大的发展潜力。

一、2022年国际节能技术发展概况

2022年全球发展受新冠疫情重挫，直接导致能源消费和碳排放水平的下降，全球仍处于碳增长周期。国际能源署《2022年世界能源展望》认为全球能源危机正在造成深刻而持久的变化，有可能加速向更可持续和更安全的能源系统过渡。其中较为典型的包括美国的《通胀削减法案》、欧盟的"Fit for 55" package 和 REPowerEU 能源计划、日本的绿色转型（GX）计划、韩国提高核能和可再生能源的能源结构比例目标以及中国和印度的积极清洁能源规划。

《bp世界能源统计年鉴》（以下简称《年鉴》）指出，2022年全球一次能源需求扭转了2021年能源需求下降的趋势。由于受到俄乌冲突的影响，能源产业也面临挑战，碳排放依旧呈增长状态，化石能源消费量和比例都在上升。对此，世界各国也会重新考虑能源的安全问题，加强储能技术、节能技术与清洁技术的发展和应用，降低碳排放，实现碳中和。《年鉴》指出，部分国家

提升了于 2030 年前脱碳速度相关的目标与指标，各国也积极制定从二氧化碳减排到"清零"的目标，覆盖了全球 90% 左右的碳排放，而 2019 年这一占比不到 20%。国际能源署在其公布的《气候承诺方案》中承诺 2050 年能源与工业生产过程所带来的二氧化碳排放量与 2019 年相比将下降 50% 左右。

在新冠疫情的持续影响下，随着对气候变化和可再生能源的关注，2022 年，美国的可再生能源以及清洁节能技术快速发展。在海上浮动风电能源方面，美国能源信息署数据显示，美国约三分之二的海上风力潜力存在于较远和较深的海域。据媒体报道，白宫发表公告宣布，到 2035 年建设 15 吉瓦的海上浮动风力发电装机。2022 年，美国的可再生能源与电网技术相互渗透，带动了绿氢能源的快速发展，美国能源部"Energy Earthshots"计划到 2030 年将绿氢的成本降低 80%。太阳能光伏（PV）系统成为当前具有竞争力的节能技术。2022 年，美国增加太阳能储能建设，探索浮动太阳能光伏组件，推动太阳能与电池储能共存，在节能领域有所贡献。

欧盟国家的能源政策包含能源效率、能源节约和可再生能源三个方面的内容，一直以来都在工业、交通、建筑物、电器设备和照明等领域围绕控制二氧化碳的排放来设计政策。2022 年 5 月 18 日，欧盟委员会发表公告，根据 REPowerEU 能源计划，通过节能、燃料来源多样化、电气化，以及产业增加可再生氢气、生物气体和生物甲烷的使用等方式，到 2030 年能够节省高达 350 亿立方米的天然气。该公告还提出利用"屋顶光伏"，将热泵部署率提高一倍，并将地热和太阳能热整合进供暖系统中。

2022 年 4 月，英国发布的新能源规划强调，在节能领域方面率先推出新能源战略，包括增加核反应堆的核电站。该规划指出在风能方面建立社区区域的涡轮发电机；在氢气方面，加强提供更清洁的能源；对于太阳能，英国政府致力于安装太阳能电池板，充分利用太阳能资源，做到节能减排。2022 年 8 月 26 日，在中英交通领域碳中和协同发展论坛上，英国交通部战略司副司长 Moran Bob 表示将加速推动交通领域变革，实现零排放计划。为了实现《巴黎协定》所制定的碳排放以及二氧化碳排放目标，2022 年 9 月 22 日，英国商务、能源与产业战略部发布公告，支持新一轮的石油和天然气许可，取消水力压裂技术，从而有更多的空间寻求新的节能技术和化石燃料来源。

日本一直以来都存在资源和能源匮乏的情况，相较之下，充分发展低碳节能技术、高度重视碳回收与储藏技术的应用尤为重要。2022年，日本大力发展太阳能发电和氢储能系统，已经广泛用于各种商业楼、办公楼，实现楼宇能源的自给自足。日本的太阳能发电与制氢设备相互配合，在太阳能发电盈余时，发电设备用来制造氢气，制成的氢气存储在铁钛合金储氢罐中，在太阳能发电不足时，储氢罐释放氢气进行燃烧发电。

相比之下，巴拿马拥有丰富的光照资源，在光伏领域，巴拿马在水电、热能、太阳能、天然气、风能、生物质能等方面发展迅速。截至2022年4月，巴拿马供应能源比重分别为水电45%、热能26%、太阳能11%、天然气10%、风能7%、生物质能1%。

二、2022年中国节能技术发展分析

2022年3月21日，国家发展改革委、国家能源局联合印发《"十四五"新型储能发展实施方案》，提出到2025年，国家的新型储能技术创新显著，其中电化学储能技术性能进一步提升，火电与核电机组抽汽蓄能等依托常规电源的新型储能技术、百兆瓦级压缩空气储能技术、兆瓦级飞轮储能等机械储能技术逐步成熟，氢储能、热（冷）储能等长时间尺度储能技术取得突破。

财政方面，2022年第一季度全国一般公共预算支出63587亿元，同比增长8.3%，其中节能环保支出1294亿元，同比增长6.2%。如图23所示，2022年，全国一般公共预算支出260609亿元，比上年增长6.1%。其中，节能环保支出累计5396亿元。

2022年2月，国家发展改革委发布《高耗能行业重点领域节能降碳改造升级实施指南（2022年版）》，强调为做好国家节能减排工作，实现"双碳"目标，中国对17个高耗能行业重点领域的节能降碳进行了改造升级。该指南指出要充分与高校、科研院所、行业协会等单位创新资源，推动节能减污降碳协同增效的绿色共性关键技术、前沿引领技术和相关设施装备攻关。关于高耗能行业重点领域节能改造升级内容如表17所示。

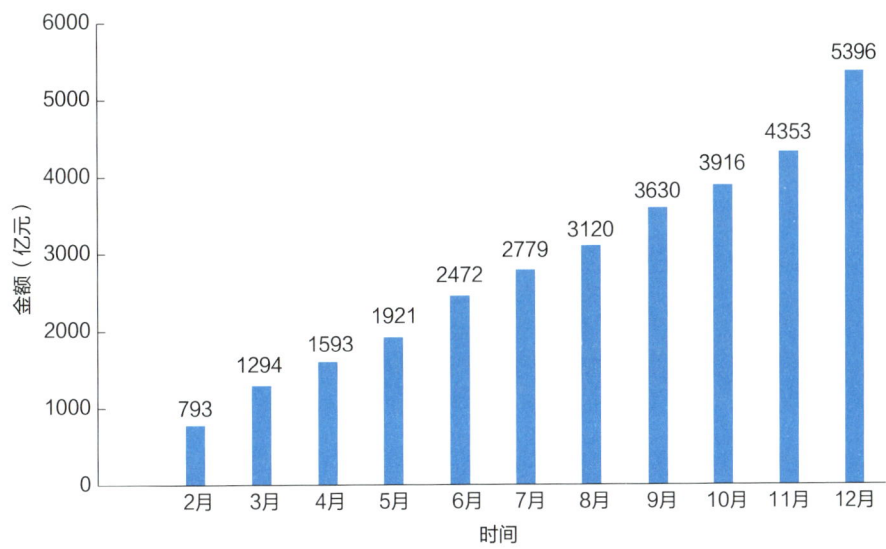

图 23　2022 年 2—12 月中国节能环保财政支出

数据来源：财政部

表 17　高耗能行业重点领域节能改造升级实施指南

高耗能行业重点领域		节能降碳技术改造
炼油	前沿技术	渣油浆态床加氢等劣质重油原料加工、先进分离、组分炼油及分子炼油、低成本增产烯烃和芳烃、原油直接裂解等深度炼化技术
	绿色技术	智能优化技术；控制技术；一氧化碳燃烧控制技术；变频调速、液力耦合调速、永磁调速等机泵调速技术；冷再生剂循环催化裂化技术；压缩机控制优化与调节技术；保温强化节能技术
	节能装备	高效空气预热器；高效换热器；高效烟机
乙烯	前沿技术	原油直接裂解技术；电裂解炉技术；电气化与绿色能源耦合利用技术
	绿色技术	热泵流程；裂解炉在线烧焦技术
	节能装备	分凝分馏塔；扭曲片管等裂解炉管；新型强制通风型烧嘴；裂解气压缩机段间低压力降水冷器；高效转子、冷箱、换热器；余热利用热泵集成技术；绿电的裂解炉装备及配套技术
对二甲苯	前沿技术	国产模拟移动床吸附分离成套（SorPX）技术；吸附塔格栅、模拟移动床控制系统、大型化二甲苯塔及二甲苯重沸炉等技术装置
	绿色技术	二甲苯液相异构化技术；两段重浆化结晶工艺技术；络合结晶分离技术

续表

高耗能行业重点领域		节能降碳技术改造
对二甲苯	节能装备	"四合一"、二甲苯再沸等加热炉及歧化、异构化反应炉；新型高效塔板
现代煤化工	前沿技术	高性能复合新型催化剂；自主化成套大型空分、大型空压增压机、大型煤气化炉；合成气一步法制烯烃、绿氢与煤化工项目耦合等技术
	绿色技术	大型先进煤气化、废锅或半废锅流程气化、合成气联产联供、高效合成气净化、高效甲醇合成、节能型甲醇精馏、新一代甲醇制烯烃、高效草酸酯合成及乙二醇加氢技术；一氧化碳等温变换技术
	节能装备	高效煤气化炉、合成反应器、高效精馏系统、智能控制系统、高效降膜蒸发技术；高效压缩机、变压器等设备
合成氨	前沿技术	绿色低碳能源制合成氨技术；6.5兆帕及以上的干煤粉气化技术；废锅或半废锅流程回收高温煤气余热副产蒸汽
	绿色技术	大型化空分技术；可再生能源生产氨技术
	节能装备	等温变换炉；大型高效压缩机；电驱动设备
电石	前沿技术	电石显热回收及高效利用技术；氧热法、电磁法等电石生产新工艺
	绿色技术	热解球团生产电石新工艺；电石显热回收利用技术；氧热法、电磁法等电石生产新工艺；电石炉采用高效保温材料
烧碱	前沿技术	储氢燃料电池发电集成装置；氯碱－氢能－绿电自用新模式；烧碱蒸发和固碱加工先进技术
	绿色技术	膜极距技术；离子膜法烧碱装置
	资源优化利用	副产氢气高值利用技术；制氢和氢处理技术
纯碱	前沿技术	一步法重灰技术；重碱离心机过滤技术；重碱加压过滤技术；回转干铵炉技术
	绿色技术	热法联碱工艺、湿分解小苏打工艺、井下循环制碱工艺、氯化铵干燥气循环技术；重碱二次分离技术
	节能装备	带式过滤机替代转鼓过滤机；粉体流凉碱设备、大型碳化塔、水平带式过滤机、大型冷盐析结晶器、大型煅烧炉、高效尾气吸收塔设备
磷铵	前沿技术	硝酸法磷肥、工业磷酸－铵及联产净化磷酸技术；中低品位磷矿生产农用聚磷酸铵及其复合肥料技术；尾矿和渣酸综合利用技术；磷肥工艺与废弃生物质资源化利用技术耦合
	绿色技术	磷铵先进工艺技术；半水－二水法/半水法湿法磷酸工艺；单（双）管式反应器生产工艺；新型综合选矿技术、选矿工艺及技术

续表

高耗能行业重点领域		节能降碳技术改造
黄磷	前沿技术	磷化工制黄磷与煤气化耦合；还原反应炉、燃烧器等关键技术
	绿色技术	黄磷尾气烧结中低品位磷矿及粉矿技术；磷炉气干法除尘及其泥磷连续回收技术
水泥	先进技术	超低能耗标杆示范新技术；绿色氢能煅烧水泥熟料关键技术；新型固碳胶凝材料制备及窑炉尾气二氧化碳利用关键技术；水泥窑炉烟气二氧化碳捕集与纯化催化转化利用关键技术
	节能技术	低阻高效预热预分解系统、第四代篦冷机、模块化节能或多层复合窑衬、气凝胶、窑炉专家优化智能控制系统技术；水泥碳化活性熟料开发及产业化应用技术；水泥厂高效节能风机/电机、自动化、信息化、智能化系统技术
平板玻璃	先进技术	玻璃熔窑利用氢能成套技术；浮法玻璃工艺流程再造技术；玻璃熔窑窑外预热工艺及成套技术与装备；大型玻璃熔窑大功率"火–电"复合熔化技术；玻璃窑炉烟气二氧化碳捕集提纯技术；浮法玻璃低温熔化技术
	节能技术	玻璃熔窑全保温、熔窑用红外高辐射节能涂料等技术；玻璃熔窑全氧燃烧、纯氧助燃工艺技术；玻璃窑炉、锡槽、退火窑结构和燃烧控制技术；配合料块化、粒化和预热技术
建筑、卫生陶瓷	先进技术	建筑、卫生陶瓷应用电能、氢能、富氧燃烧等新型烧成技术；能耗智能监测和节能控制技术；建筑陶瓷研发电烧辊道窑、氢燃料辊道窑烧成技术；微波干燥技术
	节能技术	建筑陶瓷推广干法制粉工艺技术，连续球磨工艺技术，薄型建筑陶瓷（包含陶瓷薄板）制造技术，原料标准化管理与制备技术，陶瓷砖（板）低温快烧工艺技术，节能窑炉及高效烧成技术，低能及余热的高效利用技术等绿色低碳功能化建筑陶瓷制备技术；卫生陶瓷推广压力注浆成形技术，智能釉料喷涂技术，高强石膏模具制造技术，高强度微孔塑料模具材料及制作技术，高效节能烧成和微波干燥、少空气干燥技术，窑炉余热综合规划管理应用技术
	压减终端排放	多污染物协同治理技术、低温余热循环回收利用技术

续表

高耗能行业重点领域		节能降碳技术改造
钢铁	先进技术	副产焦炉煤气或天然气直接还原炼铁、高炉大富氧或富氢冶炼、熔融还原、氢冶炼等低碳前沿技术
	绿色技术	烧结烟气内循环、高炉炉顶均压煤气回收、转炉烟一次烟气干法除尘等技术；铁水一罐到底、薄带铸轧、铸坯热装热送、在线热处理等技术；废钢高效回收加工、废钢余热回收、节能型电炉、智能化炼钢等技术
焦化	绿色技术	高效蒸馏、热泵等先进节能工艺技术；进焦炉精准加热自动控制技术；煤调湿技术
	循环经济	焦炉煤气脱硫废液提盐、制酸等高效资源化利用技术
铁合金	先进技术	煤气干法除尘、组合式把持器、无功补偿及电压优化、变频调速等先进适用技术；熔融还原、等离子炉冶炼、连铸连破等新技术
	节能减排	回转窑窑尾烟气余热发电等技术；冶金工业尾气制燃料乙醇、饲料蛋白技术；炉渣、硅微粉生产高附加值产品的综合利用新技术
有色金属	先进技术	高质量阳极技术；电解槽综合能源优化、数字化智能电解槽、铜冶炼多金属回收及能源高效利用、铅冶炼能源系统优化、锌湿法冶金多金属回收、浸出渣资源化利用新技术等关键技术；铝电解惰性阳极、新型火法炼锌技术等技术
	先进适用	电解铝领域重点推动电解铝新型稳流保温铝电解槽节能改造、铝电解槽大型化、电解槽结构优化与智能控制、铝电解槽能量流优化及余热回收等节能低碳技术；铜、铅、锌冶炼领域重点推动短流程冶炼、旋浮炼铜、铜阳极纯氧燃烧、液态高铅渣直接还原、高效湿法锌冶炼技术、锌精矿大型化焙烧技术、赤铁矿法除铁炼锌工艺、多孔介质燃烧技术、侧吹还原熔炼粉煤浸没喷吹技术

资料来源：《高耗能行业重点领域节能降碳改造升级实施指南（2022年版）》。

（一）钢铁行业节能技术发展分析

钢铁是中国经济发展中不可替代的基础性原材料，中国钢铁工业在国际市场上也有很强的竞争力。2021年，中国粗钢铁产量达10亿吨以上，而2022年受疫情和俄乌冲突等因素的影响，钢铁行业面临严峻的考验。目前，中国钢铁行业以高炉－转炉长流程生产为主，煤炭为主要的能源消耗，在节能降碳方面具有很大的发展潜能。作为节能发展的重要一环，钢铁行业应当加强先进技术攻关，重点围绕副产焦炉煤气或天然气直接还原炼铁，加大废钢资源的回收利用。如表 18 所示，2022 年，国家发展和改革委员会发布的《高耗能行业重点领域节能降碳改造升级实施指南（2022 年版）》中，对钢铁行业重点领域节能降碳提出了相关的改造升级实施指南。

表18　钢铁行业节能降碳改造升级实施指南

技术方向	技术改进升级内容
前沿技术	副产焦炉煤气或天然气直接还原炼铁、高炉大富氧或富氢冶炼、熔融还原、氢冶炼等低碳前沿技术；加大废钢资源回收利用
绿色技术	烧结烟气内循环、高炉炉顶均压煤气回收、转炉烟气一次烟气干法除尘等技术；打通、突破钢铁生产流程工序界面技术；废钢高效回收加工、废钢余热回收、节能型电炉、智能化炼钢等技术；能效低、清洁生产水平低、污染物排放强度大的步进式烧结机、球团竖炉等装备逐步改造升级为先进工艺装备
余热余能梯级技术	电炉烟气余热、高参数发电机组提升、低温余热有机朗肯循环（ORC）发电、低温余热多联供等技术；电炉、转炉等复杂条件下中高温烟气余热、冶金渣余热高效回收及综合利用工艺技术装备
能量系统优化	加热炉、烘烤钢包、钢水钢坯厂内运输等数字化、智能化管控措施；普及应用能源管控中心，强化能源设备的管理；各类能源介质系统优化、多流耦合微型分布式能源系统、区域能源利用自平衡等技术
能效管理智能化	5G、大数据、人工智能、云计算、互联网等新一代信息技术在能源管理的创新应用；能效机理和数据驱动模型，建立设备、系统、工厂三层级能效诊断系统
通用公辅设施	应用高效节能电机、水泵、风机产品；压缩空气集中群控智慧节能、液压系统伺服控制节能、势能回收等先进技术；鼓励企业充分利用大面积优质屋顶资源，以自建或租赁方式投资建设分布式光伏发电项目
循环经济	钢渣微粉生产应用以及含铁含锌尘泥的综合利用；钢渣微粉、钢铁渣复合粉技术；钢渣颗粒透水型高强度沥青路面技术；钢渣固碳技术；工业炉窑烟气回收及利用二氧化碳技术

资料来源：《高耗能行业重点领域节能降碳改造升级实施指南（2022 年版）》。

（二）石化化工行业节能技术现状分析

石化和化工行业是中国国民经济发展中不可或缺的基础性产业，也是二氧化碳排放量较大的行业之一，在减少碳排放工作上任重道远。2021 年中国炼油过程碳排放系数平均为 0.325 吨二氧化碳 / 吨原油，二氧化碳排放量合计约 22865 万吨二氧化碳当量。为了达到碳排放标准，石化和化工行业要积极发展绿色节能技术，调整技术路线，优化生产的工艺过程和系统技术，提高单位设备的节能能力。如表19所示，2022年，中国石油和化学工业规划院提出了多项过程低碳节能技术。

表19 石化化工行业过程低碳节能技术

行业名称	主要节能技术
炼油行业	应用渣油浆态床加氢等劣质重油原料加工、组分炼油及分子炼油、原油直接裂解、低能耗柴油液相加氢精制技术、低生焦催化裂化技术、冷再生剂循环催化裂化等节能技术；推动采用高效烟机，高效回收催化裂化装置再生烟气的热能和压力能；推进精馏系统优化及改造，采用智能优化控制系统、先进隔板精馏塔、热泵精馏、自回热精馏等技术，优化塔间热集成等，提高精馏系统能源利用效率
乙烯行业	产业结构优化调整：原料优化调整，采用乙烷、液化气等轻烃裂解制乙烯；装置规模大型化：淘汰30万吨以下小规模装置；前沿技术开发应用：燃烧后碳捕集、氢燃料裂解炉技术（燃烧前碳捕集），电热乙烯裂解炉，电力驱动乙烯三机，采用低温乙烷、丙烷、液化天然气（LNG）冷能利用技术，降低装置能耗；提高裂解炉热效率（成熟技术推广应用）：采用扭曲片管等裂解炉管和新型强制通风型烧嘴，降低过剩空气率，采用裂解炉在线烧焦技术，减少燃料和蒸汽消耗；能量系统优化（成熟技术推广应用）：采用热泵流程，将烯烃精馏塔和制冷压缩相结合，提高精馏过程热效率，推广先进减粘塔减粘技术，提高超高压蒸汽产量，减少汽提蒸汽用量，增设空气预热器，利用乙烯等装置余热预热助燃空气，减少燃料消耗，合理回收烟道气、急冷水、蒸汽凝液等热源热量
对二甲苯行业	加强国产模拟移动床吸附分离成套（SorPX）技术，以及吸附塔格栅、模拟移动床控制系统、大型化二甲苯塔及二甲苯重沸炉等技术装置的开发应用，提高运行效率，降低装置能耗和排放；加强重整、歧化、异构化、对二甲苯分离等先进工艺技术的开发应用，优化提升吸附分离工艺并加强新型高效吸附剂研发，加快二甲苯液相异构化技术开发应用，加大两段重浆化结晶工艺技术和络合结晶分离技术研发应用；推动重整"四合一"、二甲苯再沸等加热炉及歧化、异构化反应炉优化改造，降低烟气和炉表温度，重整、歧化、异构化进出料换热器采用缠绕管换热器，重沸器和蒸汽发生器采用高通量管换热管等，采用新型高效塔板提高精馏塔分离效率，加大分（间）壁塔技术推广应用，合理选用高效空冷设备
甲醇行业	应用半/全废锅流程气化、高效甲醇合成余压回收、节能型甲醇精馏等；采用热泵、热夹点、热联合等技术，优化全厂热能供需匹配，实现能量梯级利用；根据工艺余热品位的不同，在满足工艺装置要求的前提下，分别用于副产蒸汽、加热锅炉给水或预热脱盐水和补充水、有机朗肯循环发电，使能量供需和品位相匹配；根据适用场合选用各种新型、高效、低压降换热器，提高换热效率；选用高效机泵和高效节能电机，提高设备效率
氮肥行业	应用一段炉烟气余热回收技术、燃气轮机技术、气流床加压气化技术、富氧气化技术、等温变换节能技术、氨合成回路分子筛节能技术、钌系催化剂氨合成技术、节能型尿素技术等节能降碳技术，实施鼓风机节电改造，应用新型氨合成塔内件，进行全循环尿素冷却蒸发式改造；根据适用场合选用各种新型、高效、低压降换热器，提高换热效率；选用高效机泵和高效节能电机，提高设备效率；采用性能好的隔热、保冷材料加强设备和管道保温

续表

行业名称	主要节能技术
磷肥行业	加强磷铵先进工艺技术的开发和应用：采用半水－二水法/半水法湿法磷酸工艺改造现有二水法湿法磷酸生产装置，推进单（双）管式反应器生产工艺改造；开发新型综合选矿技术、选矿工艺及技术装备，研制使用选择性高、专属性强、环境友好的高效浮选药剂；开发新型磷矿酸解工艺，提高磷得率提升磷酸选矿、萃取、过滤工艺水平；强化过程控制，优化工艺流程和设备配置，降低磷铵单位产品能耗；采用磷铵料浆三效蒸发浓缩工艺改造现有两效蒸发浓缩工艺，提高磷酸浓缩、磷铵料浆浓缩效率，降低蒸汽消耗；加强余热余压利用和公辅设施节能改造
电石行业	促进热解球团生产电石新工艺推广应用；加强电石显热回收利用技术、电石渣制活性氧化钙（石灰）技术、电石炉气热管余热回收技术、电石炉高效隔热蓄能技术研发应用；加快氧热法、电磁法等电石生产新工艺开发，适时建设中试及工业化装置；推进电石炉采用高效保温材料，有效减少电石炉体热损失，降低电炉电耗
氯碱行业	加强储氢燃料电池发电集成装置研发和应用，探索氯碱－氢能－绿电自用新模式；开展膜极距技术改造升级；推动以高浓度烧碱和固片碱为主要产品的烧碱企业实施多效蒸发节能改造升级；促进可再生能源与氯碱用能相结合，推动副产氢气高值利用技术改造；提高氯化氢合成余热利用水平，开展工艺优化和精细管理，提升水、电、汽管控水平，提高资源利用效率；开展针对蒸汽系统、循环水系统、制冷制暖系统、空压系统、电机系统、输配电系统等公用工程系统能效提升改造，提升用能效率
纯碱行业	加大热法联碱工艺、湿分解小苏打工艺、井下循环制碱工艺、氯化铵干燥气循环技术、重碱二次分离技术等推广应用；采用带式过滤机替代转鼓式过滤机，推广粉体流凉碱设备、大型碳化塔、水平带式过滤机、大型冷盐析结晶器、大型煅烧炉、高效尾气吸收塔等设备，推动老旧装置开展节能降碳改造升级；采用煅烧炉气余热、蒸汽冷凝水余热利用等节能技术进行改造；推动具备条件的联碱企业采用副产蒸汽的大型水煤浆气化炉进行改造，副产蒸汽用于纯碱生产；开展原料优化改造升级，加大天然碱矿藏开发利用，提高天然碱产能占比，降低产品能耗
煤制乙二醇行业	推广应用低位热能综合利用技术、煤制乙二醇废气废液联合焚烧技术、高效草酸酯合成及乙二醇加氢技术；采用高效压缩机、变压器等高效节能设备进行设备更新改造；采用热泵、热夹点、热联合等技术，优化全厂热能供需匹配，实现能量梯级利用；根据适用场合选用各种新型、高效、低压降换热器，提高换热效率；选用高效水泵和高效节能电机，提高设备效率
煤制油气行业	以能源安全需求为依据，严控煤制油气产业发展规模；建成装置实现安稳常满优高质量运行，对工艺装置进行节能改造，开发和应用性能更好的催化剂；新建装置采用最先进工艺提高能效水平，减少碳排放；在可再生能源丰富的地区，适当引入绿电、绿氢等，降低项目碳排放；根据工艺及加工方案特点，新建煤制油项目更多地生产化工品，减少下游应用环节碳排放
轮胎行业	推广湿法炼胶工艺；推广氮气硫化工艺

资料来源：中国石油和化学工业规划院。

（三）电力行业节能技术现状分析

电力能源一直以来都是社会生产生活中不可或缺的重要基础性能源之一。2022年，中国全社会用电量8.64万亿千瓦时，同比增长3.6%，其中水电发电量1.20万亿千瓦时，水电发电规模持续增长。从电力能源的供给结构来看，中国在风能、光伏、核能等能源发电方面都有较大的发展。其中，水电仍是可再生电源的主力军。截至2022年6月底，中国水电装机总容量达4.0亿千瓦（其中抽水蓄能0.42亿千瓦），占全国发电装机容量的16.4%；8月，中国水力发电量为1226.5亿千瓦时，累计值为8516.7亿千瓦时，累计增长率为11.4%。在节能领域，水电方面，出现风光水等清洁能源多能互补、大数据、优化调度等新技术，并且充分利用中国地理优势在多流域内开发清洁能源。中国黄河上游水电基地龙羊峡水电站是目前全球最大的水光互补工程，拥有4台容量达128万千瓦的发电机，充分发挥风–水–光互补发电模式的优势。海上发电方面，深海海上风电空间更大，离受限区域较远，并且由于漂浮式技术的发展，深远海海上风电将成为中国发展风电的主力军。核电方面，2022年8月，核能发电量为363.2亿千瓦时，当期增长率为–0.6%。第三代核电仍将成为未来一段时间内的主流应用技术，并且中国在模块化小型堆、四代堆核电技术方面也取得了一定的突破。光伏方面，产业链各环节金刚线切割技术的广泛运用、PERC电池转换效率持续提升、210毫米大尺寸硅片的发展等不断促进光伏发电效率的提高，促进优质绿色能源的发展。

（四）有色金属行业节能技术现状分析

中国有色金属储量丰富、品种多样，是发展现代工业、现代国防和现代科学技术的重要材料之一。如表20所示，2022年，国家发展和改革委员会发布的《高耗能行业重点领域节能降碳改造升级实施指南（2022年版）》中，对有色金属行业重点领域节能降碳提出了相关的改造升级实施指南。

表20 有色金属冶炼行业节能降碳改造升级实施指南

技术方向	技术改进升级内容
前沿技术	阳极技术、电解槽综合能源优化、数字化智能电解槽、铜冶炼多金属回收及能源高效利用、铅冶炼能源系统优化、锌湿法冶金多金属回收、浸出渣资源化利用新技术；铝电解惰性阳极、新型火法炼锌技术等低碳零碳颠覆性技术
先进技术	电解铝新型稳流保温铝电解槽节能改造、铝电解槽大型化、电解槽结构优化与智能控制、铝电解槽能量流优化及余热回收等节能低碳技术；短流程冶炼、旋浮炼铜、铜阳极纯氧燃烧、液态高铅渣直接还原、高效湿法锌冶炼技术、锌精矿大型化焙烧技术、赤铁矿法除铁炼锌工艺、多孔介质燃烧技术、侧吹还原熔炼粉煤浸没喷吹技术
终端排放技术	节能降碳和污染物治理协同控制；围绕赤泥、尾矿，以及铝灰、大修渣、白烟尘、砷滤饼、酸泥等固体废物的无害化处置利用技术；铝灰资源化、赤泥制备陶粒、锌浸出渣无害化处置、赤泥生产复合材料、赤泥高性能掺合料、电解铝大修渣资源化及无害化处置等先进适用技术
工艺流程技术	跨行业的工艺、技术和流程协同发展；有色、钢铁和建材等企业间区域流程优化

资料来源：《高耗能行业重点领域节能降碳改造升级实施指南（2022年版）》。

（五）纺织行业节能技术现状分析

纺织行业作为中国消费品行业的三大支柱之一，是国民经济的重要组成部分。中国的纺织产品主要分布在化纤、纱、布等方面，且产量位居世界第一。2022年，在国内疫情防控平稳、国内外市场复苏的情况下，纺织行业节能环保技术水平也持续稳步向好。目前，纺织技术正在向着数字化和信息化转型，利用新一代技术开展定制化服务和远程运维服务，提高纺织过程中的技术创新能力和节能环保水平。如表21所示，2022年，中国纺织工业联合会发布的《纺织行业"十四五"发展指导意见》中，提出纺织行业重点突破的关键共性技术，其中低碳绿色制造技术5项。

表21 中国纺织行业低碳绿色制造技术

绿色技术	技术内容
绿色化学品开发及应用技术	绿色纤维油剂助剂及催化剂、替代PVA的环保型纺织浆料、高牢度纳米涂料印花、低尿素活性染料印花、分散染料碱性染色、液态分散染料印染及生物基纺织化学品等关键技术

续表

绿色技术	技术内容
少水印染及高效低成本处理技术	多组分纤维面料短流程印染、针织物平幅连续染色、涤纶织物少水连续式染色、活性染料无盐染色等关键技术；突破印染废水高效低成本深度处理及回用技术
非水介质染色技术	超临界二氧化碳流体染色、活性染料非水介质染色等关键技术
高速数码印花加工技术	开发稳定可靠、分辨率高的压电式喷头，圆网／平网＋数码喷墨印花，高速数码喷墨印花等关键技术
废旧纺织品高值化利用技术	废旧纺织品成分识别以及分离相关基础研究；废旧聚酰胺-6再聚合及纤维成型技术、细旦再生丙纶加工技术；突破废旧聚酯、聚酰胺纺织品化学法循环再生，废旧腈纶、氨纶的循环再利用，废旧棉等纤维素纤维纺织品清洁再生与高值化利用，废旧滤材绿色回收等关键技术

资料来源：中国纺织工业联合会科技发展部。

（六）水泥行业节能技术现状分析

水泥行业是现代城市建筑发展的基础和躯干，其产品广泛应用于土木建筑、水利、国防等工程。从全球角度看，水泥行业贡献了碳排放量的7%，中国生产全球近六成水泥，其碳排放量也超过了全球水泥行业碳排放的一半。2022年，中国水泥行业的碳排放量约占全国碳排放总量的9%，未来水泥行业的碳排放也将持续增长，中国水泥行业在节能减排道路上任重道远。水泥生产过程中的碳排放主要来自石灰石煅烧和高温煅烧过程，在节能技术方面，中国水泥企业主要从替代燃料入手，在煤炭、生物质、废弃物、电力加热、天然气等水泥生产供热的主要燃料方面进行环保技术的发展。如表22所示，2022年，国家发展和改革委员会发布的《高耗能行业重点领域节能降碳改造升级实施指南（2022年版）》提出了关于水泥行业的节能降碳改造升级实施指南。

表22 水泥行业节能降碳改造升级实施指南

技术方向	技术改进升级内容
先进技术	超低能耗标杆示范新技术、绿色氢能煅烧水泥熟料关键技术、新型固碳胶凝材料制备及窑炉尾气二氧化碳利用关键技术、水泥窑炉烟气二氧化碳捕集与纯化催化转化利用关键技术

续表

技术方向	技术改进升级内容
节能技术	低阻高效预热预分解系统、第四代篦冷机、模块化节能或多层复合窑衬、气凝胶、窑炉专家优化智能控制系统等技术；替代燃料技术；分级分别高效粉磨、立磨/辊压机高效料床终粉磨、立磨煤磨等制备系统改造；水泥碳化活性熟料开发及产业化应用技术；高效节能风机/电机、自动化、信息化、智能化系统技术
压减水泥工厂排放	先进过滤材料、低氮分级分区燃烧和成熟稳定高效的脱硫、脱硝、除尘技术

资料来源：《高耗能行业重点领域节能降碳改造升级实施指南（2022年版）》。

（七）造纸行业节能技术现状分析

造纸业是中国基础性原材料产业，是指用纸浆或其他原料（如矿渣棉、云母、石棉等）悬浮在流体中的纤维，经过造纸机或其他设备成型，或手工操作而成的纸及纸板的制造过程。如表23所示，2022年，中国继续完善了生物降解塑料配套设备及技术条件，在新一代清洁制浆技术、创新与集成制浆造纸节能减排技术、高效利用纤维原料的复合型生物精炼技术等方面取得突破，并且实验和研发了多项造纸行业节能技术。

表23　造纸行业节能关键技术

技术方向	工艺技术
造纸企业节能减排	氯碱氯酸盐副产氢气的回收、提纯技术；氢气安全输送、阻火防爆技术；氢气在白泥石灰窑中的燃烧技术；甲醇提取和输送技术；臭气焚烧炉燃烧甲醇技术；火焰探测技术；芬顿流化床技术；低白度硫酸盐木浆生产工艺技术；优化蒸煮工艺与控制技术；漂白段数的在线自动切换技术
造纸废水深度处理	臭氧/双氧水高级氧化技术
成纸横幅水分优化	纸机检测系统；红外热成像法

资料来源：造纸产业网站。

（八）建材行业节能技术发展分析

建材行业主要是由水泥和平板玻璃等重要的能源消耗行业构成的重点产业，也是碳排放量较大的产业。中国建材行业的能耗主要分布在三大建筑材料的生产过程中，为实现"双碳"目标，中国建材行业应该不断加强节能环保技术的研发，例如绿色氢能煅烧水泥熟料关键技术、玻璃熔窑利用氢能成套技术及装备等化石能源替代前沿技术等。如表24所示，2022年，国家发展和改革委员会发布的《高耗能行业重点领域节能降碳改造升级实施指南（2022年版）》提出了关于建材行业的节能降碳改造升级实施指南。

表24　建材行业节能降碳改造升级实施指南

技术方向	技术改进升级内容
先进技术	用电能、氢能、富氧燃烧等新型烧成技术及装备；能耗智能监测和节能控制技术；电烧辊道窑、氢燃料辊道窑烧成技术；微波干燥技术
节能技术	干法制粉工艺技术；连续球磨工艺技术；薄型建筑陶瓷（包含陶瓷薄板）制造技术；原料标准化管理与制备技术
减压终端排放	多污染物协同治理技术、低温余热循环回收利用技术；低品位原料、固体废弃物资源化利用技术

资料来源：《高耗能行业重点领域节能降碳改造升级实施指南（2022年版）》。

三、2023年中国节能技术发展展望

中国始终将节能减排降碳作为能源环境发展的方向之一。2023年，中国仍然立足以煤为主的能源结构，在大力提升能源使用效率、降低碳排放的同时，大力发展节能技术。根据工信部、国家发展改革委、财政部等6部门联合发布的《工业能效提升行动计划》，2023年，中国重点工业行业能效计划与发展目标如表25所示。

表25　重点工业行业能效计划与发展目标

重点行业	节能提效改造升级重点方向
钢铁行业	通过产能置换有序发展短流程电炉炼钢，提高废钢使用量，加快烧结烟气内循环、高炉炉顶均压煤气回收、铁水一罐到底、薄带铸轧、铸坯热装热送、副产煤气高参数机组发电、余热余压梯级综合利用、智能化能源管控等技术推广
石化化工行业	加强高效精馏系统产业化应用，加快原油直接裂解制乙烯、新一代离子膜电解槽、重劣质渣油低碳深加工、合成气一步法制烯烃、高效换热器、中低品位余热余压利用等推广
有色金属行业	加强铝用高质量阳极、铜锍连续吹炼、大直径竖罐双蓄热底出渣炼镁、液态高铅渣直接还原等应用，加快多孔介质燃烧、短流程冶炼等推广

重点行业	节能提效改造升级重点方向
建材行业	加强全氧、富氧、电熔等工业窑炉节能降耗技术应用，实施水泥、平板玻璃、建筑卫生陶瓷等生产线节能技术综合改造，推广水泥高效篦冷机、高效节能粉磨、低阻高效旋风预热器、浮法玻璃一窑多线、陶瓷干法制粉等，积极推进水泥窑协同处置
机械行业	加强先进铸造、锻压、焊接与热处理等基础制造工艺与新技术融合发展，实施智能化、绿色化改造。加快一体化压铸成形、无模铸造、超高强钢热成形、精密冷锻、异质材料焊接、轻质高强合金轻量化、激光热处理等先进近净成形工艺技术产业化应用
造纸行业	进一步提升产业集中度，推广热电联产，推进林纸一体化工程建设，加快建设木浆、非木浆等植物纤维原料制浆生产线，推广低能耗蒸煮、氧脱木素、宽压区压榨、污泥余热干燥等技术装备及高效节能通用用能设备
纺织行业	发展化学纤维智能化高效柔性制备技术，推广低能耗印染装备，应用低温印染、小浴比染色、针织物连续印染等先进工艺
电子行业	强化行业集聚，加快谐波治理及无功补偿技术改造单晶炉、多晶硅闭环制造、先进拉晶、节能光纤预制及拉丝等研发应用

资料来源：《工业能效提升行动计划》。

重点领域能效提升绿色升级的重点方向：数据中心领域，液冷、自然冷源等制冷节能技术，分布式供电、模块化机房及虚拟化、云化IT资源、高温型IT设备等高效系统和设备，高压直流供电、集成式电力模块等技术，智能化能源管控系统；通信基站领域，硬件节能技术应用，高制程芯片、利用氮化镓功放等提升设备整体能效，液体冷却、自然冷源等新型散热技术，智能符号静默、通道静默等软件节能技术应用，室外小型智能化电源系统在基站的应用；通信机房领域，机房冷热通道隔离、微模块、整机柜服务器、余热回收利用等技术，机房机柜一体化集成技术，新风、热交换和热管技术等自然冷源利用技术。

2023年，中国节能技术将持续加强重点行业能量系统优化、余热余压利用、可再生能源利用、公辅设施改造；持续开展国家绿色数据中心建设，提高网络设备等信息处理设备能效。在工业用能结构上积极构建电、热、冷、气等互补结构，能源使用结构朝着更加系统和可控的方向发展。

绿色照明技术发展分析与展望

2022年，国内外绿色照明技术发展态势良好，LED发光设备、LED发光材料和Micro LED等领域均有显著技术进展。各国出台多项行业标准，助力LED产业规范化发展。预期2023年，深紫外LED技术得到快速发展和应用；受绿色经济发展影响，LED技术更加注重提率降能；LED照明将趋向智能化，智能照明或将成为技术应用的新突破点。

一、2022年国际绿色照明技术发展概况

2022年以来，全球LED照明市场需求不断增加，市场规模的扩大促使LED技术快速进步。全球建筑活动的增加，以及各国为减少低效照明技术应用率而实施的严格法规，成为推动LED照明技术不断进步的主要因素。

（一）技术发展现状分析

1. 超快速LED发光设备

2022年，美国杜克大学研发出一种可在1秒钟内开合900亿次的LED发光设备，可作为光计算技术的应用基础。目前，智能手机的电池内部拥有多达数十亿的晶体管，它们使用了可在每秒开合数十亿次的电子来进行供电。但如果微芯片可以使用光子而非电子来处理和传输数据，计算机的运行速度就能得到大幅提升。前提是，研究者们需要开发出能够快速开合的光源。虽然激光可以满足这种要求，但它们存在能耗过高和发射装置体积过大的问题，因此并不适合在计算机内部工作。而杜克大学开发出的这种快速发光设备让研究者们距离制作出适合光计算机使用的光源的目标又近了一步。

2. 磷烯发光材料

2022年，澳大利亚国立大学科学家在磷薄层的研究中发现其发光特性，磷薄层有望应用于超薄超轻的太阳能（PV）电池与LED。澳大利亚国立大学

科学家这次创造磷烯，是利用胶带重覆在黑色结晶形式的磷中剥离出越来越薄的晶体层。和表面状态厚重而无法用于轻薄状态的硅不同，磷烯的表面状态可被最小化，它在薄层中的表现更优于硅。除了打造出比硅更轻薄的半导体，磷烯还具有发光特性以及厚度各不相同的叠层，能够实现更灵活的生产制造。

3. 能发白光的激光器

2022年，美国亚利桑那州立大学科学家首次研制出了一款能发白光的激光器。研究人员表示，白光激光器比LED更亮且能效更高，未来将在照明和无线通信领域发挥重要作用。这款能发白光的激光器是一种新奇的纳米薄片。这块纤细半导体的横截面积大小仅为头发丝的五分之一，厚度仅为头发丝直径的千分之一。它拥有三个平行的部分，每部分能发出红、蓝、绿当中一种颜色的激光。当三原色"相遇"时，就出现白色激光。这一最新研究成果，使得激光替代LED成为主流光源的进程又向前迈进了一步。

4. 世界最强激光设备

2022年，日本大阪大学研究人员发现快速点燃激光仪（以下简称LFEX）能够产生2000万亿瓦激光束，是目前能够发射世界最强能量的激光束。这项研究意味着，研究人员可以从低能量设备制造高能量输出。为了放大激光束功率，能量将应用于100米长LFEX设备的玻璃嵌板上，研究团队正在进行逐级放大试验。

（二）行业标准

1. ANSI C82.16-2022：LED驱动器——测量方法

该测量方法描述了测量LED驱动器性能时应遵循的程序和应当采取的预防措施。其范围包括但不限于具有这些特征的LED驱动器：普通照明、外部照明和道路照明应用；输入电源电压高达600伏直流电压或600伏交流电压（50或60赫兹）；输出开路电压为600伏或更低；恒流或恒压直流输出；固定、可变（可调光）、脉冲宽度调制或可编程（可调整）输出功率；外部（独立）或内部（封闭在灯具中）。

2. ANSI C82.18-2022；LED 驱动器——性能特点

该标准规定了非集成电子驱动器（电源）的规格和操作特性，用于 LED 设备、阵列或系统的一般照明应用，包括室内和室外，以及特殊情况，如以太网供电（PoE），以及由两个或多个 LED 驱动器组装的灯具或照明系统。

3. ANSI C137.1-2022；照明系统——LED 驱动器、荧光灯镇流器和控制器的 0~10 伏调光接口

该标准规定了可调光 LED 驱动器、荧光灯镇流器和调光控制装置的 0~10 伏控制接口方法和性能要求，其中输出功率可通过控制输入信号在最小、关闭和最大之间调整。

4. EN IEC 62442-3：2022；灯具控制装置的能源性能——第三部分：卤钨灯和 LED 光源的控制装置 – 确定控制装置效率的测量方法

这一部分规定了用于指定卤钨灯和 LED 光源的控制装置的效率和待机功率的测量和计算方法。本版为第三版，取消并取代了 2018 年出版的第二版。本版构成技术修订。与第二版相比，本版包括以下重大技术变化：本版与 IEC 62442-1 和 IEC 62442-2 相协调；增加了对符合 IEC 63103 的非主动功耗测量方法的参考和使用。

5. EN IEC 62722-1：2022；灯具性能——第一部分：一般要求

这一部分涵盖了对灯具的具体性能和环境的要求，包括在电源电压高达 1000 伏的情况下运行的电光源，不包括半灯具。除非另有说明，该文件范围内的性能数据是在代表新制造的灯具条件下完成任何指定的初始老化程序所得。该文件涵盖了对灯具的要求，以支持节能使用和负责任的环境管理，直到寿命结束。对于某些类型的灯具（如装饰性或家用），在本文件范围内提供性能数据并不合适。

6. EN IEC 63286：2022；用于普通照明的柔性有机发光二极管（OLED）面板——性能要求

该标准规定了柔性有机发光二极管瓦片和面板的性能要求，用于高达 120 伏无纹波直流的电源，用于室内和类似的一般照明目的，并设计用于在弯曲灯具的制造过程中弯曲。

7. NMX-I-J-324-NYCE-ANCE-2022：普通照明用集成发光二极管（LED）灯泡新标准

该标准覆盖了额定功率150瓦以下，额定电压大于50伏、小于277伏，灯头类型落入墨西哥灯泡标准表的LED灯泡，确立了用于住宅和类似普通照明用途的集成发光二极管灯泡的安全性和互换性要求，以及显示合规性所需的测试方法和条件。该标准由2022年9月13日起正式生效。

（三）政策分析

随着照明技术的创新和市场需求的变化，2022年LED相关政策法规日趋严格，颜色质量已成为LED照明应用重要的考虑因素，尤其在商业照明（零售、艺术展览和摄影）、特殊照明（医疗和印刷）及高端家居照明产品上；从区域市场来看，欧盟积极推动新能源标签，显色指数和能效要求均大幅提升；北美地区将专注于三个领域，包括光品质（性能和健康）、光的可控性和能效。受俄乌冲突、通货膨胀影响，全球的LED显示屏成品市场需求减少，显示屏厂商将更加青睐于推动销售≤P1.0的超小间距显示屏。

二、2022年中国绿色照明技术发展分析

2022年，中国LED相关技术得到快速发展和应用，尤其在LED应用、LED效率方面取得较大的新进展，LED相关的国家标准体系进一步发展完善，实施并推行了多项国家标准。

（一）技术发展现状分析

1. 窄谱带OLED研究领域取得重大突破

深圳大学杨楚罗教授团队将非金属重原子硒元素嵌入多重共振骨架中合成了具有较大原子质量硒的硼氮杂稠环材料BNSeSe，利用重原子效应增强材料单线态（S1）和三线态（T1）轨道之间的耦合作用，实现了极高的反向系间窜跃速率（k RISC）和光致发光量子效率，蒸镀型OLED器件外量子效率滚降被有效抑制。同时，该团队首次将多重共振型重原子效应与纯有机热活化延迟荧光（TADF）材料用作敏化剂制备了超荧光OLED器件，为解决多重

共振型热活化延迟荧光（MR-TADF）电致发光器件的效率滚降问题提供了新的思路和有效途径，在高清显示上具有广阔的应用前景。

2. 红光 Micro LED 光特性研究取得新进展

Micro LED 以其优越的性能被广泛应用于微型显示器、可见光通信、光学生物芯片、可穿戴设备和生物传感器等诸多领域。目前，Micro LED 显示需要解决的难题是获得高分辨率和高像素密度的同时提高 LED 的散热性能。中国科学院长春光机所应用光学国家重点实验室梁静秋研究团队使用晶圆键合和衬底转移技术，制备五种像素尺寸的硅衬底 AlGaInP 红光 Micro LED 来研究其尺寸效应；采用低损伤刻蚀技术减小 LED 芯片侧壁缺陷；采用散热性能更好的硅衬底代替砷化镓（GaAs）衬底，改善 LED 芯片的散热性的同时避免砷化镓衬底对红光的吸收。

3. 钙钛矿蓝光 LED 领域取得新突破

深圳大学物理与光电工程学院助理教授黄浦、教授贺廷超、助理教授李贵君联合团队在钙钛矿蓝光 LED 研究方面取得重要突破。团队通过对半导体发光的电子结构角度的研究，对增强蓝光跃迁的物理模型的设计，对基于构效关系的理论加实验进行双重验证，最终实现器件研发和性能调控，为以实际应用为目标导向的材料设计和器件研究提供了一条标准范式。

4. Mini LED 圆柱形显示器推出

面板厂群创光电旗下方略电子推出新型面板与半导体技术，将 55 英寸柔性迷你发光二极管（Mini LED）显示屏幕挠曲成圆柱形，具备可卷曲、高亮度、高色彩饱和度、高清晰动态画质、无残影且柔光护眼等特色，同时有极致省电、不发热、可多荧幕无缝拼接达到客制化尺寸的优势。该公司以液晶面板技术为核心，跨域开发出主动式迷你发光二极管显示技术、背光面板显示技术、玻璃 IC 应用、低轨道卫星天线、生物医学芯片实验室进阶应用等各项液晶面板异质整合技术，带动了台湾地区半导体产业的发展。

5. 钙钛矿 LED 研究取得新进展

钙钛矿 LED 制备成本低，且技术优势显著，是在显示、照明、通信等领域极具潜力的新一代发光技术。但钙钛矿 LED 的不稳定性是实现产业应用的最大挑战。浙江大学光电学院现代光学仪器国家重点实验室、海宁国际校区先进光子学国际研究中心的狄大卫教授与赵保丹研究员团队通过研究试验使钙钛矿 LED 制备产品拥有可满足实际应用需要的超长工作寿命，满足了商用 OLED 对稳定性的基本要求，为钙钛矿发光技术进入产业应用铺平了道路。

6. 绿光 LED 光电转换效率提高

绿光 LED 的光电转换效率显著低于蓝光 LED 与红光 LED，具有明显的效率低谷。厦门大学康俊勇教授与乾照光电陈凯轩博士团队提出通过并入高浓度氧形成 AlNO 缓冲层的方法，降低图形化蓝宝石衬底与氮化镓（GaN）外延层间晶格失配导致的应力与缺陷的影响，进而减缓了多量子阱（MQW）中阱/垒的应力及其压电极化效应，提升了阱/垒界面的陡峭度，提高了阱中 In 组分的一致性，最终提高了 LED 的光电转换效率。除提升绿光 LED 效率以外，该技术预期也可以在氮化铝（AlN）基紫外 LED 中发挥作用。

7. 蓝光钙钛矿 LED 领域和钙钛矿单晶薄膜生长机制方面取得研究进展

钙钛矿发光二极管（以下简称 PeLED）是用钙钛矿材料作为发光层进行电光转换的器件。钙钛矿具有发光峰窄、色域广、波长易调、制备方法灵活、低成本等特点，在显示领域极具应用前景，而高效率蓝光金属卤化物钙钛矿发光二极管的制备是其所面临的重要挑战之一。南方科技大学电子与电气工程系副教授王恺课题组研究团队提出富铵（NH_4^+）配体包覆策略，有效控制了晶体生长动力并钝化表面缺陷，实现了同时具有载流子高效注入和可控发射特性的短配体（丁胺和肉豆蔻酸）封端的 $CsPbBr_3$ NPL，进一步提高了 NPL 的电学性能和发光效率（薄膜光致发光量子产率超过 80%）。研究团队所制备 PeLED 最大外量子效率为目前蓝光 NPL PeLED 中的最高值。

8. 超高分辨率全彩色 QLED 阵列被实现

南方科技大学电子与电气工程系副教授陈树明课题组提出一种基于微腔光场调控技术的全彩色量子点发光二极管（QLED）显示的方法，以白光 QLED 作为载体，并在器件中引入光学谐振腔，利用红、绿、蓝谐振腔分别把白光转换为红、绿、蓝单色光，从源头上避免了量子点直接图形化带来的损伤，实现超高分辨率、高性能的全彩 QLED 显示，实现了分辨率高达 1700 像素每英寸（ppi）的全彩色 QLED 显示阵列，并可进一步提高至 8000 ppi。

（二）行业标准

中国 2022 年 LED 相关的国家或地方行业标准发布了 11 条，实施了 14 条；国标计划下达了 1 条。

2022 年实施的国家或地方行业标准有（按发布顺序排序）：DB1404/T 19-2021《消毒用 UVC LED 术语与定义》；DB1404/T 20-2021《消毒用 UVC LED 芯片 规格分类》；DB1404/T 21-2021《UVC LED 消毒产品 安全操作规程》；DB1404/T 22-2021《紫外 LED 消毒机器人性能评价要求》；DB1404/T 23-2021《公共场所用紫外 LED 消毒系统验收规范》。

2022 年发布并实施的国家或地方行业标准有（按发布顺序排序）：JT/T 597-2022《LED 车道控制标志》；GB/T 41423-2022《LED 封装 长期光通量和辐射通量维持率的推算标准》；JT/T 1431.5-2022《公路机电设施用电设备能效等级及评定方法 第 5 部分：公路 LED 照明灯具》；JT/T 1431.4-2022《公路机电设施用电设备能效等级及评定方法 第 4 部分：公路 LED 可变信息标志》；JT/T 1431.1-2022《公路机电设施用电设备能效等级及评定方法 第 1 部分：LED 车道控制标志》；DB23/T 3306-2022《城市户外 LED 广告屏干扰光条件限制规范》；GB/T 41721-2022《小艇 航行灯 LED 灯的性能》。

2022 年发布并将于 2023 年实施的国家或地方行业标准有：GB/T 24825-2022《LED 模块用直流或交流电子控制装置 性能规范》；GB/T 41787.1-2022《室内 LED 照明设备天花板安装接口 第 1 部分：机械接口和电气接口规范》；GB/T 42219-2022《大功率 LED 的光学测量》；GB/T 42243-2022《有机发光二极管（OLED）电视机通用技术规范》。

2022 年下达的国标计划有：20214515-2-306《植物生长 LED 人工光环境技术报告》。

（1）JT/T 597-2022《LED 车道控制标志》——规定了 LED 车辆控制标志的组成、分类、型号与结构示意图，技术要求、检验方法与试验规则，以及标志、包装、运输、储存等规则。适用于公路上 LED 车道控制标志的生产、检验和使用要求。

（2）GB/T 41423-2022《LED 封装 长期光通量和辐射通量维持率的推算标

准》——规定了测量 LED 封装的光通量维持率的程序和条件，提供了根据收集到的光通量维持率有限的测试数据来推算光通量长期维持率的程序和条件（准则），且适用于辐射通量长期维持率的推算。

（3）JT/T 1431.5-2022《公路机电设施用电设备能效等级及评定方法 第 5 部分：公路 LED 照明灯具》——规定了适用于公路 LED 的分类、基本要求、能效等级和评定方法。适用于公路 LED 照明灯具的能效等级评定。

（4）JT/T 1431.4-2022《公路机电设施用电设备能效等级及评定方法 第 4 部分：公路 LED 可变信息标志》——规定了公路 LED 可变信息标志的基本要求、能效等级和评定方法。适用于公路 LED 可变信息标志的能效等级评定。公路 LED 可变限速标志，以及城市、港口、铁路和码头用 LED 可变信息标志参照使用。

（5）JT/T 1431.1-2022《公路机电设施用电设备能效等级及评定方法 第 1 部分：LED 车道控制标志》——规定了 LED 车道控制标志的基本要求、能效等级和评定方法。适用于高速公路沿线使用的 600 型 LED 车道控制标志的能效等级评定。

（6）DB23/T 3306-2022《城市户外 LED 广告屏干扰光条件限制规范》——规定了城市户外 LED 广告屏干扰光条件限制规范的术语和定义、测试要求、测试方法、限值要求、LED 广告屏的功能特性要求、安装及测试合格报告和记录。本文件适用于城市道路、居住建筑、室外公共活动区等区域安装的户外 LED 广告屏。

（7）GB/T 41721-2022《小艇 航行灯 LED 灯的性能》——本标准等同采用 ISO 国际标准 ISO 19009：2015；由 TC241（全国小艇标准化技术委员会）归口，主管部门为国家标准化管理委员会，主要起草单位为中国船舶工业综合技术经济研究院、海星海事电气集团有限公司、镇江赛尔尼柯自动化有限公司。

（8）GB/T 24825-2022《LED 模块用直流或交流电子控制装置 性能规范》——规定了使用 250 伏以下直流电源和 50 赫兹或 60 赫兹、1000 伏以下的交流电流，其工作频率不同于电源频率的电子控制装置的性能要求，此控制装置与 GB 24819 所规定的 LED 模块一起工作。本标准规定的 LED 控制装置设计提供恒定电压和电流。不符合纯电压和电流类型不被排除本标准之外。

（9）GB/T 41787.1-2022《室内 LED 照明设备天花板安装接口 第 1 部分：机械接口和电气接口规范》——规定了室内天花板安装的 LED 照明设备的安装接口，主要涉及安装接口的机械和电气要求，包括术语和定义、分类、技术要求、标记、试验方法等。

（10）GB/T 42219-2022《大功率 LED 的光学测量》——描述了大功率 LED（HP-LED）的光度、辐射度和色度参数等光学参数的测量方法。适用于可见光 HP-LED，直流供电的单芯、多芯 HP-LED 和基板式的光学测量。

（11）GB/T 42243-2022《有机发光二极管（OLED）电视机通用技术规范》——规定了有机发光二极管（OLED）电视机的一般要求、外观、结构、基本功能、显示格式、接口、性能、产品说明和标志，描述了相应的测量方法。

三、2023 年中国绿色照明技术发展展望

Mini/Micro LED 发展迅速，产业链的快速扩张促进技术快速进步。在疫情防控常态化下，深紫外 LED 持续发展。行业标准不断完善，规范化发展成为方向。绿色经济持续推进，助力 LED 照明提率降能。此外，随着数字化转型不断深入，LED 照明趋向智能化，智能照明将成为新的技术突破点。

（一）预期市场环境转好，助推 Mini/Micro LED 进入快速发展期

即使在市场需求降低的 2022 年，Mini/Micro LED 仍属于行业热点，预期在 2023 年，市场环境转好的形势将进一步助推 Mini/Micro LED 技术发展。2022 年，Mini/Micro LED 技术保持较快发展速度，Mini LED 领域新终端产品不断被推出，如 2022 年上半年，Mini LED 终端发布了 40 款以上的新品，推动 Mini LED 技术加速渗透消费级电子领域。而在微型显示领域，受元宇宙概念与 AR 眼镜热潮的影响，更多消费终端品牌开始引入 Micro LED 作为最新 AR 眼镜产品的显示技术，Micro LED+AR 得到进一步发展。由于 Mini/Micro LED 显示在亮度、对比度、色域、响应时间、可扩展性等性能上已全面超越其他显示技术，预期 8K+5G 技术结合的超高清 Mini/Micro LED 显示将成为新

一代信息显示技术的发展趋势。

（二）深紫外 LED 技术持续发展，高端领域的技术需求更加迫切

在全球杀菌消毒市场强大需求的背景下，氮化铝衬底、225～265 纳米深紫外 LED 芯片技术需求更加迫切，预期深紫外 LED 标准体系建设将进一步完善，助推该领域技术难题的突破。在疫情防控常态化的大背景下，公共空间和家庭环境的消毒杀菌需求与日俱增，深紫外 LED 广泛应用于物流、交通、医疗、教育等多个重点行业。2022 年，中国深紫外 LED 产业持续发展，成为宽禁带半导体技术环节中与国外差距最小的细分领域，大功率深紫外芯片技术取得突破性进展；芯片线产能提升，上下游产业生态逐步完整，但产业高端突破与技术难题亟待解决。受制于氮化铝衬底禁运和高昂造价，中国深紫外 LED 均采取基于蓝宝石衬底上外延生长氮化铝的技术进行替代，外延生长周期长，晶体质量较差。截至 2022 年，关于深紫外 LED 尚无国家强制标准，仅有企业联盟编制的《紫外 LED 技术与应用术语和定义》等参考资料，不能适应当前深紫外 LED 的快速发展。

（三）绿色经济持续推进，助力 LED 技术提率降耗

2023 年，中国将继续大力发展绿色经济，推行循环经济，推进资源节约集约利用，构建资源循环型产业体系和废旧物资循环利用体系，预期 LED 技术将在提率降耗方面得到快速发展。具体而言，LED 照明行业将在设计、可持续性、产品品质、产品循环回收等方面持续改进，不断投入技术研发，提高照明功率、降低能耗。从节能高效的要求来看，未来更倾向于选择发光效率更高、光照光亮可调控、产品使用更换频次更短的原材料。硅衬底以至于碳化硅衬底，在解决成本问题后，或将成为蓝宝石衬底的优质替代品。此外，物联网与 5G 网络的崛起，带动 LED 照明走向跨产业结合的数字化技术领域。通过设置智能系统使得照明更加效率化、人性化，同时也更节省不必要的能源消耗。

低碳能源篇

在全球能源系统低碳转型的大背景下，尽管受到疫情等因素的影响，2022年低碳能源产业依旧保持着较好的发展势头。风能方面，2022年全球海上风电装机容量累计达到6090万千瓦。太阳能方面，2022年各国政府继续出台太阳能产业优惠鼓励政策，国际太阳能产业发展态势总体良好。天然气方面，2022年国际天然气探明储量增速明显提高，但天然气市场仍供不应求，主要天然气交易中心价格一路猛涨。核能方面，2022年全球核能产业发展放缓，在建核电机组主要集中在亚洲的发展中国家。海洋能和地热能方面，2022年总体开发利用程度较低，商业化水平有待提高。氢能方面，2022年全球范围内的清洁氢能项目数量迅速增加，各国相继出台具有实操性的氢能战略。生物质能方面，2022年世界各国出台多项政策，积极推进生物质能的发展。

2022年，中国低碳能源产业发展脚步进一步加快。展望2023年，在"双碳"目标的推动下，预计中国低碳能源产业将迎来新一轮的发展。风能方面，将坚持集中式与分布式并举，坚持陆海并重，风电技术也将得到进一步发展。太阳能方面，产业发展规模、平价上网将保持向好态势，智能光伏产业将得到持续发展。天然气方面，天然气储量增长速度会有所回升，天然气市场仍然会供不应求。核能方面，核能在中国能源结构中的地位将更加重要，核电规模预计会保持快速增长。海洋能和地热能方面，开发利用技术将加快向标准化和产业化方向发展。氢能和生物质能方面，将加大对氢能和生物质能的政策支持力度，氢能和生物质能可能在未来中国能源发展中扮演更重要的角色。

风能发展分析与展望

2022年，中国风能发电量6867.2亿千瓦时，风电新增并网装机容量3763万千瓦。预计2023年，中国风能将坚持集中式与分布式并举，坚持陆海并重，推动风电协调快速发展，完善海上风电产业链，鼓励建设海上风电基地；风电高柔塔制造技术、风电数字化技术以及风电定制化技术等将进一步发展。

一、2022年国际风能发展概况

（一）国际风能发展现状

1. 风电机组装机容量

2022年，全球风电新增装机77.6吉瓦。从全球风电新增装机结构来看，陆上风电新增装机68.8吉瓦，占全球风电总新增装机的88.7%。海上风电新增装机达8.8吉瓦，占全球风电总新增装机的11.3%。全球风电累计装机不断增长，由2017年的540吉瓦快速增至2022年的906吉瓦，年均复合增长率达7.7%。2022年，亚太地区新增风电装机容量占全球新增装机容量的比重达到48%，欧洲和北美洲新增风电装机容量占比分别为22%和12%，拉丁美洲占比7%，亚太、欧洲、北美海上地区占比11%。

2. 风力发电量

根据全球风能理事会的数据，2022年，英国是世界上风力发电量最大的国家，发电量约8016万千瓦时。中国的海上风力发电量约为6867.2亿千瓦时，位居世界第二。欧盟国家2022年共有6230亿千瓦时的发电量来自风能和太阳能，其中德国共有1260亿千瓦时的发电量来自风力发电，位居全球第三。

（二）国际风能发展政策

1. 政策支持推动风电国际化合作

2022年9月16日，上海合作组织（以下简称"上合组织"）成员国元首理事会关于维护国际能源安全的声明提出：大力推动风能、太阳能、水能、核能、生物质能、氢能、储能等协同发展，对于构建适应新能源占比逐渐提高的新型电力系统具有重要意义。上合组织各成员国领导人共同强调，确保人人获得可负担得起、可靠和可持续的现代能源是联合国2030年可持续发展议程所列的第七项目标，认同中华人民共和国提出的全球发展倡议和全球安全倡议，积极评价2021年上合组织成立成员国能源部长会议机制，支持在上合组织框架内围绕共同保障能源安全开展合作。

2. 政策倾向推进风电规模化建设

2022年3月23日，欧洲可再生能源公司从欧洲投资银行获得6600万欧元的绿色贷款，以支持波兰6个中型陆上风电场的建设和运营。2022年3月，法国总理宣布在法国大都市地中海沿岸启动两个浮动风电场项目。这两个浮动风电场的容量约为250兆瓦，稍后将完成两个500兆瓦的扩建。作为法国2030年国家投资计划的一部分，法国政府将投资10亿欧元用于可再生能源创新项目。最终目标是到2050年将可再生能源装机容量增加10倍，达到100吉瓦，海上风电场将占该装机容量的40吉瓦。2022年7月7日，德国联邦议院在柏林通过了"加速扩大风力发电设备数量"的提案，将扩大可再生能源的发展规模，使用更多的风能和太阳能从而减少对煤炭、天然气和石油的依赖。2022年10月，北京协和运维风电技术有限公司与苹果清洁能源基金在双方互信、优势互补的基础上，成功签约了为期五年的新能源电站资产管理合作协议，协和运维将为苹果在中国投资的新能源电站提供优质的资产全托管服务，将极大推动双方在清洁能源方向上的合作交流。2022年11月，奥斯特和T&T集团与越南计划和投资部的国家创新中心签署了一项关于海上风电的协议。两家公司签署了为期五年的合作协议，以提高越南新兴海上风电领域的技术能力并建立技术专长。目前全球诸多国家纷纷推出各种政策来支持风电等新能源的规模化建设，以达到节能环保的目的。

(三)国际风能技术发展

1. 新概念单叶片漂浮式风机

来自荷兰的风电技术公司 TouchWind 与日本商船三井株式会社共同推广了由前者研发的单叶片风机。该风机不同于传统叶片的三大特点是：两支叶片连为一体从而只呈现为一支叶片；叶轮平面并不与水平面垂直，而是成一定角度，此角度和机舱高度、浮标入水深度随风速变化，以保持平衡；无塔筒，靠桁架结构以支撑叶轮。

2. 全球首款无塔筒浮式风机

全球首款无塔筒浮式风机 PivotBuoy 的首台样机 X30 从西班牙拉斯帕尔马斯港出发，前往大加纳利群岛海洋平台测试场 Plocan。X30 浮式样机与实物的比例为 1∶3，采用了 X1 Wind 的浮式风电设计，配备一台维斯塔斯风机，采用独特的下风式系统，配合单点系泊，实现自动对风；大幅减少用钢量，最小化主动系统，可以搭配更大型的风机叶片，提高发电量。

3. 摆脱稀土永磁体依赖的轻型 15 兆瓦发电机

2022 年 8 月 3 日，英国公司 GreenSpur Wind 宣布，他们基于美国公司 Niron Magnetics 开发的世界上第一个商用、高性能、无稀土永磁体，设计了一款新型无稀土永磁体的 15 兆瓦发电机，其质量比常规永磁体发电机的质量减少了 56%，目前已通过英国海上可再生能源技术创新与研究中心的审查，证实其设计能够满足当前市场目标。

4. 90 米水深 +20 兆瓦风机的固定式基础

总部位于西班牙巴塞罗那的公司 Offshoretronic S.L. 设计了一种全新的固定式基础，可以在 90 米水深支撑起 20 兆瓦风机。这种基础被命名为 TRIPOD PLUS，由一根单桩和一组三桩组成，下部为吸力筒；对海床地质条件没有特别要求，在生产时几乎没有尺寸限制，也非常便于运输，一次能够运输和安装 4 套可用于 20 兆瓦风机的基础。新的基础已通过验证，在安装和运维方面基本没有风险。

二、2022年中国风能发展分析

（一）中国风能产业规模

1. 风电机组装机容量

2022年，中国风电新增并网装机容量约3763万千瓦。截至2022年年底，中国风电累计装机容量约36544亿千瓦，同比增长约11.2%。其中陆上风电累计装机容量约3.35亿千瓦、海上风电累计装机容量约3046万千瓦。

2. 风力发电量

2022年，中国风力发电量约为6867.2亿千瓦时，同比增长约12.3%，在全国发电量中的份额提升至8.19%，是第三大发电类型。2022年，风电发电量排名前五的地方分别是：内蒙古（1019.9亿千瓦时）、新疆（558.4亿千瓦时）、河北（551.6亿千瓦时）、江苏（438.3亿千瓦时）、山西（408.3亿千瓦时）。

（二）中国风能发展政策

1. 国家政策

为了顺应风电发展的大趋势，推进中国"双碳"目标实现，中国陆续出台了一系列政策措施。2022年6月1日出台的《"十四五"可再生能源发展规划》提出大力推进风电和光伏发电基地化开发，积极推进风电和光伏发电分布式开发，提出促进存储消纳，高比例利用可再生能源。2022年5月，国家发展改革委、国家能源局发布的《关于促进新时代新能源高质量发展的实施方案》中提出，要实现到2030年风电、太阳能发电总装机容量达到12亿千瓦以上的目标，加快构建清洁低碳、安全高效的能源体系。

（1）建设全国统一电力市场，深入推动能源行业改革。2022年1月28日，国家发展改革委、国家能源局发布《关于加快建设全国统一电力市场体系的指导意见》，提出到2025年，全国统一电力市场体系初步建成，国家市场与省（区、市）/区域市场协同运行，电力中长期、现货、辅助服务市场一体化设计、绿色电力交易规模等显著提高。2022年6月7日，国家发展改革委、国家能源局发布《关于进一步推动新型储能参与电力市场和调度运用的通知》，提出要建立完善适应储能参与的市场机制，鼓励新型储能自主选择参与电力市场，坚持以市场化方式形成价格，持续完善调度运行机制，发挥储能技术优势，提升储能总体利用水平，保障储能合理收益，促进行业健康发展。随着未来多层次统一电力市场体系和功能的不断建设，以及适应新型电力系统的电力市场机制设计逐步健全和完善，电力市场将进一步促进可再生能源消纳，推动风、光大发展格局提前到来。

（2）推动打造海上风电基地。2022年3月，国家能源局印发《2022年能源工作指导意见》，强调优化近海风电布局，开展深远海风电建设示范，稳妥推动海上风电基地建设。推进深远海海上风电技术创新和示范工程建设，探索集中送出和集中运维模式。2022年6月1日，国家发展改革委、国家能源局等9部门印发的《"十四五"可再生能源发展规划》提出，结合基地项目建设，推动一批百万千瓦级深远海海上风电示范工程开工建设，2025年前力争建成一至两个平价海上风电场工程；同时加快技术创新，建立中国在深远海领域的核心技术优势。

2. 地方政策

"十四五"建设时期，中国风电将迈入平价上网时代。地方各省（区、市）积极响应国家层面号召，2022年相继出台政策支持当地风电的发展。新出台的地方政策主要涉及完善消纳机制、推进分散式（分布式）风电和海上风电建设三个方面。

（1）完善消纳机制。天津市印发《天津市可再生能源发展"十四五"规划》，指出到2025年，风电装机规模达到200万千瓦。在落实电力送出和消纳条件的前提下，积极开发陆上风电，稳妥推进海上风电，促进风能资源高效开发利用，带动风电装备制造产业发展。完善可再生能源电力消纳保障机制，拓宽可再生能源消纳途径，基本实现零弃风、弃光。甘肃省兰州新区印发《兰州新区"十四五"能源发展规划》，提出推进风能资源利用。有序推进风电基地建设，构建风力发电智慧微电网体系，积极推进风电就地开发和高效利用，鼓励风电等可再生能源通过参与市场辅助服务等方式，逐步提高系统消纳风电能力。

（2）推进分散式风电。上海市印发《上海市公共机构绿色低碳循环发展行动方案》，提出探索微型风机与建筑一体化结合的形式，开展风电建筑一体化项目的试点。到 2023 年，全市公共机构推动 15 个可再生能源建筑一体化试点项目建设，并逐步推广至全市有条件的公共机构。建设可再生能源微电网管理系统，通过能源大数据技术对风电、光伏、储能及用电负荷进行数据分析，探索形成公共机构智能微电网系统。甘肃省印发《甘肃省"十四五"能源发展规划》，提出加快推进风电基地建设。加快推进河西走廊清洁能源基地建设，积极对接落实受端市场，视新能源消纳形势，适时启动酒湖直流输电工程后续配套风电项目，推动酒泉地区向特大型风电基地迈进，持续拓展金（昌）张（掖）武（威）风电基地规模，扩大白银、定西、庆阳地区风电装机规模。在消纳条件较好、接入条件较优的中东部地区，高标准建设生态环境友好型风电场，稳步推进分散式风电项目开发。

（3）海上风电建设。上海市印发《上海市能源电力领域碳达峰实施方案》，提出加快陆海风电开发。制订新一轮海上风电发展规划，进一步提升海上风电开发利用水平。"十四五"期间重点建设金山、奉贤、南汇海域项目，启动实施百万千瓦级深远海海上风电示范。"十五五"重点建设横沙、崇明海域项目，建成深远海海上风电示范。2025 年、2030 年全市风电装机力争分别超过 262 万、500 万千瓦。江苏省《关于加快建立健全绿色低碳循环发展经济体系的实施意见》中提出，推进近海风电集中连片、规模化开发，打造千万千瓦级海上风电基地，统筹规划远海风电可持续发展。因地制宜多形式促进光伏系统应用，积极推进整县（市、区）屋顶分布式光伏试点。山东省印发《山东半岛城市群发展规划》，提出加快发展海上风电，以渤中、半岛南、半岛北三大片区为重点，打造千万千瓦级海上风电基地，适度有序推进陆上风电开发建设。到 2025 年，全省可再生能源发电装机规模达到 8000 万千瓦以上，力争达到 9000 万千瓦左右，风电装机规模达到 2500 万千瓦，光伏发电装机规模达到 5700 万千瓦，在运行在建核电装机规模达到 1300 万千瓦以上。

（三）中国风能技术发展

1. 双转子漂浮式风电平台

明阳智能面向全球发布海上智慧风电创新产品 OceanX——双转子漂浮式

海上风电平台。OceanX 选用双转子结构，在国内首次推出同时搭载两台明阳 MySE8.3-180 风机的"双子座"设计。机组总容量达到 16.6 兆瓦，以 V 字形排列，共用一个漂浮式基座，一举成为全球容量最大、重量最轻的双转子抗台风漂浮式风机，可应用于水深 35 米以上的全球广泛海域。OceanX 采用双转子、下风向、单点系泊、复合锚泊系统、翼型塔筒等设计形式，在提升机组发电量的同时，有效降低了平台极限载荷，系统性地提高了漂浮式平台的经济性与稳定性。同时，在平台关键部位应用创新材料，大幅降低制造成本。在智能化方面，OceanX 拥有超过 3000 个智能感应器，全面感知核心零部件、机组姿态、海洋环境和电力系统因素，在"视""听""感"等方面全方位感知的同时，充分利用数字孪生技术、人工智能技术，实现全生命周期的健康感知并自我动态调整控制，为新型电力系统提供稳定可靠的能源供给。

2. 整机仿真软件 GTSim

金风科技具有自主知识产权的整机仿真软件 GTSim 获得国际认证机构 TÜV NROD 权威认证，成为亚洲范围内首家获此认证的风电整机厂商。现代风力发电机组的设计由仿真驱动，整机多学科耦合仿真是贯穿机组全生命周期的核心技术，也是风电技术持续进步的关键所在。GTSim 耦合多体动力学、空气动力学、水动力学、控制等多学科算法，具备全流程全工况整机仿真功能。凭借先进多体动力学框架结合模块化程序设计，可以实现算法模块化快速开发集成，可按照使用场景不同颗粒度模块组装使用。GTSim 还会应用于载荷保护和寿命评估等领域，保障机组安全，提升发电量的同时，实现寿命动态调度。

3. 海上风电柔性低频交流输电技术

柔性低频交流输电技术是借助先进电力电子技术灵活输出 20 赫兹频率交流电能的新型输电技术。与直流输电利用电力电子装置将工频 50 赫兹变成直流相比，可以兼顾工频交流系统组网灵活、易实现电压等级变换以及直流系统易于远距离大容量电能输送的优点，同时具备功率控制、电压动态调整、异步电网互联等柔性调控功能。2022 年，全国首个柔性低频输电示范工程——国家电网浙江台州 35 千伏柔性低频输电示范工程投运，首次实现了海上清洁能源降频直送。台州柔性低频输电工程采用国际首创的海岛低频互联技术并结合风机低频接入技术，构建陆地－海岛－风电互联系统。在全自主研发及全国产化基础上，研制35千伏柔性交流换频站、低频变压器、低频断路器、低频风机等一系列国际领先技术及首台首套设备成果，建立由中国制定的低频系列标准，攻克柔性低频输电领域成套设计、核心装备和关键技术的制高点。

三、2023年中国风能发展展望

预计2023年，中国风能将坚持推进风电下乡与分散式风电，加快建设风电海上陆上发电基地和全国统一的电力市场。坚持陆海并重，推动风电协调快速发展。推动新型储能设施参与电力市场和调度运用，推动全国统一的碳交易市场推广完善。

（一）中国风能产业格局展望

1. 风机大型化趋势降低生产成本

全国风电项目单机容量整体呈现逐年扩大态势，大型化发展迅速，预计2023年，风电单机容量会进一步提高。2023年预计中国新增陆上风力发电单机容量将达到6.25兆瓦以上，海上风电单机有望达到11兆瓦以上。大容量单机将进一步降低生产成本，2022年中国风电整机商的风电机组月度公开投标均价较2021年下降约30%，预计2023年仍然会保持在2000元/千瓦左右，生产成本降低明显，利好上下游产业。

2. 老旧风机"以大代小"成为新热点

中国陆上风电起步早、基础好，但2010年以前开发的风电场，大多存在单机容量小、发电效率低、资源浪费的情况。根据行业统计数据，中国运行超过15年的风电场累计容量约585万千瓦。如果能实现风机"以大代小"，就能在保护当前生态环境的基础上扩大新能源发电规模。目前，《风电场改造升级和退役管理办法》已结束征求意见，国家能源局将继续推进程序发布，为风电场改造升级和退役管理提供政策依据。2022年，多家公司发布"以大代小"风电技改项目招中标信息，招标总装机容量超过100万千瓦。从中长期来看，随着运行超过15年的风电场累计规模快速增长，中国风电改造市场也将迎来重要的增长期，到 2025 年，运行超过 15 年的风电场累计容量将超过 4400 万千瓦。

3. 分散式风电成为陆上风电的重要形式

分散式风电的优势在于就近用电、规模小，可以提高风电消纳储蓄的效率和灵活性，与乡村振兴战略结合度高。同时随着低风速风电技术的突破，相对分散的低风速地区的风能资源可以得到有效利用。2022 年，《关于加强生态保护红线管理的通知（试行）》和《关于严格耕地用途管制有关问题的通知》出台，进一步强化了风电项目对于环保的需求。陆上风电项目未来塔基要采用深埋等节地技术，尽量少占土地；可以采取点状供地方式，提高土地利用效率。这也意味着未来陆上风电的大规模开发项目将受到限制，分散式风电将取代集中式风电场成为陆上风电的主要形式。目前，国家能源局正在组织编制"千乡万村驭风行动"方案，争取尽快推动实施。下一步，将创新风电投资建设模式和土地利用机制，重点实施"千乡万村驭风行动"，大力推进乡村风电开发，参与分散式风电项目开发。

（二）中国风能政策展望

1. 继续推进大型风电基地建设

2022 年 5 月，国务院《关于印发扎实稳住经济一揽子政策措施的通知》在能源相关方面提出，加快推动以沙漠、戈壁、荒漠地区为重点的大型风电光伏基地建设，近期抓紧启动第二批项目，统筹安排大型风光电基地建设项目用地用林用草用水，按程序核准和开工建设基地项目、煤电项目和特高压输电通道。大型风电基地设计主要位于中国西部和北部地区，在大型风电基地建设的同时，开展风电治沙、防风、固草，系统保护和修复沙漠、戈壁、荒漠地区，改善当地生态环境和人居环境，实现新能源与生态融合发展、友好发展。建设大型风电光伏基地项目，通过输电通道送到东中部地区，既能够实现西部和东中部地区在土地资源、绿色能源和经济社会发展等方面的优势互补，提升能源供应保障能力，支撑东西部地区经济快速发展，又能够促进投资、稳增长，带动西部地区当地产业发展，增加地方财政税收，提供更多就业机会，增加农牧民收入，助力乡村振兴。未来中央和省级层面可能进一步细化具体指导意见，推进大型风电基地建设发展。

2. 落实"风电＋产业配套"模式

2022年10月18日，浙江舟山发布《舟山市人民政府办公室关于对市八届人大一次会议第1号议案的复函》(简称《复函》)。《复函》指出，坚持有序开发，打造风光电全产业链。以资源开发为支点，努力撬动太阳能、风能、氢能等清洁能源全产业链建设，明确要求资源配套要与制造业项目投资比例相匹配。各区块的制造业项目和清洁能源资源尽可能在本区块匹配，无法匹配的通过"飞地模式"进行合作，即制造业项目所在地和资源所在地，按照一定比例分配制造业项目的投资额、利用外资额、产值和税收等。这一政策对于加快风电发展，完善当地产业结构，增加就业，改善民生，促进实体经济健康稳定运行具有重要意义。全国多个省份也出台了类似的政策，未来或进一步推广。

3. 推广分散式风电，实现"风电下乡"

2022年5月，《乡村建设行动实施方案》重点任务中提出了实施乡村清洁能源建设工程。6月，国家发展改革委和国家能源局发布《关于促进新时代新能源高质量发展实施方案的通知》，提出风电项目由核准制调整为备案制，积极推进乡村及工业企业分散式风电开发。9月1日，张家口市发布《关于风电项目由核准制调整为备案制的公告》，将风电项目由核准制调整为备案制。相较于陆上和海上的集中式风电项目，分散式风电有着独特的优势，其单体规模较小，便于利用乡村闲散土地资源来提升风资源利用率。"十四五"期间，集中式与分散式并举是中国新能源开发的重要思路，而广大农村地区正是分散式风电开发的主阵地。预计2023年，中央和省级政府都可能出台引导乡村分散式风电的具体指导意见。

（三）中国风能技术展望

1. 中速永磁技术进一步推广

中速永磁技术已成为继高速双馈技术、直驱永磁技术后的第三种主流技术。中速永磁机组具有发电能力强、可靠性高、度电成本优、可维护性佳的优点。风力发电机组的大型化进程不断推进，对产品技术也提出了更高的发展要求。目前陆上机组的叶轮直径近 200 米，机头大部件重量近 100 吨，运输宽度和高度达 5 米，在运输和安装方面逐渐面临一定的挑战和问题。在机组大型化和运输限制的背景下，直驱电机的尺寸将成为产品开发的约束。中速永磁在直驱永磁机组的基础上引入齿轮箱，将低速发电机调整为中速发电机，继承直驱永磁高可靠性的同时，实现运输限制的突破。2022 年，各大主流厂商永磁直驱电机纷纷实现突破，预计未来几年会成为风机机组的主流技术。

2. 发展满足深海风电需求的高压直流海缆

中国持续推进深远海海域风电。目前中国海上风电以近海项目为主，正持续向深远海推进。多省公布深远海风电建设规划，深远海风电将加速推进。受充电功率、电缆充电电容及无功补偿控制等限制，高压交流海缆仅适用于小规模潮间带风电场及近海风电场，当输送距离大于 100 千米时交流输电稳定性大幅降低。高压直流输电具有事故后快速恢复、高可靠性、远海大容量风电机组高适配等多重优点，适用于大容量、大规模海上风电机组。35 千伏海缆系统受限于海缆热极限和通流能力，其最大有功功率约为 27 兆瓦，一根 400 平方毫米截面积的 35 千伏海缆最多可连接 5 台 6 兆瓦风电机组或 4 台 7 兆瓦风电机组。同截面的 66 千伏海缆一根最多可连接的风电机组数量可达到 35 千伏方案的 2 倍，可有效降低系统电缆数目和铺设费用。送出海缆方面，100 万千瓦海风项目需 220 千伏海缆至少采用 4 回路，500 千伏海缆采用 1 回路即可，高压阵列海缆及送出海缆在容量、成本等方面较中低压海缆优势显著。高压直流海缆未来将成为深海风电的发展关键。

3. 国产风电轴承发展空间广阔

风电轴承是连接机组中偏航、变桨和传动等系统转向的重要部件。中国风电轴承依赖进口，国产化率较低。2020 年，中国的偏航轴承、变桨轴承的国产化率提高到较高水平，分别为 63.32%、86.55%，但主轴轴承、齿轮轴承和发电机轴承国产化率分别为 32.97%、0.58%、0.22%，仍然有较大的进步空间。近年来以洛轴和瓦轴为代表的国产轴承厂商的市场份额呈现提升的趋势，风电轴承的国产化进程将持续推进，国产化替代空间广阔。

低碳能源篇

太阳能发展分析与展望

2022年，许多国家逐步放松疫情限制措施，地缘政治冲突对光伏产业冲击较小，全球太阳能产业基本平稳，总体保持增长态势，受政策等因素推动，拉丁美洲光伏装机增长迅速。此外，疫情使各国政府加强对光伏产生本土供应链的关注，通过采用反倾销、加征关税等方式对他国光伏制造进行打击，同时为光伏本土化制造出台各项优惠措施。中国太阳能产业发展保持向好态势，国内装机与海外出口均出现较大增长，光伏产业技术得到一定发展。预计2023年，中国光伏产业将进入高质量发展阶段，光伏智能制造得到行业头部企业的投资青睐。政策方面，绿电发展步伐加快，绿电供应、绿电交易将更加规范；光伏用地资源日趋紧张，耕地保护措施不断加强，海上光伏产业将得到较快发展，产业政策有所倾斜。

一、2022年国际太阳能发展概况

（一）国际太阳能产业整体发展概况

1. 全球太阳能产业基本平稳，保持增长态势

2022年，新冠疫情得到较好控制，年初俄罗斯与乌克兰之间爆发的地缘政治冲突对油气市场造成极大震荡，但全球太阳能产业发展并未受到较大冲击，基本保持平稳增长态势。

欧洲方面，许多国家逐步放松针对新冠疫情采取的限制措施，许多因疫情推迟或停工的光伏项目重新启动，光伏装机增长迅速。根据欧洲光伏协会公布的数据，2022年欧盟27国新增光伏装机41.4吉瓦，同比增长约50%。分国家来看，2022年瑞典累计光伏装机2.6吉瓦，较2021年的1.6吉瓦同比增长62.5%。2022年德国新增光伏装机7.9吉瓦。2022年西班牙新增光伏装机7.5吉瓦，仅次于德国，其中47%新增份额来自工业领域，户用光伏市场

和商业市场分别占比32%和20%。波兰、荷兰和法国分别新增光伏装机4.9吉瓦、4吉瓦和2.7吉瓦。根据奥地利联邦光伏协会公布的数据，2022年奥地利新增光伏装机1.4吉瓦，同比增长约89%。

受政策推动影响，拉丁美洲地区光伏装机增长迅速。巴西光伏太阳能协会统计数据显示，2022年巴西新增光伏装机10.6吉瓦，同比增长87.66%，其中11月新增装机1.63吉瓦，同比增长172.99%。2022年印度新增光伏装机13.96吉瓦，其中公用事业光伏装机规模达11.3吉瓦，屋顶分布式光伏实现装机1.9吉瓦，此外约700兆瓦为离网或分布式装机；分地区来看，2022年印度新增光伏装机主要分布于拉贾斯坦邦、古吉拉特邦和泰米尔纳德邦。

2. 全球太阳能本土化发展倾向日益凸显，光伏产业国际竞争日益激烈

2022年，各国政府加强对供应链恢复与光伏产业回流的关注，美国、欧盟、印度等主要经济体大力发展本土光伏产业链，致力于优化整体产业链利润空间，更好地应对外部冲击并降低风险。

一方面，部分国家通过开展反倾销、反规避调查或征收较高关税等方式对他国光伏制造进行打击。2022年3月以来，美国商务部以涉嫌违反反规避、反倾销规定对东南亚国家主要光伏供应商展开调查，并加征占光伏产品成本50%～250%的关税，且此次关税加征范围追溯至2022年2月销售的产品。2022年3月，印度商业和工业部对原产于或进口自中国的太阳能涂氟背板进行反倾销调查，最终于6月15日做出裁决，决定对涉案产品征收为期5年的反倾销税。

另一方面，部分国家致力于推动光伏产业实现本土化、规模化发展。2022年5月，欧盟委员会根据REPowerEU能源计划正式批准建立欧盟太阳能光伏产业联盟，为优化光伏产业链制订行动计划，以期扩大欧盟光伏产品和组件的本土化制造，培育光伏产业，创造更多的就业岗位。美国则出台多项财政激励政策，包括将税收抵免政策延长至2031年，以及将1兆瓦以内的光伏项目抵免额由26%提升至30%，将有效降低光伏生产企业制造成本与个人光伏系统的采购及持有成本，刺激本土光伏市场进一步发展。印度作为全球光伏第三大市场，由于缺少硅片及多晶硅生产设施，光伏设备长期依赖进口，2022年印度引入相关生产激励计划，承诺在未来5年内投资450亿卢比建立10吉瓦的综合光伏制造厂，以增强本土光伏产业链韧性、降低进口依存度。

（二）国际太阳能产业发展政策

随着太阳能产业国际竞争日益激烈，2022年各国政府除出台各项财税优惠政策外，还加大了对光伏技术研发的投资支撑与政策支持，以期在国际太阳能竞争格局中占据有利地位。

欧洲方面，2022年3月英国新任财政大臣发表声明，表示计划将屋顶光伏电池板、节能材料、热泵的增值税由5%降至零，预计每个安装户用光伏系统的家庭将节省约1000英镑的安装成本及约300英镑的电费。2022年7月1日起德国停征可再生能源附加税；此外，为鼓励消费者采购小型屋顶光伏系统出台财政激励措施，宣布自2023年年初，任何在商业建筑或个人住宅上安装30千瓦以下屋顶光伏系统的将不再为发电缴纳所得税。为减少光伏项目运行中遭遇的困难，法国电力市场监管机构于2022年7月出台新规，允许已中标的光伏项目利用高电价优势、先于计划进度投入运营及并网，同还允许参与方申请延长最终期限。8月，塞浦路斯增加4000万欧元以扩大对光伏净计量的补贴，同时扩大申请此类补贴的群体范围，申请光伏净计量补贴的家庭用户将获得每千瓦375欧元的补贴。

美国方面，2022年4月美国能源部宣布投资1.75亿美元用于资助变革性清洁能源技术的研发，其中包括对太阳能热发电系统的研究。稀土和其他关键矿物是制造光伏组件的关键，美国能源部10月发布意向通知书，指出为《两党基础设施法案》的研究项目提供3200万美元，以支持其从本土矿产资源中提取、生产稀土及其他关键矿物。为减少对海外电池供应的依赖、强化本土电池产业供应链，美国能源部于2022年10月宣布向电池公司发放28亿美元补贴，受补贴企业将致力于开发足够的电池级锂、石墨、镍和其他电池材料。

新兴市场方面，2022年10月印度政府批准实施太阳能生产挂钩激励计划二期并为此拨款1950亿卢比，该计划旨在实现吉瓦级高效太阳能光伏模块生产规模，预计将支持每年部署 65 吉瓦的太阳能模块生产能力，缓解印度太阳能产业对电池和模块进口的严重依赖，推动本国光伏制造业的发展。2022 年 8 月，马来西亚政府宣布加大光伏系统部署，将 1200 兆瓦可再生能源配额重新分配给光伏产业，包括光伏园区开发建设以及屋顶光伏安装。印度尼西亚能源与矿产资源部于 2022 年 7 月宣布，将对可再生能源产业进行高达 39.1 亿美元的投资，充分挖掘现有资源、建设太阳能发电项目，稳定全国可再生能源电力的供应。

（三）国际太阳能产业技术发展

2022 年，全球太阳能产业技术、光伏组件研发取得诸多突破，主要集中在德国、美国、日本等传统太阳能发电强国。

欧洲方面，2022 年 4 月德国伍珀塔尔大学的研究团队开发出一种新型串联太阳能电池，该电池效率可达 24%，创下了迄今为止使用有机-钙钛矿基吸收剂组合所达到的最高效率。5 月，德国弗劳恩霍夫太阳能系统研究所的研究团队表示，在加强太阳照射的条件下，使用改进后的四层抗反射涂层可减少电阻损失，将四结电池的效率提升至 47.6%，创造了太阳能电池效率新纪录。7 月，瑞士洛桑联邦理工学院联合瑞士电子与微技术中心使用新型材料制造出转换效率达到 31.3% 的钙钛矿-硅叠层光伏电池，创造了钙钛矿-硅叠层光伏电池新的世界纪录。9 月，意大利公用事业厂商 Enel 公司推出了一种异质结双面光伏组件，该组件是基于 G12 格式的 n 型光伏电池，可实现 24.6% 的转换率。

美国方面，2022 年 1 月密歇根大学科学家研发了一种透明涂层，该涂层可在寒冷多雪的天气中刷涂或喷洒，进而减少太阳能电池板上的冰雪堆积，可使太阳能电池板的发电效率达到 85%，有效应对恶劣气候。5 月，美国能源部国家可再生能源实验室的研究团队在中间层使用量子阱以扩展砷化镓电池带隙，从而增加电池可以吸收的光量，在单太阳光照标准测量条件下可实现 39.5% 的电池效率。

日本方面，2022 年 6 月 6 日夏普公司通过其与日本新能源和工业技术开发组织联合开展的车用太阳能电池研究项目，成功研发出一款转换效率为

32.65%的太阳能组件，该组件灵活、轻质、易于安装，可适用于纯电动汽车。10月，东芝公司研究团队研制出转化效率达到9.5%的透明氧化亚铜太阳能电池，将其置于效率为25%的硅电池上可实现28.5%的串联电池效率，接近砷化镓太阳能电池公布的最高效率。

二、2022年中国太阳能发展分析

（一）中国太阳能产业整体发展概况

1. 太阳能产业总体发展良好，新增装机、海外出口表现优异

2022年，一方面，中国政府总体坚持动态清零防疫政策，新冠疫情对光伏产业的影响较微小；另一方面，年初俄罗斯与乌克兰之间爆发了严重的地缘政治冲突且持续发酵，但其主要对全球油气供应及价格造成较大冲击，太阳能等可再生清洁能源并未受到较大影响。总体而言，2022年中国太阳能产业发展态势良好，在新增装机、国内消纳以及海外出口等方面表现优异。

国家能源局公布的数据显示，2022年中国新增光伏装机87.41吉瓦，同比增长60.3%，其中分布式光伏仍为装机主力；2022年中国累计光伏装机达到392.61吉瓦。2022年，中国光伏消纳利用率仍延续高水平，全年光伏利用率达到98.3%，其中北京、天津、上海、江苏、浙江、安徽、福建等地实现100%光伏利用。此外，2022年8月，光伏发电规模超越风力发电，成为第三大电力来源。

光伏产品海外出口表现超出预期，2022年上半年，全球光伏组件出货排名前10位中中国企业占据8席，其中晶科能源股份有限公司、天合光能股份有限公司、隆基绿能科技股份有限公司、晶澳太阳能有限公司、阿特斯阳光电力集团、东方日升新能源股份有限公司和正泰集团股份有限公司位居前7位。2022年全年累计出口光伏组件154.8吉瓦，出口量同比增长74%，出口高峰为5—7月，第四季度总体出口表现较弱。2022年太阳能电池出口同比增长67.8%。

2. 光伏智能制造发展迅速，应用场景不断拓展

2021年12月31日，工信部等5部门联合印发《智能光伏产业创新发展行动计划（2021—2025年）》，明确指出推动光伏产业与新一代信息技术深度融合，加快实现光伏智能制造、智能应用、智能运维和智能调度。浙江、内蒙古、深圳等地出台支持政策，丰富光伏产业在交通领域的应用，山东省出台首个"高速公路+光伏"应用标准；贵州、江苏、浙江等地出台政策规范分布式光伏在建筑方面的应用，要求在符合安全要求的条件下，按照"宜建尽建"原则建设分布式光伏发电系统；2022年11月，北京市通州区人民政府出台管理办法，鼓励企业建设一批屋顶分布式光伏发电项目，加强工业余热利用。工业园区光伏应用发展迅速，河南省商丘市发展改革委出台工作方法，旨在引导工业园区加快分布式光伏的开发运用。企业方面，阿迪达斯将在其全球旗舰店引入400平方米的光伏幕墙，每年可实现发电4万千瓦时；京东宣布到2030年将联合合作伙伴搭建全球最大的屋顶光伏发电体系。

（二）中国太阳能产业发展政策

2022年，中国太阳能产业政策总体延续2021年政策思路，可分为：规划指导、规范监测、光伏扶贫、价格财税等（表26）。

表26　2022年中国政府出台的太阳能行业相关政策

类别	名称	印发时间	印发单位
规划指导	长江中游城市群发展"十四五"实施方案	2022年3月15日	国家发展改革委
	2022年能源工作指导意见	2022年3月17日	国家能源局
	"十四五"新型储能发展实施方案	2022年3月21日	国家发展改革委、国家能源局
	"十四五"现代能源体系规划	2022年3月22日	国家发展改革委、国家能源局
	关于扎实推动"十四五"规划交通运输重大工程项目实施工作方案	2022年3月30日	交通运输部
	"十四五"能源领域科技创新规划	2022年4月2日	国家能源局、科技部

续表

类别	名称	印发时间	印发单位
规划指导	关于化纤工业高质量发展的指导意见	2022年4月21日	工信部、国家发展改革委
	支持宁夏建设黄河流域生态保护和高质量发展先行区实施方案	2022年4月28日	国家发展改革委
	关于推进以县城为重要载体的城镇化建设的意见	2022年5月6日	中共中央、国务院
	关于促进新时代新能源高质量发展的实施方案	2022年5月14日	国家发展改革委、国家能源局
	"十四五"可再生能源发展规划	2022年6月1日	国家发展改革委、国家能源局、财政部等9部门
	减污降碳协同增效实施方案	2022年6月10日	生态环境部等7部门
	科技支撑碳达峰碳中和实施方案（2022—2030年）	2022年6月24日	科技部等7部门
	工业能效提升行动计划	2022年6月29日	工信部等6部门
	农业农村减排固碳实施方案	2022年6月30日	农业农村部、国家发展改革委
	"十四五"新型城镇化实施方案	2022年7月12日	国家发展改革委
	"十四五"全国城市基础设施建设规划	2022年7月29日	住建部、国家发展改革委
	工业领域碳达峰实施方案	2022年8月1日	工信部、国家发展改革委、生态环境部
	国家能源局2022年深化"放管服"改革优化营商环境重点任务分工方案	2022年8月25日	国家能源局
	关于推动能源电子产业发展的指导意见（征求意见稿）	2022年8月25日	工信部
	信息通信行业绿色低碳发展行动计划（2022—2025年）	2022年8月25日	工信部等7部门
	加快电力装备绿色低碳创新发展行动计划	2022年8月29日	工信部等5部门
	原材料工业"三品"实施方案	2022年9月14日	工信部等4部门
	污泥无害化处理和资源化利用实施方案	2022年9月27日	国家发展改革委、住建部、生态环境部

续表

类别	名称	印发时间	印发单位
规范监测	电力可靠性管理办法（暂行）	2022年4月25日	国家发展改革委
	关于做好重大投资项目环评工作的通知	2022年5月31日	生态环境部
	关于印发贯彻实施《国家标准化发展纲要》行动计划的通知	2022年7月8日	国家市场监管总局等16部门
	关于加强生态保护红线管理的通知（试行）	2022年8月16日	自然资源部、生态环境部、国家林草局
	关于促进光伏产业链供应链协同发展的通知	2022年8月24日	工信部、国家市场监管总局、国家能源局
	中央企业合规管理办法	2022年9月13日	国务院国资委
光伏扶贫	关于落实党中央国务院2022年全面推进乡村振兴重点工作部署的实施意见	2022年3月1日	农业农村部
	关于印发2022年乡村振兴定点帮扶和对口支援工作要点的通知	2022年4月8日	国家能源局
价格财税	支持绿色发展税费优惠政策指引	2022年5月31日	国家税务总局
	财政部关于下达2022年可再生能源电价附加补助地方资金预算的通知	2022年6月24日	财政部
	中央财政关于推动黄河流域生态保护和高质量发展的财税支持方案	2022年9月6日	财政部
其他相关政策	加强碳达峰碳中和高等教育人才培养体系建设工作方案	2022年5月7日	教育部

资料来源：北极星太阳能光伏网。

1. 规划指导

2022年，光伏发电项目相关规划指导政策总体延续了2021年的政策思路，同时逐渐向促进各行业的低碳减排倾斜。3月30日，交通运输部印发《关于扎实推动"十四五"规划交通运输重大工程项目实施工作方案》，指出要在高速公路和水上服务区、港口码头、枢纽场站等场景建成一批"分布式新能源+储能+微电网"智慧能源系统工程项目。6月30日，农业农村部和国家发展改革委发布的《农业农村减排固碳实施方案》指出，要因地制宜推广应用太阳能等绿色用能模式，增加农村地区清洁能源供应，推进农业农村绿色低碳发展。7月12日，国家发展改革委印发《"十四五"新型城镇化实施方案》，指出要推进生产生活低碳化，有序引导非化石能源消费和以电代煤、以气代煤，发展屋顶光伏等分布式能源。

2. 规范监测

2022年，中国陆续出台多项政策，在加强光伏行业规范标准的同时增加合规管理要求。7月8日，国家市场监管总局等16部门印发《关于贯彻实施〈国家标准化发展纲要〉行动计划的通知》，指出加强新型电力系统标准建设，完善光伏等清洁能源的高效利用标准，开展碳达峰碳中和标准化试点。9月13日，国务院国资委发布《中央企业合规管理办法》，加强对中央企业收购土地等存量项目用于光伏等新能源投资的合规性要求与管理。

3. 光伏扶贫

2022年3月1日，农业农村部发布《关于落实党中央国务院2022年全面推进乡村振兴重点工作部署的实施意见》，指出要巩固光伏脱贫工程成效，支持有条件的脱贫地区发展光伏产业。4月8日，国家能源局发布《关于印发2022年乡村振兴定点帮扶和对口支援工作要点的通知》，提出推动光伏项目建设，积极推动通渭马营镇10万千瓦集中式光伏电站、清水黄门10万千瓦农光储一体化电站项目建设。

4. 价格财税

2022年5月31日，国家税务总局发布《支持绿色发展税费优惠政策指引》，汇总了实施的56项支持绿色发展的税费优惠政策，其中包括分布式光伏。9月6日，财政部印发《中央财政关于推动黄河流域生态保护和高质量发展的财税支持方案》，指出支持建立以财政投入、市场参与为总体导向的资金多元化利用机制，在保护好生态的基础上，推动黄河流域智能光伏产业创新升级和特色应用，推进大型风电光伏基地建设。

5. 其他相关政策

2022年5月7日，教育部印发《加强碳达峰碳中和高等教育人才培养体系建设工作方案》，指出要进一步加强风电、光伏、水电和核电等人才培养，扩大专业人才培养规模，拓展专业的深度和广度，推进新能源材料、装备制造、运行与维护、前沿技术等方面技术进步和产业升级。

（三）中国太阳能产业技术发展

2022年，中国太阳能产业技术取得一系列实质成果。太阳能电池方面，3月，中国科学院合肥研究院在钙钛矿太阳能电池研究中取得进展，通过采用定向锚定策略精确钝化处理钙钛矿空位缺陷，从而将光电转化效率提升至22.51%，有望超越传统铅基钙钛矿太阳电池。4月，苏州迈为科技股份有限公司采用磁控溅射方法成功降低了异质结电池中单片铟的使用量，使制造成本大幅降低，同时借助TCO工艺结合银包铜栅线在全尺寸单晶硅异质结电池上实现了25.62%的光电转换效率，创造该领域的新纪录。10月，晶科能源研究院自主研发的182 N型高效单晶硅电池技术取得重大突破，该技术可将全面积电池转化效率提升至26.1%，再次创造了182及以上尺寸大面积N型单晶钝化接触太阳能电池转化效率的世界纪录。

太阳能组件方面，2022年5月南京大学课题组通过运用真空沉积、涂布印刷等技术首次实现了全钙钛矿叠层光伏组件的制备，可将大面积组件稳态输出效率提高至21.7%，为大面积钙钛矿叠层电池的量产化与商业化开辟了全新途径。9月，经权威机构日本电气安全与环境科技研究所测试认证，全球知名的钙钛矿光伏技术领军企业杭州纤纳光电科技有限公司已将钙钛矿太阳能小组件在稳态连续输出条件下的效率提升至21.8%。10月，极电光能团队在钙钛矿光伏组件取得新的突破，其研制的756平方厘米大尺寸钙钛矿光伏组件在组件面积扩大的同时仍能保持高达18.2%的转换效率。

三、2023年中国太阳能发展展望

（一）中国太阳能产业发展展望

1."双碳"时代，太阳能产业迎来新的战略机遇

2022年，中国太阳能产业总体保持稳中有增态势，装机容量持续提升、光伏组件对外出口再创新高，光伏产业总体发展平稳。在"双碳"目标得到

进一步科学、有序实施的背景之下，中国能源绿色转型步伐加快，出台多项政策规定以支持绿色能源可持续发展。预计2023年，以光伏为代表的可再生清洁能源将会迎来更大的发展机遇，继续保持向好态势。

2. 光伏智能制造迅速发展，行业头部企业加大投资力度

工信部、国家能源局等五部门联合印发的《智能光伏产业创新发展行动计划（2021—2025年）》，明确指出光伏产业是快速兴起的朝阳产业，未来将加快推动光伏产业与新一代信息技术的深度融合，加快实施智能制造，预计到2025年，光伏行业智能化水平将得到显著提升。太阳能行业的许多头部企业纷纷对光伏智能制造发展进行投资与研发，全球光伏龙头企业晶澳太阳能科技股份有限公司将智能化作为转型升级的"加速器"，不断推进光伏制造能力向智能化迈进。2022年6月，晶科电力科技股份有限公司投资开发的家庭户用光伏系统创新引领者"晶能宝"可针对不同发电场景形成特定方案，为用户提供系统勘测、选型、设计、安装、并网、运营维护等全方位服务。预计2023年，光伏行业头部企业将继续在智能制造领域加大投资力度，光伏产业智能化水平将得到极大提升。

（二）中国太阳能产业政策展望

1. 太阳能产业发展走深走实，绿电发展得到进一步支持与规范

"十四五"规划的出台叠加"双碳"目标实施背景，建立清洁低碳、安全高效的能源体系已成为各行业发展共识，为加速实施中国能源体系转型，以光伏、风电为主的"绿电"将成为电力发展的主流方向。2022年，发展以光伏、风电为主的绿电政策层出不穷，但主要侧重规划指导。10月，北京市政府印发《北京市碳达峰实施方案》，指出应逐步理顺外调绿电输配、交易和消纳机制，形成有利于促进绿色电力调入和消纳的政策环境；山西省发展改革委印发《山西省可再生能源发展"十四五"规划》，指出应因地制宜开展新能源电力专线供电，推动绿色电力直接供应。湖南、辽宁、贵州、江西、安徽等地均出台可再生能源相关政策，鼓励加强绿电供应、推进省内绿电交易。预计2023年，将出台相关政策鼓励深入研究支持光伏等绿电发展，并对绿电供应、绿电交易等行为出台规范文件或标准。

2. 光伏用地政策趋于严格，产业政策向"海上光伏"倾斜

"双碳"目标背景下，中国光伏产业发展迅速，光伏电站规模与数量不断增加，对土地资源的需求激增，如何利用有限的土地资源发展光伏产业已成为亟待解决的问题。2022年11月1日，自然资源部发布通知要求完善耕地保护措施，鼓励支持脱贫地区在戈壁、荒漠等地区建设光伏项目，不得新增占用耕地。发展海上光伏一方面可以缓解用地紧张，另一方面可充分发挥天然环境优势。截至2022年5月，中国确权海上光伏项目共计28个，累计确权面积达1658.33公顷。2022年，中国多个省市出台政策支持海上光伏产业发展：10月，上海市印发《上海市科技支撑碳达峰碳中和实施方案》，指出将进一步提升海上光伏开发利用水平；4月，浙江省自然资源厅印发《关于推进海域使用权立体分层设权的通知》，明确将光伏用海列入适用范围。预计2023年，在土地资源趋于紧张的常态环境下，光伏用地审批将更加严格，中国将出台更多用地标准及规范，与此同时，产业政策将继续向"海上光伏"倾斜。

（三）中国太阳能产业技术展望

光伏产业发展迅速，光伏发电技术未来将加速更新迭代。近年来，晶体硅电池单片尺寸不断向大尺寸发展。2022年，广州南方投资集团、中节能太阳能航天机电等公司均在大尺寸光伏组件领域发力，国际市场诸多研究院、实验室对大尺寸组件开展深入研究，预计2023年，大尺寸光伏电池及其组件将凭借更低的通信成本，成为光伏产业主流技术发展方向，获得更多研发资金与理论支撑。钙钛矿电池发展迅速，尽管目前面临如何实现稳定、规模化制造以及完善测试技术等挑战，但仍是极具发展潜力的新一代光伏发电技术。2022年9月，使用廉价金属的纤纳钙钛矿太阳能小组件可在稳态连续输出条件下实现21.8%的效率；10月，招银国际与杭开集团对纤纳光电进行融资，用于开发钙钛矿前沿技术、推进钙钛矿商业化发展，预计2023年钙钛矿电池技术研发与应用仍将是许多中国头部光伏企业关注的重中之重，将获得更多科研资金投入、实现更具突破性的技术创新，竞争优势进一步扩大。

天然气发展分析与展望

受地缘政治、新冠疫情等影响，2022年国际天然气探明储量较2021年有小幅上升，天然气市场需求略有下降，主要交易中心天然气价格一路猛涨，各国为了促进天然气产业的发展出台了一系列相关政策，天然气勘探、开发和储运技术呈现数字化和智能化趋势。预计2023年世界天然气探明储量将缓慢回升，天然气需求增长态势将放缓，天然气价格保持上涨趋势但增速会回落。2022年中国陆上和海上、常规和非常规天然气勘探都取得了丰硕的成果，国家出台各项产业政策致力于促进天然气的发展。顺应国际能源发展新趋势，预计2023年天然气产业的发展将迎来新一波的机遇，有关天然气的一系列政策会陆续出台，天然气的勘探、开发和储运等技术将进一步朝着数字化、智能化和精准化的方向发展。

一、2022年国际天然气发展概况

2022年国际天然气探明储量小幅度上涨。受地缘政治、新冠疫情、极端气候、低碳转型等因素的影响，全球天然气消费市场略有下降，主要天然气市场价格持续高位波动、屡创新高，市场价格联动性增强，液化天然气（以下简称LNG）交易数量大幅上升，世界LNG贸易格局重塑，各国为应对天然气市场的剧烈变动出台一系列政策。

（一）国际天然气勘探、开发、储运和市场现状分析

2022年国际天然气探明储量相比2021年略有上涨，受地缘政治、新冠疫情、极端气候等情况的综合影响，全球天然气需求量下降，供需基本面处于"紧平衡"状态，天然气主要交易市场价格大幅波动、屡创新高。预计2023年世界天然气探明储量将缓慢回升，天然气需求态势缓慢增长，但不确定性较大，长期来看天然气价格将缓慢回落。

1. 国际天然气探明储量下降，各地区分布呈现多极化

受地缘政治、新冠疫情影响，国际天然气行业受到巨大冲击。2022年国际天然气勘探开发投资步伐放缓，国际天然气探明储量小幅度上升。美国《油气杂志》发布的《全球油气储量报告》显示，2022年世界天然气探明储量为211万亿立方米，同比2021年增长2.2%。天然气探明储量总体呈增长趋势但增速整体放缓。

从全球各地区天然气储量数据来看，中东、东欧及前苏联地区仍处于显著领先地位，占据了全球超过半数的天然气储量，全球占比分别为38.7%和31.5%。其次全球储量占比较大的是美洲、非洲、亚太地区，占比分别为13%、8.4%、7.8%。全球天然气探明储量占比最少的是西欧地区，仅占0.9%。天然气储量的前5强仍是俄罗斯、伊朗、卡塔尔、美国和土库曼斯坦，这5个国家的总储量占到了全球储量的63%。

2. 全球天然气需求下降，国际贸易格局重塑，2023年供需关系或将缓和

2022年，全球天然气产量为211万亿立方米，同比增长2.2%，整体上供应充足。但受俄乌冲突的巨大冲击，天然气市场区域结构失衡加剧，尤其是LNG市场供应紧张，价格剧烈波动，市场对地缘风险十分敏感，导致全球天然气需求下降。

从贸易格局方面来看，全球管道气贸易量锐减，天然气贸易主要依靠LNG拉动，卡塔尔为最大的LNG出口国，美国位居第二。美国天然气多流向欧洲，俄罗斯天然气加快流向亚洲地区，非洲天然气逐渐成为市场上的新增量。

从供给方面来看，2022年俄罗斯天然气产量大幅下降抵消掉了其他地区产量的增长，从而导致全球天然气产量仅有2.2%的涨幅。地缘冲突、北溪管道泄漏导致俄罗斯向欧洲输送的管道天然气降至历史新低，欧洲为应对风险大幅提高LNG现货采购以弥补天然气需求缺口，造成全球LNG供应紧张。

从需求方面看，2022年全球天然气消费量小幅下降0.78%，达到4.06万亿立方米，其中北美本土需求增长，欧洲需求大幅下降，亚洲受高价抑制基本持平。2022年全球LNG进口总计4.09亿吨，2021年度为3.796亿吨，2022年同比增长7.7%。欧洲LNG进口达1.01亿吨，同比增长58%，LNG进口量约占全球四分之一。需求下降主要是地缘政治影响、全球经济活动疲软以及全球天然气价格高企，导致一些国家从煤炭或石油转向天然气的进程减慢。

预计 2023 年天然气供需关系将会得到改善，全球天然气需求将呈缓慢增长态势，且具有很大的不确定性。全球 LNG 市场供应紧张的局面将持续。

3. 国际天然气价格高位波动，全球市场价格联动性显著增强

2022 年，伴随着地缘政治、新冠疫情、极端气候等因素的影响，全球主要天然气市场价格不断波动上升、屡创新高，价格处于历史高位。俄乌冲突、北溪管道泄漏给全球天然气市场带来巨大冲击，贸易形式灵活的 LNG 成为首选，使得欧亚地区对 LNG 货源的竞争异常激烈，从而导致欧亚市场乃至全球天然气市场价格不断上涨并刷新历史纪录，欧洲取代亚洲成为主要溢价市场，全球天然气市场价格联动性显著增强。

2022 年欧洲 TTF 现货均价为 39.50 美元 / 百万英热，同比增长 144%，超过历史高位。受欧洲影响，2022 年东北亚 LNG 现货价格约为 33.98 美元 / 百万英热，同比增长 82.7%。美国 Henry Hub 天然气现货均价在 2022 年升高到了 6.45 美元 / 百万英热，创下 2008 年以来的最高水平，较 2021 年上涨约 53%。国际机构纷纷上调国际气价预期。

就 2022 年的天然气需求形势以及天然气价格支撑因素来看，预计天然气价格的上涨趋势或将在短期内持续。越来越多的买家寻求长协合约以锁定长期稳定的低价气源，卖方市场的话语权进一步提升。未来几年，全球天然气价格，尤其是 LNG 现货价格即使不会再触及历史高点，大概率也会保持在高位运行。

（二）国际天然气产业政策现状分析

在世界能源格局中，俄罗斯、美国、卡塔尔、澳大利亚、欧洲、亚洲等占据了重要地位，这些国家和地区的天然气产业政策和发展格局对世界天然气的发展影响深远，下面将分别分析这些地区 2022 年天然气产业政策及现状。

1. 俄欧天然气贸易不断恶化，中俄合作不断加强

2022 年，俄乌冲突问题导致西方国家大规模制裁俄罗斯，为进行反击俄罗斯加速削减了对欧洲的天然气供应，4 月 1 日实时生效的俄罗斯针对"不友好"国家和地区的"卢布结算令"已先后中断向波兰、保加利亚、芬兰、丹

麦和荷兰等拖欠天然气款且拒绝以卢布结算的欧洲国家供气，此举加剧了欧洲和全球天然气市场的供需紧张。9月初，俄罗斯天然气工业股份公司宣布"北溪-1"对欧天然气管道无限期停止输气。9月23日，俄罗斯公布了最新的能源出口草案，计划未来三年将天然气出口削减四成。

此外，俄罗斯天然气供应加速向亚洲地区倾斜，加快建设"西伯利亚-2号"，建成后送气量约为每年500亿立方米，与"北溪-2"的容量（每年约600亿立方米）相当。

2. 美国LNG加速向欧洲流动，成为全球第二LNG出口大国

2022年，受俄乌冲突影响，美国加大LNG出口，LNG主要流向欧洲国家，原料需求旺盛，储气库低位运行，供应趋紧。3月，美国与欧盟签署协议，年内向欧盟追加供应150亿立方米LNG，到2030年前美国对欧盟的LNG年供应量将增至500亿立方米。随着政策信号释放，美国LNG生产商加快建设步伐。2022年6月，自由港LNG设施火灾爆炸事故对美国LNG出口造成一定影响，自由港停产产能为1500万吨/年，约占美国LNG出口总产能的20%，在年底前才恢复全面生产。2022年美国LNG出口量为每日106亿立方英尺，比2021年增长9%，位居世界第二，仅次于卡塔尔。2022年欧洲来自美国的LNG进口量从2021年的2140万吨猛涨到5300万吨，占当年欧洲LNG进口总量的42.4%，同比增长约为2.5倍。

3. 卡塔尔天然气项目进程不断加快，与欧洲国家合作加强

2022年，受乌克兰危机影响，卡塔尔天然气在全球范围内备受青睐。卡塔尔国有能源公司密集与多家国际能源巨头签署协议，法国、德国、意大利等欧洲国家纷纷加强与卡塔尔之间的天然气合作，共同开发北油气田扩建项目。卡塔尔同时向欧盟国家提出签署20年的液化天然气购买协议的要求。卡塔尔2022年2月发布的《卡塔尔经济展望》报告预计，随着北油气田逐步投产，2026年，卡塔尔有望成为全球最大的LNG出口国。

4. 澳大利亚收紧天然气出口，天然气安全机制延长

澳大利亚作为世界上最大的天然气出口国之一，2022年宣布收紧天然气出口，呼吁满足本土需求。澳大利亚竞争与消费者委员会表示，没有根据长期合同出售的天然气应先满足国内供应，然后再用于出口，因为东澳大利亚明年

将面临天然气供应短缺的重大风险。澳大利亚资源部长马德琳·金宣布，原定于 2023 年 1 月到期的澳大利亚国内天然气安全机制将延长至 2030 年，该机制允许政府在某些特殊情况下实施出口管制。

5. 欧洲天然气需求大幅下降，由管道气转向 LNG

受俄乌冲突、天然气价格高企影响，欧洲天然气需求出现历史上最大幅度下降，欧洲国家管道气贸易量急剧下降。因自产能力不足，欧洲由管道气转向贸易方式更灵活的 LNG，LNG 成为欧洲各国重要的天然气来源，引发全球 LNG 价格不断上行。为应对危机，欧盟要求成员国 2022 年 8 月至次年 3 月"自愿削减"15% 的天然气用量，以应对能源短缺问题。此外，欧盟委员会还提出能源转型方案 REPowerEU 能源计划，拟通过节能和能效、能源供应多元化、清洁能源、投融资等一揽子短期和长期计划来摆脱对俄罗斯天然气的依赖。

欧洲主要天然气生产国挪威、荷兰和英国，自俄乌冲突后加速开展天然气资源的开发进程，以期能提升可掌握的资源量。2022 年 6 月英国和荷兰批准了位于北海的新开发项目，7 月挪威也批准了三个开发项目。据了解，这三个国家有望增加 100 亿米^3/年的天然气产能。意大利、克罗地亚、德国、荷兰等国还相继宣布将加大 LNG 基础设施建设投资，加强未来应对风险的能力。但综合相关因素考虑，欧洲部分国家短期内"脱俄"还难以实现。

（三）国际天然气产业技术现状分析

2022 年，国际油气行业数字化转型、智能化发展已呈加速趋势。近些年，数字油田、智能油气田的建设进行得如火如荼，国际油公司和油服公司均在数字化、智能化方面持续发力，以实现自身及行业的高质量发展。过去的一年中，国际知名石油公司挪威 Equinor，以及国际油田服务巨头哈里伯顿、斯伦贝谢等企业取得较为瞩目的进展。

1. 实时储层流体识别技术助力高效寻找油气

挪威石油公司 Equinor 自行研发一套可以分析泥浆 – 气体数据的机器学习模型，基于这个模型推出了实时储层流体识别技术。该项技术对钻井过程中涌出的泥浆气进行实时分析，并将得出的数据与包含 4000 多个储层样本的数据库对比，为钻井人员提供所需信息，帮助其判断是否收回钻头并向底层更深处侧钻，有效提高寻找油气的效率。

2. 数字建井 WC4.0 有望为建井领域降本增效，带来更大价值

哈里伯顿坚持探索建井领域数字化转型和自动钻井系统技术路线图。数字建井 WC4.0 是哈里伯顿针对建井过程中三阶段提出的数字化转型解决方案，包括 DWP 数字化建井设计、DWO 数字化建井作业优化和 DWA 数字化自动钻井三个组成部分。其中，DWP 是基于云计算的钻井工程和地质设计解决方案，项目组各专业团队能够在同一平台上共享、协同工作，从而更快、更好地完成建井设计；应用 DWO 可以在钻井作业过程中自动检测钻机状态并获取实时数据，与设计模型进行对比，分析并优化作业参数，从而实现作业持续优化，有效提高钻井效率。在不远的将来，数字化建井和自动钻井将为油气行业带来更大价值。

3. GeoSphere 360*3D 储层随钻测绘技术优化油田开发

斯伦贝谢推出 GeoSphere 360*3D 储层随钻绘图服务。这项服务利用先进的云计算和数字解决方案来获取 3D 电磁数据，在钻井的同时提供储层的实时 3D 剖面。形成的随钻 3D 储层绘图可帮助工作人员描述油气藏结构、地层特征。在对油气藏进行更精细、更准确描述的基础上，实现井位的优化布置，从而最大限度地提高复杂储层的油气产量，同时有效降低油气田开发过程中的碳排放。

哈里伯顿研发的 EarthStar 电阻率测井技术拥有配套的先进随钻测井技术，通过 3D 反演处理，可以估算井筒周围地层的位置、电阻率和方向，并提供真实的三维地质和流体的实时可视化，获得可靠的地层评估数据，从而提高井位和决策的准确性。在深水和成熟油气田，该技术通过绘制含油气区域的地图，提供对储层的卓越洞察力，实现导向决策，为油气田的开发制订计划，帮助天然气勘探项目在地质导向和勘探井测绘方面取得成功。

二、2022 年中国天然气发展分析

（一）中国天然气勘探、开发、储运和市场现状分析

随着勘探技术的成熟与发展，以及各大石油公司在勘探方面投入的加大，

2022年中国陆上和海上、常规和非常规天然气勘探都取得了丰硕的成果，有效保证了天然气上游的供应和保障能力。尽管2022年中国天然气产量的增速有所上升，但随着国家双碳目标的推进及能源结构的转型，天然气的需求增长，2022年中国天然气市场整体呈现供需收紧状态。与此同时，中国天然气交易中心在2022年发布了中国进口现货LNG到岸价格，积极探索新的天然气定价机制，让中国在国际天然气市场上的影响力有所提升。

1.中国陆上和海上、常规和非常规气田勘探都取得了重大突破

2022年中国石油、中国石化和中国海油三大石油公司都加大勘探力度、增储上产，湖北、江苏以及渤海等地区的常规和非常规气田均取得了重大勘探突破。

中国陆上常规天然气勘探取得重大发现，顺北油气田、川西气田、富满油田、西北油田都展示出了良好的勘探前景。塔里木盆地顺北油气田新发现亿吨级油气区。据初步测算，该地区将增加资源量凝析油8800万吨、天然气2900亿立方米。同时，川西气田产能建设项目地面工程在成都市彭州正式开工，该项目建成投产后，可满足国内960万个家庭的生活用气需求。塔克拉玛干沙漠腹地有中国最大的超深油田——富满油田，先后钻成满深71、富源8等4口千吨井和45口百吨井，钻井成功率保持在95%以上，累计生产油气突破1000万吨，标志着中国超深层油气迈入规模开发新阶段。中国石油西北油田在雅克拉古近系首口开发井YKE1-3井试获高产工业油气流，采用8毫米工作制测试，日产原油285吨、天然气6.42万立方米，创雅克拉气田单井原油日产新纪录，开辟了雅克拉立体挖潜的油气接替新阵地。

中国陆上非常规天然气勘探成果显著。在页岩气勘探方面，湖北、重庆、江苏等多地页岩油气勘探均取得突破。中国石化江汉油田部署在湖北省恩施州利川红星地区的页岩气预探井红页2HF井，日产页岩气量保持稳定。江汉油田已提交该地区首批页岩气预测储量1051.03亿立方米。与此同时，川东南深层页岩气勘探攻关取得重大进展。重庆綦江的新页1井试获日产页岩气53万立方米，标志着新场构造落实千亿立方米资源量。至此，中国石化川东南盆缘复杂构造带"新场南－东溪－丁山－林滩场"形成整体连片，整体资源量达到11930.5亿立方米，是中国石化继涪陵页岩气田后发现的第

二个万亿方页岩气资源阵地。此外，中国石化江苏油田部署在苏北盆地高邮凹陷花庄地区的第二口页岩油探井——花2侧HF井，在阜二段Ⅳ亚段新层系取得勘探突破，获日产油超30吨、天然气超1500立方米，标志着中国石化在苏北盆地高邮、金湖凹陷的11亿吨页岩油资源量被激活，将为保障中国能源安全做出积极贡献。四川乐山市金石103HF探井，目前获得稳定的高产工业气流，日产天然气25.86万立方米。通过多井钻探证实，金石103井突破的产层段资源量达3878亿立方米，整个页岩层段资源量超过1万亿立方米，这是中国首次在寒武系筇竹寺组地层取得页岩气勘探的重大突破，对推动四川盆地页岩气勘探开发具有重要意义。中国页岩领域可谓多点开花、前景广阔，页岩革命正进入快速推进阶段。在煤层气勘探方面，中国石油华北油田山西沁水煤层气田井口日产和日外输商品气量双双突破550万立方米，年地面抽采能力超过20亿立方米，建成了全国最大的煤层气田，油田煤层气年可替代原煤超百万吨。

中国海上天然气勘探取得重大进展。全球首个海上大规模超稠油热采开发油田——中国海油旅大5-2北油田一期项目顺利投产。该油田位于渤海辽东湾海域，平均水深约32米，非常规稠油探明储量超过6亿吨，占渤海总探明地质储量的14.5%，油田完全投产后预计可累产原油超650万吨。中国南海第一大油田——流花16-2油田群26口开发井全部转入生产，日产油突破1.6万立方米。海上首口页岩油探井——涠页–1井采用"高低黏一体化海水基变黏压裂体系+限流射孔+控压返排"的特殊压裂工艺，向岩层高压注入697.3立方米液、44.9立方米砂，涠页–1井压裂测试成功并获商业油流，标志着中国海上页岩油勘探获重大突破。渤海亿吨级大型油田——垦利6-1油田10-1北区块开发项目三座平台陆地建造全部完工。垦利6-1油田开发项目开创了国内海上油气田区域设施标准化新技术应用的先河，标志着中国海上油气工程标准化建设实现重要突破，对进一步提高海洋油气资源开发效率、保障国家能源安全具有重要意义。海南岛东南部海域琼东南盆地再获勘探重大突破，发现了中国首个深水深层大气田宝岛21-1，探明地质储量超过500亿立方米，实现了松南–宝岛凹陷半个多世纪来的最大突破。这些勘探发现均提升了中国海上油气资源的保障能力。

低碳能源篇

2. 中国天然气产量稳中有升

2022年以来，中国经济稳步增长，能源转型和发展持续推进，中国天然气产量稳中有升。2022年国内天然气产量2178亿立方米，同比增长6.4%。天然气进口量10925万吨，同比下降9.9%。其中，液化天然气进口量约6344万吨，同比降低19.5%；气态天然气进口量约4581万吨，同比增长7.8%。

在当前紧迫的能源形势下，各石油企业加大上游油气勘探开发的投入，稳步推进"增储上产七年行动计划"，同时随着中国"双碳"目标的提出，天然气等清洁能源的消费需求将越来越大。在供给侧和需求侧的共同作用下，2022年中国天然气产量实现了快速增长，达到了2178亿立方米，年增产量连续6年超百亿立方米，与2021年相比增长了6.4%。其中，产量较高的油田有：长庆油田506.5亿立方米，西南油气田383.4亿立方米，塔里木油田323亿立方米，南海西部油田87.5万亿立方米，西南石油局84.01亿立方米，延长油气勘探75.6亿立方米，江汉油田73.37亿立方米。从产量结构来看，2022年非常规油气资源增储上产，非常规天然气产量占天然气总产量的比重达到三分之一。其中，页岩气产量达到240亿立方米，未来页岩气等非常规天然气将具有较大的开发潜力。

中国具有丰富的天然气资源，2022年天然气勘探取得的重大突破也证明了中国增储上产的潜力较大，预计2023年天然气产量将达到2800亿~3500亿立方米。

3. 中国天然气市场供需紧平衡，短期内现货供应偏紧

中国天然气市场发展近20年来，年度天然气消费量首次出现下降，2022年中国天然气消费量为3663亿立方米，与2021年相比下降1.7%，国内经济增长放缓和国际天然气价格高企是天然气消费负增长的两大主因。2022年中国天然气产量为2178亿立方米，较2021年增长了6.4%。2022年天然气进口量为10925万吨，较2021年下降了9.9%，其中进口LNG量6344.2万吨，同比下降19.5%，是近7年以来首次同比下滑。2022年俄乌冲突爆发加剧全球能源供应危机，东北亚LNG现货价格屡创新高，在进口成本高企的背景下，中国主要进口商在纷纷减少对LNG现货采买的同时，也在国际上转售LNG货物，LNG进口量大幅缩减。2022年，澳大利亚仍是中国最大的

LNG 供应国，LNG 进口量达到 2185.3 万吨，但份额由 2021 年的 39.5% 下滑至 2022 年的 34.4%。从卡塔尔进口 LNG 达到 1569.6 万吨，同比增长 74.8%，中海油、中石化与卡塔尔新签的 LNG 长协均在 2022 年年初开始执行。2022 年中国管道气进口量占比提升，份额由 2021 年的 35% 提升至 42.7%，进口量达 4580.5 万吨，同比增长 7.8%。随着多个接收站陆续投产以及新签长协的执行，LNG 进口量有望攀升。同时，由于中俄东线的增供加之国内需求的恢复，预计 2023 年中国天然气进口量将增加。中国天然气对外依存度较高，受国际上供应偏紧的影响，中国天然气市场的供需缺口也在扩大，未来亟须扩大自身产能。

2022 年中国天然气资源供应处于紧平衡状态，在用气高峰时存在供应紧张的风险。预计 2023 年中国天然气市场需求量为 3834 亿～3886 亿立方米，增量为 260 亿～312 亿立方米。分行业看，城市燃气用气需求稳健增长，居民生活、采暖用气是主要增长动力。气电增速放缓，主要是全社会用电量增速有所放缓、2021 年同期基数较高、水电及风电光伏等可再生能源发电量较快增长。工业用气增速放缓，主要是国际进口现货 LNG 价格高，高气价挤出部分高耗能及低端产业用气需求。化工化肥用气保持平稳。2022 年市场需求增量以工业燃料用气为主，增量占比达到 50%。2021 年是居民"煤改气"收官之年，2022 年城市燃气（居民"煤改气"主要影响居民、公共服务、采暖行业）需求增量将有所放缓，降至往年 80% 的水平，增量占比为 33.7%。燃气发电用气需求受到煤电压减和供应价格的影响较大。

4. 中国 LNG 价格震荡上行

中国国内天然气市场常规分为"淡季"与"旺季"，也可称为"非供暖季""供暖季"。在"淡季"时，中国市场价格整体较低，国内市场需求疲软，市场价格波动受南方发电影响；在"旺季"时，中国北方整体进入供暖季，市场补库硬性需求大，市场价格波动较大。如图 24 所示，2022 年 3 月中旬，北方供暖季陆续结束，市场价格应理性回落，但由于受俄乌冲突影响，中国国内市场价格大幅上涨，并于高位稳定运行。2022 年，俄乌冲突的爆发以及持续动荡的国际局势，使得国际原油和天然气价格飙升到非理性的高位，国际市场的高价传导至国内，成为推动国内 LNG 价格不断飙升的主要因素之一。

当前国内 LNG 价格上涨压力相对较大，与地缘冲突导致的能源趋紧密切相关。2022 年中国 LNG 市场均价为 6493 元/吨，同比 2021 年涨幅高达 34.3%。其中价格的高低点都出现在一季度，最高点是出现在 3 月初的 8605.64 元/吨，价格最低点是出现在 1 月底的 3859.72 元/吨。高低价相差高达 55.15%。

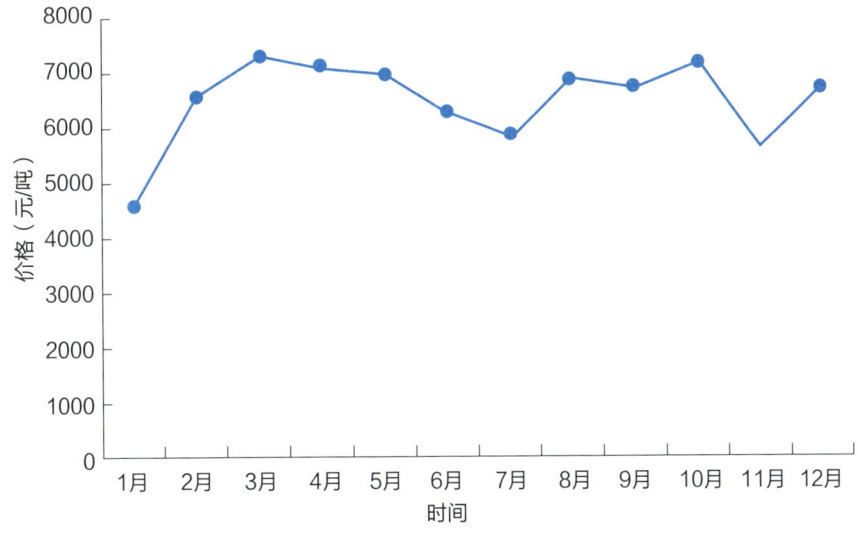

图 24　2022 年中国 LNG 价格

数据来源：中国石油和化工经济分析月度报告

5.中国天然气交易中心争获天然气定价权，国际化交易平台日趋完善

2022 年，中国天然气交易中心也在积极利用自身优势为天然气交易提供更加灵活、完善的交易模式。为提升中国在国际能源市场的影响力、话语权和定价权，上海石油天然气交易中心先后发布了包括中国 LNG 综合进口到岸价格、中国原油综合进口到岸价格等在内的一系列价格指数，成为连续观察油气市场形势的权威"窗口"，为中国 LNG、原油进口贸易提供了系统且权威的价格参考。2022 年 3 月，国家管网集团在上海石油天然气交易中心完成 2022 年文 23 储气库容量竞价交易，成交总量 1.9 亿立方米，共有 6 家用户成功摘单，推动中国油气管网设施公平开放的市场化创新再提速。上海交易中心将依托临港新区开展跨境和保税油气交易，深入布局国际业务，着力打造跨境交易、保税交易、金融服务、能源数据等功能平台，降低交易成本，提高交易效率，为国内外市场主体提供综合服务。总体来看，上海石油天然气交易中心正在推出更多交易品种，努力建设国际油气交易和定价中心。

（二）中国天然气产业政策现状分析

为了确保天然气的稳定供应，2022年国家出台了各项产业政策，细化管网设施公平开放监管制度、推进主干管网互联互通、管网运输成本与价格的监管等政策出台，除此之外，国家出台推动能源绿色低碳转型及与碳达峰碳中和相关的政策（表27）。

表27　2022年中国天然气相关产业政策

	时间	政策措施	颁布单位	政策内容
天然气产业政策	2022年1月12日	2022年能源监管工作要点	国家能源局	推进天然气市场体系建设。稳步推进地方天然气管网运营机制改革，加快实现管网运销分离，引导和推进省级管网公司以市场化方式融入国家管网公司。完善天然气管网设施公平开放制度，制定天然气管网设施托运商准入规则和天然气管网设施容量分配规则
	2022年1月29日	"十四五"现代能源体系规划	国家发展改革委、国家能源局	提升天然气储备和调节能力。统筹推进地下储气库、液化天然气（LNG）接收站等储气设施建设。提升天然气管网保供季调峰水平，全面实行天然气购销合同管理，坚持合同化保供，加强供需市场调节，强化居民用气保障力度，优化天然气使用方向
	2022年3月17日	2022年能源工作指导意见	国家能源局	持续提升油气勘探开发力度，落实"十四五"规划及油气勘探开发实施方案。提升能源需求侧响应能力，优化天然气"压非保民"的管理措施，梳理业务流程及标准，精准实施用能管理
	2022年5月20日	关于完善进口液化天然气接收站气化服务定价机制的指导意见	国家发展改革委	接收站气化服务定价机制提出要明确气化服务价格定义及内涵、健全气化服务定价方式、完善价格制定方法、合理设定价格校核周期
	2022年9月20日	能源碳达峰碳中和标准化提升行动计划	国家能源局	进一步提升能效相关标准，组织推进天然气绿色高效生产转化和利用相关标准制修订，进一步提升油气相关资源综合利用标准水平

低碳能源篇

续表

时间	政策措施	颁布单位	政策内容
2022年1月24日	交通领域科技创新中长期发展规划纲要（2021—2035年）	交通运输部、科学技术部	推动运输服务绿色环保技术研发应用，推广应用液化天然气等清洁能源。加快低碳交通技术研发应用、加强交通运输领域碳排放监测及核算等技术及政策研究、推动交通网与能源网融合
2022年1月29日	"十四五"新型储能发展实施方案	国家发展改革委、国家能源局	做好碳达峰碳中和工作，协同推进能源低碳转型与供给保障，加快能源系统调整以适应新能源大规模发展
2022年4月19日	加强碳达峰碳中和高等教育人才培养体系建设工作方案	教育部	以高等教育高质量发展服务国家碳达峰碳中和专业人才培养需求，深化产教融合协同育人，深入开展改革试点，加大教学资源建设力度
2022年4月22日	关于加快建立统一规范的碳排放统计核算体系实施方案	国家发展改革委、国家统计局、生态环境部	建立全国及地方碳排放统计核算制度、完善行业企业碳排放核算机制、建立健全重点产品碳排放核算方法
2022年5月14日	关于促进新时代新能源高质量发展的实施方案	国家发展改革委、国家能源局	围绕新能源发展的难点、堵点问题，完善政策措施，支持引导新能源产业健康有序发展

（第一列合并单元格：国家相关政策）

（三）中国天然气产业技术现状分析

2022年，科技自立依然是中国的重点议题，在该议题下，中国天然气行业持续技术创新，不断追求实现高水平科技自立自强，努力打造原创技术策源地。在天然气勘探开发、储运方面的技术创新表现尤为突出，对中国勘探开发新油气田、深挖老油气田潜力起到至关重要的作用，为中国新老油气田上产、稳产提供有力的技术支撑。

1. 天然气勘探技术

2022年，中国天然气行业勘探理论与预测技术与时俱进，在地球物理勘探、钻探、测井方面实现多项技术创新；在勘探难度较大的特殊领域，如海洋区域，以及陆上地表或地下结构复杂区域，勘探技术亦有显著的突破。

在勘探理论方面，创新形成的符合柴达木油气勘探开发实际的新型成藏理论模式，为青海油田持续加码油气勘探开发提供有力支撑，新增油气三级储量、全年生产油气当量均超额完成计划指标。在预测技术方面，叠前裂缝预测技术为提升顺北 8 号断裂带及次级断裂带、奥陶系断溶体内幕缝洞储层及小尺度地质体成像精度做出了积极贡献；上覆复杂地层风险预测技术依托于"地质一体化"思路，通过"地震相分析+裂缝预测+地震波阻抗反演"可预测二叠系火成岩、志留系漏失及侵入岩，为优快钻井提供了技术支持。

在地球物理勘探技术方面，uDAS 光纤井中地震采集系统的研发及应用，突破了井中光纤技术瓶颈，提升了中国地震勘探装备技术的核心能力，低信噪比海量数据智能初至拾取软件 Timer 的研发成功，更是为 uDAS 数据处理技术带来新的技术增量，同时也为 uDAS 初至数据的拾取提供了技术支撑；电火花微测井施工技术作为新型表层调查方法，解决了小折射施工中经常出现电火花探头无法下到井底的问题，有效规避常规微测井施工安全隐患、降低安全风险的同时提供可靠的表层数据；搭载 5G 传输技术的 iEdot 时频电磁节点系统的研发成功，标志着物探采集装备成功跨入 5G 时代，该系统具备远程实时监控及指令下发、高精度数据采集及实时回传等十大功能，为电磁采集提供了一套全新的解决方案；矢量（横波）地震勘探技术的探索创新，综合运用了纵横波匹配层位标定、多信息横波构造解释、纵横波联合储层预测等技术，标志着横波矢量勘探工业化应用取得实质性进展，为三湖生物气岩性勘探拓宽了思路。

在钻探、测井技术方面，近钻头伽马测井成像系统攻关成功，形成了螺杆集成式近钻头伽马成像和短节式近钻头伽马成像两大技术系列，解决了常规无线随钻测井仪器存在的测点距离远、盲区大、精度低等问题，可快速准确计算反演随钻测井地质参数、实时准确地反应井底情况，指导现场工程师及时优化实钻轨迹，从而有效提高优质储层钻遇率；Thrubit 过钻头存储式测井工具软件配套 Thrubit 测井仪进行施工，极大满足测井现场施工作业需求，显著提高作业成功率；iMRT 偏心核磁测井仪自主化探头的研制取得重大突破，该突破对实现偏心核磁测井仪完全自主化制造、降低制造成本，具有重要意义；SCT 裸眼井精确找漏工艺技术的攻关成功，先后形成了 4 个系列裸眼井找漏工艺技术，匹配钻井不同漏失情况和井型，成功利用测井方法解决钻井漏失难题，精准找漏、快速堵漏，提高钻进效率。

对于天然气勘探难度较大的特殊领域，创新突破主要集中在海洋勘探技术及陆上地表、地下结构复杂区域的勘探技术。

在海洋油气勘探领域，oSeis 海洋节点采集系统能够实现高密度、宽频、全方位、大炮检距、多波多分量地震数据采集，不仅能够大幅提高复杂油气藏地震成像和地震反演的精度，而且能够适应各种水域及复杂地形，可缩短布设时间约 30%。该系统试验成功，标志着国内 OBN 采集装备实现零的突破，也意味着东方物探为中国增添了 OBN 装备、采集、处理一体化技术；大型 DP 浅水特种作业船"BGP Innovator"（东方物探创新者号）具备全电力推进、综合导航、震源激发、节点收放、数据采集、质量控制等一体化作业能力，实现了最浅 5 米水深作业，填补了全球同类海域勘探装备空白。在陆上地表、地下结构复杂区域勘探方面，TD 规则井炮激发控制系统在英雄岭山地三维项目中应用成功，该系统有效提升了高难山地等复杂地表地震勘探高效作业能力，为山地采集生产提速提效又添装备新利器，提交了一份科技赋能勘探生产的优异成绩单；三维感应成像仪器是识别复杂油气层的一大利器，该仪器可全程追踪解释成果和试油试采效果，助力解决非常规领域油气勘探识别难题，填补了国内相关技术空白；全新的黄土塬三维地震"两宽一高"技术方案，有效克服了黄土塬沟壑纵横、人口稠密、障碍区占比高达 45% 的众多困难，同时大幅提升地震资料分辨率，助力辽河物探优质高效完成施工任务，树起了鄂尔多斯盆地黄土塬三维地震采集新标杆；以构造背景为约束的地质统计法求取井震误差，首次在川东采用"层厚 + 井约束 + 层析反演"的方法精细刻画嘉陵江组膏盐岩层速度，这是深度偏移建模方面取得两大创新性突破，助力西南油气田解决塑性滑脱层下地震精细成像、准确落实构造形态的地质需求。

2. 天然气开发技术

2022 年，中国天然气开发在常规领域的钻井技术、提质增效技术方面坚持创新；针对重难点勘探开发领域的技术创新成果显著，相关的技术创新井喷式涌现。同时，各油田在数字化转型、智能化发展方面加速迈进。

在钻井技术方面，XZ-ICH-105 全自动无线远程控制高压固井水泥头利用人机交互远程控制，显著减少阀件操作频次及操作时间的同时，实现高精度固井作业，配合自主研发的 5 种性能优异稳定的固井外加剂，即膨胀剂、降失水剂、早强剂、缓凝剂和消泡剂，为提高固井质量提供了全新的技术思路；水平井套管外避光纤定向射孔技术融合磁感探测技术和重力定向技术，实现在安全区精准避光纤射孔目的，为油气井后续动态生产数据监测提供有力技术支撑和安全保障。

在提质增效技术方面，作为低碳转型标志性特色技术之一的二氧化碳压裂技术，帮助长庆油田实现低成本安全高效施工作业；太阳能泡排智能加注装备在青海油田南八仙气田完成试运行，成功实现了天然气井多井在线协同的绿色智能泡沫排水采气生产，该项技术的成功试行对中国天然气开采技术绿色转型与低碳发展具有重要意义。

重难点勘探开发领域的技术创新主要集中在非常规、深层、海域等领域。在非常规领域，液氮泡沫压裂技术为柴达木低渗低压油田开发提供了新的措施改造技术手段，新型结构全金属可溶桥塞能满足目前深层页岩气、致密气改造需求；威远－永川深层页岩气开发关键技术、致密气藏开发的"苏里格模式"为中国深层页岩气、致密气规模有效开发开创先河。在深层领域超深油气钻完井工程技术突破，实现深地钻完井由"打不成"到"打得成、钻得快、建得好"的重大跨越；超深超小井眼轨迹控制技术为深层油气藏高效开发提供强有力的支撑；特深层高效定向系列特色钻井技术包括高效轨道优化、高精度造斜率预测及控制、高可靠性测量等技术，为中国石化特深井油气开发提供了技术保障；超深复杂油气藏规模效益开发等技术的创新，战胜了构造、储层、流体等多重挑战，突破了超深层开发的"效益极限"；异常高压天然气高效开发模式和异常高压气藏开发配套技术，填补了中国大型异常高压气藏开发技术空白，为中国深地领域油气藏开发技术进步做出贡献。在海洋领域，陆海一体化的碳捕集、利用与封存关键技术体系为海上油气田绿色低碳开发、探索建设海上"零碳"油气田贡献力量。

在数字化转型、智能化发展方面，西南油气田的"安眼工程"（安全生产智慧眼可视化智能化识别工程）是深入推进数字化转型，构建"油公司"模式下"大监督"格局的重要举措标，该工程正式上线运行标志着西南油气田智能化安全监督综合管理平台全面建成并投入运行；山西煤层气分公司掌握形成了煤层气"精准地质选区及井位部署、新型可控L形水平井钻完井、疏导式储层改造、疏导式排采控制、集约化地面建设"五大关键技术，高起点、高标准地建成了中国第一个规模化、数字化煤层气田；中国自主设计建造的首批智能 LNG 动力守护船海洋石油 542，将与前期投产的智能油田相配合，进一步发挥工业互联网、大数据和人工智能优势；长庆油田坚持构建智能化体系，将智能管理从地面系统延伸到地下气藏，使智慧气田的羽翼更加丰满。

3. 天然气储运技术

2022 年，中国天然气储运在存储、运输技术方面持续创新，两类技术在数字化、智能化方面持续发力。

在天然气存储方面，适用于深层、多夹层盐穴储气库的建设工艺技术系列重点解决了巨厚夹层的垮塌难题，使储气能力大大提升，为国内同类储气库建设提供了指导借鉴；往复式压缩机串并联工艺满足储气库高压比、高气量的要求，填补了中国储气库地面工艺设计空白；球形储罐智能安全监测与风险评价系统，实现对球罐泄漏、腐蚀、温度等参数指标全方位实时监测，声发射实时监测为国内首创；中国石化自主研发设计建造 27 万立方米大型液化天然气储罐，标志着中国超大容积 LNG 储罐研发建造技术实现新突破，对加快中国天然气产供储销体系建设、推动公司高质量发展具有重要意义。

在天然气运输方面，商山 TBM 隧道设计团队研发了超长距离管道安装技术，解决了管道工程工期紧和管道安装困难的问题；超大口径三管同沟敷设在中卫二站线路工程的现场应用，填补了行业空白，为中国油气管道领域保护生态环境、节约建设用地和投资开创了新方法与新途径；中国海油建设的神安管道（神木—安平煤层气管道工程）全线贯通，该工程实现可视化管理，利用二维码技术实时采集、记录并监测管材信息、焊接质量、防腐以及检测情况，整合安全预警、应急指挥等系统功能，以智能化赋能管道安全运营管理；中俄东线南段（河北永清—上海）自主建设管理的智慧管道，通过"移动端云计算大数据"集成管道全生命周期数据，探索"互联网机组"的"智能工地"建设，实现管道建设管理的可视化、网络化、智能化。

2022 年，中国天然气储运技术在提升储气能力、保障存储安全，以及保障管道完整性和安全性的基础上，向数字化、智能化持续迈进。智能化技术的研发应用将有力推动中国天然气存储和运输向安全稳定、高质高效的方向发展。

三、2023年中国天然气发展展望

2023年，三大石油公司将与国家管网公司一道，继续深耕天然气基础设施建设，加大勘探开发力度，创新勘探、开发技术，LNG交易的市场化程度将逐渐提升。

（一）中国天然气产业勘探、开发、储运和市场展望

2023年非常规天然气仍是勘探重点，中国天然气开发技术不断创新，剩余可采储量逐年提高，2023年中国天然气产量将稳步增加。三大石油公司和国家管网集团将继续加大天然气基础设施建设力度，同时对原有的设施进行改造，助力"双碳"目标的实现。随着中国能源转型不断推进，对LNG的需求量将继续增加，预计2023年LNG的价格仍将震荡上行，LNG交易的市场化程度将越来越高。

1. 三大石油公司继续加大勘探力度，非常规天然气仍是勘探重点

为了保障中国能源供应，应对天然气的强劲需求，2023年中国三大石油公司进一步加大勘探力度，非常规天然气仍是勘探重点。中国石油2022年在塔里木、四川、准噶尔、鄂尔多斯等盆地获得重要发现和战略突破，未来，中国石油将持续优化勘探部署，突出大盆地和重点区带集中规模效益勘探，同时还将加大页岩油气的勘探，着力探索适应中国地质特点的页岩油气勘探开发技术。中国石化2022年取得了一批油气新发现，其中塔里木盆地顺北油气、四川盆地深层天然气等取得重大突破。未来，中国石化将持续加大勘探开发力度，除陆上重点勘探地区外，还将加大东海陆架盆地、南黄海盆地等海域的勘探，加强新区新领域风险勘探和圈闭预探，夯实资源基础，提升经营效益，实现增产增效。

2022年，国际油价高位震荡，全球油气勘探明显向深水、超深水倾斜，同时也给中国深水海域油气勘探开发带来新的发展机遇。从资源潜力看，中国相关深水区勘探仍处于早期阶段，已探明天然气3900亿立方米，待发现天然气资源量超3.5万亿立方米，主要分布在面积超过1万平方千米的海域中，勘探前景广阔。未来，中国海油将针对一些地质条件较好、资源潜力较大、

勘探程度较低、风险较大的新区、新领域，适度增加实施一批风险探井，着力寻找大中型油气田，力争实现深水勘探新的领域性突破，形成增储上产新局面。

2. 天然气开发技术不断创新，天然气产量稳中有增

中国天然气资源丰富，随着开采量的增加，尽管开发难度不断加大，但开发技术也在不断创新。中国坚持在常规领域的钻井技术、提质增效技术方面和数字化转型、智能化发展方面协同创新，目前在重难点勘探开发领域的技术创新成果显著，相关的技术创新井喷式涌现。随着中国加大油气勘探开发战略的推进，国内主要的天然气产区产量都呈现出强劲的增长势头。其中，鄂尔多斯盆地、四川盆地、塔里木盆地等地区产能都实现了较大突破。未来，中国将重点开发深层超深层致密气和页岩气，加强已发现深水油气田的开发，积极推进顺北和四川盆地等天然气重点产能建设，强化天然气全产业链的优化和创效。同时，坚持产量与效益并重，加强老油气田稳产，加快新区效益建产，努力增加规模经济可采储量和效益产量；突出规模有效集中建产，严格控制投资和生产运行成本，推动增产增效；落实碳达峰碳中和目标要求，坚持油气与新能源融合发展。

3. 天然气基础设施建设加快推进，为实现"双碳"目标助力

2022年国家发布了相关政策通知，诸如《2022年能源监管工作要点》，积极倡导天然气基础设施的建设，推进地方天然气管网运营机制改革。国家管网集团等公司加快项目建设布局，2022年3月山东天然气环网东干线正式开工，建成后将形成全省"一网双环"网络格局；国家管网西气东输三线中段工程宁夏回族自治区固原段也于2022年5月正式投产，将带动区域经济发展。这些项目的建设加快了各省管网融入"全国一张网"的步伐。

2022年天然气供需的紧张局面凸显了完善的天然气基础设施建设和应急调峰能力建设的重要性。"十四五"期间，中国将加快推进LNG接收站、储气库以及中俄东线南段等多条管线的建设，提升管网储气调峰能力，同时以中俄东线天然气管道为试点，布局智慧管网，进行智能化管道建设探索。天然气基础设施的转型和技术升级对实现"双碳"目标也有重要意义，例如天然气适用于深层、多夹层盐穴储气库的建设工艺技术、超长距离管道安装技术，为中国国内储气库储运运输建设提供了指导借鉴，未来天然气基础设施将发挥更大作用，为中国实现"双碳"目标助力。

4. 天然气供需依旧收紧，LNG 需求稳步提升

"十四五"期间预计中国天然气需求将呈稳健增长的态势，在碳达峰碳中和"双碳"目标顶层政策的约束下，天然气作为当前最为清洁的低碳化石能源和由"高碳至无碳"的过渡能源，未来 15 年内依然具备较大的发展潜力，中国天然气市场将实现触底反弹。同时，进口 LNG 作为天然气资源的重要组成部分，有着不可或缺的作用，未来对进口 LNG 的需求会持续增加。预计 2025 年，中国天然气市场需求量将在 4200 亿~4500 亿立方米，天然气占一次能源消费的比例超过 10%，2035 年将达到 15% 以上。

5. LNG 价格易涨难跌，交易市场化程度提高

预计 2023 年中国 LNG 供给仍存在压力，在实现"双碳"目标的过程中，LNG 需求会有所上升，总体来看，2023 年中国 LNG 价格仍然呈现上涨态势。未来中国要加强 LNG 采购合作，重视中长期资源采购协议，尽可能降低采购成本，保障能源供应。随着中国进口现货 LNG 到岸价格的发布，LNG 交易的市场化程度将更高，国内市场与国际市场的衔接也将更加有效。

（二）中国天然气产业政策展望

2023 年是"十四五"规划的第三年，伴随着发展规划和目标纲要的发布，天然气产业的发展将迎来新一波的机遇，天然气产业相关政策会陆续出台，天然气产供储销能力将获得进一步提升。

1. 国内天然气供应和需求进一步增加

随着"十四五"规划的逐步落实，碳达峰和碳中和等相关政策的陆续发布，天然气消费仍然处于快速通道。与此同时，依照"十四五"时期现代能源体系建设目标，到 2025 年，天然气年产量达到 2300 亿立方米以上，天然气储备体系更加完善，天然气自主供给能力进一步增强，天然气管网覆盖范围进一步扩大。依托天然气产供储销体系建设专班机制，央地企联动，不断强化重大工程实施的资源要素保障。

2. 提升国内天然气勘探能力

"双碳"目标的提出是天然气产业大发展前所未有的契机，目前中国仍然是煤炭消费大国，2030 年实现碳达峰的目标，需要降低煤炭的消费量，天然气作为一种优质和清洁的低碳能源，将成为中长期发展的优势资源，未来天然气的产量将进一步增加。中国天然气资源量丰富，实际探明率却很低，随着非常规天然气产量的不断攀升，天然气勘探开发效益将逐渐降低，与此同时，勘探开发作业的设备、仪器、零部件等长期依赖进口，也将制约国内天然气勘探开发的发展。目前，已经出台政策对进口勘探开发设备等进行税收优惠，未来可能会通过对非常规天然气持续给予税收优惠、补贴政策支持，提升非常规天然气规模效益，通过政策调控提升国内天然气勘探能力，实现增产。

3. "全国一张网"基本成型

中国主干天然气管道总里程超过 11.6 万千米，四大进口战略通道全面建成，国内管网骨架基本形成，干线管道互联互通基本实现，气源孤岛基本消除。未来将通过天然气管网数字化、智能化、标准化体系建设，加强模式探索创新。因地制宜、因省施策，积极推动省级管网以市场化方式融入国家管网公司；压缩供气层级，简化收费模式，结合省网融入鼓励探索开展管输费一票制结算等模式创新，提升用户体验。省网的融入，不仅做出了良好的示范，而且也加强了市场对于省网融入国家管网的预期，未来推进省级管网融合或将提高加速度。

4. 天然气产业价格改革继续深入

在国际油气价格高企、剧烈波动的不利形势下，国内天然气市场总体实现量增价稳。主干管网运营企业加快管网投资建设速度，大力提升管网互联互通水平，全国基础设施尖峰供气能力进一步提升。各地扎实做好有序用气调节及应急预案，民生用气需求得到有力保障。天然气产业价格改革的最终目标是完全放开气源价格，政府只监管具有自然垄断性质的管道运输价格和配气价格，并将紧紧围绕这个目标出台相关政策。一是总结放开直供用户用气门站价格的经验，继续推动天然气交易市场建设，完善相关配套措施，为最终全面放开非居民用气价格创造条件。二是完善管道运输价格形成机制，合理制定管道运输价格，同时加强配气价格监管，促进天然气产业健康发展。

（三）中国天然气产业技术展望

随着世界各国对低碳发展达成共识，天然气作为清洁能源，已成为世界三大支柱能源之一。面对日益增长的需求，需要继续加大天然气勘探开发力度，持续技术创新。在数字化、智能化双化融合的时代背景下，继续将5G、区块链、云计算等高新技术与勘探开发技术相融合，加强"智慧气田"的建设。

1. 能源安全的政策背景下科技创新和自主化仍是发展重点

中国天然气工业起步较晚，尽管目前已形成诸多适合中国油气藏的特色理论、技术，但部分关键理论、技术仍需借鉴国外。天然气勘探开发作为天然气产业的上游，其科技创新和自主化的实现，将为中国天然气产业摆脱受制于人的局面提供有力支撑，对于保障能源安全具有至关重要的作用。

2. 碳酸盐岩、岩性地层及海洋领域勘探开发技术继续加大创新力度

当前已开发主力气田逐步进入递减期，在老气田挖潜、预测剩余储量的基础上，中国已开始勘探开发新气藏，开发潜力最大的地区是中西部的四川、塔里木盆地等古生-中生界下部海相碳酸盐岩气藏、鄂尔多斯盆地古生界岩性气藏，以及海域中的东海、南海等中新生界气藏，预计探明储量可为天然气工业的快速发展提供雄厚的资源基础。因此，未来碳酸盐岩、岩性地层及海洋勘探开发技术的创新仍是中国天然气产业技术的重点方向。

3. 数字化、智能化技术与勘探开发技术深度融合

当前油气勘探开发对象日趋复杂、品位变差、目的层深度不断加大。油气勘探方面，地表、地下结构双复杂对象对物探技术要求更高，技术难度更大。油气开发方面，已开发主力气田逐步进入递减期，老油田挖潜和剩余储量预测对勘探开发技术创新提出迫切要求。油气勘探开发重点从常规领域转向非常规领域，唯有将数字化、智能化技术与勘探开发技术深度融合，才能满足未来的勘探开发需求。目前中国天然气工业领域的技术创新已与5G、区块链、云计算等高新技术相融合，但天然气勘探开发过程中仍有很多难题亟待解决，未来数字化、智能化仍是天然气勘探开发技术创新的重要议题。

核能发展分析与展望

2022年，受俄乌冲突等多因素影响，核电再度受到全球重视，在建核电机组主要集中在亚洲的发展中国家。为了应对气候变化、满足能源需求和带动本国能源产业的发展，美国、法国等多个国家发布了一系列政策以促进本国核电产业的发展。2022年，中国核电装机容量稳步提升，节能减排效果显著；在建规模继续保持全球第一，国产化水平不断提高。2023年，气候变化驱动低碳转型，核能作用日趋显著；同时，能源安全问题突出，核能保障作用更加凸显。产业政策方面，"十四五"规划方向明确，核能建设将平稳有序开展；核能领域法律法规将陆续出台，核能发展政策更加完善。产业技术方面，核科技创新赋能核能产业高质量发展，核电自主化能力将进一步增强；核能多用途利用速度将进一步加快，综合利用水平不断提高。

一、2022年国际核能发展概况

（一）国际核能产业整体发展概况

如表28所示，世界核能协会（WNA）最新数据显示，截至2022年12月，全球在运行核电机组436台，比2021年减少6台，总装机容量为392.8吉瓦，较2021年减少了1.7吉瓦；全球在建核电机组60台，较2021年增加了9台，总装机容量为60.4吉瓦，较2021年增加了6.5吉瓦。2022年，世界在建核电机组主要集中在亚洲的发展中国家，在建数量排名前列的国家有中国、印度、韩国、土耳其等。

2022年，全球启动并网了6台核电机组，总装机容量为7.43吉瓦。其中，中国2台（福清6号和红沿河6号）、巴基斯坦1台（Karachi 3号）、芬兰1台（Olkiluoto 3号）、阿联酋1台（Barakah 3号）、韩国1台（Shin Hanul 1号）。同时，2022年全球新开工核电机组8台，其中，中国5台（田湾8号、徐大堡 4 号、三门 3 号、海阳 3 号和陆丰 5 号）、埃及 2 台（El Dabaa 1 号和 El Dabaa 2 号）、土耳其 1 台（Akkuyu 4 号），总装机容量为 8.87 吉瓦。

表28　2022 年全球运行、在建核电机组情况

国家或地区	运行核电机组		在建核电机组	
	数量（台）	装机量（兆瓦）	数量（台）	装机量（兆瓦）
美国	88	94729	2	2234
法国	56	61370	1	1630
中国	55	56993	21	21867
日本	33	31679	2	2653
俄罗斯	38	28578	3	2650
韩国	24	24490	4	4020
加拿大	19	13624	0	0
乌克兰	15	13107	2	2070
德国	6	8113	0	0
英国	10	6373	2	3260
瑞典	6	6882	0	0
西班牙	7	7121	0	0
印度	23	6885	6	6028
比利时	6	4942	0	0
捷克	6	3934	0	0
瑞士	4	2960	0	0
芬兰	5	4394	1	1600
保加利亚	2	2006	0	0
巴西	2	1884	1	1340
匈牙利	4	1902	0	0
中国台湾	3	2859	0	0
南非	2	1860	0	0
斯洛伐克	4	1837	2	880
阿根廷	3	1641	1	25
墨西哥	2	1552	0	0
巴基斯坦	6	3242	1	1014

续表

国家或地区	运行核电机组		在建核电机组	
	数量（台）	装机量（兆瓦）	数量（台）	装机量（兆瓦）
罗马尼亚	2	1300	0	0
伊朗	1	915	1	974
斯洛文尼亚	1	688	0	0
荷兰	1	482	0	0
亚美尼亚	1	415	0	0
孟加拉国	0	0	2	2160
白俄罗斯	1	1110	1	1110
土耳其	0	0	3	4456
阿联酋	3	3990	2	2690
埃及	0	0	2	2200
全球	436	392847	60	60432

数据来源：世界核能协会（WNA）。

（二）国际核能产业发展政策

受气候变化和能源价格的影响，全球范围内对核电发展的态度更加积极，2022年美国、俄罗斯、法国等多个国家发布了一系列政策以促进本国核电产业的发展。

美国核能产业政策方面，美国积极开展核电国际合作，加强在全球范围内的核能影响力。2022年2月11日，美国能源部（DOE）启动了一项60亿美元的民用核信用计划，以支持现有核电厂的长期运行；4月4日，美国和拉脱维亚发布联合声明称，双方已依据美国"负责任地使用小型堆技术"（FIRST）计划建立合作伙伴关系，以支持拉脱维亚能源独立和能源安全，并实现气候目标；4月11日，西屋电气公司与捷克的10家公司签署了谅解备忘录，就杜科瓦尼5号厂址建造一台AP1000机组以及中欧其他潜在的AP1000项目的部署达成了合作协议，完成对2022年1月与捷克当地公司所签署的七项协议的增补；5月24日，美国西屋电气公司发布声明称，该公司已与韩国现代工程建设公司达成战略合作协议，将共同参与全球AP1000核电项目；10

月 29 日，波兰总理莫拉维茨基在接受媒体采访时宣布，已选择与美国政府和美国西屋电气公司合作，建造波兰第一座核电站，以减少煤炭消耗，获得更大程度的能源独立。

欧洲核能产业政策方面，受能源价格和气候变化的影响，欧洲对发展核电的态度有所缓和，其中法国是欧洲最支持核电的国家，认为核电是一种具有成本效益的清洁电力，其潜在好处超过了安全风险。法国政府认为，继续发展核电是强化自身发电能力和能源安全的关键。2022 年 2 月 10 日，法国总统宣布，将大规模重振核能发电事业，一方面是在保证安全的前提下，延长所有可以延长寿命的核反应堆服役期限，未来不再关闭能继续发电的核反应堆；另一方面是到 2050 年，完成第三代压水堆（EPR）的建设，同时推进可调节小型堆和核废料较少堆型的研发。英国方面，在叠加俄乌冲突和疫情等因素引发的全球能源市场动荡局势下，为提高能源独立性，英国政府在 4 月份发布了一项以发展核能为重头戏的能源安全战略。根据这一战略，到 2030 年，英国很有可能以每年一座的速度新建 8 座核电站。德国方面，作为欧洲态度坚决的弃核国家，德国计划在年底退核的截止日期之后，继续保持现有三座核电站中的两座做备用，以确保在天然气短缺时有足够的电力供应。比利时方面，比利时最初的能源政策是弃核，并加强使用天然气，但由于国际形势发生重大变化，比利时政府考虑推迟原本的计划。2022 年 3 月 18 日，比利时政府宣布，批准多伊尔核电厂 4 号机组和蒂昂热核电厂 3 号机组延寿至 2035 年。俄罗斯核能产业政策方面，2022 年 3 月 1 日，俄罗斯国家原子能公司（Rosatom）注册成立名为 JSC Rusatom Energy Projects 的子公司，致力于在全球市场推广和承包大型、微型核电项目。

（三）国际核能产业技术发展

在碳中和的背景下，清洁稳定的核电受到更多关注，全球核电产业持续发展，技术创新所带来的发展成果十分显著，2022 年美国、俄罗斯等多个国家加快推进先进核能技术研发与应用，研究重点集中在小型模块堆、微型反应堆和核电制氢等方面。

美国方面，2022 年 2 月 16 日西屋电气瑞典公司和科兹洛杜伊核电厂签署合同，为该核电厂设计、交付并安装网络安全系统；4月14日，美国BWX技术公司下属的BWXT先进技术公司已与美国能源部（DOE）就其BANR（BWXT先进核反应堆）移动微堆达成正式成本分摊合同，并计划于2024年交付供BANR移动微堆使用的首批三元结构各向同性（TRISO）燃料，BANR微堆项目已取得很大进展；6月22日，波兰电力公司Enea宣布与美国Last Energy公司签署合作意向书，共同在波兰开发小型堆（SMR）项目；7月21日，由美国Kairos电力公司设计的熔盐净化厂（MSPP）正式投用，用于生产高温熔盐堆使用的高纯度氟化盐冷却剂，该冷却剂采用氟化锂和氟化铍盐混合物，化学稳定性高，能够在低压工况下运行。

俄罗斯方面，2022年8月26日俄罗斯国家原子能集团公司科技创新私营企业氢能技术部主管米隆·博尔古列夫（Miron Borgulev）表示，该公司计划在俄罗斯设计并建设一种新型高温堆，用以扩大制氢规模。日本方面，2022年2月8日资源能源厅启动了利用高温试验堆大规模制氢示范项目的招标工作。作为高温试验堆的运营机构，原子能研究开发机构选择了三菱重工作为该项目承包商，三菱重工正在进行利用高温气冷堆制氢的技术研究。通过该项目，原子能研究开发机构和三菱重工将确认利用高温气冷堆等的超高温热制氢技术，并将实现大规模和稳定的绿色制氢。加拿大方面，2022年5月27日加拿大麦克马斯特大学、美国超安全核能公司（USNC）和加拿大全球第一电力公司（GFP）宣布建立新的合作伙伴关系，共同推进加拿大小型堆（SMR）研究工作；6月9日，加拿大陆地能源公司（Terrestrial Energy）发布声明称，该公司将与KBR工程公司展开合作，共同探索利用一体化熔盐堆（IMSR）制造氢气、氨气的可行性。

二、2022年中国核能发展分析

（一）中国核能产业整体发展概况

1. 核电装机容量稳步提升，节能减排效果显著

世界核能协会最新数据显示，2022年中国共有福清6号和红沿河6号两台核电机组并网投入商业运行。截至2022年12月，中国在运行核电机组达

到 55 台（不含中国台湾地区），总装机容量为 56.99 吉瓦，较 2021 年增加 2.13 吉瓦，增幅为 3.88%，主要分布在沿海地区，详情见表 29。目前，中国在运行核电机组数量和装机容量均位列全球第三，与核电传统大国美国和法国的差距进一步缩小。

表 29　2022 年中国在运行核电机组情况

机组名称	省份	装机容量（兆瓦）	型号	建造方
大亚湾 1 号、2 号	广东	944	法国 M310	中广核
秦山一期	浙江	308	CNP-300	中核集团
秦山二期 1 号、2 号	浙江	610	CNP-600	中核集团
秦山二期 3 号、4 号	浙江	619	CNP-600	中核集团
秦山三期 1 号、2 号	浙江	677	CANDU 6	中核集团
方家山 1 号、2 号	浙江	1012	CPR-1000	中核集团
岭澳一期、二期	广东	950	法国 M310	中广核
岭澳二期 1 号、2 号	广东	1007	CPR-1000	中广核
田湾 1 号、2 号	江苏	990	VVER-1000/V-428	中核集团
田湾 3 号、4 号	江苏	1045	VVER-1000/V-428M	中核集团
田湾 5 号、6 号	江苏	1000	ACPR1000	中核集团
宁德 1 号、2 号	福建	1018	CPR-1000	中广核、大唐
宁德 3 号、4 号	福建	1018	CPR-1000	中广核、大唐
红沿河 1 号、2 号	辽宁	1061	CPR-1000	中广核、国家电投
红沿河 3 号、4 号	辽宁	1061	CPR-1000	中广核、国家电投
红沿河 5 号、6 号	辽宁	1061	ACPR1000	中广核、国家电投
阳江 1 号、2 号	广东	1000	CPR-1000	中广核
阳江 3 号、4 号	广东	1000	CPR-1000+	中广核
阳江 5 号、6 号	广东	1000	ACPR1000	中广核
福清 1 号、2 号	福建	1020	CPR-1000	中核集团、华电集团
福清 3 号、4 号	福建	1000	CPR-1000	中核集团、华电集团
福清 5 号、6 号	福建	1000	华龙一号	中核集团、华电集团
防城港 1 号、2 号	广西	1000	CPR-1000	中广核

续表

机组名称	省份	装机容量（兆瓦）	型号	建造方
长江1号、2号	海南	601	CNP-600	中核集团、华能
台山1号、2号	广东	1660	EPR-1750	中广核
三门1号、2号	浙江	1157	AP1000	中核集团
海阳1号、2号	山东	1170	AP1000	国家电力公司
大亚湾1号、2号	广东	944	法国M310	中广核

数据来源：世界核能协会（WNA）。

中国核能行业协会（CNEA）最新数据显示，2022年1—12月，全国运行核电机组累计发电量为4177.86亿千瓦时，比2021年同期上升了2.52%；累计上网电量为3917.90亿千瓦时，比2021年同期上升了2.45%。与燃煤发电相比，2022年核能发电相当于减少燃烧标准煤11812.47万吨，减少排放二氧化碳30948.67万吨、二氧化硫100.41万吨、氮氧化物87.41万吨。

2. 在建规模继续保持全球第一，国产化水平不断提高

世界核能协会数据显示，2022年中国在建核电机组21台，其中2022年新开工的核电站共有5台核电机组，如表30所示，主要分布在福建（4台）、海南（3台）、广东（3台）、浙江（3台）、山东（3台）、辽宁（2台）、江苏（2台）以及广西（1台），总装机容量为21.9吉瓦，在建核电机组数量和装机量保持世界第一。核电装备制造国产化和自主化能力不断提升，研究、制造和应用整体水平稳步提升，自主三代核电综合国产化率不断提高，建设施工能力全球领先。

表30 2022年中国在建核电机组情况

机组名称	省份	装机容量（兆瓦）	型号	建造方	开工时间
石岛湾1号、2号	山东	1400	CAP400	华能	2019年6月19日、2020年4月21日
昌江SMR-1	海南	125	ACP100	中核集团	2021年7月13日
昌江3号、4号	海南	1100	华龙一号	中核集团	2021年3月31日、2021年12月28日

续表

机组名称	省份	装机容量（兆瓦）	型号	建造方	开工时间
三澳1号、2号	浙江	1117	华龙一号	中广核集团	2020年12月31日、2021年12月31日
防城港4号	广西	1000	HPR1000	中广核集团	2016年12月23日
太平岭1号、2号	广东	1116	HPR1000	中广核集团	2019年12月26日、2020年10月15日
田湾7号、8号	江苏	1100	VVERV-491	中核集团	2021年5月19日、2022年2月25日
霞浦1号、2号	福建	600	CFR600	中核集团	2017年12月29日、2020年12月27日
徐大堡3号、4号	辽宁	1100	VVERV-491	中核集团	2021年7月28日、2022年5月19日
漳州1号、2号	福建	1126	华龙1号	国电	2019年10月16日、2020年9月4日
三门3号	浙江	1163	CAP1000	中核集团	2022年6月28日
海阳3号	山东	1161	CAP1000	山东核电	2022年7月7日
陆丰5号	广东	1100	华龙1号	中广核集团	2022年9月8日

数据来源：世界核能协会（WNA）。

（二）中国核能产业发展政策

核电行业政策和国家对于低碳排放及推广清洁能源的要求成为核电行业持续发展的重要推力，为推动核电产业的平稳发展，保障核电运营的规范性和安全性，2022年中国政府陆续出台了多个核电行业政策，涉及核电行业规划指导、核电行业安全监管、核电行业资质认定等多个方面。

核电行业规划指导方面，2022年4月8日，国家能源局印发《2022年能源工作指导意见》，旨在持续推动能源高质量发展，增强供应保障能力，稳步推进结构转型，着力提高质量效率。

核电行业安全监管方面，2022年4月20日，为进一步加强核电工程建设质量管理，切实履行《中华人民共和国核安全法》等有关法律法规要求，明确和落实核电工程建设相关单位质量责任，保证工程质量，确保核安全，国家能源局、生态环境部联合印发了《关于加强核电工程建设质量管理的通知》；2022年9月1日，为进一步完善中国核与辐射安全法规体系，指导核动力厂有效开展经验反馈工作，国家核安全局组织制定了核安全导则《核动力厂运行经验反馈》。

核电行业资质认定方面，2022年6月6日，国家能源局印发了《核电厂消防验收评审实施细则》，进一步规范了核电厂消防验收工作；6月30日，国家能源局印发《核电厂操纵人员培训和再培训大纲编制规范》，旨在进一步规范和加强核电厂操纵人员培训工作。

（三）中国核能产业技术发展

在国家政策的大力扶持和核电行业人员的不断努力下，中国核电自主创新能力显著增强，华龙一号、国和一号自主三代核电技术完成研发，高温气冷堆核电站示范工程取得重大进展，小型堆、第四代核能技术、聚变堆研发基本与国际水平同步。华龙一号示范工程全面建成投运，标志着中国核电技术水平和综合实力跻身世界第一方阵，有力支撑中国由核电大国向核电强国跨越。2022年中国核能产业技术方面取得多项突破，中国核能产业技术在核电安全、核能材料研制、核能数字化和智能化等方面也取得实质性进展。

核电安全方面，2022年10月20日，太平岭一期华龙融合技术全范围模拟机正式投用，按照机组主控室1∶1比例复制，由电厂概貌盘、操作员工作站、后备盘、严重事故盘等设备组成，监控方式更加优化和多样化，安全冗余措施更加完善。

核能材料研制方面，2022年9月29日，清华大学核能与新能源技术研究院组织召开上海电气核电集团承制的"石墨构件抗震试验支承件加工及组装"项目验收会，在石墨构件抗震试验支承件加工及组装项目实施的过程中，核电集团完成了从设计到制造的一整套支承件的生产加工，并顺利完成压簧组件与石墨组件的联合装调，圆满交付一套满足开展振动试验要求的支承件。

核能数字化、智能化方面，2022年3月18日，核电数字化防异物管理在秦山核电首次成功应用，实现了防异物过程数据互联互通，通过远程视频监控系统使异物防控过程可视，信息数据实时可测，实现了数据分析、统计、预警、控制和持续改进，解决了大修异物控制难的实际问题；10月14日，中核集团核工业计算机应用研究所——北京航空航天大学核工业数字孪生工程技术联合实验室成立，旨在发挥核工业计算机应用研究所在工业软件、工业数字化解决方案等方面的优势，探索数字孪生等前沿技术在核工业领域的落地应用，解决制约核工业发展的"卡脖子"问题，从而促进核电数字孪生装备方面科研成果的联合开发、测试验证、工程应用以及转移转化；10月26日，漳州"华龙一号"常规岛相控阵检测技术首次应用成功，这标志着中核五公司相控阵超声检测技术在核电常规岛已经具备了完备的实施条件，相控阵超声检测新技术实际应用迈上了新的台阶。

核能多样化利用方面，2022年4月26日，全球首批商用堆碳-14辐照生产靶件开始商用堆生产碳-14同位素。这是医用同位素生产方面取得的重大突破，将彻底解决国内碳-14同位素供给问题，为打造核技术应用产业示范基地、建立稳定自主的医用同位素供应提供保障，带动同位素应用产业链发展。

三、2023年中国核能发展展望

（一）中国核能产业发展展望

1. 气候变化驱动低碳转型，核能作用日趋显著

在应对气候变化浪潮下，世界主要经济体积极推动能源绿色低碳转型，核能作为清洁低碳、安全高效的优质能源，是未来新增非化石能源中最具竞争力的重要组成部分，是中国积极应对气候变化，实现"双碳"目标的重要支撑。核能是清洁低碳、安全高效的稳定基荷能源。"双碳"目标下，核能在低碳转型、能源安全等方面发挥着更重要的作用。预计2023年中国将在核电发展上持续发力，进一步扩大核电规模，核能将在中国实现"双碳"目标的过程中发挥更重要的作用。

2. 能源安全问题突出，核能保障作用更加凸显

俄乌冲突引发了全球对能源安全的关注，以欧盟为首的国家和组织纷纷表示将调整政策，加大核能发展力度。面对不断上涨的天然气等能源价格，

核能可以为脱碳计划和能源安全稳定供应提供重要的解决方案。俄乌冲突给欧洲带来的能源危机也对中国起到了警示作用，中国更加深切地认识到，能源饭碗必须牢牢端在自己手里。核能作为一种低成本、零碳排放的能源，在中国的能源转型中能够发挥重要作用，可以帮助中国缓解过度依赖进口化石能源的压力，有力保障中国的能源安全。

（二）中国核能产业政策展望

1. "十四五"规划方向明确，核能建设将平稳有序开展

随着国家"双碳"目标的持续推进、能源安全战略的深化落实，核能将保持积极安全有序发展的态势。预计"十四五"期间，中国将保持每年6～8台核电机组的核准开工节奏，核电装机规模将进一步加快扩大，发电量将大幅增加。当前国内权威机构普遍将核能作为中国实现低碳转型发展的必要选项，是中国实现碳中和目标、支撑中国清洁低碳能源体系和新型电力系统的建设的要求。预计到2035年，核能发电在中国电力结构中的占比需要达到10%左右；到2060年，核能发电在中国电力结构中的占比需要达到20%左右，与当前OECD国家的平均水平相当。

2. 核能领域法律法规将陆续出台，核能发展政策更加完善

"十四五"期间，包括核废料处理、核损害补偿及核电管理等一批核能领域法律法规有望出台，还将在核能选址、电力市场和碳市场交易、公众沟通与科普宣传等方面制定一揽子政策。核能项目的开发将更加注重核能企业与地方经济社会的融合发展，增强核能企业与地方利益的关联度。为推动核能高质量发展，全行业核科普意识将进一步强化，核科普活动将呈现常态化，注重面向公众传播核科学知识，努力营造与新发展阶段相适应的政策和社会环境。

（三）中国核能产业技术展望

1. 核科技创新赋能核能产业高质量发展，核电自主化能力将进一步增强

中国核能产业将通过加大核科技创新投入力度、加强基础研发和原始创新，在更高科技前沿实现产业内涵式高质量发展。自主三代压水堆核电技术

将持续改进优化，进一步提升安全性和经济性，形成改进优化的机型系列。高温气冷堆、钠冷快堆有望通过技术创新实现示范项目的推广，并拓展应用场景。铅冷快堆、熔盐堆等先进核能技术的基础科研工作将进一步夯实，逐步由概念走向科研示范。聚变技术将持续取得新的突破。天然铀勘查采冶技术、纯化转化技术将向绿色、低碳、智能、高效方向发展。新型核燃料元件的安全性、高效性、长寿期等指标有望进一步提升，满足先进核能技术的发展需求。燃料循环后段的科技创新将不断加强，绿色化、数字化、智能化技术将推进核能产业全线升级。

2. 核能多用途利用速度将进一步加快，综合利用水平不断提高

核能多用途利用将为中国能源体系的清洁低碳转型提供关键驱动力。在山东海阳与浙江海盐一北一南两个核能供暖项目正式投运、辽宁红沿河核能供暖项目进入实质性推进阶段的基础上，预计从2023年开始将有更多的核电站开展核能供暖应用。随着中国首个工业用途核能供汽工程在江苏田湾开工建设，核能综合利用领域进一步拓展，商用核电机组正向综合供能领域持续纵深推进。未来中国将充分发挥模块化小型堆、高温气冷堆、低温供热堆、海上浮动堆等各自优势，紧密结合用户侧综合能源消费需求，建立集发电、供热（供冷）、制氢、海水淡化等为一体的多能互补、多能联供的区域综合能源系统，实现对石化、钢铁等高耗能、高碳排行业的清洁供能。

地热能发展分析与展望

地热能是由地壳抽取的天然热能，地热能的利用就是直接取用来自地球内部的热源，并抽取其能量。地热能在广义上的定义为"储存在地下的热能，包括任何所含流体，可用于提取和转化为能源产品"。它是一种可再生能源，不受天气和季节变化的影响，因此可以产生稳定的基本负荷能力。此外，地热能发电是一种低碳的利用方式，可以有效地实现能源替代与清洁发展。地热能也是实现能源安全的重要保障，中国在积极探索地热能的发展。随着"十四五"能源规划的制订及"双碳"目标的不断推进，中国将把地热能作为一种新兴的可以持续探索的能量来源，逐步替代化石燃料，实现清洁与可持续发展。

一、2022年国际地热能发展概况

（一）国际地热能发电量

长期以来，人类一直利用地球内部通过地热现象上升到地表的一小部分热量，主要用于建筑物的供暖和制冷以及休闲活动。这种能源首次用于发电是1904年在意大利的Larderello。从那以后，地热能源的发电效率一直在提高，目前全球已安装的地热发电厂超过15.4吉瓦，而据估计，全球热液系统的地热发电技术潜力高达200吉瓦。到2050年，利用现有技术开发热液系统发电的经济潜力估计为70吉瓦。相比之下，地热采暖和制冷装置，包括建筑物的采暖和制冷，以及沐浴、游泳、工业和农业应用，已增长到107吉瓦。全球地热供暖技术潜力估计为5000吉瓦。国际可再生能源署（IRENA）发布的《地热能：地下的解决方案》显示，地热能是能满足全球约8.3%电力需求和服务全球约17%人口的关键。在过去5年里，全球热泵库存每年增长约10%，到2050年，地热能产热将达到100～210太瓦时/年。

地热能发电也是具有较高的可持续发展潜力的。主要的地热发电技术有干蒸汽发电厂（dry steam power plants）、闪蒸发电厂（flash steam power plants）和二元循环发电厂（binary cycle power plants）。地热发电厂不依赖燃料燃烧，而是直接利用储存在地下的能量。因此，地热发电厂在运行过程中产生的与温室气体有关的排放可以忽略不计。事实上，在100%回注的情况下，二元循环发电厂有潜力产生零排放的电力，使该技术完全无排放。此外，如果计算全生命周期排放，估计地热二元循环发电厂是最有利的技术之一，每千瓦时仅产生11.3克二氧化碳排放当量。地热发电厂使用地下水进行运行，随后将其回注以维持资源稳定和持续性。这些高温含水层深达2000米以上，考虑到它们可能含有高浓度的溶解矿物，因此不适合用于人类消费和灌溉活动。设计的热能井以及良好的回注做法，可以在不污染环境或地下饮用水资源的情况下使用地热流体。

（二）国际地热能发展政策

美国能源部设定了到2023年地热能发电能力增加66兆瓦的目标，预计这将有助于实现到2030年可再生能源占该国电力结构的35%，到2040年可再生能源占比达到50%。美国能源部于2022年7月28日宣布，计划投资1.65亿美元推动地热能发电项目，利用天然气行业的专业知识解决地热能领域的开发障碍，使美国摆脱化石燃料的束缚。美国能源部进一步指出，如果地热能得到充分利用，到2050年，其发电量将占美国总发电量的8.5%。

《肯尼亚能源部门白皮书2022》强调，目前可再生能源占肯尼亚已装机容量的75%以上，其中地热占比最高。近年来在能源部门进行的改革使肯尼亚拥有全世界最清洁的电网之一。

2022年10月，荷兰参议院通过了一项对该国矿业法案的修正案，专门为地热能源的开采创建了一个单独的许可证结构。经济气候政策部表示，该修正法案将于2023年第二季度开始实施。想要开采地热能的公司必须首先申请一个搜索区域。通过这种所谓的"地热能搜索区域分配"，许可证持有人可以对土壤中是否存在地热能进行研究。首先，在开始物理活动（钻井、测试和初始提取阶段）之前，必须申请开始许可证；其次，对于实际开采，发起方必须申请后续许可证，以便最终确定开采区域和开采活动。

2022年7月，哥伦比亚矿业和能源部颁布了一系列法令，对《能源转型法》第14、15、21和23条做出修改。其中，在地热能方面，第二项政令规定了请求勘探和开发许可证及其在地热登记处登记的程序、期限、在勘探和开发资源的阶段中包括的活动、开发商必须报告的资料、重叠项目及其转让的规则以及制裁制度。

印度尼西亚在2022年颁布了关于"加快可再生能源发展以提供电力"的新法规，对地热发电厂的购电价格做出了明确的规定。新法规还有其他鼓励地热投资的规定，政府可以通过分配额外的地热数据和资料、分配初步和探索性调查、承担风险以及融资设施等支持地热能开发。

（三）国际地热能技术发展

日本：根据日本资源能源厅2021年的统计，日本地热资源的开发潜力居全球第三（美国第一，印度尼西亚第二）。岩手县地热资源丰富，日本的首个地热发电站——松山地热发电所就诞生在这里。岩手县是日本地热发电领域的先驱主力，在泷之上温泉开发的地热发电站采用了"双循环发电"的方式，利用每小时涌出50吨以上的蒸汽和热水，以沸点为36℃的气体作为媒介通入汽轮机做功发电。日本J-POWER（电源开发公司）等出资的"汤泽地热"（位于汤泽市）在2019年启动运转山葵泽地热发电所，发电厂输出功率为46199千瓦。它是日本第四大地热发电厂，是日本时隔23年新启动输出功率超过1万千瓦的地热发电厂。

菲律宾：2022年10月27日至28日，第三届菲律宾国际地热大会在线上举行，会议上介绍了一些新颖的技术，如GreenFire Energy公司的闭环地热技术、Seequent公司在勘探阶段的数值模拟、斯伦贝谢公司在高焓井中使用潜水泵、Jacobs公司的地热直接使用案例研究以及GNS Science公司的绿色氢技术等。

美国：据来自美国内华达Star Peak一期地热电站调试现场的报告，继上周蒸汽膨胀发电机组KES3000顺利完成调试后，2022年5月14日，电站第一台双热源有机工质朗肯循环（ORC）膨胀发电机组KE5200也顺利完成调试、并入厂内电网。

肯尼亚：2022年5月肯尼亚Sosian Menengai地热发电厂项目开工，该项目是上海电建在地热发电领域的首个项目，位于肯尼亚纳库鲁市，距离首都内罗毕约180千米，由非洲发展银行投资，属于肯尼亚2030能源计划之一。项目远景规划105兆瓦地热发电，本期为一期工程35兆瓦，福建公司承建项目的土方、土建以及安装工程。电厂计划于2023年5月投产发电，项目建成后对缓解纳库鲁市区的用电紧张、支持地方经济发展起到至关重要的作用。

丹麦：由A.P.Moller控股公司成立的地热供暖公司Innargi与丹麦奥胡斯市签订了一项30年的协议，开发和运营位于当地、欧盟最大的地热供热厂，为区域供暖提供循环、持续的基本负荷能源。

二、2022年中国地热能发展分析

（一）中国地热能发电量

中国地热能资源丰富，但资源探明率和利用程度较低，开发利用潜力很大。据统计，中国大陆336个主要城市浅层地热能年可采资源量折合7亿吨标准煤，可实现供暖（制冷）建筑面积320亿立方米；大陆水热型地热能年可采资源量折合18.65亿吨标准煤；埋深3000~10000米干热岩型地热能基础资源量约为2.5×10^{25}焦耳（折合856万亿吨标准煤），其中埋深在5500米以浅的基础资源量约为3.1×10^{24}焦耳（折合106万亿吨标准煤）。

就地热能下游主要应用结构而言，目前浅层利用的地源热泵是世界上地热利用最广泛的形式之一，能源使用量为599981太焦耳/年；空间供暖装机容量为12768兆瓦，能源使用量为162979太焦耳/年。

（二）中国地热能发展政策

从国家层面来看。2022年1月30日，国家发展改革委和国家能源局发布《关于完善能源绿色低碳转型体制机制和政策措施的意见》，指出应当完善建筑可再生能源应用标准，鼓励光伏建筑一体化应用，支持利用太阳能、地热能和生物质能等建设可再生能源建筑供能系统。完善油气清洁高效利用机制，提升油气田清洁高效开采能力，推动炼化行业转型升级，加大减污降碳协同力度，完善油气与地热能以及风能、太阳能等能源资源协同开发机制。

国家能源局和科技部印发《"十四五"能源领域科技创新规划》，提出要聚焦大规模高比例可再生能源开发利用，研发更高效、更经济、更可靠的水能、风能、太阳能、生物质能、地热能以及海洋能等可再生能源先进发电及综合利用技术，支撑可再生能源产业高质量开发利用。该规划中对地热能开发与利用技术进行了重点规划。需要重点攻关的任务有：突破高温钻井装备仪器瓶颈，支撑水/干热型地热能资源开发；攻关中低温地热发电关键技术；开展高温含水层储能和中深层岩土储能关键技术研究，实现余热废热的地下储能。几项示范试验包括：突破干热岩探测、压裂及效果评价等关键技术，研发单井采热系统、增强型地热系统以及地面综合梯级热利用系统，开发干热岩热储压裂–采热–用热一体化优化设计平台，开展干热岩型地热能开发利用工程示范。几项应用推广包括：推广含水层储能、岩土储能等跨季节地下储能技术应用，因地制宜推广集地热能发电、供热（冷）、热泵于一体的地热综合梯级利用技术。

2022年6月1日，国家发展改革委等九部门联合印发《"十四五"可再生能源发展规划》，对地热能的发展提出了三项要求：（1）积极推进中深层地热能供暖制冷。结合资源情况和市场需求，在北方地区大力推进中深层地热能供暖，因地制宜选择"取热不耗水、完全同层回灌"或"密封式、井下换热"技术，最大限度地减少对地下土壤、岩层和水体的干扰。探索新型管理技术和市场运营模式，鼓励采取地热区块整体开发方式，推广"地热能+"多能互补的供暖形式。推动中深层地热能供暖集中规划、统一开发，鼓励开展地热能与旅游业、种养殖业及工业等产业的综合利用。加强中深层地热能制冷研究，积极探索东南沿海中深层地热能制冷技术应用。（2）全面推进浅层地热能开发。重点在具有供暖制冷双需求的华北平原、长江经济带等地区，优先发展土壤源热泵，积极发展再生水源热泵，适度发展地表水源热泵，扩大浅层地热能开发利用规模。满足南方地区不断增长的供暖需求，大力推进云贵等高寒地区地热能开发利用。（3）有序推动地热能发电发展。在西藏、青海、四川等地区推动高温地热能发电发展，支持干热岩与增强型地热能发电等先进技术示范。在东中部等中低温地热资源富集地区，因地制宜推进中低温地热能发电。支持地热能发电与其他可再生能源一体化发展。

国家发展改革委、国家能源局于2022年5月14日发布《关于促进新时代新能源高质量发展的实施方案》。该方案明确指出，充分发挥新能源的生态环境保护效益，助力农村人居环境政治提升。因地制宜推动生物质能、地热能、太阳能供暖，在保障能源安全稳定供应基础上有序开展新能源替代散煤行动，促进农村清洁取暖、农业清洁生产。

国家能源局于2022年8月29日发布《关于加快推进地热能开发利用项目信息化管理工作的通知》。该通知做出了以下几点要求：（1）各省级能源主管部门要组织各地加快开展地热能开发利用项目的备案/登记工作。（2）要根据当地地热能开发利用特点，充分评估并选择国家可再生能源信息管理中心或者国家地热中心等开发的地热信息管理平台，并尽快在全省范围内推广应用。（3）加强与发展改革、住房城乡建设、自然资源、水行政等管理部门的沟通，对录入地热信息管理平台的项目，可在相关手续办理时予以优先支持；对没有录入地热信息管理平台的项目，可将其作为后续监督检查的重点。（4）国家可再生能源信息管理中心和国家地热中心要加强沟通，做好地热信息管理平台之间的数据接口，统一项目编码。（5）地热能开发利用计入本地可再生能源消费总量，按照国家有关文件与新增可再生能源消费不纳入能源消费总量控制做好衔接。（6）各省级能源主管部门形成常态化工作机制，定期更新数据；鼓励各省级能源主管部门根据本地实际情况拓展地热信息管理平台功能，会同相关部门逐步理顺地热能开发利用项目管理。

从地方层面来看。各省在"十四五"规划出台后纷纷制订了各省的"十四五"能源发展规划以及可再生能源发展规划，提出了一系列地热能发展目标以及期望，具体见表31。

表31 2022年中国各省地热能相关政策

省（自治区、直辖市）	发布时间	政策文件	发布机构	有关地热能的内容
北京	2022年3月	关于公开征集朝阳区2022年节能减碳项目的通知	北京市朝阳区发展改革委	对新能源和可再生能源项目（太阳能光伏、地热能、风能、生物质能等），给予不超过总投资额30%的补助
北京	2022年7月	北京市"十四五"时期供热发展建设规划	北京市城市管理委员会	重点发展地热、空气能、再生水和余热等新能源和可再生能源供热。积极发展再生水源热泵和地源热泵等新型供热方式。因地制宜优先发展中深层地热能、浅层地热能、再生水余热、垃圾电厂余热、数据中心余热和绿电等耦合供热方式，打造一批示范工程
山西	2022年9月	山西省地热能分级分类利用指南（试行）	山西省自然资源厅	山西省地热能分为太原—晋中片区、大同—朔州片区、忻州片区、长治—晋城片区、吕梁—临汾西片区、临汾东—运城片区六大片区
内蒙古	2022年8月	内蒙古自治区矿产资源总体规划（2021—2025年）	内蒙古自治区人民政府	在矿产资源勘查方向上，要求加强铀、页岩气、煤层气、地热等非常规能源勘查力度
内蒙古	2022年3月	内蒙古自治区"十四五"可再生能源发展规划	内蒙古自治区能源局	地热能供暖面积力争达到1000万平方米
辽宁	2022年7月	辽宁省"十四五"能源发展规划	辽宁省人民政府	加快能源绿色低碳转型，稳妥推进地热能开发利用，到2025年，非化石能源消费比重预计达到13.7%左右
吉林	2022年7月	吉林省碳达峰实施方案	吉林省人民政府	推广干热岩地热采暖示范工程，积极开展地热能开发利用
黑龙江	2022年10月	黑龙江省城乡建设领域碳达峰实施方案	黑龙江省住建厅	对新能源和可再生能源项目（太阳能光伏、地热能、风能、生物质能等），给予不超过总投资额30%的补助
上海	2022年8月	上海市能源电力领域碳达峰实施方案	上海市发展改革委	完善全市浅层地热资源监测网点布局，加强浅层地热资源日常监测和动态评估。重点在五大新城、绿色生态城区、建筑可再生能源集中示范区开展浅层地热资源规模化利用示范区建设，探索中深层地热资源试点示范。"十四五"期间全市新增浅层地热利用面积500万平方米以上

续表

省(自治区、直辖市)	发布时间	政策文件	发布机构	有关地热能的内容
江苏	2022年9月	江苏省矿产资源总体规划（2021—2025年）	江苏省自然资源厅	鼓励开展地热、浅层地热能等新能源开发利用技术研发和应用，引导与供暖、康养、旅游、种植养殖及工业生产等相结合的地热综合开发。实施地热清洁能源开发利用工程，以点带面，推动地热开发利用的规模化发展，助力实现江苏碳达峰碳中和目标
安徽	2022年9月	安徽省建筑节能降碳行动计划的通知	安徽省人民政府	2025年年底，城镇浅层地热能、空气能采暖制冷应用建筑累计新增面积不低于500万平方米
福建	2022年8月	关于完整准确全面贯彻新发展理念做好碳达峰碳中和工作的实施意见	福建省委、福建省人民政府	大力推进规模化碳捕集利用与封存技术研发、示范和产业化应用。推进风能、太阳能、生物质能、地热能、海洋能和氢能等可再生能源及储能技术研发
江西	2022年9月	江西省住房和城乡建设领域"十四五"建筑节能与绿色建筑发展规划	江西省住建厅	加强浅层地热能等可再生能源利用，因地制宜推广使用地源热泵技术，积极稳妥开展中深层地热能开发利用
江西	2022年5月	江西省"十四五"能源发展规划	江西省人民政府	鼓励发展天然气、太阳能、风能等分布式能源，探索推进地热供暖、太阳能制热、生物质供热等可再生能源非电利用发展。因地制宜推行浅层地热能、燃气、生物质能等高效清洁分散供暖方式
山东	2022年3月	山东省"十四五"绿色低碳循环发展规划	山东省发展改革委	大力发展清洁能源。实施可再生能源倍增行动，以风电、光伏发电为重点，以生物质、地热能、海洋能等为补充，因地制宜推动可再生能源多元化、协同化发展
河南	2022年3月	河南省扩大有效投资十条措施	河南省发展改革委	推进郑州等4个千万平方米地热供暖规模化利用示范区建设，力争2022年新增地热能供暖能力1200万平方米
湖南	2022年10月	湖南省推动能源绿色低碳转型做好碳达峰工作的实施方案	湖南省发展改革委	开展浅层地热能集中规模化应用，鼓励中深层地热开发利用；优先发展水源热泵，积极发展土壤源热泵。重点推动地热能在大型公共建筑中的运用，实现地热能助力低碳零碳乡村建设

续表

省（自治区、直辖市）	发布时间	政策文件	发布机构	有关地热能的内容
湖北	2022年10月	湖北省应对气候变化"十四五"规划	湖北省生态环境厅	因地制宜推行热泵、地热能等清洁低碳供暖，开展浅层和中深层地热能资源调查，加大地热能等可再生能源和热泵技术推广力度
湖北	2022年5月	湖北省能源发展"十四五"规划	湖北省人民政府	积极推进地热能开发利用。加强地热资源勘查，在江汉盆地、南襄盆地、武汉新洲、黄冈英山等地区开展地热能资源勘查、试验、评价。积极推进地热能多元融合发展，在武汉、襄阳、宜昌、十堰等地区，积极推广浅层地热能供暖和制冷应用。积极探索中深层地热能综合利用形式和市场运营模式。新增地热能供冷供热应用建筑面积1900万平方米，2025年达到5000万平方米
广东	2022年3月	广东省建筑节能与绿色建筑发展"十四五"规划	广东省住建厅	积极推动农村地区可再生能源应用。结合自然资源条件和项目使用需求，合理利用浅层地热能、生物质能
广西	2022年9月	广西能源发展"十四五"规划的通知	广西壮族自治区人民政府	因地制宜开发利用地热能，开发合浦盆地大山角块段等浅层地热资源，探索干热岩开发利用
重庆	2022年1月	重庆市绿色建筑"十四五"规划（2021—2025年）	重庆市住建委	"十四五"期间，重庆地热能、空气热能建筑应用面积新增500万平方米，其中，主城都市区完成400万平方米，渝东北三峡库区城镇群完成75万平方米，渝东南武陵山区城镇群完成25万平方米
四川	2022年5月	四川省"十四五"可再生能源发展规划	四川省发展改革委、能源局	统筹推进浅层地热能规模化应用，重点推进成都市及经济较发达地区地级市主城区地源热泵系统工程建设，新增浅层地热能应用面积2000万平方米。探索建立高温地热发电示范项目，积极开展川西高温地热资源丰富地区分布式地热电站试点，"十四五"期间新建规模3万千瓦
陕西	2022年8月	关于完整准确全面贯彻新发展理念做好碳达峰碳中和工作的实施意见	陕西省人民政府	打通地热能开发利用堵点难点，加快推进关中地热能规模化发展，推进建设地热能供暖示范县（区）

续表

省（自治区、直辖市）	发布时间	政策文件	发布机构	有关地热能的内容
甘肃	2022年2月	甘肃省"十四五"能源发展规划	甘肃省人民政府	推进地热能高质量发展，加大全域地热资源勘查，探获大中型地热田。大力推进中深层地热能供暖，积极开展浅层地热能开发利用
甘肃	2022年9月	甘肃省矿产资源总体规划（2021—2025年）	甘肃省人民政府	推广地热能开发利用领域，明确坚持"以灌定采、以热定采、采灌均衡、水热均衡"的原则，拓展兰州、张掖等地区地热资源利用领域，推进地热能分区分类利用和井下换热技术应用
宁夏	2022年9月	宁夏回族自治区能源发展"十四五"规划	宁夏回族自治区人民政府	鼓励勘探开发地热资源，利用热泵等技术积极推广浅层地热能供暖，特别提出在银川平原探索开展中深层地热能供暖

数据来源：公开资料整理。

（三）中国地热能技术发展

地热能的开发利用方式可以分为两种，分别是发电和直接利用。两种开发利用方式以地热能资源的温度区分，温度较高的地热能主要用来发电，而中低温的地热能则可直接利用，主要用来供暖，当浅层地热能的温度低于25℃时，可以直接利用地热源泵处理，用来提供供暖或制冷服务。

羊易地热电站地处海拔4700米的拉萨当雄县羊易村，是目前世界上海拔最高、国内单机容量最大的地热发电机组工程。自2018年10月获得上网发电许可并网发电以来，羊易地热电站攻坚克难，不断改进现有技术以增加地热电站的连续稳定发电时长。2022年羊易装机占西藏电网装机容量约4%，上网结算电量约占西藏售电量的1%，可见羊易地热电站的重要性和优势地位。

北京市发展改革委在2022年8月批复4个地源热泵项目资金申请报告，项目完工后，将新增供暖面积60余万平方米。截至2022年7月底，北京市地热及热泵供暖面积累计达到3700余万平方米（不含空气源热泵）。

2022年6月16日，位于江苏省兴化市兴东镇北贺村的"苏热1井"开始进行热储层压裂实验，这标志着江苏首个干热岩综合利用试验项目正式启动。干热岩是地壳深处不含水或蒸汽的、温度在150℃以上的热岩体，属于地热资源的一种。在科技实力不断"加持"下，目前，江苏浅层地热能和水热型地热资源开发利用技术已基本成熟，其应用在各处"遍地开花"，给居民带来绿色生活的同时，减少了碳排放，节约了电能，取得了可观的经济和社会效益。

三、2023年中国地热能发展展望

（一）中国地热能发电量展望

鉴于"十四五"能源规划中大力支持可再生能源的发展，再加上国家"双碳"目标的顶层设计，中国地热能发展将在2023年持续稳步推进。配合现有的"地热+"技术，借助地热与其他清洁能源的横向深度结合、地热能纵向阶梯利用相结合的方式，地热能开发的新模式有望在未来实现新的跨域。预计在2023年，中国地热能发电量不会有太多变化，中国将继续推进地热能的开发与利用，实现稳步增长。

（二）中国地热能政策展望

在低碳绿色发展的背景下，中国将进一步加大地热能开发的政府扶持力度。地热开发需要地热资源量的调查与评价，而深入的地质和地震研究及勘探钻探活动需要庞大的资金支持，同时伴随着较大的不确定性，这就导致地热项目相较其他可再生能源，资金风险更大、初期投资更高、开发企业负担更重。地热能开发往往需要政府的政策支持或国际机构的融资帮助。地热产业发展具有明显的政府引导与政策特征，扶持政策对地热能产业的有序、健康、快速发展起到显著的推进作用。

地热能政策将进一步完善，以有效应对可能的风险。各省在"十四五"规划的指导下，将积极探索地热能的发展前景，将地热能作为能源战略的重要组成部分。2023年，预计各省将出台更为细化的地热能战略指导意见，提升地热能的利用与发展空间，为地热能提供更多的资金支持。从能源转型的角度看，地热能极富前景，尤其在行业发展整体上升的情况下，外界更多关注地热能开发对减少碳排放的贡献。事实上，大规模开发地热资源的安全性也同样值得关注。如何规避、降低地热项目生产运行中可能出现的地震危险、生态破坏等风险，是地热资源开发过程中必须关注的问题。地热行业不仅需要强大的政策支持和资金支持、技术创新和关键技术攻关，同时也需要完善的监管体系。为了让地热能应用更安全，须做好风险管控，加强行业监管。只有充分地了解风险，并加以有效监管，地热能才有可能成为可持续和安全的能源替代方案。

（三）中国地热能技术展望

深部岩层地热获取的技术或将进一步取得突破。地热能开发利用是一项复杂的系统工程，涉及多学科、多领域、多行业，包括资源勘查与评价、钻完井、储层压裂改造、尾水回灌、梯级利用、换热和保温、防腐防垢、热泵和发电、地面工程、运行管理等技术。2023年，中国将在干热岩资源开发、增强型地热系统应用等方面实现巨大进步，从天然裂缝缺失、孔隙度和渗透率均很低的深部岩石中获取地热能的技术将快速发展。国际上许多技术可行的项目在实践上面临诸多不确定性，中国将更加关注技术创新以解决相关问题。

海洋能发展分析与展望

全球海洋能勘探开发势头迅猛,目前已经成为一种新型海洋自然资源,产业化前景良好。2022 年,全球海洋能累计装机量为 524 兆瓦。随着各类海洋能源技术的发展,全球海洋能装机容量预计未来 5 年可达 3000 兆瓦,至 2030 年和 2050 年分别可达 7 万兆瓦和 35 万兆瓦。2022 年,中国在各国海洋能累计装机量海洋能发电量排名第六;同时,在"双碳"目标和海洋能开发技术的加持下,中国海洋能产业获得了较大的进展,预计 2023 年中国对海洋能的采集设备要求将不断加强。此外,财政部、科技部及国家发展改革委等相关部门及地方政府相继出台了多个相关政策以促进中国海洋能产业的发展。预计 2023 年中国将围绕海洋能持续发展目标重点关注研发能力的提升和人才的培养、金融机构的融资以及电力体制改革等方面。

一、2022 年国际海洋能发展概况

(一)国际海洋能产业整体发展概况

海洋能作为储量巨大的清洁能源,具有非常可观的开发利用潜力,但同时,全球海洋能资源的能量密度较低、分布不均匀,其开发利用难度较大。国际可再生能源机构 IRENA 指出,海洋能未开发的资源潜力可以满足目前的全球电力需求和未来很长一段时间内的预计需求。近年来,随着英国、美国等海洋强国持续加大对海洋能技术研发应用及其示范的资金投入和政策支持力度,很多大型跨国能源和制造业巨头也开始进军海洋能领域,国际海洋能技术取得了一系列重要进展。根据国际可再生能源机构(IRENA)的统计数据,2022 年全球海洋能累计装机容量为 524 兆瓦(见图 25)。2022 年全球海洋能累计装机量排名前五的国家分别是韩国、法国、英国、加拿大、西班牙。2019 年暴发的全球范围的新冠疫情造成了国际海洋能产业供应链中断,多个

海洋能项目计划部署出现重大延误。但2022年以来，随着全球新冠疫情得到有效控制，海洋能行业出现了反弹，全年新增容量1兆瓦，总运行装机量达到524兆瓦。虽然全球海洋能产业发展重点仍然是规模较小（小于1兆瓦）的示范和试点项目，但该行业正在向半永久性装置和设备阵列发展。目前，海洋能开发活动主要集中在欧洲，尤其是拥有丰富海洋资源的英国，但随着中国、美国、加拿大等国政策支持和战略部署的稳步推进，亚太地区海洋能产业化进程也在不断加快，在建的几个大型潮流能和波浪能项目将极大提升全球海洋能的装机容量。

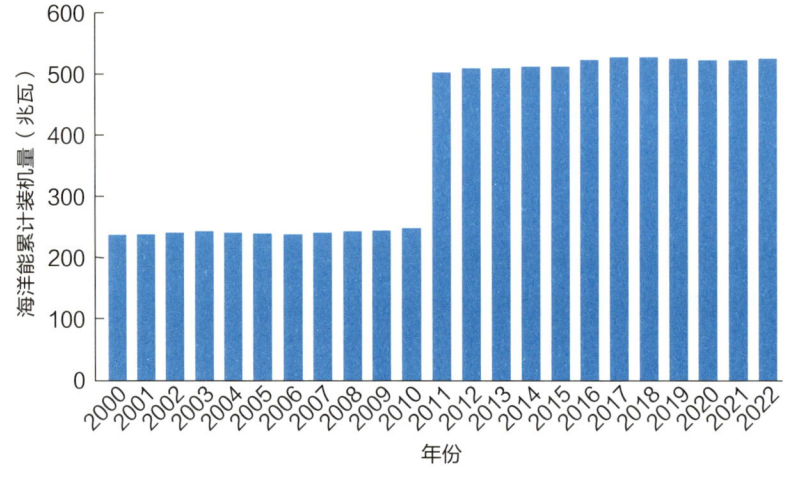

图25　全球历年海洋能累计装机量

数据来源：国际可再生能源机构（IRENA）

目前，欧洲已成为国际海洋能产业的领军者，潮流能和波浪能成为海洋能开发利用的重点领域。2022年3月，欧洲海洋能组织（OEE）发布《2021年海洋能产业发展趋势和统计数据》报告。报告指出，2021年欧洲潮汐能、波浪能装机容量已恢复至新冠疫情前水平，两种海洋可再生能源的新增装机容量分别达到2.2兆瓦和0.68兆瓦。同期，全球潮汐能、波浪能新增装机容量也分别达到3.12兆瓦和1.39兆瓦，这表明欧洲以外的国家和地区也在加快开发海洋可再生能源。此外，报告预计2022年欧洲海洋能产业的发展将趋于稳定，但与欧盟海洋可再生能源战略目标仍有很大差距。同时，欧盟委员会在新的《海上可再生能源战略》中设定了宏伟的海洋能发展目标，提出到

2025年海洋能装机容量达到100兆瓦，到2030年达到1000兆瓦，到2050年达到40000兆瓦。预计2022年，欧洲潮流能和波浪能将分别部署1.4兆瓦和2.8兆瓦。同时，爱尔兰、葡萄牙和西班牙在其国家能源和气候计划（NECP）中设定了到2035年总计230兆瓦的海洋能装机目标。2022年5月，欧盟联合研究中心（JRC）与欧盟环境海洋事务与渔业委员会联合发布了《2022年度蓝色经济报告》。该报告指出海洋能作为蓝色经济中重要新兴产业，发展趋势依旧向好。预计到2025年全球海洋能装机将达到2.5吉瓦，到2030年将达到10吉瓦。

（二）国际海洋能产业发展政策

2022年，多国出台了海洋能战略规划、海洋能发展路线图，优化了流程效率的监管规则，以及海上试验场等相关支持政策，推动海洋能研究和产业发展。同时，多国调整了海洋能政策，将海洋能发展纳入国家发展目标，以持续推动海洋能产业化发展。例如，美国出台《基础设施投资和就业法案》，为包括海洋能在内的全国各种基础设施项目提供大量资金；美国能源部也为波浪能技术的商业化提供了融资机会，且正在资助一系列致力于海洋能发展的倡议。欧盟委员会的报告预测，随着潮汐能和波浪能技术的持续发展以及发电成本的下降，欧盟海洋能发电能力将获得大幅提升，产值逐渐提高。到2030年，欧洲潮汐能与波浪能的产业总增加值将达到5亿~58亿欧元。海洋能技术的商业化应用，将对欧盟社会经济发展产生持续助力。报告指出，海洋能产业的巨大前景，为欧洲未来发展创造新的契机。尤其是遭受经济危机打击的沿海及相关地区，海洋能的发展将为其创造实现长期发展的重要机遇。据预测，到2050年，随着欧盟海洋能装机容量达到100吉瓦，将创造40万个就业岗位。2022年2月，欧盟委员会通过"为实现2030和2050年目标，需加快部署海上可再生能源，并加强海洋和海岸可持续管理"报告，欧洲议会议员认为，实现净零排放需要以前所未有的规模部署可再生能源。2022年9月，欧洲海洋能行业协会对欧盟海洋能发展前景进行了展望。该协会指出，欧盟海洋能发展潜力巨大，有望成为欧盟未来重要的新兴产业。其中，"海洋能欧洲"报告预测，到2030年，欧盟潮流能的装机容量将达到2.2

吉瓦，波浪能装机容量达到 423 兆瓦；到 2050 年，欧盟潮流能和波浪能的装机容量将达到 100 吉瓦，可满足欧洲目前 10% 的用电需求，每年为 9400 万户家庭供电。到 2030 年，通过大规模的装机部署，欧盟潮流能的发电成本将大幅下降，达到 0.10 欧元/千瓦时，波浪能也将在 2035 年达到这一水平。

2022 年 1 月，美国能源部宣布将提供 2500 万美元资金，支持波浪发电技术的研发和示范，助力提升波浪能技术水平，并加快其商业化。2022 年 4 月，英国亚特兰蒂斯公司通过发售非可转债，获得苏格兰工商委员会 300 万欧元投资，资金用于维护和改造潮流能机组的湿插拔系统，降低机组后期的布放和回收成本。2022 年 10 月，美国能源部宣布将提供 3500 万美元的资金用于推进潮汐能发电系统，具体的支持路径预计将于 2023 年公布。2022 年 10 月，国际海洋能源大会在西班牙召开，由英国、爱尔兰、法国、德国和西班牙等国家参与的产业界和学术界合作推动的、价值 1960 万欧元的波浪能试点项目宣布正式启动。该项目基于爱尔兰海洋能源公司研发的、当前世界上容量最大的浮式波浪能设备 OE35，第一阶段重点设计研发与之配套的浮式波浪能转换器，随后将在位于奥克尼群岛的欧洲海洋能中心 BilliaCroo 波浪能试验场进行为期两年、容量为 20 兆瓦的试点运行，旨在降低波浪能发电成本，推动其大规模商业化发展。此外，2021 年 12 月 13 日西班牙通过的《海上风能及海洋能发展路线图》，设定了到 2030 年实现海上风电装机 300 万千瓦和海洋能（波浪能和潮流能）装机 6 万千瓦的发展目标。该路线图提出将在 2021—2023 年，通过国家恢复计划提供至少 2 亿欧元的公共资金支持海上风电及海洋能产业技术创新。除此之外还有欧洲和国家资助计划将促进路线图的实施，例如西班牙工业技术发展中心（CDTI）、能源多样化与节能研究所（IDAE）以及配合发行的绿色债券。

（三）国际海洋能产业技术发展

在海洋能技术研发领域，涉及 26 个欧盟成员国的 838 家企业在研发方面发挥了积极作用，其中一部分已经申请专利。在欧盟获得的专利中，51% 是波浪能技术，43% 是潮流能技术，3% 是海洋温差能技术。欧盟在国际专利申请领域处于领先地位，在美国、韩国、中国以及加拿大和澳大利亚（包括在世界其他地区）等所有关键市场寻求专利保护。这些专利数据表明，欧洲是海洋能技术创新输出国，并且在全球范围内的海洋能市场占据有利位置。近年来，随着相关技术的发展，海洋能发电技术有了很大的进步，陆续有试验电站进入商业化运行。在日本，利用波浪运动的波浪发电、利用潮涨潮落来推动涡轮机等的潮汐发电、利用海面附近和海中的水温差来产生蒸汽的海洋温差发电、利用海流来推动涡轮机的海流发电等的研发正在推进。具体来说，海洋能技术主要包括潮汐能技术、潮流能技术、波浪能技术、温差能技术以及盐差能技术 5 项核心技术。其中，潮汐能技术是海洋能技术中最成熟和利用规模最大的一种，目前处于商业化运行阶段。全球潮汐能发电站的理论总装机量可达 43.7 吉瓦，年发电量为 640 吉瓦时，开发利用潮汐能是未来新能源规模发展的新趋势。根据联合国环境规划署（UNEP）发布的《可再生能源 2022 全球状况报告》，全球大约 40 兆瓦潮汐流发电装置正在运行，大约 15 兆瓦的潮汐流发电能力已经投入使用。用于公用事业规模发电的设备设计已经会聚在水平轴涡轮机上，安装在海底或浮式平台上，截至 2021 年年底总发电量超过 68 吉瓦。由于潮汐能发电的发展主要受高成本因素制约，而建立大型潮汐电站将有效降低单位发电成本，因此，很多国家都致力于大型化潮汐能电站的兴建，预计未来 10 ~ 15 年将会建成百万千瓦级的潮汐发电站。2022 年 5 月，加拿大潮汐能发电初创企业"可持续海洋"已经开始通过涡轮机试验阵列向电网供电，芬迪湾以潮汐落差大而闻名于世，这是加拿大首个并网的潮汐能项目，正在分阶段推进。2022 年 6 月，日本石川岛 - 哈里岛重工业公司建造了一座巨型潮汐能发电机 Kairyu，其产生的电最终并入日本国家电网。

潮流能发电技术研究起步较晚，但发展很快，目前处于商业化运行早期阶段。英国 NI 公司计划打造全球首个潮流能机组生产线。加拿大政府提供 2850 万美元资金支持加拿大第一个漂浮式潮流能阵列项目。2022 年 1 月，瑞典 EWP 公司与美国海洋创新和商业机构 AltaSea 合作，计划在美国开发一个并网级的波浪能发电场。该项目用于进一步制订多个协调项目计划，以促进该地区经济的可持续增长。2022 年 9 月，美国国家可再生能源实验室（NREL）和大学科研人员合作设计和构建工具，来收集有关垂直轴潮流能机组运行的实验数据，加速潮流能发展。本次测试数据将被添加到美国能源部的海洋和水动力数据库，并开放数据访问。波浪能装置设计还有待提高，目前虽然已经部署了大约 25 兆瓦的波浪能，但仅有 3 兆瓦在实际运行。波浪能项目虽然继续面临重大延期，但仍有近 10 次总容量近 1.4 兆瓦的设备安装部署。其他海洋能源技术发展仍然缓慢，如海洋温差能和盐差能，只有部分试点项目启动。虽然目前海洋能商业化开发还不成熟，相对其他可再生能源发电系统，如与风电、光伏发电相比，相对滞后，但是随着海洋能发电技术日益成熟，未来将有越来越多的海洋能发电系统接入电网运行，储量巨大的海洋能也必将成为全球能源供给的重要组成部分。

二、2022 年中国海洋能发展分析

（一）中国海洋能产业发展概况

在"双碳"目标和海洋能开发技术的加持下，2022 年中国海洋能产业获得较大进展，全年海洋能累计装机量约为 8 兆瓦，位列全球第六。中国已有多个潮流能和波浪能技术具备了产业化发展基础，建成的室内外测试公共服务体系将为越来越多的海洋能技术改进及产品定型提供支撑，将推动中国海洋能开发利用技术加快向标准化和产业化方向发展。当前，中国海洋能从业机构有超过 300 家，初步形成了具备一定规模的集海洋能理论研究、技术研发、装备制造、海上运输及电力并网于一体的海洋能产业链。从现状来看，虽然中国潮汐能、波浪能、温差能的潜在蕴藏量大，但分布并不均匀。中国海岛众多，其中，面积达 500 平方米以上的岛屿仅广东有 759 个，距离陆地最远距离约为 40 海里。这对中国海洋能的采集设备提出了更高的要求。截至 2022 年年底，中国潮汐能电站总装机容量约为 4.35 兆瓦，累计并网发电量超过 2.4 亿千瓦时。

2022 年，为促进海洋能技术开发利用的标准化和规范化，中国相继开展了一系列的务实行动。2022 年 7 月 1 日，由中海油研究总院牵头起草的国家标准《海洋能系统的设计要求》正式实施。该标准规定了波浪能、潮流能和其他水流能转换装置系统设计的要求，是科研成果走向标准化的成功实践。

标准的正式实施对规范波浪能、潮流能等海洋能转换装置的设计具有重要意义，进一步丰富了国内海洋能技术领域的标准库，将有力促进海洋能领域各研究团队的工程实践，对海洋能走向商业化起到了重要推动作用。同时，为促进海洋能技术开发利用的经验交流，中国积极参与海洋能技术发展双边合作。2022年9月27日，在第六届中韩海洋能联合学术会议上，中韩海洋能领域的专家们分别就两国潮流能、潮汐能、波浪能、温差能及海洋能标准等海洋能关键技术研究进展情况与研究成果进行了深入探讨和交流。2022年10月，国家市场监管总局向国家海洋技术中心下发国家资质认定（CMA）证书，将9项新扩海洋能发电装置检测要素纳入资质认定。该中心成为中国首个具备波浪能、潮流能发电装置功率特性和电能质量特性检验检测认证资质的机构。

（二）中国海洋能发展政策

2022年，国家和地方政府相继制定了鼓励海洋能开发利用的法规、政策，以推进海洋能技术转化及产业实施，为中国海洋能产业发展营造良好的政策环境。继2020年9月22日中国政府在第七十五届联合国大会上提出中国将在2030年前达到碳达峰、2060年前达到碳中和目标后，2022年10月22日，习近平总书记进一步在党的二十大报告中指出，要积极稳妥推进碳达峰和碳中和。同时强调完善能源消耗总量和强度调控，要重点控制化石能源消费；推动能源清洁低碳高效利用；加快规划建设新型能源体系。海洋能作为可再生的清洁能源，对于推动中国碳达峰和碳中和目标的实现具有重大意义。

在国家层面上，2022年3月，吴立新院士在两会提案中建议制定海洋能产业中长期发展战略，建立海洋能综合管理协调机制，培育海洋能产业体系；同时指出要完善海洋能配套法律法规，完善项目许可流程及标准框架，缩短及优化海洋能许可时间；提出对海洋能企业的研发和开发行为实施税收减免等措施给予优惠，加强相关领域投资合作，布局国际海洋市场。2022年5月25日，中国财政部发布了《财政支持做好碳达峰碳中和工作的意见》。该意见在支持重点方向和领域中提到，要支持风电和海洋能等可再生能源替代化石能源。2022年8月18日，科技部联合国家发展改革委、工信部等9部门印发了《科技支撑碳达峰碳中和实施方案（2022—2030年）》。该方案指出要进一步开展海洋能发电技术研究，加快研发碳纤维风机叶片、超大型海上风电机组整机设计制造与安装试验技术、抗台风型海上漂浮式风电机组以及漂浮式光伏系统等。2022年8月29日，工信部等五部门联合印发了《加快电力装备绿色低碳创新发展行动计划》。其中，在水电装备方面，该计划提出要重点发展海水抽水蓄能、潮汐发电站及兆瓦级潮流发电、兆瓦级波浪发电等技术及装备。在风电装备方面，该计划明确要重点发展8兆瓦以上陆上风电机组及13兆瓦以上海上风电机组，加快研发深远海漂浮式海上风电装备。在风电装备方面，该计划指出要加强深远海域海上风电勘察设计及安装，进一步推进远海深水区域漂浮式风电装备基础一体化设计、建造施工与应用。

在地方政府层面，2022年5月21日，福建省印发了《福建省"十四五"能源发展专项规划》，提出在海上风电方面，按照竞争配置规则、持续有序推进规模化集中连片海上风电开发，稳妥推进深远海风电项目，"十四五"期间增加并网装机410万千瓦，新增开发省管海域海上风电规模约1030万千瓦，力争推动深远海风电开工480万千瓦。2022年5月26日，广东省印发了《关于加快推进现代渔业高质量发展的意见》，提出科学布局建设深远海大型智能养殖渔场和海洋牧场，探索"深水网箱+风电""深远海养殖+休闲海钓"及海洋牧场、深远海养殖渔场与海上风电融合发展模式。2022年5月26日，青岛市印发了《青岛西海岸新区海洋经济发展"十四五"规划》，提出依托海上风电项目和海洋能源综合开发利用项目，以海上风能、波浪能、潮流能为重点，着力解决海洋能装备可靠性与可维护性差、发电出力不稳定等瓶颈问题，加快装备小型化研究，逐步实现海洋能产业的工程化和产业化。5月27日，青岛市进一步印发了《青岛市激发市场活力稳定经济增长若干政策措施》，提出要充分发挥新旧动能转换基金招引作用，支持海上光伏和海上风电开发建设。对2022—2025年建成并网的"十四五"漂浮式海上光伏项目，省财政分别按照每千瓦1000元、800元、600元、400元的标准给予财政补贴，补贴规模分别不超过10万千瓦、20万千瓦、30万千瓦、40万千瓦。2022年6月6日，广西壮族自治区印发了《广西可再生能源发展"十四五"规划》，提出按照规模化、集约化、可持续发展要求，坚持集中连片开发，试点先行，加快发展，力争在"十四五"期间实现海上风电装机规模不低于750万千瓦。同时积极探索潮汐能、温差能、盐差能、波浪能等开发利用和创新应用示范。2022年6月6日，深圳市发布了《深圳市培育发展海洋产业集群行动计划（2022—2025年）》，提出有序推进深汕海上风电、岭澳核电绿色能源项目前期工作，加快推进海上二氧化碳封存示范工程。2022年11月2日，杭州市发布关于公开征求《关于加快推进绿色能源产业高质量发展的实施意见》意见的公告，提出要超前布局新兴能源产业。其中，在潮流能领域，文件指出要重点突破大型海洋潮流能发电机组，开发高效率的潮流叶轮及适合中国潮流资源特点的翼型叶片，攻关发电机组水下密封、低流速启动、冷却、防腐、模块设计与制造等关键技术。

（三）中国海洋能技术发展

中国海洋能装备研发在获能技术方面与世界先进水平差距不大，在可靠性、稳定性等生存能力方面，中国在潮流能、波浪能、温差能发电技术方面与国际先进水平存在一定差距。2022年中国海洋能开发利用技术发展主要集中在潮汐能、潮流能和波浪能。

中国潮汐能发电技术最为成熟，目前已进入商业化开发阶段，与国际先进水平差距不大。2022年5月30日，全国首座潮光互补电站——国家能源集团龙源电力浙江温岭潮光互补智能电站实现全容量并网发电，开创了潮汐与光伏相结合的新能源综合利用新模式。在江厦潮汐电站库区内建设的水面光伏系统总装机容量100兆瓦，与总装机4.1兆瓦的潮汐电站、5兆瓦时的储能设备共同组成该互补智能电站。该潮光互补智能光伏电站总装机容量100兆瓦，含24个发电单元，该电站在投产后年平均可发电1092小时，年发电量超1亿度，相当于标准煤31654吨的火力发电量。

在潮流能方面，中国起步较晚，但在政策支持下发展迅速，中国的江厦潮汐实验电站是亚洲第二、世界第四大的潮汐海洋能电站。中国目前拥有39个潮流能装置，其中32个完成了海试。装置大部分处于比例样机海试阶段，存在海试运行时间短、发电效率不高、易损坏等问题，中国潮流能装置在实海况下运行的可靠性、稳定性等相关技术有待突破。位于舟山秀山岛的LHD林东大型潮流能发电站，是世界上首座海洋潮流能发电站，也是世界上连续并入电网运行时间最长的潮流能发电项目。截至 2022 年 12 月，电站连续并网发电 67 个月，累计发电超 350 万千瓦时，连续发电并网时长居世界第一，实现了中国海洋潮流能开发与利用进程中大功率发电、稳定发电、并入电网的三大跨越。2022 年 2 月 24 日，浙江舟山联合动能新能源开发有限公司研发的 LHD 第四代 1.6 兆瓦潮流能发电机组 "奋进号" 成功下海。该机组是目前全球单台容量最大的潮流能发电机组，总装机容量达 3.3 兆瓦，目前已并入国家电网。

在波浪能方面，2022 年中国波浪能发电技术不断完善，在波浪能利用中取得了显著成效。2022 年 1 月，由广州能源所研发的半潜式波浪能深远海智能养殖旅游平台 "闽投 1 号" 开工建设，平台采用波浪能、太阳能等清洁能源供电，可实现零碳源供给。同时，平台采用鹰式装置将波浪能转换设备与半潜船相结合，可适应不同海域条件，有利于规模化阵列布置，与养殖网箱、旅游平台相结合，可实现集多功能于一体的智能海上漂浮式波浪能利用装置，为中国漂浮式波浪能发电装置商业化开发奠定了坚实的理论和实践基础。2022 年 6 月 30 日，位于广东的兆瓦级波浪能发电平台顺利开工，标志着 "国家重点研发计划兆瓦级波浪能发电装置关键技术研究及示范验证项目" 关键组成部分——兆瓦级波浪能发电平台，正式进入建造阶段。兆瓦级波浪能发电平台是贯彻国家海洋强国战略的具体实践。发电平台建成后，将投放至深远海区域，通过充分 "吸收" 波浪，转换为绿色电能，从而实现对海岛的稳定供电。2022 年 9 月 26 日，由南方电网广东电网公司牵头研制的漂浮式波浪能发电装置开始组装。装置建成面积约 3500 平方米，该装置在满负荷条件下，每天可产生 2.4 万度电，预计于 2023 年完成建造。该装置攻克了波浪能高效俘获及转换、抗台风自保护（可抗 16 级超强台风）等关键技术研究，提出的自适应波浪发电技术，可以帮助实现波浪能稳定、平滑发电。

三、2023 年中国海洋能发展展望

（一）中国海洋能发电量展望

海洋能产业作为一个新兴产业，其资源蕴藏量丰富，清洁无污染，再生能力强，具备良好的发展前景。在国家政策的鼓励和扶持下，随着中国海洋

能示范规模不断扩大，产业布局逐渐形成，公共支撑服务体系不断完善，中国海洋能产业已进入了快速发展时期，整体水平居国际前列。中国近海及其毗邻海域，蕴藏着丰富的海洋可再生能源资源。据统计，中国海洋能理论资源储量达6108.7亿千瓦，技术可利用量是9.81亿千瓦，具有很好的开发利用前景。近海及毗邻海域中，中国波浪能的理论资源储量是5740亿千瓦，技术可利用量是5.74亿千瓦；潮汐能的理论资源储量约为1.1亿千瓦，技术可利用量为0.2179亿千瓦；温差能的理论资源储量是366.2亿千瓦，技术可利用量是3.66亿千瓦。其中，潮汐能当前在中国尚不具备大规模开发的前景，温差能与盐差能技术基础较弱，也未能达到实用化阶段。因此，波浪能与潮流能或将成为中国当前以及未来几年海洋能开发的主流。随着波浪能发电装置高效性、可靠性、生存性、可维护性等技术的日趋成熟，预计2023年中国波浪能发电与传统能源发电的电力成本差距将进一步缩小，进而吸引政府和能源企业投资，在合适的区域补充或替代传统能源发电。预计2023年中国将继续推动潮流能、波浪能等规模化利用和装备成熟，同时加快产业发展公共支撑服务平台建设，发挥社会组织推动产业发展和技术进步的作用，如筹备建立中国海洋可再生能源产业联盟。

（二）中国海洋能政策展望

中国海洋能资源十分丰富，海洋能的开发是推进能源革命、助力实现碳达峰和碳中和目标的重要途径。目前中国的海洋能技术和装置研发与国际先进水平相比，在发电关键技术能量转化效率上接近国际先进水平，在装机功率规模上相对偏小，在装备的可靠性上仍存在一定差距。中国海洋能产业链条尚不完整，在项目融资上具有较大的风险和困难。此外，受技术条件限制和政策体系模糊等限制，中国海洋能发电的成本相对较高，由此导致的高电价也使海洋能发电产业在市场上不具备竞争优势。展望2023年，中国将持续修订和完善相应法律法规，健全配套措施，为中国海洋能技术转化和产业实施创造良好的政策环境，重点从海洋能技术研发能力的提升和人才队伍的培养、金融机构的融资以及电力体制改革三个方面促进中国海洋能新兴产业的发展。

2023年，中国将大力开展海洋能绿色技术的研发和海洋能综合利用研究，积极开展技术转化，推进海洋能装备的产业化。同时，中国将继续构建现代海洋能产业体系，完善相关产业链条，加快人才培养步伐。海洋能产业的创新需要政府部门、科研机构以及新能源企业相互配合。2023年中国或将建立科研机构、企业、高校三位一体联合开发体制，促进海洋能技术产业化和商业化。其中，科研机构负责研发，企业确保投入，高校负责人才培养，政府则进行协调和监督。此外，中国将进一步拓宽海洋能产业的融资渠道，发展多元融资。当前中国海洋能产业融资渠道一般是通过银行与非银行金融机构的间接融资、融资租赁以及上市融资等。随着中国金融体系的不断完善和海洋能技术的不断发展，PPP筹资、政府担保等新型融资方式，以及通过资源互换、入股、优惠政策等吸引国外资金等多元融资方式将成为未来中国海洋能产业资金获取的发展方向。2023年中国将继续完善电力市场，建立合理的市场结构，形成竞争性的能源市场。借鉴英国经验，促进财力雄厚的大企业与创新型小企业的优势合作或将成为未来的主要趋势。同时，中国将持续深化国内电力体制改革，比如实行配额制和强制上网电价政策，以实现海洋能的配额制和绿色证书交易系统的深度结合。

（三）中国海洋能技术展望

对于海洋能的利用，虽在可再生能源领域中发展较晚，但其在深远海开发中仍最具竞争优势。潮汐能当前在中国尚不具备大规模开发的前景，温差能与盐差能由于基础较弱，也未达到实用化阶段。因此，波浪与潮流能将成为未来中国海洋能开发的主流。同时，海岛能源示范与深远海资源开发紧密结合也将成为接下来很长时间中国海洋能开发技术的发展方向。与"陆能海送"相比，"海能海用、就地取能"在资源品质、生产使用成本、供给灵活度等各方面都具备明显优势。其中，波浪能与潮流能的"多能互补、独立供能"是满足上述战略需求、解决海上能源供给的重要有效途径。海洋能跨越产业化门槛的主要标志是联网或独立为海岛军民供电，而在此之前的关键设施为海洋能测试场。展望2023年，针对中国海洋能特点及中国海岛开发的重大需求，中国或将建立海岛电厂为测试场，既可为海岛供电，又可推广复制，将成熟技术应用于更多的海岛，形成全链条创新。此外，中国还将以事关国计民生的重大战略需求为引导，聚焦中国海洋能产业发展过程中的关键瓶颈与壁垒，通过重点研发计划支持，切实提高中国海洋能产业核心竞争力，提高自主研发能力，攻克重大共性关键技术，创新产业模式，为海洋能的产业化与商业化发展提供持续性的引领与支撑作用。

在波浪能发电利用方面，2022年中国波浪能发电技术经过不断完善在应用中取得了显著成效。波浪能发电装置单机功率逐渐增大，装置生存能力越来越好，能量转换效率稳步提升，装置的功能综合性日益凸显。2023年中国波浪能发电技术发展趋势将从单一的装置发电研究逐步转向多自由度、阵列化发电、多能互补耦合发电、多功能综合平台利用等方面。其中，多元化和综合利用是波浪能发展的新方向。该技术可将波浪能发电装置与其他海上结构耦合开发，综合利用，例如将沉箱防波堤与振荡水柱发电装置相结合，利用传统的浮子式波浪能发电装置作为漂浮式风机基础，同时捕获波浪能与风能。未来中国能源结构布局中新能源必将占有举足轻重的地位，合理分配使用传统能源，着力研发波浪能等新型可再生清洁能源是发展大势。而波浪能作为可再生清洁能源的一种，前景十分广阔，波浪能发电技术也将随着波浪能的进一步开发和利用更加成熟。

在潮流能发电技术方面，漂浮式技术会成为未来发展方向之一。浙江省舟山海域是中国潮流能最丰富的地区，2023年中国将继续推进舟山百兆瓦潮流能规模化示范工程建设并实现并网运行，通过潮流能规模化开发利用，提升装备性能、降低开发成本，研究提出潮流能上网电价建议，加快推进潮流能产业发展配套政策的出台。同时，中国将加快研究规模化潮流能发电场建设相关标准规范，支持建设中国"潮流能产业示范区"，完善公共支撑服务平台建设，带动产业集聚，紧扣海洋能产业发展的技术需求，推动整个产业的转型升级。

在潮汐能发电方面，目前中国潮汐能装机规模不断扩大，已具备规模化开发能力。截至2022年12月，全国潮汐能电站总装机达4.35千瓦，累计发电量超2.4亿千瓦时。但是中国潮汐能发电仍然受到技术条件的制约。首先，由于海水本身含有高强度的金属盐，会对发电设备产生腐蚀作用，微生物的附着也对材料的生产工艺有更高的要求，因此，2023年中国将继续加强潮汐能发电设备新材料的研发。其次，传统的拦坝式潮汐电站对地形要求很高，也会对当地的海洋生态造成影响。为了解决这个问题，潮汐潟湖发电、动态潮汐能、海湾内外相位差发电等环境友好型潮汐能利用技术已成为国际潮汐能技术新的研究方向，这些新技术对海洋生态环境基本没有影响，也将是中国未来潮汐能技术发展的主要方向。

在温差能发电方面，目前中国在温差能及低温海水利用研究方面尚处于起步阶段，技术与应用研究空间广阔。2023年中国温差能技术发展的方向主要包括转化效率与多能互补、冷海水管、综合利用等。同时，在当前温差能发电理论研究、室内实验与小试原理样机验证可行的基础上，中国将适时开展温差能发电、LNG冷能回收综合利用中试基地建设，一方面促进中国温差能发电技术装备水平提升，回收处于大量浪费状态的LNG冷能，另一方面在降低二氧化碳排放量的同时，为未来大型商业级温差能发电技术与装备的发展提供坚实支撑，为中国温差能与低温海水资源综合利用提供技术与应用示范。

氢能发展分析与展望

随着氢能利用技术发展成熟，以及应对气候变化压力持续增大，氢能在世界范围内备受关注。2022年，各国家和地区陆续出台相应能源政策，将发展氢能源产业提升到国家能源战略高度。同样，在碳达峰碳中和目标的指引下，氢能已成为中国优化能源消费结构和保障国家能源供应安全的战略选择。

一、2022年国际氢能发展概况

2022年全球清洁氢能空前的发展势头正转化为行动，越来越多的国家纷纷提出氢能发展战略目标，开始实施相关具体政策。行业正加紧行动，增加对氢能相关领域的投资，清洁氢能项目数量正迅速增加，全球氢能发展进入起飞阶段。

（一）氢能产业规模

1. 制取

2022年国际制氢年产量约6000万吨。氢能的一些关键应用领域取得一定进展。第一批氢燃料电池列车开始在德国运行；使用纯氢直接还原铁的新钢铁项目正在迅速增长；在航运中使用氢气及其衍生物的100多个试点和示范项目已与各大公司建立了战略合作伙伴关系，以确保这些燃料的供应。在电力领域，氢和氨的使用受到越来越多的关注，预计到2030年，已宣布的项目产能将达到3.5吉瓦。

在欧洲地区，尽管俄乌冲突重挫了欧洲地区的环保进度，迫使其重启煤电等设施，但也使欧洲对于氢能的重视程度再上一台阶；北美地区，拜登政府出台了氢枢纽计划，并在2022年9月23日出台了美国氢能路线图草案；中国地区也在2022年3月出台了氢能产业长期规划。

2022年年底，全球电解制氢产能可能达到1.4吉瓦左右，总产能比2021

年增长近3倍,到2023年预计将达到5吉瓦以上。如果目前的电解制氢规划全部实现,2030年全球电解产能将达到134~240吉瓦。这个数字是2020年的447~800倍。若考虑其他新增项目,十年间的水电解设备增长量将达到千倍以上。其中欧洲和澳大利亚领先,各占总装机量的30%左右,其次是拉丁美洲,占比超过10%。

截至2022年6月,美国已有17兆瓦的电解制氢项目在运营,输氢管道容量为1.4吉瓦(300兆瓦在建或已承诺资金投入),另外还有120兆瓦正在早期开发阶段,将于2030年上线运行。美国能源部预测,潜在部署将高达13.5吉瓦。

在供应端,可再生的电解制氢被认为是制氢的主要途径。欧盟已安装超过140兆瓦的电解专用制氢设备,占全球产能的40%以上。欧盟成员国政府战略发出的强烈信号为进一步部署创造了动力,欧盟正在开发的输氢管道容量到2030年将超过20吉瓦,其中超过1吉瓦已在建设中或已承诺资金。

2. 储运

高压气态储氢是目前工程化程度最高的储氢技术,储氢密度、安全性、成本相互制约。高压气态储氢是指将氢气压缩在储氢容器中,通过增压来提高氢气的容量,满足日常使用。这是一种应用广泛、灌装和使用操作简单的储氢方式,其优点是设备结构简单、压缩氢气制备能耗低、充装和排放速度快,是目前占绝对主导地位的储氢方式。其缺点是储氢密度低,安全性较差。通过加压的方式可以提升储氢密度,但是并非压力越高越好,压力越高,对储氢罐材质、结构的要求也随之升高,成本会大幅增加,安全性也难以保障。

高压气态储氢关键环节在于压缩和储存。压缩过程的关键在于氢气压缩机的选用,氢气压缩机有往复式、膜式、离心式、回转式、螺杆式等类型,不同的压缩机流量、吸气及排气压力等参数不同。压缩机可以视为一种真空泵,它将系统低压侧的压力降低,并将系统高压侧的压力提高,从而使氢气从低压侧向高压侧流动。工程上,氢气的压缩有两种方式:(1)直接用压缩机将氢气压缩至储氢容器所需的压力后存储在体积较大的储氢容器中;(2)先将氢气压缩至较低的压力(如20兆帕)存储起来,需加注时,先引入一部分气体充压,然后启动氢压缩机以增压,使储氢容器达到所需的压力。

3. 加氢站

截至2022年年底,全球共建成加氢站860座,同比增长约28.61%。其中,欧洲在运营加氢站数量最多,为230座,同比增长15%;亚洲共有加氢站376座投运,主要集中在中日韩三国。

随着燃料电池汽车保有量的不断增加以及中国石化、中国石油等能源央企的入局持续加速,中国加氢站数量明显增加。截至2022年年底,国内加氢站共建成289座,较上年增长了92座,同比增长33.45%,增长速度比全球快。

加氢站建设在全球范围内已进入快速发展期,各国政府对于燃料汽车和加氢站的认知有了飞速提高。目前包括中国、日本、德国、韩国、美国等在内的多个国家纷纷出台相应规划以加快加氢站的建设布局。其中,中国明确提出:到2030年国内加氢站数量达到1000座。未来全球加氢站建设速度将呈现高速发展态势。

4. 氢能企业发展

随着碳中和、能源转型逐渐成为全球共识,氢能产业正在成为世界各主要经济体竞相发展的新兴产业。根据国际能源署2050年净零排放目标,为了2050年实现净零排放,氢能将被广泛应用在多个能源部门,并且需要提高到目前应用水平的6倍以上。全球前50的氢能企业中,美国最多为12家,日本次之为11家,德国以10家上榜企业排名第三。

中国现存氢能相关企业2675家。2022年上半年,中国新增氢能相关企业276家,同比减少18.34%。近10年来,中国氢能相关企业注册量不断增加。从区域分布来看(如图26所示),广东以437家氢能相关企业排名第一,江苏、山东分别有232家、195家氢能相关企业,位居前二、前三。此后依次为北京、河北、上海等地。从城市分布来看(如图27所示),深圳以207家氢能相关企业排名第一,北京、上海分别有氢能相关企业185家、177家,排名前二、前三。此后依次为苏州、武汉等城市。

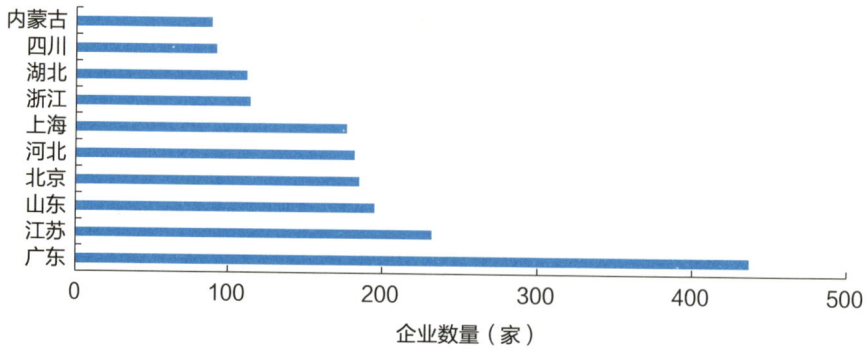

图 26　中国氢能相关企业地区分布

数据截至：2022 年 8 月 5 日

数据来源：中商产业研究院

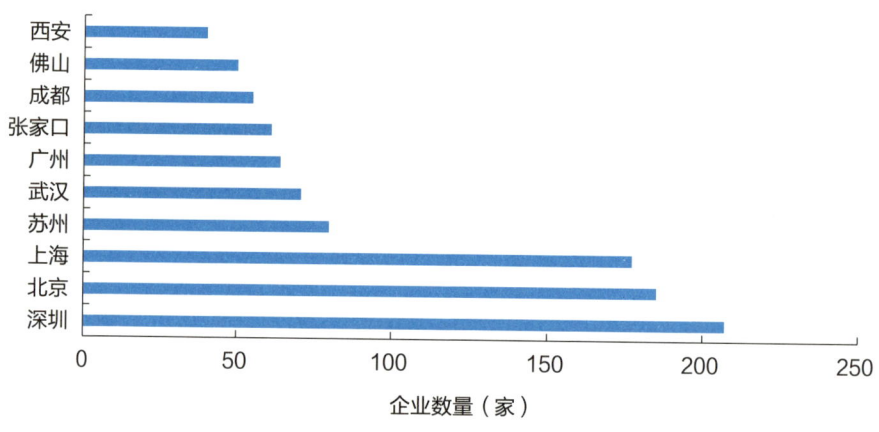

图 27　中国氢能相关企业城市分布

数据截至：2022 年 8 月 5 日

数据来源：中商产业研究院

（二）氢能终端应用

氢燃料电池汽车是氢能高效利用的最有效途径，当前全球多个国家都在积极布局氢燃料电池汽车产业链。截至 2022 年年底，新能源汽车产销分别完成 79.5 万辆和 81.4 万辆，同比均增长 51.8%。其中，氢燃料电池汽车产销分别完成 653 辆和 607 辆，同比分别增长 4.1% 和 24.9%。从技术发展看，近年来氢燃料电池汽车功率逐年提升，2019 年多为 30 千瓦，2020 年集中在 40～50 千瓦，2021 年大多为 60～80 千瓦，2022 年以 103.8 千瓦为主。氢燃料电池整车市场中，以客车、重卡为主的商用车成主流市场。在氢能客车渗透率不断提高的同时，重卡成为新的市场重点。一方面，在当前补贴条件下，燃料电池重卡已经进入平价区域；另一方面，燃料电池因高能量密度、长续航历程，运营阶段零排放的特点，成重载领域电动化的最优方案。中国氢燃料电池汽车市场需求旺盛，预计未来主体需求逐步从商用车向乘用车转化。由于不同地区能源结构差异和氢能特性，燃料电池和纯电动车将进入长期共存、互为补充的应用局面。根据中国氢能联盟预计，2050 年中国氢燃料电池产量将达到 520 万辆/年。

（三）政府补贴政策

韩国发布首个《氢经济发展基本规划》，提出到 2050 年韩国氢能将占最终能源消耗的 33%，发电量的 23.8%，成为超过石油的最大能源，将在全国建立 2000 多处加氢站。

韩国颁布《促进氢经济和氢安全管理法》，这是全球首个促进氢经济和氢安全的管理法案，目的在于促进基于安全的氢经济建设，系统、有效地促进韩国氢工业的发展，为氢能供应和氢设施的安全管理提供支持，促进国民经济的发展。

2022 年，日本宣布《绿色增长计划》，提出在 2030 年氢能产量实现 300 万吨的目标。为了支持这一目标，日本政府宣布了一项 7000 亿日元的公共投资计划，支持日本氢气供应链发展。

2020 年，美国能源部发布《氢能项目计划》，提出未来 10 年及更长时期氢能研究、开发和示范的总体战略框架。该方案明确了氢能发展的核心技术领域、需求和挑战及研发重点，并确立了氢能计划的主要技术经济目标。《氢能项目计划》设定了到 2030 年氢能发展的技术和经济指标。美国氢能技术产业链完善，氢能已上升到国家战略层面。为了确保在新兴技术领域的领先地位，美国十分重视氢能产业链上下游的相关技术培育，涉及氢气的生产、储运、燃料电池制造、燃料电池汽车及加氢站基础设施等。美国在氢燃料电池汽车市场、加氢站利用率等方面处于全球领先水平。目前，美国氢燃料电池车保有量全球第一，加州政府注重燃料电池消费市场的培育，持续给予多项政策支持，已成为全球燃料电池车推广最为成熟的地区。

澳大利亚发布《国家氢能战略》，确立了发展目标和具体行动，探索了清洁制氢的潜力，概述了快速扩大规模的计划，并详细说明了政府、行业和社区所需的协调行动，致力于消除氢能行业发展的障碍。作为该计划的一部分，政府已投资超过13亿澳元以加快国内氢产业的增长。该战略还强调了氢出口带来的重大机遇，政府正在通过与新加坡、德国、日本、韩国及英国发展国际伙伴关系来促进氢出口。

新西兰宣布了《塔拉纳基氢气路线图》。这份路线图是由开发机构"投资塔拉纳基"、新普利茅斯地方议会、新西兰氢能公司（Hiringa Energy）和省级增长基金共同制定的。路线图阐述了该地区要如何利用现有的技术和基础设施成为氢生产的领导者。省级增长基金也已获得支持，以帮助发展塔拉纳基的氢燃料基础设施。政府正在塔拉纳基建立一个国家新能源发展中心，帮助新西兰向低碳未来过渡，还将设立一个新的科学研究基金，以促进新绿色能源技术的早期研究。

欧盟呼吁各成员国将氢能列入国家能源与气候发展的中长期目标规划。捷克、法国、德国、匈牙利、荷兰、葡萄牙和西班牙等国已发布了国家氢能战略，意大利和波兰正在进行公众咨询，奥地利预计很快发布。这些国家虽然自身优势不同，但氢能战略与欧盟氢能战略非常一致，几乎所有国家都确立了电解氢的目标，到2030年累计达到20吉瓦以上（意大利和波兰的战略中还有7吉瓦）。

二、2022年中国氢能发展分析

在碳达峰碳中和目标驱动下，氢能产业发展热潮势不可当。氢能是一种绿色、高效的二次能源，被视为"21世纪终极能源"，氢能已正式纳入中国能源战略体系，中国氢能产业发展正在进入新的历史时期。

（一）氢能产业规模

1. 氢制取产业

氢能产业呈现积极发展的态势，全产业链规模以上工业企业已经超过 500 家，集中分布在京津冀、粤港澳和长三角地区。中国石化、国家能源集团、国家电投等龙头企业已经探索开展全产业生态、多场景应用氢能的开发利用格局。同时，中国也是全球最大的燃料电池商用车市场，加氢站的拥有量全球第一，氢能市场投融资热度不断提高，氢能产业相关企业注册的数量创近十年的新高，截至 2022 年 6 月底，中国氢能企业总数已达 267 家。

根据统计，国务院国资委监管的 97 家中央企业中，已经开展氢能相关业务或者开始布局的中央企业达到 43 家。与此同时，大型民营企业布局氢能的积极性也非常高。中央企业在氢能产业的布局涉及氢气的制、储、输、用各个环节，并积极探索氢能交通、氢冶金、应急电源多场景，率先统筹数字氢能、检测认证、金融孵化等综合服务能力建设。截至 2022 年 7 月，中国的燃料电池汽车保有量达到了 10561 辆，是全球燃料电池汽车保有量最多的国家，车辆运行涉及全国 68 座城市，从小规模的示范进入了商业化推广初期。

2022 年 9 月 28 日，内蒙古自治区能源局发布《关于印发实施 2022 年度风光制氢一体化示范项目的通知》，从氢能需求、新能源规模配置、制氢方案、氢能利用等方面组织评估并优选了 7 个风光制氢一体化示范项目。

此外，北京市计划在 2025 年前氢燃料电池汽车累计推广量突破 1 万辆；山东省和河南省均计划到 2025 年氢能产业规模超过 1000 亿元。

广汇能源于 2022 年 10 月 17 日发布公告称，公司拟 1.34 亿元投建绿电制氢及氢能一体化示范项目，搭建集"新能源发电+电解水制氢+储氢+加氢站+氢能燃料重卡"为一体的应用示范工程。

根据中国氢能联盟的预测，2022 年以后中国氢能需求将持续增加，尤其是 2030 年以后，为达成碳达峰碳中和目标，氢能需求量将大增。到 2060 年，中国氢能年需求将超过 1.3 亿吨。

2. 氢能产业园区

成都龙泉驿区重点打造的高品质科创空间西部氢能产业园的主体建筑

基本完工。作为成都交子金控集团与龙泉驿区共同建设运营的西部氢能产业园，项目建设净用地面积262亩，总建筑面积41万平方米，投资23亿元，以氢能产业为核心，围绕氢能及汽车产业的科研、生产、孵化、测试和服务，努力打造西部地区标准最高、规模最大、区域位置最好的氢能产业综合体。

整个西部氢能产业园区投入运营后，将签约氢能产业、汽车产业类企业或科研机构30~50家，其中链主企业1~2家，专精特新、隐形冠军1~2家，国内外著名科研机构1~2个；计划到2025年年底引进氢能产业和汽车产业公司50~100家，初步形成氢能全产业链，实现产值100多亿元。

根据香橙会研究院统计数据，截至2022年7月，全国各地区共有29个氢能产业园区。从区域分布来看，华东地区氢能产业园区数量最多，共有14个；华中地区有3个氢能产业园区；华南地区5个氢能产业园区；华北地区4个氢能产业园区；东北地区2个氢能产业园区；西南地区1个产业园区；西北地区目前尚未出现氢能产业园区。其中又以江苏、浙江、广东、上海最为积极。天津滨海新区氢燃料新能源汽车产业园尚处于规划阶段，其余各个地区的氢能产业园区皆有相关产业链企业入驻。从园区规模来看，广东佛山仙湖氢谷的规划面积最大，规划面积为47.3平方千米；第二规模是江苏如皋氢能小镇，规划面积为5550亩；第三规模是规划面积为5000亩的广东茂名氢能产业基地；上海嘉定氢能与燃料电池产业园以近5000亩产业用地排名第四；江苏新沂"淮海氢谷"规划面积4000亩排名第五。综合来看，国内氢能产业主要集中在经济发达的东南沿海地区，以长三角地区、珠三角地区、环渤海地区等主。

3. 氢能企业

自"十三五"时期至"十四五"时期，国家政策有序加码，明确其发展目标、重点任务以及保障措施等，积极引导氢能产业的健康发展。顶层设计层面，国家对氢能产业给予高度重视，并积极引导、支持其发展。目前，已有北京、上海、广东、浙江等16个省市先后制定了氢燃料电池汽车产业相关政策和规划，对加氢站的规划建设、氢燃料电池汽车的推广应用、核心产链的布局等都进行了详细布局。

2022年，中国氢气需求量约3342万吨，在2030年碳达峰情景下，中国氢气的年需求量将提高到3715万吨，在终端能源消费中占比约5%；到2060年中国氢气的年需求量将增至约13030万吨，在终端能源消费中占比约20%。

中国氢能产业已初步形成"东、西、南、北、中"五大发展区域。全产业链规模以上工业企业超过300家，集中分布在长三角、粤港澳大湾区、京津冀等区域。此外，氢燃料电池汽车已成为各地政府布局汽车产业的又一"大招"。国内氢燃料电池汽车已形成区域产业集聚效应，北京、上海、广东、江苏、山东、河北六省市产业链相关企业合计占全部规模以上企业总数的51%。

近年来，中国氢能产业发展迅速，各省市相继出台了多元化跟进政策并示范实施，结合产业链特点和各自的优势，提出了各自的发展重点。中国已初步形成京津冀、长三角、珠三角、山东半岛及中部地区等氢能源产业集群和示范应用。随着氢能及燃料电池汽车产业的不断发展，中国氢能源产业政策导向及产业定位逐渐明朗。国家能源局发布关于《中华人民共和国能源法（征求意见稿）》首次将"氢能"纳入能源范畴；财政部下发燃料电池汽车推广意见征求稿，决定以奖励替代补贴的形式支持燃料电池汽车的推广和示范。

4. 加氢站

2022年以来，各省市加快推进氢能项目的落地，全国20多个省份已发布氢能规划和指导意见共计200余份。目前在建和筹建的风光制氢项目超过了40个。同时，中国在氢能加注方面获得新突破，已累计建成加氢站超过270座，约占全球数量的40%，加氢站数量位居世界第一。

中国在营加氢站日加注量结构中，以300～500千克为主，占比约为58%，其次为501～1000千克，占比有所提升。随着氢燃料汽车在中国的良好发展及国家政策的加持下，中国新建加氢站的日加注量不断提升，向着高加注量发展。

（二）氢能的终端应用

随着碳中和、能源转型的不断推进，氢能与电力协同互补，将共同成为中国终端能源体系的消费主体。据中国工程院院士、中国工程院原副院长干勇表示，保守估计，2050年氢能在中国终端能源体系中占比约10%，2060年占比将达约15%。

由于氢燃料电池汽车具有续航里程长、质量轻等特点，所以在《能源产业发展中长期规划（2021—2035）》中也明确指出，要重点推进氢燃料电池在中重型车辆方面的应用。截至2022年年底，中国氢燃料电池汽车产量3626辆、销售量3367辆、保有量突破一万辆。其中，氢燃料电池汽车中的专用车、重卡、客车、物流车、乘用车占比分别为39%、28%、25%、7%、1%。所以，氢能重卡等商用领域被仍然认为是国内燃料电池商业化的先行者。从燃料电池出货功率及桩基情况来看，中国燃料电池装机持续增长。据高工产研氢电研究所（GGII）统计，2021年8月至2022年8月，中国氢燃料电池汽车系统装机功率达到207.87兆瓦。据中国氢能联盟数据，2021年中国燃料电池电堆年新增市场规模约为6.2亿元，预计2021—2025年燃料电池电堆新增市场需求的复合增长率为87%。2025年、2030年，燃料电池电堆新增市场分别为75亿元、238亿元。

（三）政府补贴政策

中国大力支持氢能产业发展。2022年以来，各地方政府也积极出台相应的政策，支持氢能产业开发及应用。据统计，仅2022年9月，国家层面相继发布了《关于支持山东深化新旧动能转换推动绿色低碳高质量发展的意见》《关于延续新能源汽车免征车辆购置税政策的公告》《关于加快内河船舶绿色智能发展的实施意见》，以支持"氢进万家"科技示范工程，2023年1月1日至2023年12月31日期间的新能源汽车（含燃料电池汽车）免征购置税，加强船用氢燃料电池动力系统、储氢系统、加注系统等技术设备研发，鼓励采用太阳能等可再生能源电解水生产绿氢。

除国家层面外，2022年北京市、山东省、内蒙古自治区等省、自治区、直辖市以及县一级均出台了氢能开发及应用的相应补贴政策，详见表32。

表32 2022年中国主要省（区市）氢能源补贴政策

地区	政策	主要内容
北京市	北京市经济和信息化局关于开展2021—2022年度北京市燃料电池汽车示范应用项目申报的通知	对纳入并完成示范应用项目的燃料电池汽车，按照中央奖励1∶1的标准安排市级车辆推广奖励资金。内蒙古自治区主要针对加氢站建设进行补贴，支持充电基础设施建设，安排2亿元专项债，支持新能源汽车充电站（桩）、燃料电池加氢站建设
上海市	上海市燃料电池汽车示范应用专项资金管理办法（征求意见稿）	对上海市车辆运行数据符合国家综合评定的新能源汽车运营企业、上海市研发生产关键部件并应用于国内示范城市车辆的企业给予资金奖励；布局建设加氢站，对燃料电池汽车和加氢基础设施设备升级改造给予资金补助。关键零部件每个企业同类关键零部件产品奖励总额不超过3000万元
广东省	广东省加快建设燃料电池汽车示范城市群行动计划（2022—2025）	统一加氢站补贴标准。省财政对"十四五"期间建成并投入使用，且日加氢能力（按照压缩机每日工作12小时的加氢能力计算）500千克及以上的加氢站基于建设补贴
内蒙古自治区	关于印发自治区2022年坚持稳中求进推动产业高质量发展政策清单的通知	主要针对加氢站建设进行补贴，支持充电基础设施建设，安排2亿元专项债，支持新能源汽车充电站（桩）、燃料电池加氢站建设
浙江省海盐县	海盐县加快推进氢能产业发展若干政策意见（征求意见稿）	支持燃料电池分布式发电、热电联供示范项目建设，按照设备投资额的20%给予补助，限额300万元；从项目建成并投入运行开始，连续3年按发电量给予0.1元/千瓦时的财政补贴，单个项目年限额50万元。在储氢补贴方面，对新建高压气态、低温液态、有机液体及固态等储氢项目，给予设备（含软件）实际投资总额10%的补贴，单个项目补贴限额1000万元。在运氢补贴方面，对从事经营氢气（液氢）产品运输的企业，按年度新增氢气（液氢）产品运输车辆的核载吨位数，给予每吨2000元、限额200万元的运营补贴
山东省青岛市	青岛市加快新能源汽车产业发展的若干政策措施（征求意见稿）	支持氢燃料电池汽车产业发展，按照实际销售收入比上一年度增长部分的1%给予增产提效奖励，政策期内单个企业总奖励金额不超过5000万元。对建设运营的加氢站进行补贴，终端销售价格不超过35元/千克的，按照2023年20元/千克、2024年15元/千克给予运营补助

续表

地区	政策	主要内容
湖北省武汉市	关于支持氢能产业发展意见的实施细则（征求意见稿）	对于本市燃料电池核心零部件生产企业，按照核心零部件年度销售收入2%~5%的比例给予超额累进制阶梯奖励。企业燃料电池核心零部件销售收入1000万元（含）至5000万元（不含），按照燃料电池核心零部件销售收入的2%给予奖励，5000万元（含）至1亿元（不含）超额部分按照3%给予奖励，1亿元（含）至2亿元（不含）超额部分按照4%给予奖励，2亿元（含）以上超额部分按照5%给予奖励，单个企业年度最高奖励1000万元

资料来源：公开资料整理。

三、2023年中国氢能发展展望

2022年3月，国家发展改革委和国家能源局联合发布《氢能产业发展中长期规划》（以下简称《规划》），提出了氢能产业发展各阶段目标：到2025年，基本掌握氢能源产业链相关的核心技术和制造工艺，可再生能源制氢量达到10万～20万吨/年，部署建设一批加氢站，争取燃料电池车辆保有量达到约5万辆，实现二氧化碳减排100万～200万吨/年。到2030年，形成较为完备的氢能产业技术创新体系、清洁能源制氢及供应体系，有力支撑碳达峰目标实现。到2035年，形成氢能多元应用生态，可再生能源制氢在终端能源消费中的比例明显提升。根据《规划》，可再生能源制氢是未来的主要发展方向，同时《规划》中提出支持符合有条件的氢能企业在科创板、创业板等市场融资。

（一）氢能产业格局发展展望

2023年，随着氢能在中国能源体系中战略地位的确定，氢能产业格局将迎来前所未有的竞争。

目前，氢能产业已然形成了"制、储、运、用"四大环节。上游制取环节，虽然化石能源制氢仍处于主导地位，但随着技术的不断突破和电费成本的逐步降低，电解水制氢将逐步占据更大份额，企业也更倾向于布局于工业副产氢、电解水制氢和氢气提纯；中游储运环节，加氢站建设加速，技术进步将使得气态、液态和固态的氢的安全性进一步提高、成本更加低廉，使大规模民用成为可能，部分企业已开始在储氢瓶、氢用阀门、储氢系统、氢能源发电和氢动力无人机布局；下游应用环节，大部分企业集中在燃料电池系统生产，随着氢储能与燃料电池形成商业闭环，必将突破现有主要用于工业领域的市场结构，更快地拓展至交通、建筑、储能等应用领域和应用市场。

在各方政策的积极推动下，氢能产业也吸引了大批的创业者和投资者，产业格局正悄无声息地发生着变化。截至2022年10月底，中国现存氢能相关企业2770家，其中2021年新增氢能相关企业682家，2022年前10个月新增445家。截至2022年年底，已有超过40家央企参与包括制氢、储氢、加氢、用氢等全产业链的布局。

（二）氢能产业政策展望

2022年3月，《氢能产业发展中长期规划（2021—2035年）》出台，首次明确了氢能在中国能源体系中的战略定位，各地方政府密集出台了各项产业政策，涉及燃料电池汽车推广、加氢站建设、氢能全产业链打造等多个领域，以期实现中国新能源体系构建，助力"双碳"目标。

各地方政府不仅在产业层面上给出了相应的规划，同时也加大了各项补贴的力度。如北京市经开区发布的《关于促进氢能产业高质量发展的若干措施》中，对近三年开工的氢能产业重大项目，单个项目的累计奖励金额最高可达到3000万元。对申请区内银行贷款的拥有关键氢能技术的公司，按照50%给予贴息。科研投入也在持续加大，2022年"氢能技术"重点专项围绕氢能绿色制取与规模转存体系、氢能安全存储与快速输配体系、氢能便捷改质与高效动力系统及"氢能万家"综合示范4个技术方向，拟启动24项重点专项。

随着国家级氢能产业顶层设计的出台，各地利好政策密集落地，下一步有持续加大的趋势。但在资金支持方面，会进一步倾向于以奖代补，在以奖代补政策出台之前，资金的支持主要集中在整车购置和零部件研发两个方面。而之后出台的政策，除了在零部件和整车购置方面的支持力度加大（以重型货车为例，前期补贴为 25 万元/辆，当前北京市奖励金额合计最高近 65 万元/辆），在氢气供应、企业孵化、人才引进、行业标准制定等多个方面有了更加具体的支持措施，全面支持北京市的氢能产业发展。

（三）氢能产业技术路线展望

1. 制取

制氢技术主要包括三种技术，即化石能源制氢、工业副产品氢（如焦炉煤气、丙烷脱氢等）和可再生能源制氢（如电解水制氢和风能制氢）。鉴于当下制氢技术的局限性及中国"富煤少气"的能源结构，中国煤制氢占比达 62%，天然气制氢占比达 19%，工业副产品制氢达 18%，仅 1% 为电解水制氢。而例如生物制氢和光催化水制氢等技术还仍处于实验室阶段，尚无法投入工业使用。

在"双碳"背景下，未来电解水制氢仍是最理想的制氢方式。短期内，由于技术相对完善和成本低廉，化石能源制氢和工业副产制氢是保障氢能供应的选择。根据《中国氢能产业发展报告 2022》，可再生能源电价是绿氢成本的重要组成部分，占比为 60% ~ 70%，故而短期内绿氢无法大规模应用。但可再生能源在全球范围内逐步实现发电平价，发电成本的不断降低使得带凝结水制氢逐步具备市场竞争力。到 2050 年，可再生能源的氢气成本可能降低至 0.8 美元/千克。

中长期来看，蓝氢可作为氢能由"灰"转"绿"的过渡期选择。但降低其制造成本尤为重要，CCUS 技术降低蓝氢平准化度电成本（LCOH）的关键部分。目前蒸汽甲烷转化（SMR）技术已经成熟，降低现有 SMR 改造后的新碳捕集装置成本，以及改进 SMR 的效率是蓝氢发展的重要课题。预计到 2030 年，SMR 的生命周期成本可降低 10% ~ 25%，碳捕集的生命周期成本最多可降低 20%。这使蓝氢的总单位成本降低 15% ~ 20%，预计 2030 年蓝氢的成本为 1.25 ~ 3.00 美元/千克。

长期来看，随着制氢技术提升、绿色制氢成本降低，形成光伏、风电，尤其是弃光、弃风以及弃电等清洁能源电解水制氢储能的新能源产业链闭环。

2. 储运

氢能源储运技术众多，是氢能产业链发展的关键，但各有优劣。在储氢方式上，压缩气态储氢、低温液态储氢、液氨/甲醇储氢、吸附储氢（氢化物/液体有机氢载体）等。

其中，高压气态储氢技术比较成熟，但存在储量小、能耗大、安全性不稳定等缺点，是目前中国最主要的储运方式。未来随着高压气态储氢瓶的关键原材料如碳纤维等的制造国产化，储氢成本降低将进一步促进中国气态储氢的发展。近年来，气态储氢趋向于轻质化、高密度。

低温液态储氢方式也在多个领域取得突破，正逐步民用化。目前在中国，由于其能耗大、成本高的问题，该技术仅应用于军工及航空航天领域。而液氢在国外的民用市场上已然占据了一定比例，例如美国三分之一的加氢站为液氢储氢模式，2021年日本首次将液氢作为能源进口。

金属储氢方面，2021年成永红教授的团队发明了一种储氢材料非催化调控反应动力学的界面纳米阀技术，将氢储存在具有石墨烯界面纳米阀结构轻质金属储氢材料中，重量密度、体积密度达到世界最高。同样的存储量，这种存储介质只有丰田公司MIRAI储氢罐体重量的1/2、体积的1/25，该技术可以抛开现有的复杂高压气态灌装系统，大大提高了加氢的便利性。

从运输上来看，长距离运输将以天然气管道掺氢或新建纯氢管道输氢为主，中短距离要多种储运技术结合，因地制宜地发展。到2050年，拟将形成高压气氢储运、液压储运、管道储运和有机液体储运等多储运方式并存的模式。

3. 加氢站

国家发展改革委和国家能源局2022年3月发布《氢能产业发展中长期规划（2021—2035年）》，提出推进构建多元制氢体系；探索制氢、储氢和加氢一体化加氢站新模式；到2025年可再生能源制氢量达到10万~20万吨/年，到2035年形成较为完善的创新体系，到2035年形成多元应用生态。

截至2022年6月底，全国已建成加氢站超270座。根据《氢能产业发展中长期规划（2021—2035年）》，到2025年，燃料电池车辆保有量约5万辆，作为配套设施的加氢站在短期内有望大量增加。

虽然中国加氢站数量已处于世界前列，成本问题一直是阻碍加氢站快速落成的"卡脖子"缓解。根据《中国氢能源及燃料电池产业白皮书》数据显示，国内建设一座日加氢能力 500 千克的加氢站需要约 1200 万元，相当于传统加油站的 3 倍左右。

为加氢站等配套设施建设，未来可从技术和建设方式两方面入手。在技术上，加氢站主要设备中的压缩机占总成本较高，推进氢气压缩机的国产化进程，从而促进产业链发展，降低加氢站的建设成本；在加氢站的建设方式上，油氢共建站一则可快速解决加氢站布局和建设问题，二则可以节约土地、减少危险从场所数量，从而降低建设和运营成本。2022 年 1—8 月，油氢合建站数量占比高达 60% 以上，已经成为加氢站建设主流。未来将形成多元化、网络化的氢能基础设施体系。

生物质能发展分析与展望

2022年，全球生物质能主要以发电、供热、供气等方式应用于工业、农业、交通和生活等多个领域，具体应用有生物质发电、生物柴油和乙醇燃料、农村沼气、供热等，是全球各国减少温室气体排放、实现能源系统碳达峰迈向碳中和的重要支撑。新形势下中国对生物质能产业发展高度重视。《2022年能源工作指导意见》明确提出，要稳步推进生物质能多元化开发利用。

一、2022年国际生物质能发展概况

（一）生物质资源

生物质是目前地球上已知储能量最大的自然储能载体，其商品能的能量密度仅次于煤炭，其生态、绿色低碳的价值高于一切能源。特点是总量巨大，全球生物质总量为1400亿~1800亿吨/年，相当于目前世界总能耗的10倍。根据国际标准，可以将生物质能源划分为城市垃圾、工业废料、固体生物质、沼气和液态生物燃料5类，其中固体生物质的供应量最为丰富。生物质能利用方式比较多，比如热化学法、生物化学法、化学法和物理化学法等，可以直接或间接成为燃料，直接燃烧（家庭做饭或取暖等）或转化为间接燃料（比如燃烧发电、汽车乙醇、甲醇、生物柴油、航空煤油和沼气等）。

2022年，生物质能源占可再生能源供应的一半以上。国际能源署研究显示，现代生物质能利用中，生物质供热约占可再生能源供热的70%，全球生物质资源可利用量在100~300艾焦之间（相当于34亿~102亿吨标准煤）。到2050年，全球可提供约160艾焦（54.6亿吨标准煤）的生物质能。可见，未来生物质资源开发潜力巨大，生物质能将在能源低碳绿色转型中发挥重要作用。

（二）生物质能产业化程度

2022年，全球生物质能发展迅速，主要应用领域为生物质能发电、生物质液体燃料和生物质固体燃料，在生物质能供暖方面有较高的市场化水平。从行业上来看，生物质能源主要集中在发电，供热和运输，其中在供热和运输，生物质能源占据了主导地位。

2022年，全球生物质发电得到了前所未有的发展，装机容量呈现稳步增长趋势。当前，全球共有3800个生物质发电厂，装机容量约为6000万千瓦。其中，德国的生物质发电装机容量处于世界领先地位，在2022年上半年生物质能发电为240亿千瓦时，比去年同期增长了3.7%；美国生物质发电市场持续向好，其中垃圾焚烧发电是生物质发电行业中最大、最为重要的组成部分。目前美国已经建立了接近500座的生物质发电站，且仍在不断增长，其国内生物质发电总量也随之提升；欧盟在2022年5月中旬发布的REPowerEU能源计划详细部署了生物甲烷等再生能源替代措施，包括设立生物甲烷行动计划等；此外，在印度、美国和中国等国家，燃煤电厂的混烧是使用生物质原料进行的，以限制电厂的碳排放。这些举措将进一步促进生物质发电市场的增长。

生物燃料是目前唯一大规模取代石油的可再生燃料，包括燃料乙醇和生物柴油，全球年产量约1.2亿吨，其中燃料乙醇9143万吨。在燃料乙醇利用方面，2022年，全球共有66个国家和地区推广使用乙醇汽油，各国根据自身的资源禀赋等条件发展燃料乙醇产业。美国、巴西是燃料乙醇产业规模最大的国家，约占全球燃料乙醇总产量的83%。除此之外，推广应用燃料乙醇的主要国家和地区还包括欧盟、中国、印度、加拿大等，其中中国已成为全球第三大乙醇汽油生产国。在生物柴油利用方面，美国、欧盟、巴西、印度尼西亚等基于丰富的油脂资源成为生物柴油的主要产地。其中，印度尼西亚主要以棕榈油为原料生产生物柴油，生物柴油产量约占全球总产量的19%，是最大的生物柴油生产国。欧盟把生物燃料作为主要替代能源开发和使用。在一系列相关政策法规鼓励和要求下，欧盟已经成为全球最大的生物柴油生产和消费区，生物柴油产量约占全球总产量的30%。

2022年，生物质行业呈现出良好的发展趋势，生物质煤市场销售额维持着良好的增长势头。从地区发展情况来看，北美、欧洲以及亚太地区都是全球生物质煤行业的主要营收市场，在2021年分别占据着37%、36%、23.5%的市场份额。其中，北美地区是全球生物质煤行业的最大营收市场，美国作为该地区的最大经济体，对生物质煤产业的布局速度也相对较快。根据新思界行业研究中心发布的《2022年美国生物质煤行业市场现状及海外企业进入可行性研究报告》显示，在2021年，美国生物质煤市场销售额达到10.1亿美元，占据着全球生物质煤市场总销售额约36%的比重，预计到2026年将突破14.5亿美元。

（三）生物质能的利用和技术条件

2022年，生物质能技术主要包括生物质发电、生物液体燃料、生物燃气、固体成型燃料、生物基材料及化学品等。生物质发电技术在欧美发展最为完善。欧洲是全球最大的生物质能源市场，该地区的光伏（PV）发电、沼气发电、用于供暖和制冷的固体生物质等技术的应用规模已经达到或接近欧盟各国在2010年制定的2020年发展目标。此外，丹麦的农林废弃物直接燃烧发电技术，挪威、瑞典、芬兰和美国的生物质混燃发电技术均处于世界领先水平。日本较为出色的生物质发电技术是垃圾焚烧发电，其处理量已占据生活垃圾无害化清运量的70%以上。

2022年，生物燃气技术已经成熟，并实现产业化。欧洲是沼气技术最成熟的地区，德国、瑞典、丹麦、荷兰等发达国家的生物燃气工程装备已达到了设计标准化、产品系列化、组装模块化、生产工业化和操作规范化水平。德国是目前世界上农村沼气工程数量最多的国家；瑞典是沼气提纯用于车用燃气最好的国家；丹麦是集中型沼气工程发展最有特色的国家，其中集中型联合发酵沼气工程已经非常成熟，并用于集中处理畜禽粪便、作物秸秆和工业废弃物，大部分采用热电肥联产模式。

2022年，美国能源部继续在生物质利用和生物质能开发方面给予资助，涉及藻类固碳、生物质催化转化、生物燃料和可再生化学品的生物精炼、生物燃料电池开发，以及废弃物转化利用等多个相关领域；欧盟在2022年2月发布的《2021—2027年氢能战略研究与创新议程》中，将可再生能源制氢列为六大研发重点领域之一，资助以电解制氢以及生物质、废物制氢等替代路线的研发和示范；英国最大的燃煤电厂 Drax 集团剥离煤电和天然气业务，转型开发生物质和水力等可再生能源发电，将6台660兆瓦燃煤机组全部改燃生物质，实现零碳排放，并获得巨大的碳减排收益；2022年3月，加拿大政府向多个生物燃料和生物能源项目提供资金，包括专注于液体运输燃料、生物碳、可再生天然气和可持续航空燃料的项目。

2022年，世界多国积极开发生物质能和挖掘生物质资源潜力。生物基材料、生物质燃料、生物基化学品成为涉及民生质量和国家能源与粮食安全的重大战略产品。具体而言，美国能源部将提供高达1亿美元用于将生物质转化为燃料和化学品的研发，包括改进生物基塑料生产和回收利用的研发，同时，还计划宣布约1.78亿美元的新奖励计划，以推进生物技术、生物产品和生物材料方面的创新研究工作。欧盟持续资助企业等创新主体的研发和产业化工作，加速生物基材料对化石基材料替代。根据循环生物基欧洲联合计划发布战略和首批项目征集显示，拟投入1.2亿欧元资助用于以生物基替代化石基化学单体、生物基涂料等项目，以推动欧洲发展有竞争力的循环生物基产业。英国启动一项生物质制氢技术新计划，投入500万英镑开发利用从生物质和废物产生氢气的创新技术。中国生物基材料已经具备一定产业规模，生物基材料行业以每年20%～30%的速度增长，部分技术接近国际先进水平。2022年5月《"十四五"生物经济发展规划》明确提出，"十四五"期间发展面向绿色低碳的生物质替代应用，重点围绕生物基材料、新型发酵产品、生物质能等方向，构建生物质循环利用技术体系。

二、2022年中国生物质能发展分析

2022年，中国生物质能开发利用稳定，全年发电新增装机容量334万千瓦，累计装机达4132万千瓦，生物质发电总量0.41亿千瓦。这得益于在2022年期间中国政府出台的诸多支持生物质能发展的政策，对生物质能稳步开发与利用提供了强有力的支持。

低碳能源篇

(一) 生物质资源利用现状

中国的生物质资源十分丰富，可开采量巨大，来源广泛。目前中国拥有的生物质资源总量约相当于 10 亿吨标准煤，主要包括农业废弃物（如农作物秸秆、农产品加工剩余物）、林业废弃物、禽畜养殖剩余物、城市生活垃圾、有机废水和废渣等。2022 年中国农林废弃物能源化率非常低，每年只有近 9000 万吨被用来发电，因此未来中国生物质发电的建设空间还非常大。

中国产业促进会生物质能产业分会发布的《3060 零碳生物质能发展潜力蓝皮书》显示，中国主要生物质能资源年产量约为 34.9 亿吨，生物质资源能源利用的开发潜力为 4.61 亿吨标准煤，实现碳减排约为 2.18 亿吨。因生物质资源作为零碳能源在其利用过程中通过增加碳的收集和存储过程，能够创造负碳排放，所以生物质能作为一种重要的零碳可再生能源的利用率应继续提升。

中国生物质能的利用相较于风电、光伏等其他可再生能源，仍处于起步阶段。目前中国生物质能行业存在产业规模小、产业链长、产业聚集度低、投资主体以民营企业为主、市场竞争力弱的发展局面。另外，由于中国生物质资源比较分散，其生产、收获和产后处理没有形成完整的产业链，未实现产业规模化，因此在原料（如秸秆）收、储、运等方面存在许多困难，且成本较高。目前中国存在能源供应不足的问题，对生物质能的大规模和成熟化利用能有效缓解此问题。

(二) 生物质能产业化程度

生物质能的应用范围比较广泛，《"十四五"可再生能源发展规划》提出稳步发展生物质发电、积极发展生物质能清洁供暖、加快发展生物质天然气和大力发展非粮生物质液体燃料的战略，以稳步推进生物质能的多元化开发。通过可再生能源电价补贴政策，支持生物发电，目前中国生物质能发电产业初步具备一定规模，稳居全球第一。2022 年 6 月 24 日，《财政部关于下达 2022 年可再生能源电价附加补助地方资金预算的通知》显示，山西、内蒙古、吉林等 11 个省区可再生能源电价附加补助，生物质能补贴 2890 万元。

当前，中国已经基本建立了生物质发电的全产业链，包括上游、中游和下游产业。上游产业主要包括原料及设备，其中有生物质原料及相关发电设备，而焚烧炉则是垃圾焚烧处理和发电系统中最为核心的设备；中游产业是生物质能发电的方式；下游产业是电力用户和渠道等。

近年来，中国生物质能有所发展。如图 28 所示，2022 年，生物质发电新增装机容量 334 万千瓦，累计装机达 4132 万千瓦。其中，生活垃圾焚烧发电新增装机 257 万千瓦，累计装机达到 2386 万千瓦；农林生物质发电新增装机 65 万千瓦，累计装机达到 1623 万千瓦；沼气发电新增装机 12 万千瓦，累计装机达到 122 万千瓦。累计装机容量排名前五的省份是广东、山东、江苏、浙江、黑龙江，分别是 422 万千瓦、411 万千瓦、297 万千瓦、284 万千瓦、259 万千瓦；新增装机容量排名前五的省份是，广东、黑龙江、辽宁、广西、河南，分别是 45 万千瓦、37 万千瓦、33 万千瓦、26 万千瓦、24 万千瓦。

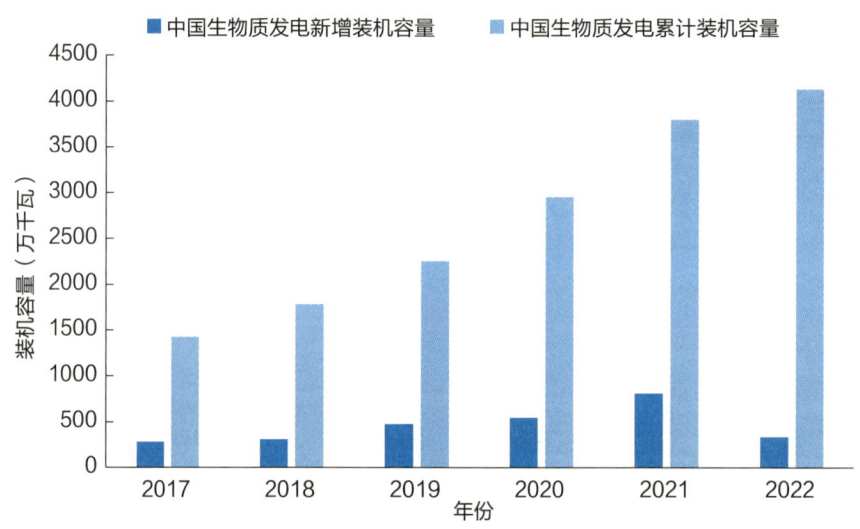

图 28 2017—2022 年中国生物质发电新增和累计装机容量

数据来源：国家能源局

从发电情况来看，2022 年全国生物质发电量达 1824 亿千瓦时，同比增长 11%。年发电量排名前五的省份是广东、山东、浙江、江苏、安徽，分别是 217 亿千瓦时、185 亿千瓦时、145 亿千瓦时、136 亿千瓦时、124 亿千瓦时。其中，生活垃圾焚烧发电累计装机达到2386万千瓦，同比增长11%；累计发电量1268亿千瓦时，同比增长17%。农林生物质发电累计装机规模1623万千瓦，同比增长4%；累计发电量517亿千瓦时，同比增长0.2%。沼气发电累计装机容量122万千瓦，同比增长11%；累计发电39亿千瓦时，同比增长5%。

2022年，生物质能清洁供暖和生物质天然气在国家政策的支持下取得一定的发展。具体而言，河北省承德县为确保完成县2021—2023年冬季清洁取暖项目总体建设任务，研究确定2022年采暖季全县生物质取暖改造总任务为10844户。根据山东省滨州市阳信县发布关于征集2022年生物质成型颗粒燃料专用炉具的公告显示，2022年阳信县计划实施农村生物质清洁取暖改造14004户，全部使用"生物质成型颗粒燃料+生物质专用炉具"分散式取暖。2022年5月10日，忻州市能源局印发的《忻州市2022年冬季清洁取暖工作实施方案》提出冬季清洁取暖改造方面的目标：全市2022年度清洁取暖总任务约为21.25万户，其中生物质热电联产约1.05万户。

生物质天然气方面，2022年6月6日，落户大庆油田的中国石油首个秸秆制生物质天然气中试基地生产运行稳定，日产沼气量达2000立方米以上，其中甲烷含量高于50%、生物质天然气纯度高于95%，生产效率是国家标准的4倍，主要效率指标处于国内外领先水平。山西省首个生物质天然气工业直供项目于2022年6月2日在朔州市应县投运，该项目占地121亩，总投资1.5亿余元，分两期建设。项目建成后年可处理牛粪粪污20万吨，年产沼气1000余万立方米，通过脱碳提纯，可年产生物质天然气460万立方米，年产沼液11.7万吨。项目一期工程投运见效，产出的合格生物质天然气已顺利并入燃气管网，直接应用于应县陶瓷产业集群；二期工程正在加紧实施，将在一期基础上增加预处理系统和厌氧罐装置，可以消纳秸秆、餐厨垃圾等有机废弃物。

（三）生物质能利用技术

中国生物质能利用方式主要包括生物质发电、生物液体燃料、生物质成型燃料、生物质制燃气和生物质制氢技术，但生物质能仍以发电利用为主，非电利用为辅。因此中国生物质发电技术（包含生物质直接燃烧发电技术、生物质混合燃烧发电技术、生物质气化发电技术、沼气发电技术和垃圾发电技术）发展得相对成熟。

中国的生物质气化技术和生物质成型技术在2022年得到一定程度的发展与重视。2022年7月1日，山东省科学院能源研究所发布《山东省生物质气化技术重点实验室开放课题申报通知》显示，每项课题支持额度10万元。2022年9月29日，鄂州蓝焰生物质能源有限公司与华中科技大学煤燃烧国家重点实验室举行国家重点研发计划项目科技成果转化设备安装调试合同签约仪式。据介绍，该项目以"研发生物质高效低成本定向气化技术与装备，有效提升低质生物质气化效率"为研究目标，可解决低质生物质气化效率低难题，实现气化效率85%以上，达到国际领先水平。2022年6月30日，农业农村部、国家发展改革委联合印发《农业农村减排固碳实施方案》指出，推广生物质成型燃料、打捆直燃、热解炭气联产等技术，配套清洁炉具和生物质锅炉，助力农村地区清洁取暖。

另外，生物质制氢技术在2022年取得进一步的发展。2022年10月15日，中国首台套生物质气化——化学链制氢多联产云应用研究中试项目在中国大唐集团有限公司安徽马鞍山当涂发电公司一次"点火"成功，且全流程成本测算远远低于目前通用的电解水制氢项目。该项目于2022年10月底全流程建成投产，氢气纯度达99.99%，年产氢量11万立方米，产出的氢气可用于燃料电池发电和多业态氢能商业应用，能源利用率可达90%以上。

三、2023年中国生物质能发展展望

2023年生物质能的发展是助力"双碳"目标的重要抓手，来源广泛的生物质能将凭借其特点，持续在各个领域为推进碳达峰碳中和做出贡献。《3060零碳生物质能发展潜力蓝皮书》预测，中国碳排放峰值在110亿吨左右，而生物质能源化的减碳潜力将达到20亿吨，减碳潜力巨大。

（一）保持平稳增长

预计2023年，生物质发电总体保持平稳增长。城乡有机废弃物的增长

和刚性处理需求，会推动生物质发电产业持续增长，但不同类型发电项目增长分化特征也更趋明显。其中，生活垃圾焚烧发电仍将快速增长，继续充当生物质发电行业主要增长引擎，农林生物质发电、沼气发电将保持小幅增长；生物质发电将持续降本增效。随着生物质发电行业的稳步发展以及国家相关政策机制的有效推动，将助力生物质发电行业继续降本增效，促进行业健康高质量发展；生物质能非电利用将进一步提升。生物质能利用方式多元，除了生物质发电以外，还包括清洁供暖、生物质天然气、生物液体燃料等非电利用方式，虽然生物质非电利用整体规模不大，但规模增长较快，随着《"十四五"生物经济发展规划》的持续推进，生物质能产品从电力向电、热、炭、气、油、肥多联产高附加值转化利用方向深入发展。未来将在生物质热电联产转型升级、生物质天然气产业化示范项目建设、推广生物质液体燃料在交通领域应用等方面做进一步的探索推进。

（二）持续加大宏观政策保障

2022年以来，国家出台了一系列政策支持生物质能行业发展。2022年1月30日，国家发展改革委、国家能源局印发《关于完善能源绿色低碳转型体制机制和政策措施的意见》，提出对生物质发电项目给予鼓励，拓展生物质能发电项目收入渠道。2022年3月22日，国家发展改革委、国家能源局印发《"十四五"现代能源体系规划》，文件明确要求推进生物质能多元化利用，因地制宜发展生物质能清洁供暖，促进先进生物液体燃料产业化发展。2022年5月10日，中国发布首部生物经济五年规划《"十四五"生物经济发展规划》，明确提出要积极开发生物能源，有序发展生物质发电，推动向热电联产转型升级。2022年5月30日，国家发展改革委、国家能源局印发《关于促进新时代新能源高质量发展的实施方案》，提出要因地制宜推动生物质能供暖，制定符合生物质燃烧特性的专用设备技术标准，推广利用生物质成型燃料。2022年6月1日，国家发展改革委、国家能源局等9部门联合印发《"十四五"可再生能源发展规划》，提出稳步推进生物质能多元化开发。稳步发展生物质发电，积极发展生物质能清洁供暖，加快发展生物质天然气，大力发展非粮生物质液体燃料。生态环境部、国家发展改革委等7部门于2022年6月10日发布《减污降碳协同增效实施方案》，该方案提出持续推进生活垃圾焚烧处理能力建设，减少有机垃圾填埋。工信部、国家发展改革委、生态环境部于2022年8月1日联合印发《工业领域碳达峰实施方案》，支持发展生物质化工，推动石化原料多元化，研发利用生物质替代化石能源技术。工信部、财政部、商务部、国务院国资委、国家市场监管总局于2022年8月30日联合发布《加快电力装备绿色低碳创新发展行动计划》，强调加速发展清洁低碳的发电装备，加快生物质能装备以及海洋能、地热能等开发利用装备的研制和应用。科技部等9部门联合于2022年8月18日印发《科技支撑碳达峰碳中和实施方案（2022—2030）》强调研发推广生物航空煤油、生物柴油、生物天然气、生物质热解等生物燃料制备技术。

预计2023年，中国将持续加大对生物质资源发展的支持力度。在行业政策方面，国家会继续加快生物质能在农业生产、农村生活方面的利用，进而助力乡村振兴；在生物质发电项目上，加大给予补贴并拓展生物质能发电项目收入渠道；在生物质能清洁供暖和天然气方面，继续提倡因地制宜，促进生物质能多元化利用。

（三）进一步加大生物质能的投资力度

截至2022年9月，中国清洁发展机制基金累计投资生物质能领域项目25个、批复投资额13亿元，撬动社会资金79亿元，包括秸秆综合利用、粪污综合利用、生物质设备制造、沼气发电、厨余垃圾发电、生物质天然气、生物柴油、农林废弃物生物质发电及热电联产等项目类型，基本涵盖生物质能全产业链，大力支持生物质能产业高质量可持续发展。

预计2023年，中国将进一步加大对生物质能资源的投资力度。首先，吸引更多大型专业公司加入生物质能领域，使生物质天然气、燃料乙醇、热电联产、生物柴油技术不断进步，促进生物质能应用技术呈现多元化，使得行业的发展更趋向专业化。其次，进一步加强生物质能在非电领域中的应用，涵盖交通电力、供热、取暖等方面，实现生物质能应用的多元化以及向综合能源供应的转变。最后，结合相关政策调整，将进一步促进生物质能领域项目向规模化和大型化发展。

（四）进一步突破生物质能技术

预计 2023 年，在生物质发电技术方面，将进一步完善适合中国国情的秸秆燃烧发电技术和配套设施，使秸秆燃烧发电的效率和运行时间与燃煤电厂接近；加快推进清洁环保的垃圾焚烧发电技术，积极建设垃圾填埋气发电项目，因地制宜推进沼气发电项目建设，综合利用工业有机废水和城市生活污水生产沼气并发电。提高生物质热电联产的效率，积极推动生物质分布式能源系统建设。在生物液体燃料方面，加快燃料乙醇推广应用，促进原料多元化供应，重点发展非粮燃料乙醇；升级改造生物柴油项目，加快推进生物柴油在交通领域的产业化应用。

结合国家调整能源消费结构、减碳排污、乡村振兴的需要，进一步推进生物质天然气技术进步及商业化。开展沼气集中供气、热电联供、纯化车用及入网成套关键技术研发，突破沼气生物甲烷化原位脱碳及制备化工产品关键技术，实现沼气能源化工利用。重点发展生物基材料、化学品、高品质燃料等高值化的转化途径，依靠科技创新增加产业附加值，实现生物质产业的转型升级。根据国家能源局综合司发布关于建立《"十四五"能源领域科技创新规划》实施监测机制的通知，集中攻克其他可再生能源发电及利用技术。具体而言，研发生物质炼厂关键核心技术，生物质解聚与转化制备生物航空燃料等前沿技术，形成以生物质为原料高效合成、转化生产交通运输燃料、低碳能源产品技术体系；研发并示范多种类生物质原料高效转化乙醇、定向热转化制备燃油、油脂连续热化学转化制备生物柴油等系列技术；突破多种原料预处理、高效稳定厌氧消化、气液固副产物高值利用等生物燃气全产业链技术，开展适合不同原料类型和区域特点的规模化生物燃气工程及分布式能源系统示范，提升生物燃气工程的经济性和稳定性。

低碳专题篇

碳金融文献计量分析

气候变化和碳减排是当今世界的主题，各国和国际组织也逐渐重视限制温室气体排放，多次协商并签订多项公约，如《联合国气候变化框架公约》和《京都议定书》等。"碳金融"的兴起正是源于国际气候政策的变化以及上面提到的两个具有重大意义的国际公约。具体而言，碳金融是指由《京都议定书》而兴起的低碳经济投融资活动，或称碳融资和碳物质的买卖，即服务于限制温室气体排放等技术和项目的直接投融资、碳交易和银行贷款等金融活动。碳金融可以分为狭义碳金融和广义碳金融，狭义碳金融指的是企业根据政府分配的碳排放权或者排放配额进行市场交易所产生的金融活动，广义碳金融则泛指所有用于限制碳排放的金融活动。

学术界关于碳金融的研究随着碳金融市场的发展逐渐深入，在碳金融话题下，碳税、碳保险、碳基金、碳市场金融、碳排放权期权、碳市场定价等关键词纷纷受到学者的关注。国内外学者对于碳金融的发展进程，碳金融产生的环境作用，以及碳金融的衍生产品等方面做了较多研究。目前碳金融是气候变化下的热点话题，但是针对碳金融领域的文献计量分析比较欠缺。基于此，本节将聚焦"碳金融"议题，利用文献计量方法对碳金融领域进行探究，试图找寻碳金融的研究重点和发展趋势，为今后碳金融的研究指明重点方向。

一、研究方法与数据来源

（一）检索式与软件选取

本文的数据来源于 Web of Science 核心数据库的社会科学索引（Social Science Citation Index，以下简称 SSCI）和科学引文检索扩展（Science Citation Index Expended，以下简称 SCIE），构造检索式为 TS=（（"carbon financ*" or "carbon insuranc*" or "carbon tax" or ("carbon fund*" not "carbon fundament*") or "carbon bond*" or "carbon pric* finance" or "carbon market finance" or ("carbon invest*") or "low carbon tech* finance*" or "finance on carbon*" or "finance for carbon*") or (("carbon mitigat*") and financ*) or ("green financ*" and carbon) or ("environmental financ*" and carbon) or ("sustainable financ*" and carbon)), 选取时间段为 1900—2022 年,检索时间为 2023 年 1 月 5 日,最终筛选得到文献 4502 篇。需强调的是,中国仅统计了中国大陆地区,香港、澳门和台湾地区未纳入统计;而英国分成了四个地区,即英格兰、北爱尔兰、苏格兰和威尔士。文章运用 Bibexcel 软件以及 VOSviewer 软件进行文献计量分析。Bibexcel 软件用来分析文献的基本特征及关键词的发文频次,VOSviewer 软件用来实现热点关键词的共现研究分析。

(二)文献计量方法

文献计量的研究方法,或者称为文献统计方法,在 1969 年被首次提出,被定义为"通过计数方式揭示科学和技术的过程"。如今,通过探究文献的特点,众多学者采用文献计量方法来评估文献,找出同个主题研究的文献所属国家、机构、合作形式的特征,给定领域的研究趋势及未来展望。随着学术产出的迅速增长,文献计量学被认定为研究图书出版信息的最重要的主要方法之一。

(三)影响因子与 H 指数

尤金·加菲尔德提出影响因子的概念,它是由科学信息研究所(Institute for Scientific Information,简称 ISI)制定的一种标准指标,通过测量某一特定年份或时间段内发表在期刊上的文章的平均引用次数,从而说明某一领域期刊的相对重要程度。它被认定为现代文献计量中最具影响力的工具之一。一般而言,具有较高影响因子的期刊比低影响因子的期刊影响力更广,更为重要。本研究中,影响因子来自 2022 年期刊引文报告,来测定发文量前十的期刊的影响程度。

H 指数最初是由乔治·赫希开发,用来衡量单个研究机构的学术产出数量和质量,被定义为一个研究机构发表的 N 篇论文中有 h 篇至少被引用了 h 次,而其余 N-h 篇论文每篇被引均小于或等于 h 次,并且 H 指数同时兼顾了数量(出版物数量)和质量(出版物被引频次)的影响。该指标为机构的影响力提供了一个客观评价指标,已被广泛地应用在科学研究中。

二、结果分析与讨论

(一)时间与空间分布

图 29 展示了 1990—2022 年碳金融相关文献的全球发文趋势以及主要国家的发文量情况。2010 年之前,有关碳金融的文献呈零散发文现象,全球年发文总量不超过 100 篇。2010 年后,有关碳金融的文献总数开始逐渐增多,并且突破 100 篇。进入 2013 年之后有关碳金融的研究论文呈现阶段上涨趋势,2014 年和 2017 年全球发文总量分别突破 200 篇和 300 篇,2022 年更是接近 700 篇,这说明当前碳金融已经成为学者关注并且广泛研究的话题。

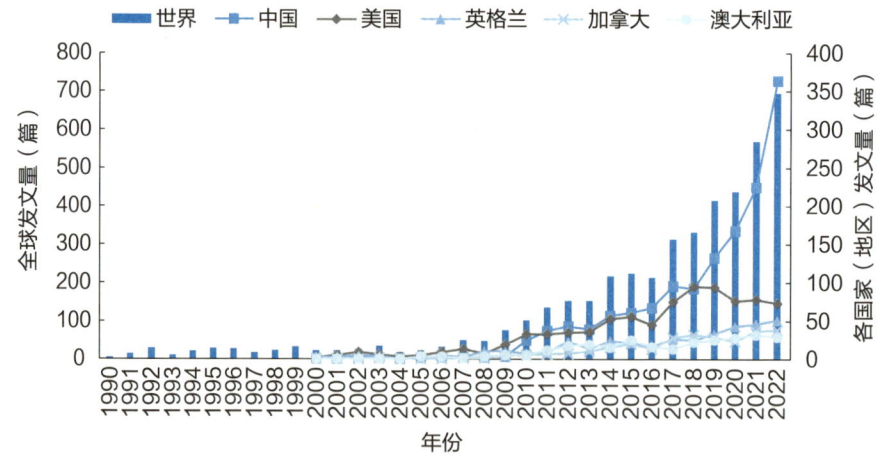

图 29　1996—2022 年各国家(地区)碳金融相关文献的时间分布

从各国的趋势来看,图 29 同时展示了中国、美国、英格兰、加拿大和澳大利亚五个发文量最多的国家(地区)从 2000 年开始的年发文情况。其中中国和美国的发文情况遥遥领先,更重要的是,在 2015 年之前,中国和美国的发文量不相上下,但是 2015 年之后中国关于碳金融话题的论文数量显著增多,甚至呈现指数上升趋势，2021年为225篇，2022年增加了138篇，达到363篇。这可能与中国提出的2030年"碳中和"与2050年"碳达峰"有关，且近年来在国家倡导与财政支持下，可再生能源技术的投资也显著增多。相比之下，美国呈现缓慢下降趋势，近三年始终保持在100～200篇。英格兰、加拿大和澳大利亚在碳金融话题上的研究也在不断增多，但仍然少于100篇。

表33则展现了碳金融相关发文量排名最高的10个国家（地区）的基本情况。从总的发表文献数来看，中国以1418篇文献位居首位，其次是美国（901篇）、英格兰（399篇）、加拿大（278篇）。从前10名的国家（地区）来看，发文基本集中在经济体量较大的发达国家（地区）以及一些发展较为迅速的发展中国家。从H指数来看，中国的H指数也处于较为领先的水平，为66。美国的H指数超过中国，高达81，是发文量最高的10个国家中H指数最高。印度的H指数暂时落后，为29，但也处于较高水平。由于H指数兼顾了发文数量和发文质量，可以较为客观地展现该国家（地区）的相关主题研究的国际地位。因此，中国和美国是碳金融领域的研究中心。从篇均被引频次上来看，最高的同样是美国，为29.07次；其次是荷兰，为28.86次。相比之下，虽然中国发文量遥遥领先，但是篇均被引情况并不是很乐观，仅为14.53次，不及美国的一半。这说明美国、荷兰等国家（地区）在碳金融领域的发文水平以及国际影响力处于世界较为领先的水平，而中国还需要提高自身的发文质量。

表33 碳金融发文量最高的10个国家（地区）基本情况

国家/地区	文献数（篇）	被引频次（篇）	H指数	篇均被引频次（次）
中国	1418	20604	66	14.53
美国	901	26196	81	29.07
英格兰	399	10200	52	25.56
加拿大	278	6201	43	22.31
澳大利亚	276	6181	42	22.39
德国	228	5179	36	22.71
法国	204	4236	36	20.76
日本	163	3683	33	22.6
印度	157	2586	29	16.47
荷兰	156	4502	36	28.86

（二）期刊与研究领域分布

表 34 展现了碳金融领域研究前 10 高产期刊的情况。排名第一的是能源与燃料领域的一区期刊 *ENERGY POLICY*，发文量为 233 篇，影响因子为 7.88。排名第二的期刊为工程、环境科学领域的一区期刊 *JOURNAL OF CLEANER PRODUCTION*，发文量为 180 篇，影响因子为 3.998。排名第三的期刊为环境科学领域的二区期刊 *SUSTAINABILITY*，发文量为 135 篇，影响因子为 4.089。前 10 名的期刊均属于能源、环境科学、经济学领域。由此可以看出，碳金融领域的研究主要聚焦于环境、能源以及经济学领域的分析，大多数文章均探究碳金融市场的发展、碳金融的环境影响、碳金融衍生产品以及碳定价问题。因此，大多数相关文献的青睐期刊也集中在环境与能源类。

表 34 碳金融领域研究前 10 的高产期刊

期刊	文献数（篇）	占比（%）	影响因子	期刊分类
ENERGY POLICY	233	5.175	7.88	能源与燃料
JOURNAL OF CLEANER PRODUCTION	180	3.998	11.016	工程、环境科学
SUSTAINABILITY	135	2.999	4.089	环境科学
ENERGY ECONOMICS	119	2.643	9.489	经济学
APPLIED ENERGY	100	2.221	11.268	能源与燃料
ENVIRONMENTAL SCIENCE AND POLLUTION RESEARCH	100	2.221	5.053	环境科学
CLIMATE POLICY	95	2.11	5.906	环境科学
ENERGY	90	1.999	8.234	能源与燃料
ENERGIES	59	1.311	3.333	能源与燃料
RENEWABLE SUSTAINABLE ENERGY REVIEWS	55	1.222	17.551	能源与燃料

表 35 展现了碳金融领域发文数量排名前 10 的相关研究方向。环境生态科学的研究共计 1928 篇，排名碳金融领域相关主题研究首位，这也从另一个侧面验证了碳金融领域的相关文献主要还是聚焦于环境领域的分析，焦点

在于碳金融对于环境的影响。排名第二的研究方向是商业经济学，这是因为碳金融涉及金融、经济、市场等领域，与商业和金融有直接关联。排名第三和第四的研究方向是能源燃料和工程，分别有1066篇文献和972篇文献。这表明，碳金融领域的主题也将较多地涉及能源燃料和工程技术；这是因为碳排放基本上是由于能源燃料的使用和燃烧造成的，并且碳金融服务于限制温室气体排放的投融资活动，因此与工程方面也紧密相关。排名第五的是科学技术和其他专题，这是因为与碳排放相对应的固碳和碳捕获、利用与封存（CCUS）是当前减少碳排放的重要方式与渠道，且碳金融广泛应用于碳减排技术的投融资。

表35 碳金融领域排名前10的相关研究方向

研究方向	文献数（篇）	占比（%）
Environmental Sciences Ecology（环境科学生态学）	1928	42.825
Business Economics（商业经济学）	1312	29.143
Energy Fuels（能源燃料）	1066	23.678
Engineering（工程）	972	21.59
Science Technology Other Topics（科学技术）	691	15.349
Computer Science（计算机科学）	204	4.531
Public Administration（公共行政）	199	4.42
Operations Research Management Science（运筹学管理科学）	159	3.532
Thermodynamics（热力学）	145	3.221
Meteorology Atmospheric Sciences（气象学大气科学）	103	2.288

（三）高产机构

表36是碳金融领域研究发文量前10的机构的基本情况。结果显示，中国科学院是发文量最高的机构，共计发文117篇，被引频次3139次，H指数为32，篇均被引频次为26.83次，这一机构的总被引频次位居榜首。排在第二位的是加州大学系统，总计发文82篇，总被引频次为2131次，H指数为25，篇均被引频次为25.99次。法国研究型大学凭借71篇的总发文量位居第三，被引频次1621次，H指数为20，篇均被引频次为22.83次。清华大学也拥有一席之地，总文献数为61篇，被引频次1528次，H指数为21，篇均被

引频次为25.05次。碳金融研究领域发文量前10的机构含2个中国机构,并且H指数与篇均被引频次都较高,说明中国目前在碳金融领域已经较为广泛地开展研究工作并取得了一定的成果。有趣的是,发文量排名第十位的美国能源部虽然发文只有55篇,但是被引频次达到2066,篇均被引频次更是高达37.56,是前10机构中篇均被引频次最高的学术单位,这说明美国能源部在碳金融领域的发文具有强大的影响力,是现阶段最具代表性和国际话语权的机构之一。

表36 碳金融领域研究发文量前10的机构情况

所属机构	国家	文献数(篇)	被引频次(次)	H指数	篇均被引频次(次)
中国科学院	中国	117	3139	32	26.83
加州大学系统	美国	82	2131	25	25.99
法国研究型大学	法国	71	1621	20	22.83
伦敦大学	英格兰	66	1663	21	25.2
牛津大学	英格兰	65	1475	22	22.69
瑞士联邦技术领域研究所	瑞士	62	1843	24	29.73
阿姆斯特丹大学	荷兰	62	1978	22	31.9
清华大学	中国	61	1528	21	25.05
国家科学研究中心	法国	58	1178	17	20.31
美国能源部	美国	55	2066	25	37.56

(四)高被引文献

表37展现了碳金融领域的高被引文献情况。排名第一的是来自美国的Leiserowitz于2006年发表在 *CLIMATE CHANGE* 上的文章,标题为《气候变化风险感知和政策偏好:影响、形象和价值观的作用》,作者从一项针对美国公众的代表性调查发现,美国人对气候变化风险的认识适中,强烈支持各种缓解气候变化的国家和国际政策,并强烈反对几项碳税提案。作者研究发现,美国的风险认知和政策支持受到经验因素的强烈影响,包括影响、形象和价值观,公众对气候变化的反应受到心理和社会文化因素的影响。文章通

过讨论美国民众对气候变化风险的认知以及对碳税提案的否定态度，从侧面研究碳金融在美国的发展状况。截至 2022 年年底，这篇文章已经被引用了 1173 次，足以证明这篇文章的观点已经得到众多学者的认可。排名第二的文献是来自意大利的学者 Barbier 在 *RENEWABLE & SUSTAINABLE ENERGY REVIEWS* 上的一篇论文，这篇论文重点关注了碳金融在地热电力以及相关技术方面的投资。文章指出，全球地热电力和非电力用途的财政投资约为 22000 万美元，目前的技术使得控制地热开采对环境的影响成为可能，一项有效且易于实施的政策鼓励地热能源开发，而二氧化碳排放的减少将从征收碳税中获益。

表 37　碳金融领域前 10 篇高被引文献

题目	时间	被引频次	第一作者	国家（地区）	期刊	独作	国家合作
Climate change risk perception and policy preferences: The role of affect, imagery, and values	2006	1173	Leiserowitz, A (Leiserowitz, Anthony)	美国	CLIMATE CHANGE	是	否
Geothermal energy technology and current status: an overview	2002	575	Barbier, E (Barbier, E)	意大利	RENEWABLE & SUSTAINABLE ENERGY REVIEWS	是	否
Plant functional traits and environmental filters at a regional scale	1998	523	Diaz, S (Diaz, S)	阿根廷	JOURNAL OF VEGETATION SCIENCE	否	否
An optimal transition path for controlling greenhouse gases	1992	447	NORDHAUS, WD (NORDHAUS, WD)	美国	SCIENCE	是	否

续表

题目	时间	被引频次	第一作者	国家（地区）	期刊	独作	国家合作
Fair adaptation to climate change	2006	345	Paavola, J (Paavola, J)	英格兰	ECOLOGICAL ECONOMICS	否	否
Optimal taxes on fossil fuel in general equilibrium	2014	302	Golosov, M (Golosov, Mikhail)	美国	ECONOMETRICA	否	是
Optimal CO_2 abatement in the presence of induced technological change	2000	296	Goulder, LH (Goulder, LH)	美国	JOURNAL OF ENVIRONMENTAL ECONOMICS AND MANAGEMENT	否	否
Induced technological change and the attractiveness of CO_2 abatement policies	1998	296	Goulder, LH (Goulder, LH)	美国	RESOURCE AND ENERGY ECONOMICS	否	否
Evolutionary history resolves global organization of root functional traits	2018	295	Ma, ZQ (Ma, Zeqing)	中国	NATURE	否	是
The carbon-constrained EOQ	2013	284	Chen, X (Chen, Xi)	中国	OPERATIONS RESEARCH LETTERS	否	是

从前10篇高被引文章的整体分布来看，这些文章较为集中在发达国家（地区），例如英格兰、美国、意大利等。这些国家（地区）的学者依靠较为成熟的技术和较为优越的平台，可以迅速将自己的成果推广出去，也较为容易获得学界的认可。碳金融领域前10篇高被引文章中有7篇均为多人合作的文章。碳金融是一个多学科融合的领域，涉及能源、燃料、经济、金融等学

科专业的交叉，需要不同专业的学者进行合作才有可能产出更好的文章。10篇高被引文章中，有 3 篇是国际学者合作的成果。这表明部分高质量研究需要多个国家的学者合作完成，国际合作在碳金融领域也普遍存在。

（五）研究热点

图 30 是碳金融领域高频关键词共现网络图。其中，节点的大小代表关键词的出现总频率高低，两个节点之间的连线粗细则代表了两个关键词共同出现的频率高低。其中，词频最高的是 carbon tax（碳税），在所选文章中共计出现 1070 次。碳税是碳金融的一种类型，是指针对二氧化碳排放所征收的税，它以环境保护为目的，希望通过削减二氧化碳排放来减缓全球变暖。当前碳税在世界范围内很多国家都普遍实施，因此在我们的研究中出现了较高的频次。排名第二的是 emissions（排放），同样这个词也是本文文献计量检索式中的关键词汇，碳金融相当于是碳排放的一种经济产物，其直接目的在于通过经济和金融手段来限制温室气体排放，因此碳排放也与碳金融密切相关。与

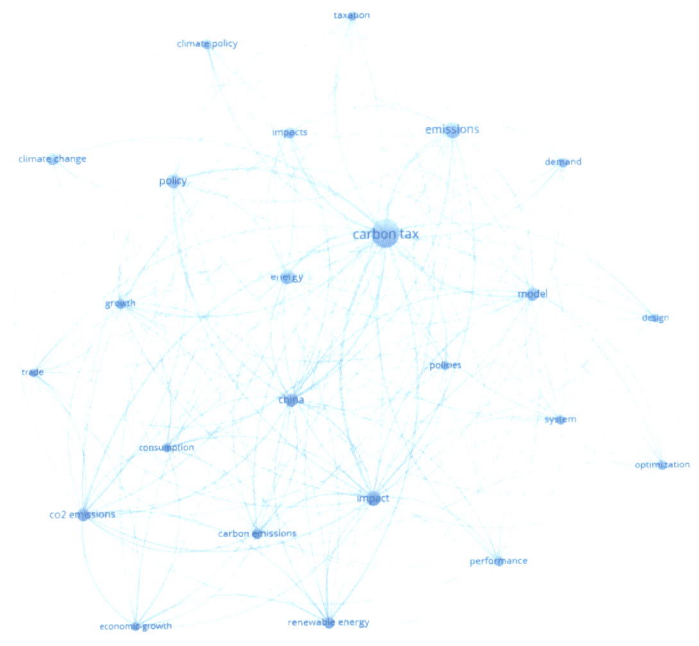

图 30　碳金融领域高频关键词共现网络图

碳排放类似，climate change（气候变化）也是出现频率很高的关键词，一方面减缓气候变化是当今时代的主题，也是本文的研究背景；另一方面气候金融也逐渐成为热点话题。与碳金融类似，气候金融从广义上理解也可以指金融在促进应对气候变化努力方面的作用，《巴黎协定》提出要让资金流动符合温室气体低排放和气候适应发展的路径相一致，因此任何与气候减缓和适应相关的资金融通活动都属于气候金融的范畴。除了涉及碳金融内涵方面的关键词，还有两方面的关键词也存在较高的出现频率。一是economic growth（经济发展）和renewable energy（可再生能源），碳金融的发展离不开经济发展的支持，并且碳金融的很多投融资领域都覆盖可再生能源技术。二是policies（政策）、model（模型）和optimization（最优化），这些关键词涉及碳金融的开展实施、评估，以及优化路径等，探究碳金融未来如何发展。

从关键词的耦合情况来看，碳税位居关键词核心，与能源、碳排放、气候变化、经济发展、可再生能源、模型、最优化等都有直接联系。此外，各个关键词之间的联系也很紧密，这也从侧面反映了当前经济、金融、能源、环境交叉学科的研究越来越多，随着气候变化和碳减排成为各国关注的热点，发达国家和发展中国家纷纷制定各自的"碳中和"目标，碳金融及与之相关的研究未来仍可能呈现显著上升趋势。

三、结论

本节主要探讨了碳金融领域的文献发展情况，研究时间范围为1900—2022年，研究数据库选取为SCIE和SSCI数据库，共计检索了4502篇文献。分别从文献的时间与空间分布、期刊与研究领域分布、高产机构、高被引文献以及研究热点五个角度进行分析，主要得到以下研究结论。

（1）全球碳金融领域的研究正处于快速上升期，尤其在近五年来最为显著。2014年和2017年全球总发文量分别突破200篇和300篇。就不同国家来看，中国成为贡献最多的国家，2022年世界总发文量中中国占据半壁江山。在研究时间段内美国呈现波动上涨的趋势，近几年有稍许下降。而英格兰、加拿大和澳大利亚等国家（地区）发文量始终保持缓慢增长。从H指数来看，中国和美国是碳金融领域的研究中心，但美国发文量虽并非世界第一，文献的国际影响力却较为领先，发文质量较高，中国与之相比还存在较大的差距。

（2）全球碳金融领域的发文期刊多集中在能源、环境科学、经济学等相关领域，且影响因子相对较高。其中，*ENERGY POLICY*、*JOURNAL OF CLEANER PRODUCTION* 和 *SUSTAINABILITY* 是相对来说最受碳金融领域学者喜欢的期刊。此外，与碳金融相关的研究领域主要包含环境科学、生态学、商业经济学和能源燃料。

（3）从研究机构上来看，中国科学院总发文量位居榜首，但是篇均被引频次并非处于最高水平，论文影响力最高的要数发文总量排名第十位的美国能源部。从高被引文章来看，发文的作者主要来自较为发达的国家（地区），内容多涉及碳税和碳金融在可再生能源及其技术方面的投资。

（4）通过关键词词频分析和共现分析，发现碳金融领域的研究主要集中在碳税（carbon tax）、二氧化碳排放（carbon emissions）、气候变化（climate change）、经济增长（economic growth）以及可再生能源（renewable energy）方面。这些主题是碳金融领域研究学者所关心的焦点问题。另外，从共现图可以看出，碳金融与能源、碳排放、经济等话题都呈现出较为紧密的关联，这说明当前关于碳金融的研究较为丰富并且涉及跨学科交流，将经济金融和环境科学很好地结合在一起。随着各国向"碳中和"目标不断迈进，以及可再生能源技术进步和金融评估手段的更新，碳金融在未来一段时间内仍然会持续发展并且值得深入研究。

中国企业碳中和存在的问题和政策建议

2020年9月22日,中国政府在第七十五届联合国大会上提出:"中国将提高国家自主贡献力度,采取更加有力的政策和措施,二氧化碳排放力争于2030年前达到峰值,努力争取2060年前实现碳中和。"2022年10月22日,习近平总书记在党的二十大报告中指出,要积极稳妥推进碳达峰碳中和。完善能源消耗总量和强度调控,重点控制化石能源消费;推动能源清洁低碳高效利用;加快规划建设新型能源体系;完善碳排放统计核算制度以及提升生态系统碳汇能力。企业作为经济活动的基本单元,其碳中和目标的实现对于国家实现碳中和目标是有决定意义的。目前,全球已有3900多家企业加入了科学碳目标倡议(SBTi),其中1800多家企业已经设立了科学碳目标,1500多家企业做出了与全球气温上升幅度控制在1.5℃内目标一致的近零承诺。中国的企业也为实现碳中和做出了很多的努力,这一方面是因为企业可以在碳中和行动中找到新的经济增长点,如调整能源结构、节能降耗、新的减碳技术和可回收材料的应用、智能化管理和生产等。不仅可以节约成本、提高产品质量,还可以提升品牌形象,构建低碳核心竞争力,促进企业可持续发展。另一方面,随着国家对碳中和以及绿色金融的重视和发展,企业的碳中和行动也会使自身更容易获得金融机构的投资。

一、企业实现碳中和的举措

(一)企业碳中和的战略规划和制度建设

1. 企业的碳中和战略规划

为了积极响应国家的"双碳"目标,越来越多的企业开始制订自身的碳中和战略规划。比如,常熟市龙腾特种钢有限公司在《龙腾特钢"十四五"发展战略规划》中明确了"碳达峰碳中和"时间分别为2025年和 2055 年，同时制订了《绿色低碳发展规划》，确定了路线图，即从能源结构调整、碳汇、产能置换、绿色低碳技术研发、开发高品质长寿命的生态绿色产品等方面节能降碳，最终实现"碳达峰碳中和"的目标。上海振华重工积极响应国家、地方政府和上级单位的要求，组织编写了"十四五"总体发展规划，并编制了《振华重工碳达峰碳中和行动方案》，明确了中长期节能降碳目标，制订实施计划和措施，确保节能降碳目标顺利实现。徐工集团也制定了优于国家节点，提前达峰、中和的宏伟目标——2027 年碳达峰，2049 年碳中和；制定《徐工"碳达峰碳中和"行动规划纲要》，并在 2022 年 1 月 29 日正式对外发布，成为工程机械行业首家发布的双碳规划纲要，持续引领行业绿色发展。国家管网成立了碳达峰碳中和工作领导小组，统领公司碳达峰碳中和各项工作；编制发布了《国家管网集团公司碳达峰碳中和行动方案》，重点部署了坚强管网建设、管网运行提效、清洁替代低碳、节能提效减排、科技创新支撑、绿色发展转型六大行动，明确在降碳达峰阶段（2021—2030 年），以控碳为核心，用能结构更合理，能源利用效率大幅提升，绿色低碳技术和推广应用取得新进展，印发了《集团公司"十四五"节能与碳减排规划》等文件。中国石油将"绿色低碳"纳入公司五大发展战略之一，明确了"清洁替代、战略接替、绿色转型"三步走总体部署，并制定时间表、路线图、施工图，力争在 2025 年左右实现碳达峰，2050 年左右实现"近零"排放；制定并发布了《中国石油绿色低碳发展行动计划 3 年》，提出构建碳循环经济的理念，计划实施"绿色企业建设引领者行动""清洁能源贡献者行动""碳循环经济先行者行动"三大行动和节能降碳等十大工程。

2. 企业的碳中和制度建设

企业碳中和工作的顺利推进离不开配套管理措施的推行和制度建设，如能源管理体系建设、碳统计以及碳资产管理制度建设、监督考核体系建设等。比如，常熟市龙腾特种钢有限公司 2015 年开始建立能源管理体系，系统地搭建能源管理框架，设立专门的能源管理部门负责日常的能源管理工作。通过建立能源管理体系，编制了一整套的能源管理体系制度，每年收集来自国家地方相关部门的能源法律法规并定期更新，将相关条款纳入公司管理制度，在保证企业生产依法合规的情况下，逐步提高能源管理水平。通过将必要的法律法规条款纳入日常的管理制度，下发到公司各生产分厂及职能部门，并制定对应的考核制度，就形成了一整套的日常运行管理体系。在工资奖金分配、表彰、惩罚等诸多方面，充分与节能挂钩，对广大职工进行节能宣传与教育，加强员工对节能降碳的认识，建立节能减碳激励机制。公司能源管理部门会定期召开例会，对能源日常管理工作中遇到的问题进行分析，对年初制订的计划的完成情况进行总结，把握进度，确保按照计划完成。徐工集团在顶层设计上，成立公司"双碳"工作管理委员会，统筹推进"双碳"工作实施和体系建设；在中层构架上，成立低碳技术研究所，统筹"双碳"技术研究、产品研究、标准研究及管理事项推进；在执行层面上，建立健全旗下各子公司的"双碳"基础组织部门，承接"双碳"工作实施。国家管网积极参与"双碳"企业间协作行动，签署《中国石油和化学工业碳达峰与碳中和宣言》，实现环保考核数据与国务院国资委系统对齐；发布碳统计管理制度，上线碳统计信息系统，建立温室气体排放监测、报告和核查体系，建立甲烷排放监测和数据报送体系，实现基础数据动态更新，确保集团公司"双碳"数据可追溯、可验证；同时开展碳交易研究和碳资产目标管理，梳理 15 项国家核证自愿减排潜力项目。

（二）企业碳中和的能源结构调整

1. 天然气、电能代替燃煤

天然气是化石能源向清洁能源过渡的桥梁，也正在成为解决中国能源转型和实现"3060"目标的重要方案。天然气、电能替代可有效助力节能减排降碳，同时推动行业优胜劣汰、转型升级。近年来，越来越多的企业特别是高耗能企业减少了煤炭的使用占比，同时提高了天然气和电能的使用比例。例如，中国中车股份有限公司的能源结构主要包括煤炭、天然气、电力、汽油、柴油、热力等。2015 年中车煤炭、电力、天然气消耗量占比分别为 35.74%、32.15% 和 12.24%。公司通过调整能源结构，减少煤炭使用，大力推进天然气、电能替代，2021 年中车煤炭、电力、天然气消耗量占比分别为 5.95%、39.94%、24.16%。就煤炭而言，2015 年中车有近百台燃煤锅炉，一年用煤50万吨，大量排放二氧化硫和氮氧化物，特别是二氧化碳的排放量高达87万吨。随着能源结构的调整优化，通过取缔燃煤锅炉、煤改电、煤改气和外购热力等措施，煤炭消耗减少到4万吨，同比下降了92%，直接二氧化碳减排贡献就达到80万吨。中国海油推进锅炉和发电气代煤，通过技术改造或装置替换，以低碳的天然气代替煤炭作为发电和蒸汽生产的燃料，从而减少碳排放；推进船舶LNG替代燃油，在专业服务船舶及远洋运输船舶中推广LNG燃料替代燃料油和柴油，减少高碳化石燃料消耗；推进外购电力清洁化，提高外购电力中绿色电力的使用比例。天然气供给方面，中国石油近年来大力发展天然气，持续推动天然气产量增长。继2020年中国石油国内天然气产量在油气结构中占比首次超过50%后，2021年，中国石油国内天然气产量1378亿立方米，占比再次超过50%，达51.6%。中国石油的目标是到2025年将天然气占比提高至55%左右。

2. 新能源代替传统能源

企业实现碳中和，做好能源绿色低碳转型是关键。坚持先立后破、以立为先，促进新能源高质量发展，夯实对传统能源的安全可靠替代基础尤为重要。2022年，风能、太阳能是企业碳中和行动的主要方向。陕西法士特汽车传动集团有限责任公司积极采用"自发自用，余电上网"的模式，建设分布式屋顶光伏发电系统，提升绿色能源占比，减少温室气体排放。公司已建成光伏电站总容量为6.6兆瓦，年使用光伏发电量约570万度，占总电耗比1.54%，年减少二氧化碳排放量约3800吨，在建光伏电站10兆瓦，预计年均发电量1000万度，实现年均减排二氧化碳约6600吨。天津荣程联合钢铁集团有限公司作为区域内屋顶光伏、氢能源绿色交通的积极探索者，致力于打造零碳工厂。徐工集团深入挖掘光伏发电等可再生能源应用潜力，累计利用屋顶面积约52.8万平方米，建设光伏电站10座，装机容量45.8兆瓦，2020年光伏发电自发自用2512万度，近三年来光伏自发自用电量累计9910万度，实现二氧化碳减排7.9万吨。中国石油推进实施以"六大基地"和"五大工程"为核心的绿色产业布局，在地热、风光发电、加氢站等多个领域取得了突破性进展。全年投产新能源项目39个，新增新能源开发利用能力350万吨标准煤，利用总量达到700万吨标准煤；获取风光发电指标120万千瓦，风光发电装机规模增加24万千瓦；新增地热供暖面积960万平方米；投用高纯氢供应能力1500吨/年，建成加氢站（综合能源服务站）8座，其中崇礼太子城等4座加氢站（综合能源服务站）为北京冬奥会近千辆氢燃料电池车提供保障。

（三）节能增效、资源回收和循环利用

根据"十四五"规划和2035年远景目标纲要，中国要坚持生态优先、绿色发展，推进资源总量管理、科学配置、全面节约、循环利用，协同推进经济高质量发展和生态环境高水平保护。中国企业在节能增效、资源回收和循环利用方面做了很多工作。陕西法士特汽车传动集团有限责任公司执行了高耗能电机专项淘汰计划，共淘汰落后电机416台，总容量4052千瓦。淘汰的Y系列电机实际平均效率为84%~87%，而更新的电机为YE3系列高效节能电机，平均效率为91.7%，效率提高5%以上，年节约用电68.07万度。此外，对1台2500吨大型压铸机的135千瓦定频电机进行改造，更新为伺服电机，年节约用电达8.2万度。同时推行锅炉余热回收利用，对西安高新二期锅炉房2台2蒸吨、2台4蒸吨燃气蒸汽锅炉和铸造1台8吨锅炉进行烟气余热回收利用，改造前锅炉排烟温度约180℃，改造后烟气温度降至110℃左右。经测算，供暖季锅炉产蒸汽所用燃气单耗量由2019年的95.33立方米下降至80.56立方米，下降率达15.49%。中国第一汽车集团有限公司积极布局退役动力蓄电池回收利用业务，依托富奥股份公司投资6500万元，设立富奥智慧能源科技有限公司，2022年固定资产一期投资2173万元建立退役动力蓄电池拆解生产线及梯次利用产品组装生产线，一期可实现年机械化无损拆解退役动力蓄电池5000吨，实现年梯次产品组装600兆瓦时。

（四）企业碳中和的创新性探索

1. 碳资产管理

徐工集团系统开展工程机械产品碳足迹核算认证工作，为行业内首家开展该工作的企业。为进一步落实《徐工碳达峰碳中和行动规划纲要》，徐工

集团全方位分析工程机械产品生命周期碳排放情况及减排潜力，制订科学的降碳方案，积极应对国际市场各种现行或隐形贸易壁垒，从容面对国际市场低碳竞争，于2022年6月开始对汽车起重机、挖掘机、高空作业平台车及液压油缸这4款公司代表性产品基于ISO 14067：2018《温室气体—产品碳足迹—量化要求及指南》开展碳足迹核算评价工作，涉及工程机械主机企业、零部件企业及上下游供应商。上海振华重工公司从碳足迹的角度关注产品的原材料、制造、运输环节的碳排总量控制，并向多个国外用户港口提供碳足迹声明，帮助客户减碳。通过拓展集装箱岸桥产品的碳足迹研究，确定碳排放计算模型，以此为基础结合众多关键技术攻关，研发3E级岸桥，即"经济""高效""环保"超大型起重机。这一创新设计使设备大梁迎风面积减少17%、自重减轻15%，达到了减重和降低风载荷的双重作用，符合低碳减排的轻量化理念。陕西法士特汽车传动集团有限责任公司成立了碳资产管理部门，开展碳资产研究、经营和管理工作，规划了法士特碳资产要素框架，建立了法士特低碳管理模式。碳资产管理部门开展碳排放配额和核证减排量的交易工作。各项目单位将可用于交易的碳排放配额和核证减排量上报法士特集团审定后，由碳资产管理部门负责组织，协调和实施相关交易和管理工作。碳资产管理部门按照法士特集团要求，根据市场规则合理调配各单位排放配额和核证减排量，优先用于完成法士特集团的国家减排任务，余量部分可对外进行交易。

2. 碳金融

2022年4月27日，中国一汽汽车金融有限公司发行首单绿色资产证券化产品，发行规模5.4亿元，预计可实现降碳1.4万吨/年。深圳巴士集团《践行双碳六"星"行动，打造双碳行业标杆——深圳巴士集团双碳行动方案》中提出积极探索碳资产运作和绿色金融，包括碳中和债的发行、结合碳交易市场进行碳储备等方面，前期进行可行性研究及相关政策的研究，后期将结合企业实际情况及政策进行开展。中国海油以金融手段盘活碳资产，成功发行全国首单以国家核证自愿减排量（CCER）为基础资产的碳中和服务信托，研究开发以履约、储备、纾困为主要目的的碳资产管理信托产品，积极参与碳交易，利用市场机制减碳。中国石油出台《碳交易管理办法》《温室气体自愿减排项目管理办法》，逐步建立碳排放权交易管理制度体系，规范碳排放权交易，加强对所属企业碳配额履约管理，鼓励下属企业开发国家核证自愿减排项目。同时，中国石油开发林业碳汇。通过义务植树、企地共建、集中建设等方式大力发展林业碳汇业务，助力公司碳中和目标实现。中国石油现有绿地总面积约2.894亿平方米。通过直接参与和提供资金等方式支持地方绿化面积791.32公顷、植树163.18万株。中国石油首个碳中和林——大庆油田马鞍山碳中和林二期建设项目全部完成，共造林510亩。新疆油田碳汇林、长庆油田姬塬碳汇林建设也取得长足进展。

3. 供应链管理

安徽合力股份有限公司以原材料、配件绿色供给为贯彻绿色发展管理优化重要切入点，围绕供应商选择、管理、评价全过程，与相关方携手打造"绿色供应链"，从物料来料、加工、包装、仓储、运输、使用到废物回收整个过程，实现对环境影响最小、资源利用效率最高。根据产品外观特点采用纸箱与托盘组合来代替原有木箱包装发运物资，减少木箱使用数量，节约包装和物流费用。通过采用"空满置换、混载运输"的物流配送方式，使货运满载率极大提高，既降低物流成本，也减少排放，实现绿色运输。中国海油针对海洋石油工程领域建立完善绿色采购制度和绿色施工工艺，打造绿色供应链，该项目获评绿色制造系统集成项目。中国中车在供应链绿色管理方面，围绕供应商资质、准入、日常管理等方面明确绿色管理办法，在采购合同、报价前提等方面增加绿色管理要求，建立健全绿色供应链管理机制；围绕制造过程、原材料选择、能源使用结构、三废处理效率等维度，对零件范围划定优先级，制定供应商碳减排评估标准与审核要求，对重点供应商实行双碳管理专项帮扶。中国中车发挥轨道交通产业链链长作用，探索绿色低碳协同发展模式，打造绿色低碳生态圈。面向全产业链，区分"链核""链环""链辅"不同功能企业，对链核、链环企业培育绿色低碳能力，对链辅企业提出绿色低碳要求，牵动全链的绿色低碳发展。探索开展低碳供应商认证和星级评价，共建保障机制，共治制造难题，提升供应链绿色深度。

二、企业绿色低碳技术创新

（一）研发能力建设

1. 设立低碳技术研发中心

产学研深度融合是创新低碳发展核心技术的重要途径。(1)中国第一汽车集团有限公司研发机构方面。以长春全球研发总部为中心，构建了全球化研发布局，其中在长春总部形成以研发总院统筹的造型设计、新能源、智能网联、创新技术、材料与轻量化和检测试验六大业务分院为主体，统筹商用车开发院、奔腾开发院和一汽大众产品技术开发部的大研发创新体系，充分发挥好全球和国内的优秀人才资源和产业技术创新资源，在德国慕尼黑、奥地利斯太尔和国内的北京、南京、青岛、无锡等地设立创新研发中心，实现了全球资源的共享及同步开发。(2)合作交流方面。聚焦关键核心技术领域，与华为、阿里、腾讯、百度、科大讯飞、吉林大学、复旦大学、弗吉亚等全球顶尖科技公司和高校建立38个协同创新实验室和5个基础研究实验室，持续提升创新研发的生态圈合作水平，产出的技术创新成果陆续在红旗、解放、奔腾产品上实现搭载。深化央企技术创新合作，在科技部、工信部和国务院国资委的指导下，与兵器装备集团、东风汽车合资成立中汽创智科技有限公司，聚焦搭建新能源、智能网联、先进底盘和燃料电池等关键共性技术平台，实现中国新能源智能网联汽车关键技术的整体突破。

2. 低碳技术研发人才培养

人才培养是低碳技术研发的关键和动力。陕西法士特汽车传动集团有限责任公司全力搭建人才创新高地，持续优化人才创新生态，深度激活人才创新动能。始终坚持文化引才、事业留才、岗位造才发展宗旨，全球谋划人才战略资源，聚力打造人才创新沃土。中国一汽人才建设方面，制订"擎·才"1134人才战略规划，实施"百千万人才工程"。突出人才转型赋能，深入实施科技创新人才培养项目，选拔39名科技领军人才、89名中青年科技人才，打造"数字化385+""旗行先锋"等精品培训项目，开展数智化全员培训，高标准培养科技创新主力军队伍；多方集聚优秀人才，引入造型领域、智能网联领域、新能源领域、NVH 领域等行业领军人才，深化产学研融合，联合吉林大学共建"红旗学院"。中国一汽现有科技人才 1.87 万人，其中，研发技术人才 1.16 万人，制造工程人才 0.71 万人，高层次人才 685 名，队伍规模较 2018 年扩大 77%。

（二）研发创新成果

中国企业在低碳技术研发方面取得了诸多成果。中国中车研制的首台氢燃料电池混合动力机车标志着中国在轨道交通装备、新能源领域实现了由产品开发到实践应用的重大跨越。此次运行的氢燃料电池混合动力机车输入能源为氢气，排放物为水，实现了零污染、零排放，在绿色环保方面有较突出优势。据测算，相较内燃机车，氢燃料电池混合动力机车每万吨千米减少碳排放约 80 千克，全部锦白铁路干线使用该型机车后，每年可减少碳排放量约 9.6 万吨，相当于种植 600 多万棵树，为实现碳达峰碳中和目标做出积极贡献，也为全球轨道交通装备创新打造了清洁能源的新标杆。在风电装备领域，中国中车逐步形成了较为完整的技术链和产业链，形成了从 1.5 兆瓦到 5.X 兆瓦平台化、谱系化风电整机产品，自主研发的大功率 IGBT（绝缘栅双极型晶体管芯片，是能源变换与传输的核心器件）已经实现批量应用。中国中车已具有包括发电机、叶片、变流器、齿轮箱、变桨系统、超级电容模组等国内最完整的风电产业链，是高原风电整机国家标准起草单位。此外还推出"两海"战略，完成首个海外项目顺利并网，海上风电机组"海平面一号"也顺利扬帆起航。

（三）绿色低碳解决方案

案例：中海蔚蓝 CCER 碳中和服务信托

中海蔚蓝 CCER 碳中和服务信托计划是以"碳达峰碳中和"为目标开展的绿色信托业务，将信托受益权通过信托公司以转让信托份额的形式募集资金，并将募集资金全部投入绿色环保、节能减排产业，从而达到以绿生绿、以绿增绿的良性循环，为打造绿色资产、支持绿色产业提供了解决方案。

（1）环境效益。根据项目可行性报告，每年产生危险废物约 2.8 万吨，主要是污水处理场脱水后油泥、浮渣、剩余污泥等。建成后的设施综合处理能力预计达到 2.88 万吨/年，能满足企业危险废物的减量要求，并且减少危险物转运风险。在处置过程中余热锅炉产生的蒸汽将用于污泥干化、烟气再热，剩余部分并入厂区蒸汽管网，有助于减少设施整体的能耗。

（2）经济和社会效益。中海信托股份有限公司利用信托制度与资产管理的优势，在向持有人提供资金支持的同时，还负责开展碳资产的管理与交易，为碳中和提供全方位金融服务。信托计划原始权益人海油发展将通过信托计划募集获得的资金投资运用于惠州石化三泥处置及余热利用项目，该项目 2022 年 4 月进入正式经营期，当月处置油泥浮渣 1561 吨、处置剩余污泥 724 吨，产生收入 412 万元，利润 34 万元。同时，该项目装置在处置过程中余热锅炉产生的部分蒸汽并入业主方惠州石化公司厂区蒸汽管网，当月外供蒸汽量约 8200 吨，为业主方节省费用 127 万元。通过碳交易，把碳排放的外部成本与排放者内部成本关联，将有助于碳排放的隐性成本显性化、外部成本内部化，提高了控排企业进一步开发节能降碳技术、储备碳资产的意愿。

三、企业实现碳中和存在的现实问题

（一）高耗能企业碳中和行动的成本高、压力大

国家发展改革委价格监测中心的研究表明，要在 2030 年前实现碳达峰，每年资金需求为 3.1 万亿~3.6 万亿元，2060 年前实现碳中和需要在可再生能源发电、先进储能、绿色零碳建筑等领域的新增投资近 140 万亿元。对高耗能企业来说，节能减排更需要大量的资金投入，特别是基础稍弱一些的民营企业，包括设备的更新、节能技术的应用等前期都需要大量的投入。比如钢铁行业的氢基还原技术、生物质炭燃烧技术或者钢铁流程二氧化碳的回收与利用等新技术成熟应用推广后，企业将面临的是更多资金的投入。在"双碳"目标压力下能否持续运营，也是企业面临的问题。

（二）企业碳中和人才队伍力量薄弱

中国的很多企业对于碳中和方面的知识欠缺，导致工作开展比较缓慢。"十四五"期间，零碳、负碳能源等新兴产业将迎来快速发展，但目前中国的企业在零碳、负碳产业人才、技术、经验等方面积累相对薄弱。特别是"碳达峰碳中和"目标提出后，相关产业进入发展"快车道"，科技研发需求快速增加，对从业人员素质要求逐步提高，部分管理体制机制不适应问题突出，这在一定程度上影响了企业零碳负碳业务的大力开展。

（三）低碳零碳负碳技术的支持政策有待完善

在实现碳达峰碳中和目标的进程中，低碳、零碳、负碳技术的研发攻关是完成双碳目标的必由之路，而"三碳"技术的攻关需要大量人力、财力、物力的支撑。碳达峰碳中和"1+N"政策逐步出台，为中国碳达峰碳中和目标提供了良好指引，但从企业实践来看，部分关键领域相关政策尚需进一步细化和完善。例如，CCS/CCUS 试点示范工作的审批流程亟待完善，目前全流程成本仍然偏高，捕集环节平均成本在 200 元 / 吨至 600 元 / 吨之间，难以刺激企业的积极性。

（四）绿色电力管理及交易体系有待完善

国内新能源发电量占比仍较低，全国绿电成交总量难以满足市场的消费需求。中东部地区平价新能源项目有限，绿电供给有限，且外部绿电输入定额。省间绿电交易壁垒尚未完全打通，各省份优先完成本省消纳责任，西部绿电富余省份向中东部省份出售绿电意愿较低，造成不同地区绿电"供不应求"和"供过于求"的现象同时发生。此外，绿电的碳排放因子过高，如深圳市生态环境局在进行碳配额分配计算时把电力的间接排放纳入企业碳排放总量，且使用的碳排放因子是 0.9489 吨二氧化碳 / 兆瓦时（2011 年的南方电网电力排放因子），比《广东省市县（区）级温室气体清单编制指南（试行）》中的广东省电力调入调出二氧化碳排放因子 0.4512 吨二氧化碳 / 兆瓦时高，导致企业的名义碳排放量远高于实际碳排放量。

四、对企业实现碳中和的政策建议

（一）加强企业碳中和人才队伍建设

实现"双碳"目标，需要一批具有识别、驾驭低碳发展关键性要素能力，从事低碳、零碳、负碳技术开发、应用和推广的"碳中和"科技创新人才。为此，无论是发展节能环保、信息产业、生物产业、清洁能源、智能制造和环保材料等低碳环保新兴行业，还是转型升级钢铁、煤炭、电力、建筑、汽车、纺织、轻工、造船等传统行业，都应高度重视"碳中和"科技创新人才队伍建设；应依托国家重大科技任务和创新平台，将"碳中和"基础研究突破和"碳中和"关键技术攻关有机结合起来，建立产学研交融协同的"碳中和"人才培养模式，开展"碳中和"科技人才梯队建设，实现代际传承的高端"碳中和"人才集群效应。"十四五"期间，中国碳交易市场将实现石化、化工、建材、钢铁、有色、造纸、电力、航空八大重点排放行业全覆盖，将成为全球最大的碳交易市场。加强碳资产经营管理人才队伍建设，实现管理人才与科技人才同振共鸣，是"双碳"目标实现的关键支撑。碳资产经营管理属于交叉学科的新型专业应用领域，人才培养应依托高等院校，积极推动能源、环境、信息、管理和金融等学科的交叉融合，构建相关学科课程与师资队伍协同建设机制，着力培育专业化、复合型人才。

（二）完善对低碳、零碳、负碳技术的支持政策

首先，加强统筹谋划和顶层设计，科学部署重大科技任务，继续加大国家科技创新引领。比如，在石化行业尽快突破发电用重型燃气轮机等关键技术；从国家层面立项对利用废弃油气藏和油气井进行压缩空气储能或储氢的攻关试验；在煤电、钢铁、石化这些高碳排放领域，国家牵头实施跨行业融合创新。在船舶行业，针对船舶工业仍未完全突破的绿色低碳工艺、清洁能源综合集成利用、无组织排放治理等生产制造环节的绿色低碳技术，以及低碳零碳船舶、低碳零碳船舶动力、船舶碳捕集封存等绿色低碳产品相关技术，在科技部、工信部等国家部委设立一批科研项目，支持行业开展技术攻

关，以技术创新推动行业绿色低碳发展。其次，逐步完善与绿色金融相关的标准规则和政策体系。对开展绿色技术研发的企业给予税收减免、财政贴息等优惠政策；加快完善绿色金融市场体系。加快绿色债券市场、绿色股票市场、碳交易市场等直接融资市场建设，大力促进绿色指数开发创新和投资应用；加快创新绿色金融产品和服务推广，促进企业转型升级、能源循环利用。

（三）完善绿色电力管理和交易体系

2022年1月，国家发展改革委、国家能源局联合印发《关于加快建设全国统一电力市场体系的指导意见》，明确到2025年全国统一电力市场体系初步建成，跨省跨区资源市场化配置和绿色电力交易规模显著提高，有利于新能源、储能等发展的市场交易和价格机制初步形成。西北五省（区）的新能源装机占比普遍较高，新能源市场化电量占新能源上网电量比重较大。西北各省（区）应继续加强新能源参与绿色电力交易的市场机制研究，推动中长期市场逐步实现连续运营，逐步建立适合新能源的分时段、带曲线交易，实现新能源绿色电力交易等交易品种由电量向电力转变。同时，建立高比例新能源情景下反映电力供需时段特征的分时价格信号，持续拉大峰谷价差，切实发挥市场作用，引导新能源企业参与绿色电力交易。

绿色低碳技术发展现状、问题及对策建议

绿色低碳技术是推动绿色发展、实现"双碳"目标的重要支撑。习近平总书记高度重视绿色低碳技术创新发展，强调"要狠抓绿色低碳技术攻关，加快先进适用技术研发和推广应用"。近年来，在各地区、各有关部门共同努力下，绿色低碳技术政策体系不断健全、关键核心领域技术攻关取得突破、先进适用技术推广应用成效显著。当前，绿色低碳技术发展还面临着市场动力激发不足、供需衔接存在障碍、配套政策仍需完善等问题，尚需着力完善顶层设计、激发市场活力、促进供需对接、加强政策支持等，进一步完善绿色低碳技术创新体系，为系统推进绿色低碳发展提供有力的科技支撑。

一、绿色低碳技术发展现状

（一）绿色低碳技术政策体系不断健全

在绿色低碳技术发展早期，国家层面虽然没有明确提出"绿色低碳技术"的概念，但始终高度重视绿色低碳领域技术攻关、推广和应用领域的政策支持。例如，《节约能源法》规定，国家鼓励、支持节能科学技术的研究、开发、示范和推广，促进节能技术创新与进步；《可再生能源法》规定，国家安排资金支持可再生能源开发利用的科学技术研究、应用示范和产业化发展。2017年，党的十九大报告中首次提出"绿色技术"，要求"构建市场导向的绿色技术创新体系"。2019年，国家发展改革委、科技部联合制定印发《关于构建市场导向的绿色技术创新体系的指导意见》（以下简称《指导意见》）。这是中国首个绿色技术创新领域的专项政策文件，明确提出了"绿色技术"的概念以及一系列支持政策。此后，国家层面建设了国家重点实验室、国家工程技术研究中心等一大批绿色技术创新平台，各省（区、市）均出台了加强绿色创新体系建设的相关政策措施，推动《指导意见》落实落地。2021年，为推动实现"双碳"目标，国务院印发《2030年前碳达峰行动方案》，将"绿色低碳科技创新行动"作为"碳达峰十大行动"之一，提出了"绿色低碳技术"的概念及相关政策要求。2022年，为贯彻落实党中央、国务院关于"双碳"方面的决策部署，科技部牵头印发了《科技支撑碳达峰碳中和实施方案（2022—2030年）》。随后，能源、工业、建筑、交通等重点领域纷纷出台相关政策措施，将绿色低碳技术创新作为实现发展目标任务的重要支撑。总体而言，中国绿色低碳技术政策体系日益完善、不断健全，对绿色低碳技术创新发展起到了指导作用，提供了有力政策支持。

（二）关键核心领域技术攻关取得突破

基于一系列政策的大力支持，中国在煤炭、工业、交通、建筑、新能源等领域绿色低碳发展的关键核心技术攻关取得突破，形成了一批原创性、前沿性、颠覆性技术成果。煤炭清洁高效利用领域，中国实现了高参数、大容量超超临界燃煤机组自主研发和制造，主要技术参数达到世界先进水平，建成了全球发电能效最高、在建单机容量最大的燃煤机组。工业节能降碳领域，钢铁高炉利用系数、喷煤比等部分高炉技术指标处于世界领先水平。水泥石灰石原料替代技术得到推广应用，化工副产物高效利用技术、合成氨、合成甲醇、石油化工加氢裂解工艺绿氢替代技术等科研攻关取得较大进展。交通运输节能降碳领域，多能源动力系统集成技术、燃料电池关键技术、船舶液化天然气（LNG）发动机技术、船舶油电混合动力技术、高能效电气化铁路技术、航空器电动化技术等均取得一定突破。建筑节能降碳领域，"光储直柔"相关技术、低碳供热供暖技术、高效保温隔热材料技术、低碳水泥技术、新型胶凝材料技术等取得积极进展。新能源开发利用领域，中国光伏产业技术水平全球领先，主要装备制造基本实现国产化；大型化风电机组研发、生产和应用正迎头赶上国际先进水平，关键部件基本实现国产化。

（三）先进适用技术推广应用成效显著

为加强绿色低碳技术推广应用，国家层面采取了一系列措施支持绿色低碳技术创新成果转移转化。在加强绿色低碳技术创新引领方面，国家发展改革委牵头发布了《国家重点节能低碳技术推广目录》《绿色技术推广目录》等一大批绿色低碳技术推广目录。工信部、生态环境部、交通运输部、国家机关事务管理局围绕各自主管业务,在工业节能、清洁生产、交通运输行业节能降碳和公共机构绿色节能节水等领域,也发布了一批绿色低碳技术推广目录。在促进绿色低碳技术转移转化方面,国家发展改革委批复建设"国家绿色技术交易中心",着力加强绿色低碳技术创新成果供需对接、促进创新成果推广应用。科技部指导建立了"绿色技术银行",强化对绿色低碳技术转移转化的金融支持;成立了若干"绿色技术创新联盟",打造绿色低碳技术创新联合体,促进绿色低碳技术领域"产学研金介"深度融合。在先进适用绿色低碳技术的广泛推广应用和有力支撑下,中国绿色低碳发展取得显著成效:与2012年相比,2021年,中国单位GDP能耗下降了26.4%,单位GDP二氧化碳排放下降了34.4%。截至2021年年底,中国可再生能源发电装机容量已达10.63亿千瓦,占总发电装机容量的44.8%;清洁能源消费占比达到25.5%,比2012年提高了11个百分点;煤炭消费占比下降至56%,比2012年下降了12.5个百分点。

二、存在的主要问题

随着绿色低碳技术研发和推广应用的快速发展,中国涌现出一大批绿色低碳技术创新成果,为绿色低碳发展提供了有力支撑。同时,也凸显出一系列制约绿色低碳技术创新高质量发展的关键问题。具体来说,主要体现在以下方面。

(一)市场动力激发不足

对于技术应用型企业,由于应用绿色低碳技术的正外部性主要体现在清洁、环保、低碳等方面,社会效益显著但企业收益不明显,因此企业主动应用、更新绿色低碳技术的积极性较弱。同时,中国碳市场发展相对滞后,碳价格尚不能客观反映企业的降碳成本,对绿色低碳技术的市场应用造成了负面影响,进而影响了技术迭代升级,阻碍了绿色低碳技术市场化进程。对于技术研发型企业,在绿色技术创新主体培育方面,《指导意见》中提出的培育

"绿色技术创新主体'十百千'行动"贯彻落实尚不彻底，国家层面尚未授牌"绿色技术领军企业"，仅有个别地方开展了"绿色技术创新企业"认定工作。高校、科研院所的技术人员，或因企业经营方面的知识欠缺，或因所在单位对兼职办企业的限制，其研发成果进入市场往往困难重重，市场化转化水平低。

（二）供需衔接存在障碍

当前中国绿色低碳技术存在着较为严重的供需不匹配现象，成为绿色低碳技术创新发展的瓶颈。一是中国原创性、前沿性、颠覆性技术供给依然较少。中国绿色低碳技术攻关缺乏系统分类和长期目标导向，对基础性研究重视不足，总体上处于自发、分散状态。二是绿色低碳技术创新成果与市场需求存在结构性失衡。一方面，企业的研发投入整体水平仍然偏低、应用绿色低碳技术的市场动机不足，自主研发成果较少。另一方面，高校、科研院所的绿色低碳技术自主研发成果的应用，或较多集中于中试阶段、与市场化应用尚有差距，或与市场需求脱节、应用场景较少。三是创新成果转移转化中介机构发展滞后。一方面，由于对绿色低碳技术尚缺乏明晰的判断标准和统计口径，现有绿色低碳技术创新成果转移转化机构难以对其储备技术进行科学准确分类，更不具备能力筛选出更有前景的绿色低碳技术予以强化支持。另一方面，现有的绿色低碳技术创新成果转移转化机构更多关注技术的产权交易，缺少对绿色低碳技术的挖掘、培育、认证等服务，平台机制优势发挥不足。

（三）配套政策仍需完善

绿色低碳技术配套政策虽然总量较多，但存在结构性不足等问题。一是缺少绿色低碳技术专项标准。中国绿色低碳技术领域的标准规范，仅体现在节能、节水、环保、资源高效利用等较为宽泛的领域，缺少专门针对绿色低碳技术的通用标准规范。二是缺少统一规范的绿色低碳技术评价。市场中的绿色低碳技术评价相对较少、较混乱，缺少统一组织，导致绿色低碳技术评价结果良莠不齐。三是绿色低碳技术知识产权保护力度不够。中国尚未在全国层面就绿色低碳技术领域定期开展打击知识产权侵权行为专项行动，对侵权行为的震慑力度不足。四是对绿色低碳技术创新人才的政策激励还需加强。尽管《指导意见》对提高绿色低碳技术创新人才福利待遇等提出了一些激励措施，但这些措施主要体现在对技术人员薪酬的税收优惠上，缺少进一步提升薪酬以及家庭人员落户、子女入学等方面的一揽子激励方案。

三、对策建议

（一）完善顶层设计

一是为加强政策延续性、持续强化对绿色低碳技术创新的支持力度，由国家发展改革委、科技部牵头，研究制定进一步完善市场导向的绿色低碳技术创新体系的相关政策文件，从强化创新引领、培育市场主体、促进创新协同、完善评价标准、加强人才培养、加大财政支持等方面，提出相关政策举措，全面提升绿色低碳技术研发、推广应用水平。二是抓好《科技支撑碳达峰碳中和实施方案（2022—2030年）》贯彻落实，围绕能源、工业、交通、建筑、新能源等重点领域，制定细化实施办法，有计划、分步骤、针对性地加强重点领域绿色低碳技术攻关供给，对绿色低碳关键核心技术予以重点突破。三是充分发挥绿色技术创新部际协调机制、科技支撑碳达峰碳中和部际协调机制作用，抓好绿色低碳领域顶层设计文件要求落实落地，形成政策合力。督促各地方结合本地区科技禀赋和绿色低碳发展实际需求，制定适合当地的绿色低碳技术创新相关实施细则，并加强区域间合作，促进协同创新。

（二）激发市场活力

一是着力培育绿色低碳技术创新主体。进一步明确企业的创新主体地位，加大培育支持力度。在重点领域培育遴选绿色低碳技术创新领军企业，鼓励该企业与高校、科研院所以及金融机构、中介机构等，成立创新联合体，并支持绿色低碳技术创新联合体申报、承担国家重大科技研发专项。遴选发布一批国家级绿色低碳技术创新企业，支持其在各自细分领域发挥技术研发和推广应用的示范引领作用。二是健全资源环境要素市场化配置体系。进一步完善排污权、用能权、用水权交易机制以及生态产品价值实现机制，提高市场主体应用并更新绿色低碳技术的积极性和主动性。加快推进统一规范的碳核算体系建设，建立健全碳排放权交易机制以及碳储备机制，建立能够充分反映市场主体降碳成本的碳价机制。

（三）促进供需对接

一是建立常态化供需对接机制。建立绿色低碳技术创新领域"政府－市场主体－研究机构"三方会商机制，定期组织召开会议，共同研究商讨绿色低碳发展目标要求、存在的短板弱项、亟须突破的技术难题以及各自需要发挥的作用，增强供需各方有效衔接。二是着力培育绿色低碳技术服务平台。从流程、领域等维度，明确"绿色低碳技术"的内涵和外延，并从类型学角度研究提出完善的统计分类口径，为加强绿色低碳技术创新服务奠定基础。加强对现有绿色低碳技术交易平台的督促指导，着力强化其技术挖掘、培育、储备、认证等服务功能，促进提升供需对接质量水平。布局建设一批国家级绿色低碳技术交易平台、地方级绿色低碳技术交易中心，在更大范围促进供需有效对接。

（四）加强政策支持

一是构建绿色低碳技术创新的评价标准体系。分行业分领域研究制定绿色低碳技术的通用标准，将相关标准制定纳入国家重点科技研发专项支持范围。组织有资质的认证机构研究制定全面综合的绿色低碳技术评价体系。二是加强绿色低碳技术知识产权服务与保护。定期开展打击绿色低碳技术领域知识产权侵权行为专项行动。组织建设一批绿色低碳技术知识产权服务平台，为技术专利申请、商标注册、评价认证、产权维权等提供平台支撑。三是强化人才激励。进一步提高绿色低碳技术研发人员、绿色低碳技术经纪人的薪酬待遇。系统实施一整套人才招揽、落户等举措，确保人才引得来、留得住、发展好。

北京 2022 年冬奥会和冬残奥会绿色低碳技术及示范推广

北京 2022 年冬奥会和冬残奥会（以下简称"北京冬奥会"）是迄今为止首个真正实现"碳中和"的奥运赛事，它贯彻习近平生态文明思想，秉持"绿色、共享、开放、廉洁"办奥理念，践行奥林匹克改革路线图，在克服新冠疫情等各种困难的前提下，团结各方力量为全世界运动员搭建了公平竞技、创造卓越的舞台。北京冬奥会筹办全过程引入低碳理念，在管理上，构建可持续性管理体系并建立大型活动可持续性评价指南；在低碳节能上，应用二氧化碳跨临界直冷制冰系统、纯绿色超高压柔性直流电网等绿色技术；在生态保护上，运用野生动物及栖息地保护、中大尺度数据基底建设等集成系统。北京冬奥会在可持续性管理、低碳节能、生态保护三方面留下了丰厚的奥运遗产，这不仅是全社会推广可持续发展的范本，也是举办绿色奥运的中国方案。

一、首个实现碳中和的奥运赛事

可持续发展是当今世界的时代潮流，联合国《2030 年可持续发展议程》提出了 17 项可持续发展目标。这 17 项可持续发展目标是人类的共同愿景，为未来 15 年世界各国的发展和国际发展合作指明了方向，也促使可持续发展理念在全球形成共识。体育作为可持续发展的重要推动力，正在为创造更美好的世界做出巨大贡献。国际奥委会高度重视可持续性。《奥林匹克 2020 议程》将可持续性列为三个基础性主题之一，要求将可持续性融入奥运会举办的所有方面，融入奥林匹克运动的日常运行中;《国际奥委会可持续性战略》明确了国际奥委会在可持续性方面的主题、目标和措施，对奥运会举办和奥林匹克运动发展提出可持续性要求。中国政府积极落实联合国《2030 年可持续发展议程》，将可持续发展作为执政理念之一，与国际奥委会倡导的可持续性理念高度契合。

历时8年，从申办到落幕，北京冬奥会不仅为世界人民交出一份完美答卷，也成为迄今为止首个"碳中和"的冬奥会。中国提出了在2060年前实现碳中和的目标，2022年的北京冬奥会则是中国碳中和的试验场。国际奥委会评价道："北京冬奥会是绿色奥运的重大里程碑，低碳、环保在这里实现了最大限度的发展，我们也期待下一个里程碑。"

绿色办奥是北京冬奥会筹备过程中的首要理念。习近平总书记强调："要坚持绿色办奥，提升全社会环保意识，加强环境治理和污染防控，把绿色发展理念贯穿筹办工作始终。"北京冬奥组委高度重视可持续性工作，将可持续性作为全局性重点工作之一，从申办到筹办全面落实《奥林匹克2020议程》可持续性要求，响应《国际奥委会可持续性战略》《奥运会可持续性指南》等的具体要求。在战略规划上，北京冬奥组委和国际奥委会共同发布了可持续性计划，将其作为北京冬奥会可持续性工作开展的重要依据。该计划提出了北京冬奥会的可持续性愿景和目标、总体思路和原则，并从环境正影响、区域新发展、生活更美好三方面制定了119项具体措施。同时冬奥筹办工作从最大化利用现有场馆和设施，采取低碳场馆、低碳能源、低碳交通等低碳措施，制定评价标准等多方面打造可持续冬奥会。在理念贯彻和措施制定结合下，北京冬奥会上涌现了大量绿色低碳技术。

据北京2022年冬奥会和冬残奥会组织委员会测算，北京冬奥会2016—2021年实际温室气体排放总量为48.9万吨二氧化碳当量，预计赛时及赛后处理阶段将产生的温室气体排放总量为53.9万吨二氧化碳当量，共计102.8万吨。为实现低碳管理目标，北京冬奥会共采用了近50项绿色低碳技术并提出了18项碳减排措施。在低碳能源上，通过建立柔性直流电网，高效利用风、光等可再生能源，实现所有场馆百分百绿电供应；在改造低碳建筑上，最大化利用现有场馆和设施，并从节能、节材角度考虑建筑设施，其中二氧化碳跨临界直冷系统制冰技术的应用创新了冬奥会制冷方式；在低碳交通上，氢燃料车、纯电动车等新能源汽车集中亮相，加氢站、充电桩、网络化智慧公交调度体系等配套措施完备。同时这些技术还广泛应用于水资源管理、废弃物管理等多个领域。除减排技术外，在碳补偿排放上，北京冬奥会主要采取林业碳汇、企业赞助和碳普惠制三种方式。其中，造林项目是碳抵消的主要措施。北京冬奥组委创新的碳普惠制活动，也鼓励和引导了社会公众践行绿色低碳生活方式，在日常生活中减少的碳排放，为低碳冬奥做出贡献。多项绿色低碳技术和措施并行下，北京冬奥会在可持续管理、低碳节能、生态保护方面表现尤为亮眼，并圆满兑现实现碳中和的承诺。

二、重点领域关键技术

（一）可持续管理

可持续发展理论是指当下的发展既能满足当代人的需要，又不对后代人满足其需要的能力构成危害，最终达成的目标是共同、协调、公平、高效、多维的发展。而可持续管理对资源的管理方式不仅仅局限于满足短期利益，更着眼于长远的利益。北京冬奥会是可持续管理的典范。

1. 构筑三标一体的可持续性管理体系，创新编制《大型活动可持续性评价指南》

为贯彻落实"创新、协调、绿色、开放、共享"新发展理念，北京冬奥组委创新建立了"三标合一"可持续性管理体系，形成了涵盖顶层设计、制定规则、多元参与、监督改进的管理机制，将可持续性要求融入北京冬奥会筹办和举办所有业务领域的全过程。同时北京冬奥组委会同有关权威机构，创新编制了《大型活动可持续性评价指南》。该评价指南从技术、管理、综合效益等方面，对大型活动可持续性工作绩效进行技术性评价，可用于指导、帮助各类活动组织者提高对大型活动可持续性的管理能力。

2. 数字化智慧能源管控平台

数字化智慧能源管控平台是以工业互联网大数据为基础，以5G、实时互通、双向通信为依托，实现实时监测、安全分析、交易管理、运维管理、能源管理、决策分析等多种功能，并支持多种移动终端进行能源管理的综合性服务平台。延庆综合交通服务中心是北京冬奥会的重点交通配套保障设施。该服务中心采用"地源热泵＋水蓄能"的能源系统，结合大温差输送技术、土壤热平衡技术、地埋管直供技术等多项绿色节能先进技术，通过数字化智慧能源管控平台技术使地源井、能源中心、末端设备形成一个有机体联动运行，实现了能效监测远程控制、智慧运维、资产管理等功能，提高系统能效，降低系统能耗，降低运行成本。整个系统全年不消耗燃气、不向大气中排放热量，实现百分之百可再生能源应用，每年可以节省标煤消耗658吨，减少二氧化碳排放1723吨，践行绿色奥运理念。

3. 首部绿色雪上运动场馆评价标准

《绿色雪上运动场馆评价标准》适用各类雪上运动场馆不同阶段绿色性能的评价，完善冬奥会绿色雪上场馆评价标准体系，树立了雪上绿色场馆建设示范，为中国以及国际雪上运动场馆绿色评价标准的完善提供了有益参考。国家速滑馆、主媒体中心、五棵松冰球训练馆、北京冬奥村、延庆冬奥村及张家口冬奥村新建的6个室内场馆全部通过绿色建筑三星级标准认证，7个雪上场馆全部获得《绿色雪上运动场馆评价标准》三星级认证，国家游泳中心、国家体育馆、首体场馆群3个改造场馆获得绿色建筑二星级标准认证。

（二）低碳节能

气候变化是人类面临的共同挑战，关系到人类的生存和发展。北京冬奥组委发布了《北京2022年冬奥会和冬残奥会低碳管理工作方案》，提出了北京冬奥会低碳管理目标，从低碳场馆、低碳能源、低碳交通等方面提出了18项碳减排措施，从林业碳汇、企业和公众参与方面提出4项碳抵消措施，针对重点排放领域制定相应的碳减排措施，最大限度减少碳排放。

1. 奥运史上首次大规模应用二氧化碳跨临界直冷制冰系统

二氧化碳跨临界直冷制冰系统是以全球变暖潜能值（GWP）为1、臭氧消耗潜能值（ODP）为0的二氧化碳作为制冷剂，以二氧化碳跨临界直冷制冰技术为核心，集成冷热联供一体化设计的冰面制备系统，能够在打造高质量绿色冰面的同时满足场馆供暖供水等多种需求。

2. 纯绿色高压柔性直流电网技术

柔性直流输电在结构上类似于高压直流输电，同样由换流站以及直流输电线路组成。张北柔性直流电网试验示范工程是世界首个实现直流电网构建的重大科技试验示范工程，也是践行绿色冬奥理念的标志性工程。该项目实现将张北、康保地区丰富的风电、光电接入换流站作为清洁能源的送端，丰宁站作为调节端接入电网并连接抽水蓄能，最后汇集输送到作为受端的北京并接入首都负荷中心。该工程不仅帮助北京冬奥场馆实现了奥运史上的第一次100%绿电供应，之后每年也可以向京津冀地区输送清洁电能140亿千瓦时左右。

3. 奥运史上首个氢能大规模综合开发利用技术

氢能开发利用技术是将氢从化合物状态转化成元素状态而加以收集利用的能源技术方法，涵盖氢气制备、储存运输和氢能利用等诸多环节。氢能开发利用技术在北京冬奥会中得到了广泛应用。"光伏发电–电解水制氢–绿氢缓存–绿氢加注"一体化可再生能源电解水制绿氢系统为北京冬奥会提供"绿氢"燃料。完全由中国自主研发生产的储氢装备成功应用于北京冬奥会主火炬和氢燃料电池大巴车，储氢技术国产自主性不断提高，成熟度逐渐增强。

4. 被动式大型超低能耗体育建筑技术

超低能耗建筑需要通过被动式建筑设计最大限度地降低建筑对供暖、空调、照明等方面的需求，还需要通过主动式技术措施最大限度地提高能源设备和系统的效率，充分利用可再生能源并以最低的能源消耗来提供舒适的室内环境。在北京冬奥会所用建筑中，有3个超低能耗建筑示范建设项目——北京冬奥村综合医疗诊所、延庆赛区冬奥村D6公寓楼组团以及五棵松冰上运动中心，示范总建筑面积达到51174平方米。

5. 建筑、场馆的可持续发展改造技术

北京冬奥会的项目改造目的在于最大限度地节能减排，坚持践行可持续发展道路。改造工程中涉及的技术种类有很多，如建筑信息模型、单层双向正交马鞍形索网、助滑道冰面准分布式智能监测系统和二氧化碳制冰技术等。北京冬奥会开展的可持续改造项目主要可以分为三个类别：一是原有赛事场馆的功能化改造，实现"一馆多用"；二是技术优化，打造绿色低碳体育项目；三是老工业基地的可持续发展转型，除了常见的保温、采光、照明等绿色低碳改造，还要实现"厂区""园区"向"社区""街区"转变。这些改造都是为了实现工业遗存再利用，降低新建办公场所带来的碳排放。行动上，冬奥组委充分利用信息技术，使办公、会议等日常工作移至线上；严格实施限塑

令，并坚持生活垃圾分类。该工程硬件和软件相结合，打造了绿色低碳办公的生动实践。

（三）水资源管理

按照"海绵型赛区"理念，北京冬奥会张家口赛区的地表水、雨水、人工造雪的融雪水等，经过整体化设计都将实现水资源全收集、全处理和再利用，实现造雪用水和保护生态环境双赢。

1. 智能化造雪系统

北京冬奥会雪上场馆采用智能化造雪系统，将所有造雪设备集成到一个平台进行统一管理，在电脑、平板和手机端均可实时监控设备使用情况。相较于传统造雪，智能化造雪的造雪设备具有出雪点早、造雪完成早、用水量少等优势，可实现水资源优化配置及精准投放，同样造雪量节约20%水资源。

2. 雨水和融雪水收集利用系统

国家高山滑雪中心还建设了完善的融雪水、雨水回收利用系统，雪融化后通过排水渠收集汇流，再流入佛峪口水库下游，实现水资源循环利用；在局部区域设置防风栅栏，提高造雪用水利用率和造雪效率，最大限度节约水资源。

（四）生态保护

北京冬奥会在场馆规划、建设、运行和赛后利用全过程中，落实生态保护优先原则，最大限度利用现有场馆和设施，使新建、改造场馆和设施满足绿色建筑标准；在不具备长期利用条件的情况下，使用临时设施；保护赛区生态环境，促进人与自然的和谐。

1. 赛区野生动物及栖息地保护技术集成

在赛事区域的动物保护方面，北京奥组委采取了多项并行的技术手段。冬奥会采取的动物保护举措大致可分为三个部分：在赛前调研阶段，专家组开始采用DNA个体测定方法，对野生动物的种类、分布和习性进行了摸排调查，编制了野生动物保护栖息地建设方案，并对施工人员开展专项培训，提高施工人员动物保护的专业知识和技术能力；在赛区施工阶段，严格地设置了施工红线（如避免夜间开灯施工和避免机械作业进入溪流河道等），并且为动物的活动、迁徙、救治、繁衍等采取了补偿措施（如搭建生态廊道和修建人工栖息场所等）；在赛事进行阶段，加强了对野生动物的无干预式监测，在赛区及周边架设了200多台红外触发相机用于监测动物的活动情况。

2. 中大尺度数据基底建设技术的系统集成方法

常规的空间大数据采集技术存在显著的优缺点，单一技术难以满足中大尺度情景数据基底建设。中大尺度数据基底建设技术的系统集成方法，主要是对北斗地基增强系统、无人机倾斜摄影、无人机多光谱遥感技术、三维激光扫描技术、现状摸排、勘察取样、安装传感器和物联网设施等技术进行系统集成。该方法在有效地集成了各项技术优势的同时规避了相关技术缺陷，适用于开展中大尺度生态风景廊道公园规划设计研究所需的空间大数据采集。北京冬奥会张家口赛区生态风景廊道数据基底建设过程中，工作团队利用该集成方法建立了廊道景观数据库，从而实现定位和标记典型植物，及时了解植被覆盖度、叶面积指数、生物量、含氮量、叶绿素含量。

（五）碳排放补偿

1. 碳普惠制："低碳冬奥"小程序

"低碳冬奥"小程序利用数字化技术手段和科学计算方法，全面记录用户在日常生活中的低碳行为轨迹。用户在践行绿色出行、垃圾分类、光盘行动等低碳行为时，可通过五种方式获得碳积分和"低碳达人"等荣誉勋章，并用碳积分来兑换相应奖励。"低碳冬奥"小程序符合碳普惠理念。一方面，全社会参与低碳行动；另一方面，人们也在这个过程中享受自己创造的成果，收获精神与物质奖励。

2. 林业碳汇：绿化造林工程

北京冬奥会的筹办，加速了京津冀三地在林业生态建设方面的协同合作，构建起区域绿色发展格局。北京市自2015年以来人工造林、封山育林面积显著增加。2015年至2020年森林覆盖率由41.6%增长至44.4%。2020年6月，北京市山区森林覆盖率达到58.8%，京津风沙源治理工程的贡献率达到90%以上。到2021年，北京市政府和张家口市政府分别完成71万亩新一轮百万亩造林绿化工程和 50 万亩京冀生态水源保护林建设工程，并委托专业机构完成了相应碳汇量的监测与核证工作。

三、示范推广意义

（一）可持续管理类技术示范推广

北京冬奥会所应用的可持续性管理类技术在各层次各领域为当今中国管理体系提供了范例。首部大型活动可持续性评价标准的建立为世界性、洲际性、全国性及市级综合性赛事以及其他类型大型活动的组织管理提供了新思路；跨区域、跨部门的冬奥交通数据资源管理平台的应用，不仅为中国城市智慧交通发展提供了典型示范，还验证了京冀交通协同发展的成效，同时积累大量的跨部门、跨区域、跨平台的协同调度与赛时交通事件分级应急指挥协同处置技术及实践经验，为跨区域交通系统协同调度提供资源管理和应急协同联动经验；数字化智慧能源管控平台，通过构建多能互补系统实现建筑能源结构优化、建筑用能能效提高，为城市实现"双碳"目标保驾护航；"低碳冬奥"碳普惠小程序，以较低的开发成本和运营成本满足用户的多场景使用需求，助力居民绿色生活转型，并持续推动中国绿色文明生活建设。

（二）低碳节能类示范应用推广

北京冬奥会期间，大型运动场馆中应用了许多先进的低碳节能技术，为当今节能减排方面工作提供了借鉴范例。奥运史上首次大规模应用二氧化碳跨临界直冷制冰系统，在冰面综合能效和冰面温差方面均达到国际先进水平，对未来绿色环保、节能低碳举办大型冰上体育赛事提供坚实的技术支撑。纯绿色超高压柔性直流电网技术突破直流组网技术难点，其推广意义重大。首先，它适用于城市电网增容和直流供电，在城市电网负荷不断增长的发展趋势中，这一技术能够满足居民对于电能提供和品质的需求；其次，通过不断优化材料，该技术有潜力全面代替传统的交直流联网输电技术，实现对电流的远距离高容量输送；最后，柔直工程还适用于孤立负荷供电领域。超高压柔性直流电网技术助力了中国电网企业顺利赢得海外市场，为中国电力工业高质量发展带来了新的历史机遇。北京冬奥会开创了国际奥运赛事大规模用氢的先例。作为奥运历史上首次大规模应用，北京冬奥会中氢能大规模综合开发利用技术，彰显了"绿色、廉洁、开放、共享"的办奥理念与"碳中和"背景下的大国担当，是中国能源转型变革、绿色低碳发展的新典范，为助力中国实现碳达峰碳中和目标提供良好的实践。北京冬奥会标志性场馆国家速滑馆屋面工程采用国内最大跨度的单层双向正交马鞍形屋面索网结构，相较于传统的刚性屋面结构体系，柔性的索网屋面在满足结构功能的前提下大大减少了结构的用钢量，这样精巧的空间设计为节能环保提供了保障。

（三）生态保护类示范应用推广

北京冬奥会筹备阶段多举措并行，最大限度地保护了野生动物赖以生存的生态环境。赛区野生动物及栖息地保护技术集成技术，促使人与动物共生共存的和谐局面形成；延庆赛区表土剥离以及生态修复技术的成功运用，对山地区域施工建设中如何实现表土生态资源保护、植被快速修复提供了技术借鉴。北京冬奥采用了世界上最先进的高效节水设备和智能化造雪系统，通过非传统水源利用技术实现了对赛区内自然降水的有效收集和可循环再利用，最大限度减少水资源浪费。同时，这项技术也为中国一般经营类雪场提供了先进的技术示范，有利于未来这些雪场的技术升级换代。绿色路面温拌沥青技术，拌合和摊铺温度降低 30℃ ~ 40℃，节能减排的同时保障了沥青的路用性能，最大限度减排有毒有害气体，有效地保护施工人员的身体健康，降低环境污染。虽然该技术还存在较大改进空间，但未来必将在中国"双碳"技术之路上发挥重要作用。北京冬奥会装配式模块化工艺的应用，为装配式建筑发展打造成功案例，助推中国装配式建筑从试点示范阶段向全面发展阶段过渡，利于促进建筑业与信息化工业化深度融合、培育新产业新动能、推动化解过剩产能。

中国可再生能源领域的风险投资发展战略

中国的能源结构以煤炭为主，碳排放量高。在此背景下，中国提出了碳达峰和碳中和目标（"双碳"目标）。然而，只有国家政策和补贴的支持并不足以支持可再生能源的发展，风险投资基金作为社会资本的重要组成部分，不仅为可再生能源产业的发展提供资金支持，还可以促进可再生能源技术的研究、开发和应用。因此，在可再生能源领域发展风险投资是一个值得研究的课题。首先，本文阐述了风险投资在中国的发展历程及风险投资在可再生能源行业的发展现状；其次，运用SWOT分析法对可再生能源行业风险投资的发展环境进行了分析，找出了内外部主要的促进因素和阻碍，确认了中国发展可再生能源风险投资的可行性；最后，本文针对存在的问题和障碍提出了一些建议。研究认为，中国可再生能源风险投资具有良好的前景，得到了政府和绿色机构的支持，但在发展中也遇到了一定障碍，有必要加强相关经济和政策支持，完善相关机制，提高投资者的技术分析能力、完善其投资理念。

一、引言

相比发达国家，中国的风险投资起步较晚，属于新兴行业。近年来，国内风险投资机构的数量迅速增多，风险投资额显著增加，创新企业不断涌现。2021年，国内风险投资市场共披露14629例融资事件，融资金额高达13550亿元，相比去年增长57.56%，创近年来融资金额之最。除此之外，风险投资领域不断拓宽至清洁技术、医疗健康、互联网、娱乐传媒等。随着中国经济迅速发展，能源的需求量越来越大，中国以煤炭为主的能源结构导致碳排放量高，在全球提倡节能减排、低碳发展的大背景下，国家对改变传统能源结构、发展可再生能源非常重视。2022年9月，国家发展改革委、国家能源局等九部门联合印发《"十四五"可再生能源发展规划》，指出"十四五"时期是中国全面建成小康社会、实现第一个百年奋斗目标之后，乘势而上开启全面建设社会主义现代化国家新征程、向第二个百年奋斗目标进军的第一个五年，也是推动能源绿色低碳转型、落实应对气候变化国家自主贡献目标的攻坚期，中国可再生能源将进入全新的发展阶段。

党的十九大报告提出要"推进能源生产和消费革命，构建清洁低碳、安全高效的能源体系"。传统能源的污染排放物对环境影响最大，所以加快新能源技术的研发和应用是改善中国能源结构、治理环境的重要路径。技术进步可以降低新能源的成本，加速新能源替代传统化石能源的进程，实现能源转型。

事实上，中国可再生能源发展速度非常快。2011—2020年，中国的太阳能发电量新增265吉瓦，约占世界总太阳能新增发电量的36%，位居世界之首，遥遥领先于第二名美国的92吉瓦。而且这十年间中国风电新增发电量224吉瓦，约占世界新增风电发电量的43%，同样位居世界之首，遥遥领先于第二名美国的80吉瓦。

虽然可再生能源在中国已历经十几年的发展，但仍属于新兴行业，以煤炭主导的能源结构没有改变。2011—2020年的十年间，中国煤炭发电量增加了444.2吉瓦。中国可再生能源技术研发起步较晚，相比发达国家还有差距，其研发需要大量的资金，而由于技术发展的不确定性及行业的风险性，可再生能源企业总是受到融资约束，仅仅通过传统的融资渠道没有办法获得足够的资金投入研发。此前融资约束问题一直靠政府给予帮扶补贴来解决，给政府造成巨大的财政压力。此外，政府提供的补贴也十分有限。因此，可再生能源企业的融资不能过度依靠政府，应该把融资重点放在市场化的融资手段上，例如风险投资。

二、中国风险投资在可再生能源领域的发展现状

（一）中国风险投资的发展历程

风险投资基金是一类风险管理产品，是私募基金的重要组成部分之一，也是推动科技进步、经济发展的重要力量。历经三十余年的发展，中国风险

投资的投资渠道逐渐扩宽，国家出台的各种利好政策也极大促进了中国风险投资市场的发展，中国风险投资大致历经了4个阶段。

第一阶段：萌芽期（1985—1998年）。为配合国家科技体制改革，1985年国务院批准成立中国第一家风险投资机构——由政府出资设立的中国新技术创业投资公司。后来在中央的支持下，各地政府纷纷成立类似的风险投资机构，中国风险投资的发展历程正式开启。

第二阶段：发展初期阶段（1999—2005年）。美国爆发互联网浪潮，其溢出效应促使众多外国风险资本进入中国。1999年3月，七部委联合发布《关于建立风险投资机制的若干意见》，各地政府纷纷响应。在此阶段，国家出台了一系列有利于风险投资市场发展的政策，促进了中国风险投资业的早期发展。

第三阶段：快速扩张阶段（2006—2011年）。在该阶段中国修订《中华人民共和国公司法》《中华人民共和国证券法》，对风险投资的运作流程做出进一步规范，有关创投风投的税收优惠政策相继出台。2006年中国发布《国家中长期科学和技术发展规划纲要（2006—2020）》，提出要建立以政府资金为引导，政策性、商业性资金投入为主的方式，促进风险投资的发展，增强风险投资市场的活力。2009年深交所成立创业板，风险投资业迎来了发展的黄金时期。

第四阶段：理性规范发展阶段（2012年至今）。在这一阶段的开始，中国宏观经济不景气，资本市场低迷、传统产业发展受限。2014中国经济发展进入新常态，经济增长更加依靠科技进步和创新驱动。2016年，国家深入实施创新驱动发展战略，加大推动供给侧结构性改革，进一步完善了风险投资行业的相关管理政策，促进风险投资持续健康发展。

进入第二阶段后，中国风险投资机构的数量和管理资本规模的增长情况如图31和图32所示。1999—2000年风投机构数量和管理资本都以极高的速度增长，2001—2004年增长速度趋缓。随后风险投资机构数量和管理资本再次快速上涨，两者的增长速度分别在2010年和2007年达到峰值，2012年后则增速趋缓。

图 31　1998—2020 年中国风险投资机构的数量及其增长率

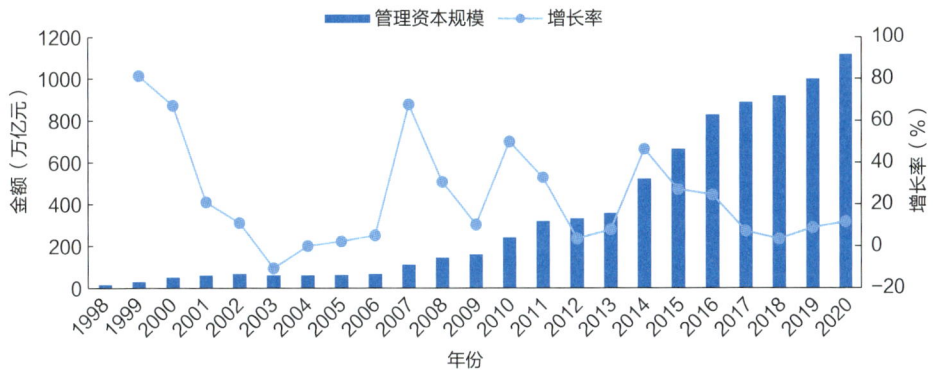

图 32　1998—2020 年中国风险投资的管理资本及其增长率

2019 年 6 月科创板在上交所成立，标志着中国风险投资与资本市场的进一步结合，激发了中国风险投资市场的活力。2019 年，国家发展改革委、中国人民银行、财政部等六部门联合发布了《关于进一步明确规范金融机构资产管理产品投资创业投资基金和政府出资产业投资基金有关事项的通知》，放宽对风险投资基金的监管限制。该举措有利于风险投资基金拓宽融资渠道，减缓融资压力，风险投资回归理性投资的轨道。

2020 年新冠疫情的暴发削弱了风险投资行业的活力，如图 33 和表 38 所示，随着国内疫情的有效控制，中国风险投资市场迎来复苏。2016 年国内风投市场共披露 18478 起融资事件，达到有史以来的最高点，其中种子轮、天使轮、A 轮合计占比达到 77.67%，创投市场活力十足。2018 年起，创投市场历经两次暴跌，直至2020下半年开始复苏，并在2021年迎来反弹，全年融资事件数量增加58%，其中天使轮融资增幅达47%。2021年国内创投市场共披露14629起融资事件，融资金额高达13550亿元，创近年来融资金额之最，同比增长57.56%。

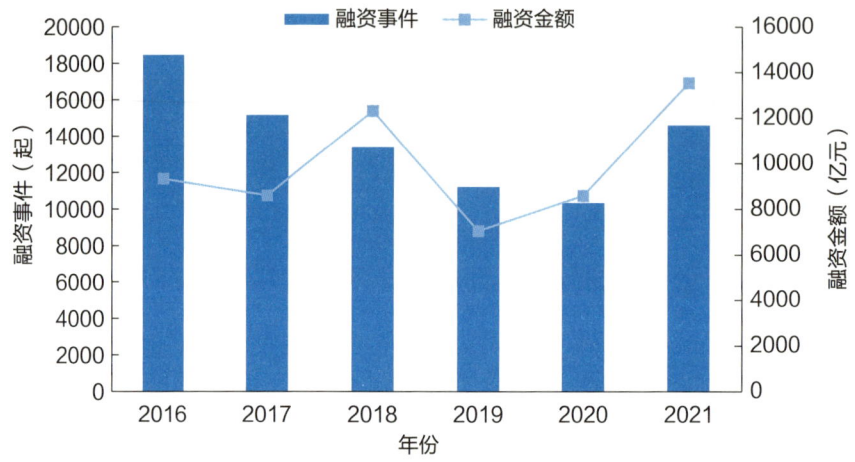

图33　2016—2021年国内风险投资市场的融资事件和融资金额

表38　2016—2021年国内风险投资市场各阶段融资事件数量统计

单位：起

投资阶段	2016	2017	2018	2019	2020	2021
种子轮	959	755	469	263	234	192
天使轮	7246	5578	4125	3086	3604	5292
A轮	6146	5313	5037	4256	3205	4114
B轮	1164	1139	1238	942	841	1231
C轮	276	241	343	194	287	391
D轮	133	128	141	119	184	245
战略投资	2554	2035	2059	2379	2001	3164

2021年，风险投资基金投资最多的领域是医疗保健、先进制造业、服务业和汽车业。这4个领域的融资事件数量和投资规模均占了总数的近一半。

（二）可再生能源领域风险投资的发展现状

图 34 列示了 2016—2021 年中国各类能源的发电装机总量，包括传统能源（火电）、可再生能源（水电、风电和太阳能发电）以及核电，数据来自国家能源局网站。由于生物质能发电占比很小且其来源不一定是原生态的，故不做讨论。从图 34 可以看出，火电装机量每年都在上涨，但占比不断缩小，以风电、光电为代表的可再生能源发电装机量的占比则逐年扩大，且火电装机总量的增长速度不及可再生能源。2016—2021 年，火电装机量增长了 23.05%，虽然高于水电的 17.71%，但远不及风电的 120.99% 和光电的 295.97%。

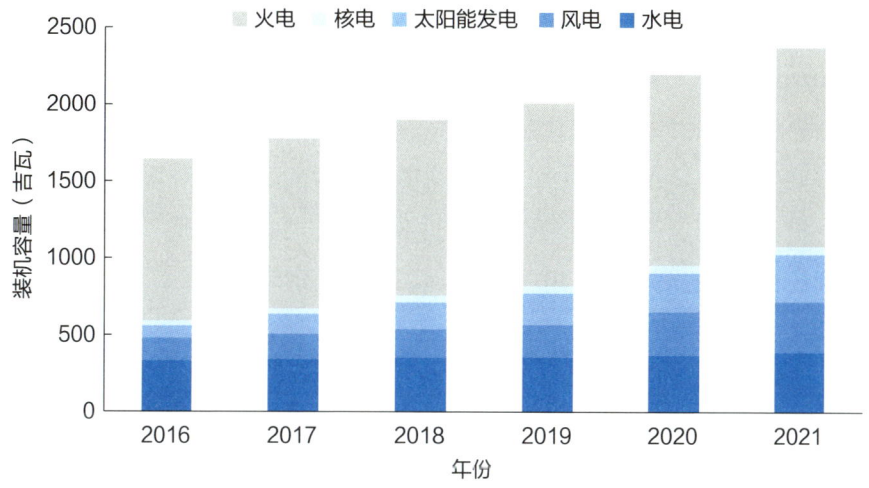

图 34　2016—2021 年中国各类能源总装机容量

图 35 列示了 2016—2021 年中国在电力工程建设上的投资规模，可以看到，此阶段火电工程建设的投资金额不断减少，太阳能发电和风电建设的投资金额不断增加。2016 年火电工程建设投入 1174 亿元，2021 年仅有 672 亿元，复合年化增长率为 –10.56%。而太阳能发电和风电工程建设投入金额从 2019 年开始大幅增加，比上一年增长 63.27%，2020 年的总投资又增加 137.94%，从 2016 年的 1137 亿元到 2021 年的 3332 亿元，太阳能和风电工程投资额的复合年化增长率为 23.99%，反映出近年来中国可再生能源基建的快速扩张。

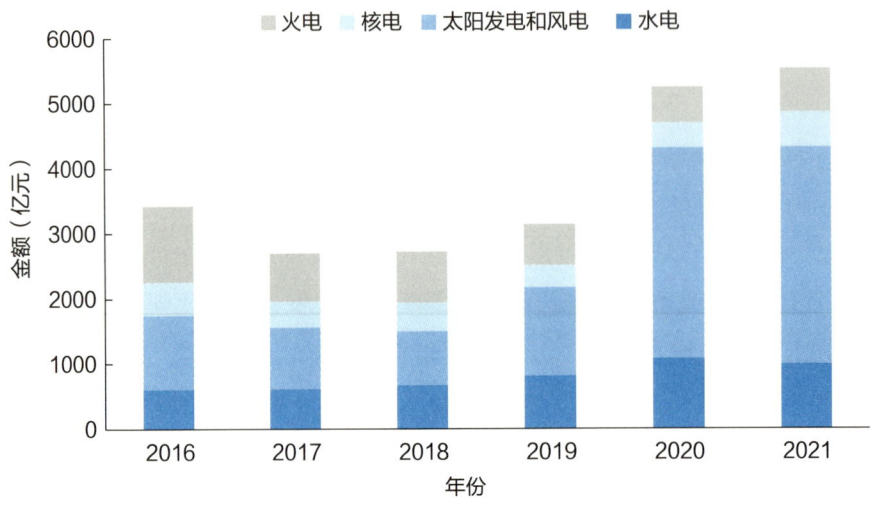

图 35 2016—2021 年中国各类电力工程建设年投入额

2020 年 9 月，中国在联合国大会上提出 2030 年实现碳达峰、2060 年实现碳中和的目标（"双碳"目标）。图 36 反映了自"双碳"目标提出以来资本对新能源的偏好。2021 年以前，中国新能源领域的融资事件数量和融资金额波动，至 2021 年，融资事件数量从 143 例提高到 299 例，增长 109.09%，融资金额从 96.72 亿元增长为 1011.69 亿元，增加 9 倍多。

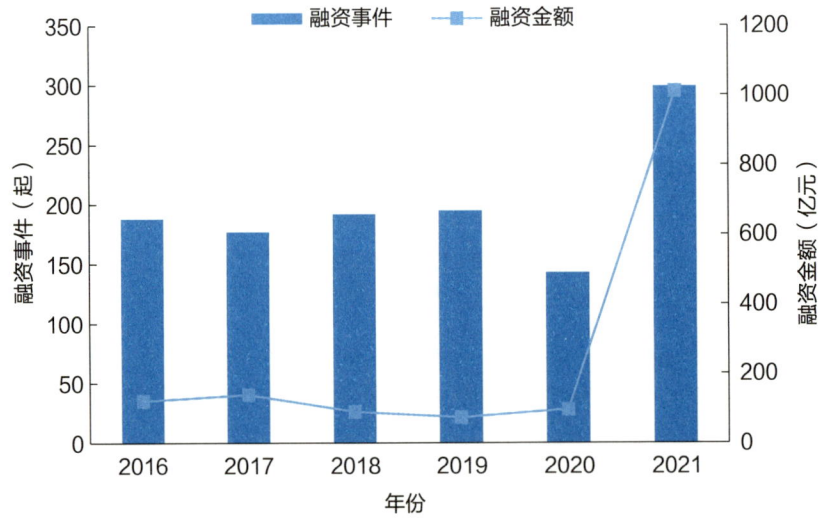

图 36 2016—2021 年中国新能源行业融资事件数量和融资金额

如图 37 所示，近年来在新能源及高效节能技术领域，风险投资基金的投资强度不断波动。投资强度在 2011 年达到最高，随后几年呈现下降趋势，直到 2015 年降至最低，随后又呈现先升后降的趋势，直到 2020 年再次有所回升。这反映出风险资本对新能源及高效节能技术单个项目投资规模的波动性。

图 37　2009—2020 年新能源和高效节能技术领域的风险投资强度和增长率

三、中国可再生能源领域风险投资发展的 SWOT 分析

（一）优势

1. 高回报及良好前景

当前中国经济发展受到资源环境的制约。中国能源需求量逐年增加，以煤炭为主的传统能源结构对生态环境造成了很大威胁，因此构建清洁高效的新能源体系至关重要。多个因素表明中国可再生能源领域的风险投资会得到进一步发展，具有较高的回报和良好的发展前景。

相较于其他投资方式，风险投资在企业成长的早期介入，然后通过投后管理帮助企业快速增值，正确的投资标的选择能够帮助风险投资机构获得多倍的回报。相较于传统能源和化工企业，可再生能源企业在二级市场上也拥有更高的估值。传统化工企业最多拥有 10～15 倍的市盈率，而新能源领域的市盈率能达到 40～50 倍。资本市场愿意赋予新能源企业更高的估值，使得拥有新能源股权的风投机构拥有更广阔的利润空间。

按细分行业划分，2020年，可再生能源和清洁技术行业的平均退出收益率为867.99%。根据Climatescope统计，新兴市场国家的可再生能源融资集中在15个国家，这15个国家占所有新兴市场国家融资总额的96%，其中中国吸引了新兴市场国家近三分之二的投资额，反映出资本看好中国新能源领域的投资前景。

2. 资金优势

中国可再生能源行业的传统融资方式包括银行贷款、上市融资和政府补贴。可再生能源企业的研发创新需要大量资金，然而处于初创期的企业往往技术不成熟、运营不稳定，很难通过传统的融资方式获得融资。风险资本对可再生能源产业具有孵化作用，相比于传统的融资方式，风险投资可以为企业创新研发提供直接的资金支持，促进企业的研发投入，提高创新能力和创新产出，提高企业的核心竞争力。风险投资基金的参与可以对冲能源企业资金短缺的问题，集中闲置资金，发挥风险资本对可再生能源产业的孵化作用。此外，风险投资机构拥有广泛的关系网络和成熟的资本运作流程，这也是风险投资的资金优势之一。

3. 风险投资机构的高风险承受能力

风险投资机构偏爱投资初创型企业，有较高的风险容忍度，能够与企业共同承担创新运营方面的风险。风险投资机构追求投资组合的收益率，投资组合中约三分之一的公司会创造相当于投资额5～10倍的价值；约三分之一的公司会创造相当于投资额1～3倍的价值，而剩下约三分之一的公司则会彻底失败。

风险投资机构并不看重能源企业的短期盈利能力，更看重企业的长期发展。其投资期限一般是7～10年，长投资期限意味着风险投资机构通常愿意承担企业研发失败的风险，也有能力应对投资失败的风险。风险投资机构的风险容忍度高、与企业共担风险的特点有利于能源企业的发展。

4. 风险投资机构提供增值服务

风险投资机构不仅会给能源企业提供充足、稳定的资金支持，还会给企业提供增值服务。由于风险投资具有高收益、高风险的特点，为了降低风险、增加收入，风险投资机构通常会对被投资企业给予适当的监督和指导，帮助企业改善经营环境。

风险投资基金大多以股权的形式进入风险企业，风险投资机构通常会要求拥有企业的控制权，利用其专业知识参与企业的经营管理。风险投资机构更加关注企业未来的增值，所以在提供资金的同时会对企业的创新行为给予积极干预，用科学监督手段提高企业发展的可持续性，利用自身的专业性帮助企业优化层级设置、改善公司治理，在一定程度上可以缓解道德风险的问题。

（二）劣势

1. 投资周期长

风险投资的一个重要特征是投资回收期长。一个完整的风险投资周期包括筹资、投资、退出和分配4个阶段。可再生能源的风险投资一般面向初创型的新能源企业，在一个项目上的投资期限通常为7～10年，初创企业成熟后的退出方式主要是并购和上市。

可再生能源项目技术要求高、建设周期长等特点决定了对可再生能源的投资是一个长期的过程。可再生能源项目的资金回报也需要一定的孵化周期，根据对高新技术的研发、投产和盈利周期的分析，若发展顺利，至少也要6年才可以盈利。而长周期就意味着更大的不确定性。

2. 高投资风险

可再生能源行业属于高风险、高技术、高投入的产业，研发和生产需要大量的资金投入。风险投资与其他投资最大的不同是其承担的风险极高，然而中国的民营风险资本发展较晚，且成长周期长，专业化程度也不高，缺乏对市场风险的应对能力。对于可再生能源产业这种技术门槛高的行业，技术、市场、管理各个方面都面临很大的不确定性，风险投资的失败率极高。虽然高风险伴随着高收益，但是较大的失败风险也不容忽视。

3. 投资者缺乏甄别能力

技术障碍是风险投资基金进入可再生能源领域的最大障碍。投资者对可再生能源行业的技术研发了解不深入，不会判断一个新能源项目是否具有市场前景，技术障碍使得投资者对新能源项目缺乏甄别能力，一些性价比高、具有市场前景但缺乏包装的项目往往无法吸引投资者，无法获得融资；相反，一些炒作新能源技术的项目却能吸引大量投资。技术障碍降低了风险资本对新能源行业的判断力，导致资本市场上盲目投资的情况仍然不少。

4. 退出机制不完善

风险投资是企业成长的催化剂。风险资本待可再生能源企业成熟之后退出，企业则通过长时间经营获取经济价值，从而实现社会资本的良性循环。目前国内风险投资的退出方式主要有 4 种：一是其他企业兼并或收购该企业时，风险投资机构转让全部股权后退出；二是通过股份转让的方式，即风险投资机构通过私下协议或在区域性股权交易市场公开挂牌转让所持股权；三是通过独立上市或借壳上市实现退出；四是通过风险企业的股权回购。目前中国风险投资的退出方式主要是回购，2020 年，回购项目的数量占风险投资总项目的 39.73%。

中国的资本市场和可再生能源的发展现状使得风险资本在短时间内难以退出。首先，可再生能源的经济规模有限，尚未进入行业并购期，实施兼并的大型企业较少，也没有实施战略并购的需要；其次，可再生能源企业大多处于成长期，其管理团队和研发团队是在自身资金不足的情况下才引入风险资金，往往没有能力回购股份；最后，中国的证券市场仍不够成熟，上市要求严格、门槛高，无论是独立上市还是借壳上市都有一定难度。此外，中国现有产权市场超过 200 家，地区市场割裂、交易规模小、交易效率低、交易成本高。法律法规对失败项目退出的保护机制也不健全，所以风险投资机构从可再生能源企业退出困难重重，相应退出机制不够完善。

（三）机会

1. 低碳经济背景

在全球倡导节能减排的背景下，绿色经济迎来新一轮的发展机遇，世界各国二氧化碳的排放对人类的生产和生活造成了不可逆转的影响，迈进碳中和是在此背景下实现可持续发展的必然选择。

中国的经济在过去很长一段时间里是以牺牲资源、大量消耗传统能源为代价发展起来的，但这并非长久之计，不利于实现可持续发展。在国际竞争和国内经济转型的背景下，中国提出新的发展理念，让经济以更高质量、更有效率、更可持续和更安全的方式发展。优化能源结构、大力发展新能源产业是中国当前亟待研究的重要课题。

2. 国家政策大力支持

党的十九大报告提出"构建市场导向的绿色技术创新体系","推进能源生产和消费革命,构建清洁低碳、安全高效的能源体系"。自 2020 年中国提出"双碳"目标以来,习近平总书记多次在国内外会议上强调"双碳"目标的重要性。2021 年,国家陆续颁布《关于加快建立健全绿色低碳循环发展经济体系的指导意见》《关于完整准确全面贯彻新发展理念做好碳达峰碳中和工作的意见》等政策支持能源产业的发展,具体政策见表 39。国家鼓励社会资本设立绿色低碳产业投资基金,多地两会工作报告中也明确了实现本地"双碳"目标的实施计划。绿色低碳发展已上升为国家战略。

表 39 2020—2021 年中国低碳发展政策

年份	政策名称
2020	中共中央关于制定国民经济和社会发展第十四个五年规划和二〇三五年远景目标的建议
2020	绿色技术推广目录(2020 年)
2021	关于加快建立健全绿色低碳循环发展经济体系的指导意见
2021	关于完整准确全面贯彻新发展理念做好碳达峰碳中和工作的意见
2021	2030 年前碳达峰行动方案
2021	"十四五"国家知识产权保护和运用规划

为落实"双碳"目标,构建清洁低碳的能源体系,国家发展改革委、国家能源局于 2021 年 5 月发布《关于进一步做好电力现货市场建设试点工作的通知》,从供给端将可再生电力加入现货市场交易。2022 年年初发布《关于加快建设全国统一电力市场体系的指导意见》,从需求端引导高能耗企业购买绿色电力,绿色电力的市场化竞争有利于促进可再生电力的成本降低。

3. 可再生能源领域存在巨大融资需求

新能源产业、数字化产业在"双碳"目标的驱动下、在积极的政策引导下迅速发展,新能源产业能够推动能源结构转型,数字化产业能够提高能源利用效率。但是"双碳"领域仍有巨大的资金缺口,股权投资行业正参与相关产业投资,推动"双碳"目标的实现。

然而,政府补贴的压力巨大,有限的财政资金已经满足不了中国经济绿色转型的资金需求。例如，中国2013年对光伏产业首次下调补贴单价，2016年开始执行逐年退坡的政府补贴政策，从2018年6月起，政府暂停了对光伏项目的补贴。在可再生能源经济迅速发展和政府补贴减少的矛盾下，风险投资资金的重要性更加凸显。

此外，从清洁能源占本国GDP的比值来看，发达国家与主要发展中国家基本低于3%，且处于停滞状态，而中国超过3%，且上升趋势明显，由此可见，中国新能源产业有着巨大的资金需求。

（四）威胁

1. 可再生能源技术不成熟

中国的清洁能源技术起步较晚，创新能力仍然有所欠缺，应用水平较低。风电和太阳能发电的不稳定性导致发电过程中存在"弃风弃光"的现象，这表明中国的可再生能源设备存在利用率低的问题。以风电为例，风能的随机性导致难以对发电量进行精准掌控，大部分风电机组仅能输出电能，在储备电能的功能上未有所突破。可再生能源的不稳定性以及蓄电技术的不成熟导致电力供需错配问题难以解决，由此可见目前中国可再生能源利储备技术的不成熟。

2. 信息不对称风险

信息不对称指的是风险资本与风险企业之间信息不对称的问题。被投资企业与风险投资机构之间存在隐瞒与调查的博弈，而且被投资企业会从风险资本中获得私有化收益。可再生能源初创企业属于科技型中小企业，具有"高技术、高风险、高收益"特征，其核心研发团队起着至关重要的作用，研发能力强弱直接决定了风险投资的成功或失败。可再生能源初创企业的核心竞争力来源于知识产权等无形资产，但是它们的潜在价值难以评估，未来的市场化结果也存在较大的不确定性，这增大了风投机构的调查成本与被投资企业获取私有化收益的可能性，信息不对称风险成为风投机构对可再生能源行业进行投资的制约因素。

3. 市场风险

市场风险是由于成本、产品规模、原料供应、竞争等市场因素的波动而导致的产品优势的不确定性。市场因素对企业至关重要，甚至在很大程度上决定了产品的消费者认可度。

新能源的各个子行业之间相互竞争，也会和传统能源构成竞争关系。中国能源市场与国际能源市场紧密相连，以原油为代表的国际能源价格剧烈波动。而在传统能源与新能源市场的风险传导链条中，方兴未艾的可再生能源难以抵御传统能源市场剧烈波动带来的风险冲击。可再生能源使用成本高、力量薄弱，更容易受到传统能源市场的冲击，加剧了市场风险，对风投机构进军新能源行业产生威胁。

4. 进入障碍

能源行业作为国家的命脉行业，具有垄断性和封闭性，在新能源对传统能源的替代过程中，这种封闭性仍然存在。能源行业的特殊性使得风险投资机构，尤其是外资与民营风投机构，难以获得有效的信息，由此抑制了他们对新能源行业的投资热情。另外，新能源发电领域的设备的专用性强，且需要密集资本的投入，这也限制了一些规模较小、资金有限的风投机构的进入。

综合上述分析，中国可再生能源领域的SWOT分析如图38所示。

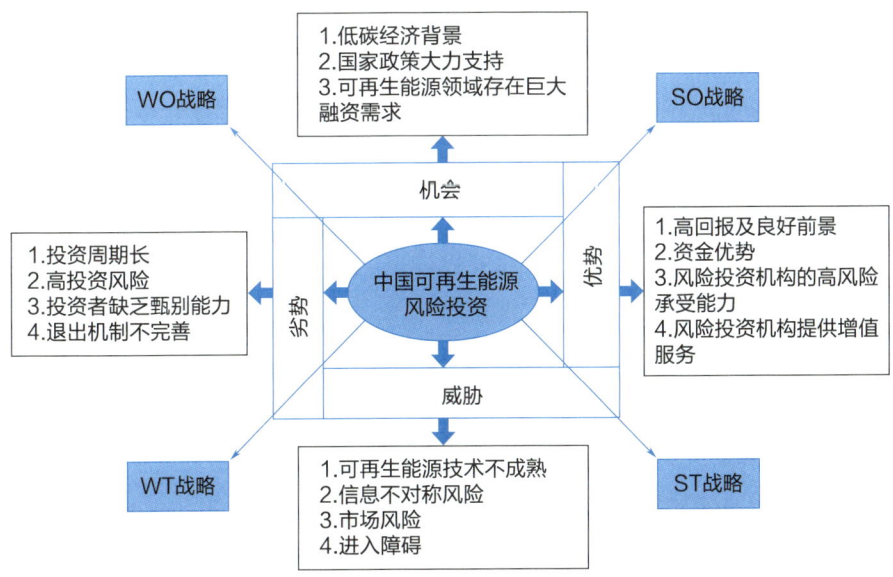

图38　中国可再生能源领域的SWOT分析

四、中国可再生能源风险投资的发展战略

通过以上对风险投资在可再生能源领域的优势、劣势、机遇和威胁的系统分析，我们得出了SWOT战略矩阵，包括优势-机会（SO）战略、劣势-机会（WO）战略，优势-威胁（ST）战略和劣势-威胁（WT）战略。SO战略是发挥行业内部优势并利用外部机会的战略；WO战略是利用外部机会弥补内部劣势的战略；ST战略是利用内部优势来避免或减少外部威胁的战略；WT战略是弥补内部劣势的同时规避外部威胁的策略，表40列示了这种SWOT战略矩阵。

表40 中国可再生能源风险投资的发展战略矩阵

内部	外部	
	S（优势）	W（劣势）
O（机会）	SO战略 投资具有良好效益和发展前景的小型企业	WO战略 完善可再生能源领域风险投资的退出机制
T（威胁）	ST战略 加强可再生能源领域的政策支持	WT战略 提高风险投资机构的技术分析能力

（一）SO战略：投资具有良好效益和发展前景的小型企业

风险投资分为天使轮、A轮、B轮、战略投资等阶段，风险投资基金在成熟期的投资金额大于其他各阶段。根据统计，2018第三季度年中国的清洁能源投资中，扩张期和成熟期的投资金额占总投资额的90.76%，说明风险投资资金更愿意流入发展较成熟、规模较大的能源企业，以及国有企业。然而研究发现，投给小规模企业的资金能够发挥更大的作用，风险投资机构要有针对性地选择投资对象，更多关注规模小、发展潜力大的小企业，促使资金发挥更大的作用。

（二）ST战略：加强可再生能源领域的政策支持

中国可再生能源行业虽然历经十几年的发展，但仍属于新兴弱小的行业。在中国可再生能源行业技术积累和市场形成的过程中，政府的政策支持和引导发挥了巨大作用。

政府要继续制定和出台鼓励可再生能源领域创新以及投资的政策法规，为中国可再生能源产业的发展提供政策支持。首先，政府要充分发挥引导基金的作用，为新能源领域的风险投资配资，以扩大对新能源企业的投资总量；其次，政府在减少补贴的同时可以减少税收，保持财政收支平衡；最后，政府要处理好可再生能源行业投资中的"政府－市场"关系，建立以市场为主导、政府补贴为补充的发展体系，创造灵活畅通的退出机制以支持可再生能源风险投资的发展，增强市场活力。

（三）WO战略：完善可再生能源领域风险投资的退出机制

退出机制的不完善使风投机构面对投资机会望而却步，因此有必要建立健全多层次、多渠道的风险资本退出机制。

首先，要完善上市和并购等退出渠道，需要推进资本市场注册制改革，使得中小企业上市更加便利。其次，要完善企业破产清算制度。可再生能源行业是新兴行业，高收益伴随着高风险，创业企业在发展过程中面临较大的不确定性，失败也在所难免，所以破产清算也是风险资本退出的重要方式之一。要简化破产清算程序，降低破产清算成本。

（四）WT战略：提高风险投资机构的技术分析能力

风险投资机构和新能源项目研发机构的工作彼此独立，碍于跨专业的研究，导致错过投资机会或盲目投资，这不利于中国新能源技术的发展，也不能发挥风险投资最大的经济价值。

风险投资机构要提高在新能源领域的技术分析能力，掌握基本的技术原理，反对炒作能源技术，抑制能源市场的盲目投资。同时，风险投资机构要定期跟踪能源企业的发展情况，帮助其调整战略、对接资源，增进与能源企业的沟通。只有这样，风投机构才能挖掘到新颖、性价比高、市场前景好的可再生能源项目，而不是一味去挤成熟新能源项目的独木桥。

氢能之难，难于何处

2022年3月23日，国家发展和改革委员会发布了《氢能产业发展中长期规划（2021—2035年）》，这是一个对未来15年氢能产业发展具有重要指导性的规划，是中国第一项具有重要里程碑意义的中长期氢能产业顶层设计文件。根据这份规划文件，中国将推动氢能基础设施建设，推进氢能示范应用，并且特别对2025年利用可再生能源制氢规模提出了具体目标，也就是利用可再生能源制氢的能力达到年生产10万～20万吨。根据估计，氢能产业产值未来可能达到万亿元以上的规模，而且这一新兴产业符合时代潮流，发展势头正盛，相关产业的资本市场也应势大涨。总体上看，中国氢能产业仍然处于发展初期，还远没有进入产业发展的快速增长期。相较于国际先进水平，中国氢能产业存在诸多问题，障碍不少，难点很多，比如产业战略定位尚未明朗，产业国际竞争力不强，产业技术创新能力不强，相关标准尚未健全，能源属性不清晰，基础设施建设滞后，产业布局不合理等。

一、由于缺乏长期战略，产业定位尚未明朗

目前，开展氢能产业布局的国家比较多，而且这些国家经济总量已经占据全球经济总量的75%，但是由于受到诸多因素制约，氢能产业还没有真正形成全球产业链，整体上对全球经济发展和应对气候变化尚未构成真正的推动作用。从以往经验来看，国家如果要极力引导和推动某个产业发展，那么国家的顶层设计相当重要，这是中国改革开放和经济发展过程中积累的宝贵经验。在氢能产业发展中，中国在过去较长时期内，缺乏中央层面的顶层设计，这与业界和学术界对于如何发展氢能产业存在众多争议和分歧有关，因为如果没有取得普遍共识，那么政府就很难下决心制定相应政策。

在此背景之下，中国与西方发达国家相比，长期以来确实缺乏氢能发展的整体顶层政策设计，在产业战略规划、专项规划和相关政策体系等方面存

在明显滞后性。长期以来，中国氢能产业基本上处于市场驱动发展期，没有长远战略、没有长期规划、没有制定发展时间表和路线图，当然更没有实施施工图，部分中小企业投资比较积极，而大型企业停滞观望，市场主体活动相对消极。在产品管理方面，国家没有将氢气纳入能源产品，但是纳入危险化学品范畴，在安全管理方面相当严格，因此政府部门对加氢站建设的审批非常严格，建设项目获批难度非常之大，进而对氢能产业在中国快速发展构成了很大制约。

在能源体系中，氢能到底是何种角色，其来源如何？也就是制氢过程如何？是来自一次化石能源吗？还是来自自然界？还是来自电解水？利用领域有哪些？上述这些问题长期存在，也长期在学术界和能源界存在争论和辩论，这当然也是中国氢能产业未能大规模发展的关键原因之一，有些争论直到目前仍然悬而未决。如果氢能产于化石能源，那么为何不直接利用化石能源？如果来自电解水，那么消耗大量的电力又来自哪里呢？如果来自化石能源发电，那么这在逻辑上又存在矛盾。

在氢能利用领域，目前可选择的应用场景相当单一，似乎主要集中在交通领域。氢燃料电池汽车从技术角度、从整个产业链的角度来看，目前都还面临一些问题，其中最重要的是氢从哪儿来，也就是制氢路线如何，这可以说是直接决定这个产业的发展前景的关键要素之一。从中国各地氢能源产业规划来看，氢燃料电池汽车发展集中在乘用车，而对于燃料电池技术路线更具优势的中重型卡车的示范运营却很少真正开展起来。根据业内人士预判，到2025—2030年，中国氢燃料电池汽车才有可能具备实现产业化的条件，不过届时是否能实现产业化，还是具有不确定性。根据某些专家观点，即使届时中国氢能产业真正具备了产业化条件，那么依然存在较大的技术、投资和成本等风险。氢燃料电池汽车的竞争对手是电动汽车，预计电动汽车的关键技术电池技术会不断取得突破，比如三元锂电池和磷酸铁锂技术可能会逐渐成熟，而且其成本也可能不断下降。在上述情景出现的情况下，可以预见氢燃料电池汽车在中、短途交通运输车辆的市场上可能没有竞争优势，或者说很难与电动汽车竞争。如果是这样，那么当前中国各地纷纷将大量投资都集中到氢燃料电池乘用车领域就可能是方向错误，投资回报无法保障将成为投资者的致命问题，或许有可能让巨额投资"打了水漂"。

从各地氢能产业规划内容来看，那些对于"脱碳"真正存在困难且确实需要"氢能"的领域，比如化工、冶炼、轨道交通、航空航天、分布式发电、热电联供等诸多产业领域反而涉及较少，或受到的关注十分不足，相关技术研发和项目开展得也比较缓慢，本来应该利用氢能来实现降碳或脱碳目的的价值和潜力被严重忽视。氢燃料电池汽车只是氢能利用的一部分，未来氢能还有在其他诸多产业发展的潜力，但这在客观上需要风电、光伏等清洁能源在能源系统中占到非常大的比例。当风电和光伏发电在能源系统中占据足够大的比例之后，中国西部的风电、光伏发电便可以通过特高压技术输送到东部电力消费区域，氢能就可以把这些不稳定的清洁能源变成可储存、可运输的能源。在过去较长时间，一些地方政府在氢能产业发展方面盲目跟风，同质化竞争趋势明显，出现低水平建设现象。

总而言之，中国氢能产业发展目前还基本上处于初级阶段，尽管国家已经在近期出台了2030年以前氢能产业发展规划，但是尚未制定未来几十年期限内的氢能发展战略，总体上缺乏顶层设计。

二、由于成本过高，产业竞争力严重不足

任何一个产业，若要真正发展，最终决定因素还是经济性。如果某个产业成本过高，企业无法获取盈利，那么就意味着该产业本身不具备产业发展的经济性，也就不具有可持续发展的机会。中国各地区氢能产业发展多处于示范阶段，基础设施建设严重滞后，加氢站数量不足，产业区域分布也十分不均衡。从中国过去较长时间氢能无法快速发展的现实来看，核心问题在于氢能产业尚未具备商业化运行的能力，关键因素是整个全产业链的成本过高。

（一）制氢成本

从氢能产业上游环节来看，其实就是氢能如何生产和来源的问题，这一直是能源界争论的核心议题之一，尤其是制氢成本过高的问题。中国现有制氢技术大多依赖煤炭和天然气等一次性能源，其经济性与传统化石能源相比存在差别，而且在环境、生态和碳排放等方面依然存在风险，因此从科学逻

辑上存在争议或严重分歧便很正常。如果想要脱离化石能源制氢，那么另外一条制氢路径便是电解水，但是在电解水过程中使用的电力必须是绿电，而从能源转化效率和成本上看，这种路径存在效率低和综合成本高等问题。总体来说，中国制氢成本居高不下，氢能产业处于商业化前期，尚难通过规模化生产降低制氢成本。

（二）储氢成本

从储氢环节看，虽然加压压缩储氢、液化储氢、有机化合物储氢等技术均已取得较大的进步，但是由于储氢密度、安全性和储氢成本之间的平衡关系尚未解决，因此离大规模商业化应用还有较大距离。目前，中国国内普遍采用20兆帕气态高压储氢和长管拖车运输方式，成本约为20元/千克，占氢气终端消费价格的一半。然而，气态运输储氢密度低，压缩能耗高，仅适用于日需求量在300千克以下、运输距离较短的加氢站。随着未来中国国内用氢规模的扩大、运输距离的拉长，50兆帕气态高压储氢或液氢运输才能满足高效经济的要求。目前国外采用低温液态储氢的比例高达70%，可见中国与国外在储氢技术方面存在差距。在固定式储氢装备方面，中国国内储氢装置多为钢内筒钢带缠绕容器，目前45兆帕固定储氢容器每立方米水容积的价格超过20万元，98兆帕固定储氢容器每立方米水容积的价格超过100万元。因此，在国内现有技术条件下，氢液化过程的总成本十分高昂，且前期设备固定投资较大，这又进一步提高储氢成本。

（三）氢燃料电池成本

在燃料电池环节，产业化尚处于早期，经济性短板十分突出。目前，中国燃料电池汽车发展缓慢，主要是氢能及燃料电池部分关键零部件、核心原材料环节上国产化缺失，技术尚未成熟，对外进口依赖度高，导致成本居高不下。另外，中国氢燃料电池多应用于商用车领域，还有较大提升空间，区域均衡发展的难题还需跨越。从氢燃料电池成本数据来看，国内外差距较大，中国膜电极组件成本约为4000元/千瓦，与国际上平均700元/千瓦的成本差距较大；电堆成本约6000元/千瓦，而国际上平均为1000元/千瓦。目前，中国氢燃料电池车辆的应用推广主要还依靠政府补贴，应用端生命周期的购置成本、运营成本和处置成本也亟待降低。

（四）加氢站建设成本

加氢站数量是衡量产业发展的重要参考指标，目前中国国内运营和在建的加氢站数量还很少，而且主要分布在长三角、珠三角和京津冀地区，配套设备也还处于示范阶段。目前，中国建设加氢站所需关键零部件没有量产的成熟产品，导致加氢站的建设成本过高，投资回报率低，尚不具备经济效益和竞争力，推行难度比较大。

三、由于创新能力不强，产业面临技术瓶颈

氢能关键材料及设备零部件要求苛刻、工艺复杂、成本高昂，并且不同国家、不同部门之间的技术差距明显。虽然中国氢能产业发展已经取得了显著进展，但是在技术上与世界先进水平还有较大差距。客观上讲，氢能产业链长、技术难度大，与国际领先水平相比，中国在关键基础材料、核心零部件以及氢气安全科学机制、专业人才等方面，都存在差距。事实上，中国氢能技术储备不足，产业根基比较落后，各地差异非常明显，绝大多数地区都不具备将技术装备推向市场变现的能力和条件。中国氢能产业链的部分关键零部件和产品技术与国外最先进的技术仍存在较大差距，比如膜电极、空气压缩机、储氢材料、加氢枪与软管等关键零部件还需要依赖进口，某些关键技术其实处于被国外垄断的局面。

（一）制氢技术

依据制取方式和过程中碳排放量不同，氢气可以划分为"灰氢""蓝氢""绿氢"三种类型，代表着三种制氢方法或路径。灰氢，是指通过化石能源燃烧来制氢。蓝氢，是通过化石能源制氢，但通过碳捕集和封存技术来减少碳排放。绿氢，是指通过清洁能源和可再生能源发电，并通过电解水来制氢。近年来中国煤制氢占比高达62%，而全球占比只有18%。如果以煤炭作为制氢的主要来源，那么碳排放水平与直接使用煤炭相差无几，因此肯定不

是未来制氢产业的发展方向。在副产氢气高纯净化方面，中国已经具有成套技术装备，目前处于世界先进水平。从发展趋势来看，"绿氢"代表着氢能产业上游链条的未来，其生产规模是决定氢能产业可持续性的关键。在电解水制氢方面，目前有碱水电解制氢（ALK）和质子交换膜（PEM）纯水电解制氢两种技术路线，中国碱性电解槽技术整体上处于世界领先水平，但PEM制氢技术与世界先进水平存在较大差距。

（二）加氢站技术

中国加氢站基本采用高压气态储氢，储量有限，国外已有30%加氢站储存液氢。目前，中国虽已具有35兆帕加氢站关键技术与装备集成能力，但在关键指标与国产化方面，还存在很大差距。在压缩机技术方面，中国实现完全国产化的45兆帕压缩机流量较小且在实际应用中故障率较高，其关键部件仍需通过进口后在国内组装，同时国内不具备生产商用87兆帕压缩机的技术和能力。在加氢机技术方面，中国加氢枪仍然依赖进口，国内70兆帕加氢机处于试验验证阶段，与国外商业化运营的70兆帕加氢机指标差距较大。在氢基础设施的高压管路及阀门方面，中国目前仍然需要依赖国外进口。对于加氢站的工艺控制系统，中国已经基本研发成功，但是还需要通过实际运营进一步验证及优化。

（三）氢储运技术

中国国内氢能储运方式主要为高压气态储氢结合管束车运输，且主要采用35兆帕高压储氢罐，70兆帕储氢罐已经初步实现量产，国内外存在技术差距。国内氢气运输基本采用20兆帕长管拖车，运量小，运输半径有限，成本较高；国外采用45兆帕长管拖车以及液氢槽车。

（四）氢燃料电池技术

目前，中国氢燃料电池系统、电堆、压缩机等已基本实现国产化，氢气循环泵、增湿器可小批量供货，质子交换膜、气体扩散层等正在小批量验证，车载氢系统的高端碳纤维及部分管件取得了突破性进展，但是与国际先进技术相比，总体上还存在诸多差距。比如，燃料电池的高活性催化剂、高强度高质子电导率复合膜、碳纸、低铂电极、高功率密度双极板等材料主要依赖进口。在关键组件制备工艺方面，比如膜电极、双极板、压缩机、氢循环泵等与国外相比存在较大差距。燃料电池电堆及系统的可靠性、耐久性等与国际先进水平相比存在差距。

四、由于产业发展起步较晚，相关标准尚未健全

目前，中国氢能技术标准还不完善，涉及氢品质、储运、加氢站和安全等内容的技术标准较少。

（一）行业标准体系不健全

中国在氢能领域的很多标准已经严重滞后，还有一些项目尚未制定标准，特别是关于产品安全可靠性、耐久性等方面的要求还有所欠缺。因此，为了氢能产业健康发展，应积极开展务实国际合作，同步建立起产品检测和认证机制。国家应采取政策措施，推动支持开展联盟标准、行业标准研究，加快构建国家标准、行业标准和联盟标准相结合的标准化协同创新机制。相关氢能企业，应该充分利用全球创新资源，积极参与全球燃料电池技术和产业创新合作，尤其是国际标准体系建设和标准研制。

（二）加氢站建设审批缺乏标准体系

加氢站建设的关键环节是土地审批。从现行政策来看，商业用地审批环节相当复杂，客观上成为制约加氢站建设的核心要素，而且目前各地土地审批流程繁复而且不一致，虽然各地政府鼓励和支持加氢站建设，但实际要获得加氢站的"准生证"非常困难。由于氢能产业属于新兴产业，加氢站建设又是新生事物，因此各地政府在规划、立项、审批、运营监管相关方面缺乏具体政策制度。

五、由于以往产品特性，能源属性并不清晰

目前，全球氢能行业总体处于发展初期，在终端能源消费量中占比仍然

很低。从现实情况来看，中国氢气主要应用于化工和钢铁等领域，具体分布在石化、化工、焦化等行业，主要作为化工原料用于生产甲醇、合成氨以及各类化工产品如化肥等。其中，仅有少量的高纯度氢气作为工业原料，如高纯度电子氢气等，而应用于燃料电池的能源用氢不足 0.1%。由此可知，在过去较长时期内，氢气本身并不是作为能源产业来发展，或者说，在整个能源生产与消费体系中，氢能定位模糊不清。由于定位不清，国家过去也未制定氢能与燃料电池产业系统性的发展目标与实施路径，这不利于发挥现有产业要素效用最大化及构建产业发展政策保障体系。从上述现实情况来看，中国目前氢气消费仍然集中于传统高能耗领域，似乎与应对气候变化和实现"双碳"目标之间没有关系。当前，中国将氢列为危险化学品，过去基本上没有将其纳入能源管理体系，2022 年 3 月，国家在出台的规划中第一次将氢归为能源属性，这当然是一大进步，肯定对未来氢能产业发展产生重大作用。

六、由于缺乏足够认识，基础设施建设滞后

氢气长输管道与加氢站建设投入大、周期长、运营成本高，加之氢气气源、输送方式的限制，在加氢站大规模建设前，通过示范站获取建设和运营经验尤为重要。中国目前建成的加氢站数量还很少，但是在国际上并不落后。过去，中国国内大部分加氢站属于场内测试站与撬装站，这些加氢站的特点就是固定储氢量或氢气压缩系统能力较低。当然，随着加氢车辆规模增加，上述加氢站建设模式将无法满足加氢车辆进场时间的随机化、单次加注时间短的商业需求。基础设施建设是打通氢能产业链上下游的关键环节，也是氢能大规模推广应用的先决条件，因此现实加氢站数量严重不足，这确实是一个重要问题。中国可以溯本求源，可以弯道超车，可充分利用现有油气基础设施，有序推进氢能基础设施建设，切实提高氢气储运和加注的安全性和经济性。

截至 2021 年年底，中国累计建成超过 190 座加氢站，在营加氢站达 157 座，超过了日本，位居世界首位。但是，对于氢能产业发展来说，中国加氢站数量显然还是过少，如果不能形成规模，那么很难说氢能产业会有大发展。之所以加氢站建设速度缓慢，根本原因还是成本问题。与充电桩相比，充电桩的建设成本比较低廉，但加氢站建设动辄需要千万元以上投资，显然制约

了加氢站的建设速度。不过，随着2021年示范城市政策的落地，国内加氢站建设开始有所提速，预计到2030年，国内加氢站数量可能会突破1000座。只要坚持正确方向，扎实做好基础研究，借鉴国外经验，解决存在的问题，建立起资源共享、优势互补、利益共享、协同配合的合作机制，中国氢能产业肯定前途无量。中国氢燃料电池汽车尚处于起步阶段，运营车辆较少，赢利较困难，加氢站的建设运营无法通过规模经济效应平衡收支，导致建设运营模式不够成熟，加氢设备产业化能力不足，而且成本偏高。基础设施建设滞后，反过来又直接影响氢燃料电池汽车推广。根据机构测算，2030年中国至少需要1400座加氢站才能满足主要城市需要。

七、由于缺乏区域协调，产业布局存在错位

受制于中国可再生能源资源的分布状况，制氢端与用氢端往往存在着较大的时间和空间错位性，尚未形成完善的氢气存储和输运网络渠道。中国西北地区拥有丰富的可再生能源资源（如风、光等），而具有大规模用氢需求的主要是经济发达及人口密集的东南地区，客观上存在区域协调发展的矛盾和困难，其实这与其他能源发展面临的区域错位问题一致。从现实分析和现实评估来看，在氢能产业发展方面，中国尽管已经有所进展，各地也十分积极制订规划和支持政策，但总体上看，这个新兴产业还处于技术研发和项目示范阶段，还不具备大规模商业推广的条件。氢能产业发展目前在客观上存在诸多问题，因此整个产业处于比较混乱的状态，各地政府一哄而上，盲目上马各类项目，这种无序行为将导致氢能产业低水平重复和资源浪费，影响整个氢能产业的健康发展。氢能产业横跨能源、材料、装备制造等多个领域，既能有效带动传统产业转型升级，又能催生新产业链，整合带动效果突出，因此地方政府发展氢能的积极性颇高，多地发起氢能产业园区建设。根据媒体报道，目前地方政府规划的氢燃料电池电堆总产能已经超过了1500兆瓦，但是中国氢能产业化尚处于起步阶段，市场容量有限，关键技术、经济性及基础设施等均存在瓶颈或矛盾。如果协调不充分，估计在短时间内上述规划产能很难充分释放；一旦规划实施，则有可能面临产能过剩的风险，以往存在的低水平重复投资问题可能再度出现。

参考文献
REFERENCE

[1] 周海赟. 碳税征收的国际经验、效果分析及其对中国的启示 [J]. 理论导刊, 2018（10）: 96-102.

[2] 吕志华, 郝睿, 葛玉萍. 开征环境税对经济增长影响的实证研究——基于十二个发达国家二氧化碳税开征经验的面板数据分析 [J]. 浙江社会科学, 2012（4）: 13-21, 155.

[3] 王志强, 周隽, 吴祺豪. 国际碳税实践及对中国的启示 [J]. 价值工程, 2013, 32（33）: 7-8.

[4] 胡剑波, 胡潇, 任亚运. 碳税征收的国际经验及对我国的启示 [J]. 改革与战略, 2015, 31（8）: 191-195.

[5] 尤超英. 国际碳税实践及其对我国碳税设计的启示 [J]. 兰州教育学院学报, 2017, 33（3）: 58-60.

[6] 张立艳. 国际碳税实践及对我国碳税开征的思考 [J]. 行政事业资产与财务, 2019（3）: 34-35.

[7] 孟国碧. 碳泄漏: 发达国家与发展中国家的规则博弈与战略思考 [J]. 当代法学, 2017, 31（4）: 38-49.

[8] 崔景华. 碳税制度效应研究评述 [J]. 当代经济研究, 2011（3）: 73-78.

[9] Tiezzi s. The welfare effects and the distributive impact of carbon taxation on Italian households [J]. Energy Policy, 2005, 33（12）: 1597-1612.

[10] Tim Callan, Sean Lyons, Susan Scott, Richard S. J. Tol, Stefano Verde. The distributional implications of a carbon tax in Ireland [J]. Energy Policy, 2009（37）: 407-412.

[11] 尹伟华.不同减排政策下碳税征收的影响及政策选择——基于碳达峰、碳中和目标的分析[J].广东财经大学学报,2021,36(5):16-26.

[12] 谢和平,刘虹,吴刚.经济对煤炭的依赖与煤炭对经济的贡献分析[J].中国矿业大学学报(社会科学版),2012,14(3):1-6.

[13] 苏明,傅志华,许文,等.我国开征碳税问题研究[J].经济研究参考,2019(72):2-16.

[14] 李翀.战略抉择:中国经济发展方式的现状与转型[J].学术月刊,2012,44(1):70-78.

[15] 林鑫.中英环境税制度的比较与思考[J].商业会计,2019(13):122-124.

[16] 徐旻.中国环境税制的探究[J].中外企业家,2018(34):18-20.

[17] 刘振艳,陈思瑶.基于绿色发展理念我国开征碳税的必要性与制度设计[J].对外经贸,2019(9):152-157.

[18] 王吉春,宋婧.能源企业产业发展视域下我国碳税立法框架建议[J].经济研究参考,2019(7):99-109.

[19] 张国兴,高秀林,汪应洛,等.中国节能减排政策的测量、协同与演变——基于1978—2013年政策数据的研究[J].中国人口、资源与环境,2014,24(12):62-73.

[20] 杨荣,陆贵翱,邵颖.节能减排目标下的中国碳税问题研究[J].时代金融,2018(33):187-188,199.

[21] 沈小燕."双碳"目标下择时开征碳税[J].探索与争鸣,2021(9):20-22.

[22] 焦艺.我国开征碳税问题研究[J].西部皮革,2020,42(2):48.

[23] 王超,孙福全,许晔.世界主要经济体碳中和战略剖析及启示[J/OL].世界科技研究与发展:1-15[2022-11-06].

[24] 关戈.国外交通运输绿色低碳发展的经验启示[J].北方交通,2022(7):88-91.

[25] 苏铭,张思遥.健全投融资政策助推能源绿色低碳转型[J].世界石油工业,2022,29(4):21-27.

[26] 郑忱阳.绿色金融支持能源转型的国际经验及启示[J].新金融,2022(10):54-61.

[27] 陈璇,李晓,何明珠.欧盟积极向可再生能源转型[J].生态经济,2022,38(7):1-4.

[28] 张海滨.全球气候治理新形势[J].可持续发展经济导刊,2022(Z2):22-25.

[29] 中国海外能源投资推动发展中国家绿色低碳发展[J]. 新能源科技, 2022(2): 23-24.

[30] 李琪. 绿色债券拓宽绿色低碳融资渠道——中国银行业绿色低碳金融产品创新系列典型案例[J]. 中国银行业, 2022(8): 90-92.

[31] 李琪. 绿色金融支持风电等可再生能源高质量发展——中国银行业绿色低碳金融产品创新系列典型案例[J]. 中国银行业, 2022(7): 91-94.

[32] 徐洪峰, 伊磊. 中俄美合作与竞争: 基于全球气候治理、低碳绿色发展视角的分析[J]. 俄罗斯东欧中亚研究, 2022(3): 103-126, 173.

[33] 李琪. 绿色金融支持光伏产业高质量发展——中国银行业绿色低碳金融产品创新系列典型案例[J]. 中国银行业, 2022(5): 96-101.

[34] 张洁. "双碳"目标下我国绿色金融发展困境及对策研究[J]. 西南金融, 2022(9): 81-93.

[35] 韩晶, 周一鸣. 中国绿色金融赋能"双碳"目标的机理及路径[J]. 油气与新能源, 2022, 34(5): 53-60.

[36] 郭奕男, 季宇, 李楠博. 碳金融市场发展存在的问题及对策研究[J]. 商业会计, 2022, (15): 68-70.

[37] 杨博宇. "双碳"战略背景下我国碳金融市场发展展望[J]. 金融言行(杭州金融研修学院学报), 2022(6): 12-15.

[38] IEA. Energy technology perspectives 2020: Special report on carbon capture, utilization and storage[R]. Paris: IEA, 2020.

[39] Hepburn C. Adlen. et al. The technological and economic prospects for CO2 utilization and removal[J]. Nature, 2019, 575(7781).

[40] Global CCS Institute. Global status of CCS report 2021[R]. Melbourne: Global CCS Institute, 2021: 34.

[41] Liew FE, Nogle R, Abdalla T, et al. Carbon-negative production of acetone and isopropanol by gas fermentation at industrial pilot scale[J]. Nature Biotechnology. 2022, 40(3): 335-344.

[42] Aditya Prajapati, Nishithan C. Kani.et al.CO_2-free high-purity ethylene from electroreduction of CO_2 with 4% solar-to-ethylene and 10% solar-to-carbon efficiencies[J]. Cell Reports

Physical Science，2022，3（9）.

[43] IPCC. Climate change 2022：mitigation of climate change [M]. Cambridge，New York：Cambridge University Press，2022.

[44] IEA. Legal and regulatory frameworks for CCUS（2022）[R/OL].（2022-7-22）https://www.iea.org/reports/legal-and-regulatory-frameworks-for-ccus.

[45] 胡燕. 美国45Q政策及其应用于中国二氧化碳驱油项目的测算研究[J]. 油气与新能源，2022，34（4）：33-37.

[46] 蔡博峰，李琦，张贤，等. 中国二氧化碳捕集利用与封存（CCUS）年年度报告（2021）- 中国CCUS路径研究[R]. 北京：生态环境部环境规划院，2021.

[47] 央视网. 我国首个开放式千万吨级二氧化碳捕集利用与封存项目启动[EB/OL]. https://news.cctv.com/2022/11/05/ARTIkSiXYcORtuQn70gY9Dif221105.shtml.

[48] 央视网. 我国首个百万吨级碳捕集利用与封存项目投产[EB/OL]. https://news.cctv.com/2022/08/30/ARTIGySyqC7NkIlqLTzvIXje220830.shtml.

[49] 张博文. 陕西年捕集30万吨煤化工CO_2项目投产[EB/OL]. http://www.gov.cn/xinwen/2022-07/01/content_5698886.htm#1.

[50] 高慧. CO_2人工合成葡萄糖和长链脂肪酸取得重大突破[J]. 世界石油工业，2022，29（3）：78-79.

[51] 全国煤化工信息总站. 万吨级二氧化碳制芳烃工业试验项目开建[J]. 煤化工，2022，50（3）：94.

[52] 苗颖. 四川德阳全球首个二氧化碳+飞轮储能示范项目进入收尾调试阶段[J]. 施工企业管理，2022（9）：118.

[53] 张健. 欧盟安全战略：缘起、演变及政策走向[J]. 国家安全研究，2022（3）：94-118，157-158.

[54] 陈文林，吕蕴谋，赵宏图. 西方对俄能源制裁特点、影响及启示[J]. 国际石油经济，2022，30（9）：1-10.

[55] 朱香玉. 俄白一体化进程研究[D]. 北京：北京外国语大学，2022.

[56] 单葆国，冀星沛，许传龙，刘之琳. 近期全球能源供需形势分析及中国能源电力保供策略[J]. 中国电力，2022，55（10）：1-13.

[57] 张杰. 印尼扩大可再生能源产业投资 [J]. 新能源科技，2022（7）：40.

[58] 王志轩."双碳"目标下煤电产业科学发展的思考 [J]. 中国煤炭，2022，48（9）：10-17.

[59] 徐向梅. 推动煤炭清洁高效利用 [N]. 经济日报，2022-8-15（11）.

[60] 吴朝荡，苑金朝，叶树强，钟良棋，赵佳伟. 双碳目标下的选煤技术研究与推广应用 [J]. 煤炭加工与综合利用，2022（8）：1-5，11.

[61] 张云飞. 神东煤泥浮选精煤提浓制浆分析 [J]. 煤化工，2022，50（3）：108-111.

[62] 赵树彦，任利勤，张玉磊. 先进选煤技术促进煤炭清洁高效利用研究与探讨 [J]. 中国煤炭，2022，48（7）：17-21.

[63] 本刊记者. 如何推进我国煤炭清洁高效利用技术的发展 [N]. 煤炭加工与综合利用，2022（4）：1-9.

[64] 王国法，李世军，张金虎，等. 筑牢煤炭产业安全 奠定能源安全基石 [J]. 中国煤炭，2022，48（7）：1-9.

[65] 操秀英，刘垠. 踔厉奋发自立自强，创新成就铸牢强国之基 [N]. 科技日报，2022-09-13（6）.

[66] 哈尔滨电气集团有限公司官网. 国内在建最大百万千瓦火电项目国电电力双维上海庙2号汽轮机组顺利投运 [EB/OL]. https://www.harbin-electric.com/news_view.asp?id=14185.

[67] 国电电力发展股份有限公司. 国内在建最大百万千瓦火电项目一期工程全部投产 [EB/OL]. http://www.sasac.gov.cn/n2588025/n2588124/c25496829/content.html.

[68] 程瑜，邵振州，张金波，等. 火电与风光储耦合规划设计 [J]. 洁净煤技术，2022，28（11）：82-89.

[69] 孙天荣. 循环流化床锅炉技术现状及发展前景 [J]. 化学工程与装备，2022（5）：200-201.

[70] 岳光溪，吕俊复，徐鹏，胡修奎，凌文，陈英，李建锋. 循环流化床燃烧发展现状及前景分析 [J]. 中国电力，2016，49（1）：1-13.

[71] 孔令峰，东振，陈艳鹏，等. 基于中深层煤原位清洁转化技术构建低碳能源生态圈 [J]. 天然气工业，2022，42（9）：166-175.

[72] 刘香禹，张烈辉，李树新，等 . 考虑页岩多重吸附机制的超临界甲烷等温吸附模型 [J]. 石油学报，2022，43（10）：1487-1499.

[73] 何北奇 . 炼化一体化企业 IGCC 节能潜力分析与回收利用 [J]. 炼油技术与工程，2022，52（8）：56-59.

[74] 董洁，乔建强 . "双碳"目标下先进煤炭清洁利用发电技术研究综述 [J]. 中国电力，2022，55（8）：202-212.

[75] 王琦，杨志宾，李初福，等 . 整体煤气化燃料电池联合发电（IGFC）技术研究进展 [J]. 洁净煤技术，2022，28（1）：77-83.

[76] 王存刚 . 执政党认知、国家战略与全球治理机制变革——以中国共产党与全球气候治理机制为例 [J]. 东北亚论坛，2022，31（6）：18-35，125.

[77] 胡飞 . 积极稳妥推进碳达峰碳中和 [N]. 经济日报，2022-11-11（3）.

[78] 王瑛，陈立群 . 欧洲跨国企业在华低碳发展策略 [J]. 上海节能，2022（10）：1261-1268.

[79] 孙毅 . 基于煤基合成柴油与燃料设计的内燃机燃烧优化及排放控制技术研究 [D]. 长春：吉林大学，2022.

[80] 王彦林 . 煤矿开采技术与掘进支护技术研究 [J]. 矿业装备，2022（5）：36-37.

[81] 刘满平 . 我国"十四五"天然气产业发展与改革的政策建议 [J]. 当代石油石化，2021，29（2）：1-5.

[82] 马业超，杨真子，王远航 . 能源转型下天然气产业发展前景及启示 [J]. 石油石化绿色低碳，2021，6（6）：1-4.

[83] 高振宇，白桦，王英国，等 . 基于终端消费结构的中国天然气市场研究 [J]. 中外能源，2021，26（4）：1-8.

[84] 李俊杰 . 对"十四五"中国天然气产业发展的思考 [J]. 国际石油经济，2020，28（12）：11-20.

[85] 郭旭升，蔡勋育，刘金连，等 . 中国石化"十三五"天然气勘探进展与前景展望 [J]. 天然气工业，2021，41（8）：12-22.

[86] 张华珍，邱茂鑫，张珈铭，等 . 2021 国外油气田开发技术发展动向与展望 [J]. 世界石油工业，2021，28（6）：66-73.

[87] 董世泰，易维启，曾忠. 支撑油气田勘探开发高质量发展——股份公司物探技术"十三五"主要成果及"十四五"发展方向综述 [N]. 中国石油报，2021-12-28（3）.

[88] 于荣泽，丁麟，郭为，等. 大数据在油气勘探开发中的应用——以川南页岩气田为例 [J]. 矿产勘查，2020，11（9）：2000–2007.

[89] 徐凤银，杨赟. "双碳"目标下中国煤层气产业高质量发展途径 [J]. 石油知识，2022（2）：24–26.

[90] 叶建平，侯淞译，张守仁. "十三五"期间我国煤层气勘探开发进展及下一步勘探方向 [J]. 煤田地质与勘探，2022，50（3）：15–22.

[91] 郭旭升，周德华，赵培荣，等. 鄂尔多斯盆地石炭系—二叠系煤系非常规天然气勘探开发进展与攻关方向 [J]. 石油与天然气地质，2022，43（5）：1013–1023.

[92] 何枭. 海洋天然气水合物和油气一体化勘探开发机理和关键工程技术国际态势分析 [J]. 高科技与产业化，2020（4）：38–49.

[93] IRENA，Geothermal：The Solution Underneath [R/OL].（2021-11-8），http://www.globalgeothermalalliance.org/-/media/Files/IRENA/GGA/Publications/Geothermal--The-Solution-Underneath.pdf.

[94] 李雅琼. 地热能开发应用现状分析与双碳背景下的发展探讨 [J]. 现代工业经济和信息化，2022，12（7）：28–29，33.

[95] 康民强，朱启华. 激光破岩在干热岩地热能开发中的应用探讨 [J]. 中外能源，2022，27（10）：20–25.

[96] 孔繁业. 加大地热能资源勘查开发力度 为实现"双碳"目标做贡献 [J]. 南方自然资源，2022（7）：17–20.

[97] Mott A，Baba A，Mosleh M H，et al. Boron in geothermal energy：Sources，environmental impacts，and management in geothermal fluid[J]. Renewable and Sustainable Energy Reviews，2022，167：112825.

[98] Cunha R P，Bourne-Webb P J. A critical review on the current knowledge of geothermal energy piles to sustainably climatize buildings[J]. Renewable and Sustainable Energy Reviews，2022，158：112072.

[99] Kurnia J C，Shatri M S，Putra Z A，et al. Geothermal energy extraction using abandoned

oil and gas wells: Techno - economic and policy review[J]. International Journal of Energy Research, 2022, 46（1）: 28–60.

[100] Pokhrel S, Sasmito A P, Sainoki A, et al. Field-scale experimental and numerical analysis of a downhole coaxial heat exchanger for geothermal energy production[J]. Renewable Energy, 2022, 182: 521–535.

[101] Ahmed A A, Assadi M, Kalantar A, et al. A Critical Review on the Use of Shallow Geothermal Energy Systems for Heating and Cooling Purposes[J]. Energies, 2022, 15（12）: 4281.

[102] Puppala H, Jha S K, Singh A P, et al. Identification and analysis of barriers for harnessing geothermal energy in India[J]. Renewable Energy, 2022, 186: 327–340.

[103] 高志. 当前我国风险投资发展存在的问题及对策研究[J]. 时代金融, 2015（21）: 37–38.

[104] 刘华军, 石印, 郭立祥, 乔列成. 新时代的中国能源革命: 历程、成就与展望[J]. 管理世界, 2022, 38（7）: 6–24.

[105] 林伯强. 能源革命促进中国清洁低碳发展的"攻关期"和"窗口期"[J]. 中国工业经济, 2018（6）: 15–23.

[106] 邹璇, 张梦雨. 风险投资、融资约束与新能源企业创新——基于异质性双边随机前沿模型[J]. 工业技术经济, 2020, 39（1）: 3–12.

[107] 张俊芳, 郭戎. 中国风险投资发展的演进、现状与未来展望[J]. 全球科技经济瞭望, 2016, 31（9）: 34–43.

[108] Steven White, Jian Gao, Wei Zhang. Financing new ventures in China: System antecedents and institutionalization[J]. Research Policy, 2005, 34（6）.

[109] 王元, 张晓原, 张志宏. 中国创业风险投资发展报告（2015）[M]. 北京: 经济管理出版社, 2015.

[110] 胡志坚, 张晓原, 张志宏. 中国创业风险投资发展报告（2017）[M]. 北京: 经济管理出版社, 2017.

[111] China Daily. China's STAR market injects impetus into sci-tech innovation[EB/OL]. https://global.chinadaily.com.cn/a/202207/25/WS62de437aa310fd2b29e6e3f3.html.

[112] 胡志坚，张晓原，贾敬敦，等.中国创业投资发展报告（2019）[M].北京：经济管理出版社，2019.

[113] Jacek Brożyna, Grzegorz Mentel, Eva Ivanová, Gennadii Sorokin. Classification of Renewable Sources of Electricity in the Context of Sustainable Development of the New EU Member States[J]. Energies, 2019, 12（12）.

[114] 国家能源局.2016年全社会用电量同比增长5年%[EB/OL].http://www.nea.gov.cn/2017-01/16/c_135986964.htm，2017.

[115] China Daily. Statement by Xi Jinping at General Debate of 75th UNGA. [EB/OL]. https://www.chinadaily.com.cn/a/202009/23/WS5f6a640ba31024ad0ba7b1e7.html.

[116] PEdaily. 2022. Annual Overview of Enterprises Financing in New Energy Industry[EB/OL]. https://vc.pedaily.cn/industry/2836.html.

[117] 胡志坚，解鑫，贾敬敦.中国创业投资发展报告（2021）[M].北京：经济管理出版社，2021.

[118] Terrados J., Almonacid G., Hontoria L., 2007. Regional energy planning through SWOT analysis and strategic planning tools.：Impact on renewables development[J]. Renewable and Sustainable Energy Reviews 11（6），1275-1287.

[119] 赵晓飞.更高估值，更广前景 投资新能源，化企"时不我待"[J].中国石油和化工，2018（11）：18-21.

[120] 齐绍洲，张倩，王班班.新能源企业创新的市场化激励——基于风险投资和企业专利数据的研究[J].中国工业经济，2017（12）：95-112.

[121] 田帅.新能源风险投资全周期风险管理体系的构建[J].南方能源建设，2022，9（1）：40-46.

[122] 王群伟，杭叶，于贝贝.新能源企业技术创新的影响因素及其交互关系[J].科研管理，2013，34（S1）：161-166.

[123] Ramsinghani, M. The Business of Venture Capital：Insights from Leading Practitioners on the Art of Raising A Fund, Deal Structuring, Value Creation, and Exit Strategies [J]. Free Radical Biology & Medicine, 2014, 20（7）：933-956.

[124] 陈思，何文龙，张然.风险投资与企业创新：影响和潜在机制 [J].管理世界，2017

（1）：158-169.

[125] 苟燕楠，董静. 风险投资进入时机对企业技术创新的影响研究 [J]. 中国软科学，2013（3）：132-140.

[126] 徐惠珍. 基于风险投资周期的风险企业价值评估 [J]. 财会通讯（综合版），2008（9）：48-49.

[127] 钱颖，孙竹. 中国清洁能源产业中风险投资现状及发展对策研究 [J]. 中国能源，2019，41（7）：41-46，24.

[128] 何莽，夏洪胜. 新能源经济中风险投资现状及发展对策研究 [J]. 特区经济，2009（1）：225-226.

[129] 倪艳霞，黄净. 宏观经济视域下风险投资绩效评价指标体系研究 [J]. 贵州财经大学学报，2019（4）：70-79.

[130] 李晓虎. 发展低碳新能源经济提高企业绿色竞争力 [J]. 财经界，2018（24）：9-10.

[131] 庄芹芹，吴滨，洪群联. 市场导向的绿色技术创新体系：理论内涵、实践探索与推进策略 [J]. 经济学家，2020（11）：29-38.

[132] 中国国际商会可持续发展委员. 中国企业低碳转型与高质量发展报告 [R/OL].（2022-9-7）. http://www.syntao.com/newsinfo/4315790.html.

[133] 付云. 财政补贴退坡对光伏产业的影响研究 [D]. 昆明：云南财经大学，2022.

[134] 王建强. 风电新能源发展现状及技术发展前景研究 [J]. 智慧中国，2021（6）：92-93.

[135] 谭学威. 风投家与风险企业——信息不对称下的博弈分析 [J]. 技术与市场，2013，20（3）：126-127.

[136] 董莉，彭永芳，董晓宏. 科技型中小企业融资的困境与出路 [J]. 银行家，2018（2）：112-114.

[137] 翁愉骏. 新能源产业风险投资评价指标体系研究 [D]. 北京：清华大学，2012.

[138] 杨坤，于文华，牛艾檬. 传统能源与新能源市场间风险传导机制研究——基于 vine copula 的分析 [J]. 价格理论与实践，2016（12）：159-162.

[139] 李世祥，肖俊. 我国页岩气勘探开发战略研究——基于 SWOT 量化分析 [J]. 中国国土资源经济，2014，27（7）：48-52.

[140] 清科研究中心. 中国清洁能源及技术行业投资研究报告 2018 年第三季度 [R]. 普华永

道，2018.

[141] ICAP. Emissions Trading Worldwide Status Report 2022[R]. International Carbon Action Partnership，2022.

[142] 刘温馨. 全国碳市场累计成交额达 85.8 亿元 [N/OL]. 人民日报，2022-10-28（7）https://paper.people.com.cn/rmrb/html/2022-10/28/nw.D110000 renmrb_20221028_5_07.htm.

[143] 王科，李思阳. 中国碳市场回顾与展望（2022）[J]. 北京理工大学学报（社会科学版），2022，24（2）：33-42.